Herr Standfast

John Buchan

Writat

Diese Ausgabe erschien im Jahr 2024

ISBN: 9789359949956

Herausgegeben von
Writat
E-Mail: info@writat.com

Inhalt

TEIL I

KAPITEL I
Das Wicket-Tor

Ein Drittel meiner Reise verbrachte ich damit, aus dem Fenster eines First-Class-Waggons zu schauen, das nächste Drittel folgte ich in einem örtlichen Auto dem Lauf eines Forellenbachs in einem flachen Tal und das letzte Mal stapfte ich über einen Gebirgskamm hindurch große Buchenwälder zu meinem Quartier für die Nacht. Im ersten Teil war ich in einer berüchtigten Stimmung; im zweiten war ich besorgt und verwirrt; Aber die kühle Dämmerung der dritten Etappe beruhigte und ermutigte mich, und ich erreichte die Tore von Fosse Manor mit großem Appetit und ruhigem Geist.

Als wir auf der glatten Linie des Great Western das Tal der Themse hinaufglitten, hatte ich reumütig über die Dornen auf dem Weg der Pflicht nachgedacht. Mehr als ein Jahr lang hatte ich Khaki nicht mehr getragen, abgesehen von den Monaten, die ich im Krankenhaus verbrachte. Sie gaben mir mein Bataillon vor der Somme, und ich kam aus dieser ermüdenden Schlacht nach den ersten großen Septemberkämpfen mit einem Riss im Kopf und einem DSO heraus. Ich hatte ein CB für das Erzerum-Geschäft erhalten, also was ist mit diesen und meinen Matabele und Südafrikanische Medaillen und die Ehrenlegion, ich hatte eine Brust wie der Brustpanzer des Hohepriesters. Ich bin im Januar zurückgekommen und habe am Vorabend von Arras eine Brigade bekommen. Dort hatten wir einen Sternzug und machten ungefähr so viele Gefangene, wie wir Infanterie über die Spitze brachten. Danach wurden wir einen Monat lang herausgeschleppt und anschließend an einer schlechten Stelle am Scarpe gepflanzt, mit der Andeutung, dass wir bald für einen großen Vorstoß eingesetzt werden würden. Dann wurde ich plötzlich nach Hause befohlen, um mich beim Kriegsministerium zu melden, und wurde von dort an Bullivant und seine fröhlichen Männer weitergeleitet. Hier saß ich also in einem Eisenbahnwaggon in einem grauen Tweedanzug, mit einem hübschen neuen Koffer auf der Ablage mit der Aufschrift „CB". Die Initialen standen für Cornelius Brand, denn das war jetzt mein Name. Und ein alter Junge in der Ecke stellte mir Fragen und fragte sich hörbar, warum ich nicht kämpfte, während ein junger Unterleutnant mit einem Wundstreifen mich verächtlich ansah.

Der alte Kerl gehörte zu den Kreuzverhörern, und nachdem er sich meine Streichhölzer ausgeliehen hatte, machte er sich an die Arbeit, um alles über mich herauszufinden. Er war ein gewaltiger Feuerschlucker und ein gewisser Pessimist, was unseren langsamen Fortschritt im Westen betraf. Ich erzählte ihm, dass ich aus Südafrika komme und Bergbauingenieur sei.

„Hast du mit Botha gestritten?" er hat gefragt.

"Nein ich sagte. „Ich bin nicht der Kämpfertyp."

Der Leutnant rümpfte die Nase.

„Gibt es in Südafrika keine Wehrpflicht?"

„Gott sei Dank gibt es das nicht", sagte ich und der alte Kerl bat um Erlaubnis, mir eine Menge unangenehmer Dinge erzählen zu dürfen. Ich kannte seine Art und gab nicht viel dafür. Er gehörte zu den Leuten, die, wenn er unter fünfzig gewesen wäre, auf dem Bauch zu seinem Tribunal gekrochen wären, um die Befreiung zu erhalten, aber da er älter war, konnte er sich als Patriot ausgeben. Aber das Grinsen des Leutnants gefiel mir nicht, denn er schien ein guter Kerl zu sein. Den Rest des Weges blickte ich beständig aus dem Fenster und bereute es nicht, als ich an meinem Bahnhof ankam.

Ich hatte das seltsamste Interview mit Bullivant und Macgillivray geführt. Sie fragten mich zuerst, ob ich bereit wäre, noch einmal im alten Spiel zu dienen, und ich sagte, ich sei bereit. Ich fühlte mich so verbittert wie eine Sünde, denn ich hatte mich im militärischen Rhythmus festgesetzt und es dort gut gemacht. Hier war ich – ein Brigadier und noch unter vierzig, und nach einem weiteren Kriegsjahr war nicht abzusehen, wo ich enden würde. Ich hatte ohne jeden Ehrgeiz angefangen, nur mit dem großen Wunsch, das Geschäft zu Ende zu sehen. Aber jetzt hatte ich ein professionelles Interesse an der Sache entwickelt, ich hatte eine absolut gute Brigade, und ich hatte den Dreh raus mit unserer neuen Art des Krieges, genauso gut wie jeder andere aus Sandhurst und Camberley. Sie forderten mich auf, alles, was ich gelernt hatte, aufzugeben und in einem neuen Job neu anzufangen. Ich musste aus Disziplingründen zustimmen, aber ich hätte ihnen in meinem Ärger die Köpfe zusammenstoßen können.

Was noch schlimmer war, sie wollten oder konnten mir nichts darüber sagen, wofür sie mich wollten. Es war das alte Spiel, mich in Scheuklappen zu zwingen. Sie baten mich, es treuhänderisch zu übernehmen und mich vorbehaltlos in ihre Hände zu begeben. Ich würde meine Anweisungen später bekommen, sagten sie.

Ich fragte, ob es wichtig sei.

Bullivant kniff die Augen zusammen. „Wenn es nicht so wäre, glauben Sie, dass wir einen aktiven Brigadier aus dem Kriegsministerium hätten herauspressen können? So wie es war, war es, als würde man Zähne ziehen."

„Ist es riskant?" war meine nächste Frage.

„Auf lange Sicht – verdammt", war die Antwort.

„Und du kannst mir nichts mehr sagen?"

„Noch nichts. Sie erhalten Ihre Anweisungen schon bald. Du kennst uns beide, Hannay, und du weißt, dass wir die Zeit eines guten Mannes nicht mit Torheit verschwenden würden. Wir werden Sie um etwas bitten, das Ihren Patriotismus deutlich unter Beweis stellen wird. Es wird eine schwierige und mühsame Aufgabe sein, und es kann sehr düster sein, bevor Sie ihr Ende erreicht haben, aber wir glauben, dass Sie es schaffen können, und dass niemand sonst es kann … Sie kennen uns ziemlich gut. Lassen Sie uns für Sie urteilen?"

Ich betrachtete Bullivants kluges, freundliches altes Gesicht und Macgillivrays ruhige Augen. Diese Männer waren meine Freunde und wollten nicht mit mir spielen.

„In Ordnung", sagte ich. „Ich bin bereit. Was ist der erste Schritt?"

„Zieh die Uniform aus und vergiss, dass du jemals Soldat warst. Ändere deinen Namen. Ihr alter Name, Cornelis Brandt, reicht aus, aber dieses Mal sollten Sie ihn besser „Marke" buchstabieren. Denken Sie daran, dass Sie als Ingenieur gerade aus Südafrika zurückgekehrt sind und dass Ihnen der Krieg völlig egal ist. Du verstehst nicht, worüber sich all diese Idioten streiten, und denkst, dass wir durch ein kleines freundliches Geschäftsgespräch sofort Frieden finden könnten. Sie müssen nicht pro-deutsch sein – wenn Sie möchten, können Sie den Hunnen gegenüber auch ziemlich streng sein. Aber Sie müssen es ernst meinen mit einem baldigen Frieden."

Ich schätze, meine Mundwinkel fielen, denn Bullivant brach in Gelächter aus.

„Häng alles auf, Mann, es ist nicht so schwierig. Ich habe selbst manchmal das Gefühl, so zu argumentieren, wenn mir mein Abendessen nicht schmeckt. Es ist nicht so schwer, durch das Vaterland zu wandern und Großbritannien zu beschimpfen, was Ihre letzte Aufgabe war."

„Ich bin bereit", sagte ich. „Aber ich möchte zunächst eine Besorgung alleine erledigen. Ich muss einen Mann aus meiner Brigade sehen, der in einem Granatenschock-Krankenhaus in den Cotswolds liegt. Isham ist der Name des Ortes."

Die beiden Männer tauschten Blicke. „Das sieht nach Schicksal aus", sagte Bullivant. „Gehen Sie auf jeden Fall nach Isham. Der Ort, an dem Ihre Arbeit beginnt, ist nur ein paar Kilometer entfernt. Ich möchte, dass Sie den nächsten Donnerstagabend als Gast zweier Jungfrauen namens Wymondham im Fosse Manor verbringen. Sie werden dort als einsamer Südafrikaner hingehen, der einen kranken Freund besucht. Sie sind gastfreundliche Seelen und beherbergen viele Engel, ohne dass sie es merken."

„Und ich bekomme dort meine Befehle?“

„Sie erhalten Ihre Befehle und sind verpflichtet, ihnen Folge zu leisten.“ Und Bullivant und Macgillivray lächelten einander an.

Ich dachte angestrengt über dieses seltsame Gespräch nach, als mich der kleine Ford-Wagen, den ich für das Gasthaus verkabelt hatte, aus den Vororten der Kreisstadt in ein Land mit sanften Hügeln und grünen Wasserwiesen trug. Es war ein wunderschöner Nachmittag und die Blüte von Anfang Juni stand an jedem Baum. Aber ich hatte keine Augen für Landschaften und den Sommer, da ich damit beschäftigt war, Bullivant zu verurteilen und mein fantastisches Schicksal zu verfluchen. Ich verabscheute meine neue Rolle und freute mich auf nackte Scham. Für jeden war es schon schlimm genug, sich als Pazifist ausgeben zu müssen, aber für mich, stark wie ein Stier und sonnenverbrannt wie ein Zigeuner und nicht wie in meinen Vierzigern aussehend, war es eine schwarze Schande. Als antibritischer Afrikaner nach Deutschland zu gehen, war ein beherztes Abenteuer, aber zu Hause herumzulungern und Mist zu reden, war eine ganz andere Aufgabe. Bei dem Gedanken daran zog sich mein Magen zusammen, und ich hatte mich so gut wie entschlossen, Bullivant zu telegrafieren und zu weinen. Es gibt einige Dinge, die niemand von einem weißen Mann verlangen darf.

Als ich in Isham ankam und den armen alten Blaikie vorfand, fühlte ich mich nicht glücklicher. Er war ein Freund von mir in Rhodesien gewesen und nach dem Ende der deutschen Südwestaffäre zu einem Füsilierbataillon heimgekehrt, das zu meiner Brigade in Arras gehörte. Kurz bevor wir unser zweites Ziel erreichten, war er von einem großen Baumstamm begraben und wieder ausgegraben worden, ohne einen Kratzer zu hinterlassen, aber so dumm wie ein Hutmacher. Ich hatte gehört, dass es ihm besser ging, und hatte seiner Familie versprochen, ihn bei der ersten Gelegenheit aufzusuchen. Ich fand ihn auf einem Gartensitz sitzend und starrte wie ein Ausguck aufs Meer vor sich hin. Er kannte mich gut und freute sich für einen Moment, aber schon bald starrte er mich wieder an, und jedes Wort, das er sagte, war wie die sorgfältige Rede eines Betrunkenen. Ein Vogel flog aus einem Busch und ich konnte sehen, wie er sich festhielt, um nicht zu schreien. Das Beste, was ich tun konnte, war, eine Hand auf seine Schulter zu legen und ihn zu streicheln, wie man ein verängstigtes Pferd streichelt. Der Anblick des Preises, den mein alter Freund gezahlt hatte, löste in mir keine Liebe zum Pazifismus aus.

Wir sprachen über Offiziersbrüder und Südafrika, denn ich wollte seine Gedanken vom Krieg fernhalten, aber er wandte sich immer wieder dem Thema zu.

„Wie lange wird das verdammte Ding durchhalten?“ er hat gefragt.

„Oh, es ist praktisch vorbei", log ich fröhlich. „Kein Kampf mehr für dich und sehr wenig für mich. Der Boche ist fertig... Was du tun musst, mein Junge, ist vierzehn Stunden in den vierundzwanzig Stunden zu schlafen und die Hälfte der Zeit damit zu verbringen, Forellen zu fangen. Wir werden diesen Herbst gemeinsam einen Versuch auf den Auerhahn machen und einige von der alten Bande dazu bringen, sich uns anzuschließen."

Jemand stellte ein Teetablett auf den Tisch neben uns, und als ich aufblickte, sah ich das hübscheste Mädchen, das ich je gesehen hatte. Sie schien kaum mehr als ein Kind zu sein und hätte vor dem Krieg wahrscheinlich noch als Flapperin gegolten. Sie trug das hübsche blaue Kleid und die Schürze eines VAD, und ihre weiße Mütze saß wie gesponnenes Gold auf dem Haar. Sie lächelte zurückhaltend, während sie das Teegeschirr arrangierte, und ich dachte, ich hätte noch nie so fröhliche und zugleich ernste Augen gesehen. Ich starrte ihr nach, als sie über den Rasen ging, und ich erinnere mich, dass mir auffiel, dass sie sich mit der freien Anmut eines athletischen Jungen bewegte.

„Wer zum Teufel ist das?" Ich habe Blaikie gefragt.

"Das? „Oh, eine der Schwestern", sagte er lustlos. „Es gibt Trupps davon. Ich kann das eine nicht vom anderen unterscheiden."

Nichts vermittelte mir so einen Eindruck von der Krankheit meines Freundes wie die Tatsache, dass er kein Interesse an etwas so Frischem und Fröhlichem wie diesem Mädchen haben sollte. Plötzlich war meine Zeit abgelaufen und ich musste gehen, und als ich zurückblickte, sah ich, wie er wieder in seinem Stuhl versunken war, den Blick auf die Leere gerichtet und seine Hände um seine Knie geschlungen.

Der Gedanke an ihn deprimierte mich schrecklich. Hier war ich in unrühmlicher Sicherheit zu einem üblen Possenspiel verurteilt, während das Salz der Erde wie Blaikie den schrecklichsten Preis zahlte. Von ihm flogen meine Gedanken zum alten Peter Pienaar, und ich setzte mich auf eine Straßenmauer und las seinen letzten Brief. Es brachte mich fast zum Heulen. Sie müssen wissen, dass Peter sich im Sommer zuvor den Bart rasiert hatte und dem Royal Flying Corps beigetreten war, als wir von der Greenmantle-Affäre zurückkamen. Das war die einzige Art von Belohnung, die er wollte, und obwohl er absurderweise überaltert war, erlaubten die Behörden es. Sie taten gut daran, sich nicht an Regeln zu halten, denn Peters Augen und Nerven waren so gut wie die eines jeden Zwanzigjährigen. Ich wusste, dass es ihm gut gehen würde, aber ich war nicht auf seinen sofortigen überwältigenden Erfolg vorbereitet. Er erlangte in Rekordzeit seinen Pilotenschein und flog nach Frankreich; und plötzlich hörten sogar wir Fußmarschanten, die eifrig vor der Somme unterwegs waren, Gerüchte über seine Taten. Er entwickelte ein perfektes Genie für den Luftkampf. Es gab viele bessere Trickflieger und viele, die mehr über die Wissenschaft des Spiels wussten, aber es gab niemanden, der Peters Talent für einen echten Kampf besaß. Er war ein paar Meilen hoch am Himmel genauso voller Ausweichmanöver wie zwischen den Felsen des Berges. Offenbar wusste er, wie man sich in der leeren Luft genauso geschickt versteckt wie im hohen Gras der Lebombo Flats. Unter der Infanterie kursierten erstaunliche Gerüchte über diesen neuen Flieger, der unter einem Flugzeug eines feindlichen Geschwaders in Deckung gehen konnte, während alle anderen nach ihm suchten. Ich erinnere mich, wie ich mit den Südafrikanern über ihn gesprochen habe, als wir nach der blutigen Angelegenheit in Delville Wood neben ihnen ruhten. Am Tag zuvor hatten wir eine heftige Schlacht in den Wolken gesehen, als das Boche-Flugzeug abgestürzt war und ein Maschinengewehroffizier aus Transvaal die Meldung überbrachte, dass der britische Flieger Pienaar gewesen sei. „Gut gemacht, der alte *Takhaar!*" rief er und fing an, über Peters Methoden zu schwadronieren. Es schien, dass Peter die Theorie hatte, dass jeder Mensch einen blinden Fleck hat, und dass er genau wusste, wie man diesen blinden Fleck in der Welt der Luft findet. Die beste Deckung, behauptete er, sei nicht eine Wolke oder ein Nebelschwaden, sondern der unsichtbare Fleck im Auge des Feindes. Ich erkannte, dass es sich bei dieser Aussage um die Realität handelte. Es war auf Augenhöhe mit Peters Lehre von der „Atmosphäre" und dem „doppelten Bluff" und all den anderen Prinzipien, die sein seltsamer alter Verstand aus seinem geschäftigen Leben herausgefunden hatte.

Ende August desselben Jahres war Peter die bekannteste Persönlichkeit des Flying Corps. Wenn in den Berichten Namen erwähnt worden wären, wäre er ein Nationalheld gewesen, aber er war nur „Leutnant Blank", und die Zeitungen, die über seine Taten berichteten, mussten den Militärdienst loben und nicht den Mann. Das war völlig richtig, denn der halbe Zauber unseres Fliegertrupps bestand darin, dass es keinerlei Werbung gab. Aber die britische Armee wusste alles über ihn, und die Männer in den Schützengräben sprachen über ihn, als wäre er ein erstklassiger Fußballspieler. Es gab einen sehr großen deutschen Flieger namens Lensch, einen der Albatross-Helden, der etwa Ende August behauptete, zweiunddreißig Maschinen der Alliierten zerstört zu haben. Peter hatte damals nur siebzehn Flugzeuge auf seinem Konto, aber er steigerte seine Punktzahl rasch. Lensch war ein mächtiger, tapferer Mann und ein guter Sportler seiner Art. Er war erstaunlich schnell darin, seine Maschine im eigentlichen Kampf zu manövrieren, aber Peter sollte besser darin sein, die Art von Kampf zu erzwingen, die er wollte. Lensch war, wenn man so will, der Taktiker und Peter der Stratege. Wie dem auch sei, die beiden waren darauf aus, sich gegenseitig zu kriegen. Es gab viele Leute, die den Feldzug nicht als Kampf zwischen Hunnen und Briten, sondern zwischen Lensch und Pienaar betrachteten.

Am 15. September wurde ich bewusstlos und musste ins Krankenhaus. Als ich wieder in der Lage war, die Zeitungen zu lesen und Briefe zu empfangen, stellte ich zu meiner Bestürzung fest, dass Peter niedergeschlagen worden war. Es geschah Ende Oktober, als die Südweststürme unsere Luftarbeit stark beeinträchtigten. Als unsere Bombardierungs- oder Aufklärungsaufgaben hinter den feindlichen Linien abgeschlossen waren, mussten wir uns langsam gegen den Gegenwind der Archies- und Hun-Flugzeuge nach Hause kämpfen, anstatt uns wieder in Sicherheit bringen zu können. Irgendwo östlich von Bapaume traf Peter auf dem Rückweg auf Lensch – zumindest würdigte die deutsche Presse Lensch. Sein Benzintank wurde zerschossen und er musste in einen Wald in der Nähe von Morchies absteigen. „Der berühmte britische Flieger Pinner", so heißt es im deutschen *Kommuniqué* , wurde gefangen genommen.

Bis zu Beginn des neuen Jahres, als ich mich auf die Rückkehr nach Frankreich vorbereitete, erhielt ich keinen Brief von ihm. Es war ein sehr zufriedener Brief. Er schien einigermaßen gut behandelt worden zu sein, auch wenn er stets einen niedrigen Standard an Komfort hatte, den er von der Welt erwartete. Ich schloss daraus, dass seine Entführer in dem brillanten Flieger nicht den niederländischen Schurken identifiziert hatten, der ein Jahr zuvor aus einem deutschen Gefängnis ausgebrochen war. Er hatte die Freuden des Lesens entdeckt und sich in einer Kunst vervollkommnet, die er einst gleichgültig ausgeübt hatte. Irgendwie hatte er einen *Pilgrim's Progress bekommen* , an dem er offenbar enorme Freude hatte. Und am Ende erwähnte er ganz beiläufig, dass er schwer verwundet sei und dass sein linkes Bein nie wieder von großem Nutzen sein würde.

Danach erhielt ich häufig Briefe, schrieb ihm jede Woche und schickte ihm alle Arten von Paketen, die mir einfielen. Seine Briefe haben mich sowohl beschämt als auch glücklich gemacht. Ich hatte immer auf den alten Peter gesetzt, und hier benahm er sich wie ein frühchristlicher Märtyrer – kein Wort der Beschwerde und genauso fröhlich, als wäre es ein Wintermorgen auf der Hochebene und wir würden zum Springbockreiten aufbrechen. Ich wusste, was der Verlust eines Beins für ihn bedeuten musste, denn körperliche Fitness war schon immer sein Stolz gewesen. Der Rest des Lebens muss sich bis ins Grab sehr trist und staubig vor ihm abgerollt haben. Aber er schrieb, als wäre er in Höchstform, und beklagte mich immer wieder über die Unannehmlichkeiten meines Jobs. Das Bild dieses geduldigen, sanften alten Kerls, der über sein Anwesen humpelte und über seinen *Pilgerweg rätselte* , ein lebenslanger Krüppel nach fünf Monaten strahlenden Ruhms, hätte den Rücken einer Qualle versteift.

Dieser letzte Brief war furchtbar rührend, denn der Sommer war gekommen und der Geruch des Waldes hinter seinem Gefängnis erinnerte Peter an einen Ort im Woodbush, und in jedem Satz konnte man den Schmerz des

Exils erkennen. Ich saß auf dieser Steinmauer und dachte darüber nach, wie unbedeutend die zerknitterten Blätter in meinem Lebensbett im Vergleich zu den Dornen waren, auf denen Peter und Blaikie liegen mussten. Ich dachte an Sandy weit weg in Mesopotamien und an den alten Blenkiron, der irgendwo in Amerika vor Dyspepsie stöhnte, und dachte, dass sie zu der Sorte Kerlen gehörten, die ihre Arbeit erledigten, ohne sich zu beschweren. Das Ergebnis war, dass ich, als ich aufstand, um weiterzumachen, eine männlichere Stimmung wiedererlangt hatte. Ich wollte meine Freunde nicht beschämen oder mir meine Pflicht aussuchen. Ich würde mich Providence anvertrauen, denn, wie Blenkiron zu sagen pflegte, war Providence in Ordnung, wenn man ihm eine Chance gab.

Es war nicht nur Peters Brief, der mich beruhigte und beruhigte. Isham lag hoch oben in einer Hügelfalte abseits des Haupttals, und die Straße, die ich nahm, führte mich über den Bergrücken und zurück zum Bachufer. Ich kletterte durch große Buchenwälder, die in der Dämmerung wie ein grüner Ort tief unter dem Meer wirkten, und dann über ein kurzes Stück Weideland zum Rand des Tals. Überall um mich herum waren kleine Felder, umgeben von Mauern aus grauem Stein und voller düsterer Schafe. Unten befanden sich düstere Wälder rund um das, was ich für Fosse Manor hielt, denn der große römische Fosse Way verlief schnurgerade über die Hügel im Süden und umrundete das Gelände. Ich konnte sehen, wie der Bach durch seine Wasserwiesen glitt, und konnte das Plätschern des Wehrs hören. Ein kleines Dorf siedelte sich in einer Hügelbiegung an, und auf dem Kirchturm ertönte ein merkwürdig süßes Glockenspiel. Sonst gab es keinen Lärm außer dem Zwitschern kleiner Vögel und dem Nachtwind in den Wipfeln der Buchen.

In diesem Moment hatte ich eine Art Offenbarung. Ich hatte eine Vision davon, wofür ich gekämpft hatte, wofür wir alle gekämpft hatten. Es war ein Friede, tief und heilig und uralt, ein Friede, der älter war als die ältesten Kriege, ein Friede, der andauern würde, wenn alle unsere Schwerter zu Pflugscharen gehämmert würden. Es war mehr; denn in dieser Stunde ergriff mich England zum ersten Mal. Vorher war mein Land Südafrika gewesen, und wenn ich an Heimat dachte, waren es die weiten, sonnendurchfluteten Weiten der Steppe oder eine duftende Schlucht des Bergs. Aber jetzt wurde mir klar, dass ich ein neues Zuhause hatte. Ich verstand, was für ein kostbares Ding dieses kleine England war, wie alt, freundlich und tröstlich, wie absolut erstrebenswert. Die Freiheit eines Hektars ihres Landes wurde durch das Blut der Besten von uns billig erkauft. Ich wusste, was es bedeutet, Dichter zu sein, obwohl ich beim besten Willen keine einzige Verszeile hätte schreiben können. Denn in dieser Stunde hatte ich eine Aussicht wie von einem Hügel, die alle gegenwärtigen Schwierigkeiten der Straße bedeutungslos erscheinen ließ. Ich sah nicht nur einen Sieg nach dem anderen, sondern nach dem Sieg eine neue und glücklichere Welt, in der ich etwas von diesem englischen Frieden erben und mich bis zum Ende meiner Tage darin einhüllen würde.

Ganz bescheiden und ruhig, wie ein Mann, der durch eine Kathedrale geht, ging ich den Hügel zum Manor Lodge hinunter und kam zu einer Tür in einer alten Fassade aus rotem Backstein, die von Magnolien überwuchert war, die in der Junidämmerung nach heißen Zitronen dufteten. Der Wagen vom Gasthaus hatte mein Gepäck befördert, und bald zog ich mich in einem Zimmer um, das auf einen Wassergarten hinausging. Zum ersten Mal seit mehr als einem Jahr zog ich ein gestärktes Hemd und einen Smoking an, und als ich mich anzog, hätte ich vor lauter Unbeschwertheit singen können. Mir stand ein anstrengender Job bevor, und irgendwann an diesem Abend sollte ich an diesem Ort meinen Marschbefehl erhalten. Jemand würde kommen – vielleicht Bullivant – und mir das Rätsel vorlesen. Aber was auch immer es war, ich war bereit dafür, denn mein ganzes Wesen hatte einen neuen Zweck gefunden. Wenn Sie in den Schützengräben leben, kann es passieren, dass Ihr Horizont auf der einen Seite auf die Frontlinie aus feindlichem Stacheldraht und auf der anderen Seite auf die nächsten Rastquartiere beschränkt wird. Aber jetzt schien ich über den Nebel hinaus auf ein glückliches Land zu blicken.

Als ich die breite Treppe hinunterstieg, begrüßten mich hohe Stimmen, Stimmen, die kaum zu den getäfelten Wänden und den strengen Familienporträts passten; und als ich meine Gastgeberinnen im Flur fand, dachte ich, dass ihr Aussehen noch weniger zum Haus passte. Beide Damen waren auf der falschen Seite von vierzig, aber ihre Kleidung entsprach der von jungen Mädchen. Miss Doria Wymondham war groß und dünn und hatte eine Fülle unscheinbarer heller Haare, die von einem schwarzen Samtband zusammengehalten wurden. Miss Claire Wymondham war kleiner und rundlicher und hatte ihr Bestes getan, um durch schlecht aufgetragene Kosmetik wie eine ausländische *Halbmondaine* auszusehen . Sie begrüßten mich mit der freundlichen Lässigkeit, die ich schon vor langer Zeit als die richtige englische Art gegenüber Ihren Gästen entdeckt hatte; als ob sie gerade erst hereingekommen wären und sich einquartiert hätten, und man war ganz froh, sie zu sehen, aber man durfte sich keine weiteren Sorgen machen. Im nächsten Moment gurrten sie wie Tauben um ein Bild, das ein junger Mann ins Lampenlicht hielt.

Er war ein großer, schlanker Kerl von etwa dreißig Jahren, der graue Flanellhosen und von den Landstraßen staubige Schuhe trug. Sein schmales Gesicht war blass, als käme es vom Leben im Haus, und er hatte etwas mehr Haare auf dem Kopf als die meisten von uns. Im Schein der Lampe waren seine Gesichtszüge sehr deutlich zu erkennen, und ich betrachtete sie mit Interesse, denn ich erwartete, dass mir ein Fremder Befehle geben würde. Er hatte ein langes, ziemlich kräftiges Kinn und einen eigensinnigen Mund mit mürrischen Falten an den Mundwinkeln. Aber das Bemerkenswerteste waren seine Augen. Ich kann sie am besten beschreiben, indem ich sage, dass sie heiß aussahen – nicht wild oder wütend, sondern so unruhig, dass es schien, als ob sie körperlich schmerzten und sich am liebsten mit kaltem Wasser abgewischt hätten.

Sie beendeten ihr Gespräch über das Bild – das in einem Jargon verfasst war, von dem ich kein Wort verstand – und Miss Doria wandte sich an mich und den jungen Mann.

„Mein Cousin Launcelot Wake – Mr. Brand.“

Wir nickten steif und Mr. Wake hob in einer selbstbewussten Geste die Hand, um sein Haar zu glätten.

„Hat Barnard das Abendessen angekündigt? Übrigens, wo ist Mary?“

„Sie kam vor fünf Minuten herein und ich schickte sie zum Umziehen“, sagte Miss Claire. „Ich werde nicht zulassen, dass sie den Abend mit dieser schrecklichen Uniform verdirbt. Sie mag sich im Freien nach Belieben verkleiden, aber dieses Haus ist für zivilisierte Menschen.“

Der Butler erschien und murmelte etwas. „Kommen Sie mit“, rief Miss Doria, „denn ich bin sicher, Sie verhungern, Herr Brand. Und Launcelot ist zehn Meilen mit dem Fahrrad zurückgelegt.“

Der Speisesaal war ganz anders als die Halle. Die Täfelung war entfernt worden, und die Wände und die Decke waren mit einem tiefschwarzen seidenen Papier bedeckt, auf dem die monströsesten Bilder in großen mattgoldenen Rahmen hingen. Ich konnte sie nur undeutlich sehen, aber sie schienen nur ein Aufruhr hässlicher Farben zu sein. Der junge Mann nickte ihnen zu. „Wie ich sehe, haben Sie die Dégousses endlich hängen lassen“, sagte er.

„Wie exquisit sie sind!“ rief Fräulein Claire. „Wie subtil und offen und mutig! Doria und ich wärmen unsere Seelen an ihrer Flamme.“

Im Raum war aromatisches Holz verbrannt worden, und es hing ein seltsamer, widerlicher Geruch in der Luft. Alles an diesem Ort war angespannt, unruhig und unnormal – die Kerzenschirme auf dem Tisch, die Masse gefälschter Porzellanfrüchte in der Mittelschale, die bunten Vorhänge und die alptraumhaften Wände. Aber das Essen war großartig. Es war das beste Abendessen, das ich seit 1914 gegessen habe.

„Erzählen Sie es mir, Mr. Brand“, sagte Miss Doria, ihr langes weißes Gesicht auf eine Hand mit vielen Beringen gestützt. „Du bist einer von uns? Sie rebellieren gegen diesen verrückten Krieg?“

„Warum, ja", sagte ich und erinnerte mich an meine Rolle. „Ich denke, ein wenig gesunder Menschenverstand würde das Problem sofort klären."

„Mit ein wenig gesundem Menschenverstand hätte es nie angefangen", sagte Herr Wake.

„Launcelot ist ein CO, wissen Sie", sagte Miss Doria.

Ich wusste es nicht, denn er sah nicht wie ein Soldat aus ... Ich wollte ihn gerade fragen, was er befohlen hatte, als mir einfiel, dass die Buchstaben auch für „Kriegsdienstverweigerer" standen, und stoppte rechtzeitig.

In diesem Moment rutschte jemand auf den freien Platz zu meiner Rechten. Ich drehte mich um und sah das VAD-Mädchen, das Blaikie an diesem Nachmittag im Krankenhaus Tee gebracht hatte.

„Er wurde von seinem Ministerium davon ausgenommen", fuhr die Dame fort, „weil er Beamter ist und daher nie die Chance hatte, vor Gericht auszusagen, aber niemand hat bessere Arbeit für unsere Sache geleistet." Er ist Mitglied des LDA-Ausschusses und im Parlament wurden Fragen zu ihm gestellt."

Der Mann fühlte sich bei dieser Biografie nicht ganz wohl. Er warf mir einen nervösen Blick zu und wollte gerade mit einer Erklärung beginnen, als Miss Doria ihn unterbrach. „Erinnere dich an unsere Regel, Launcelot. Keine hitzigen Kriegskontroversen innerhalb dieser Mauern."

Ich stimmte ihr zu. Der Krieg schien trotz seines Friedens eng mit der Sommerlandschaft und den edlen alten Gemächern des Herrenhauses verbunden zu sein. Aber in diesem wahnsinnig modernen Esszimmer war es geradezu unpassend.

Dann sprachen sie über andere Dinge. Hauptsächlich aus Bildern oder gemeinsamen Freunden und ein wenig aus Büchern. Sie schenkten mir keine Beachtung, was ein Glück war, denn ich wusste nichts über diese Dinge und verstand nicht die Hälfte der Sprache. Aber einmal versuchte Miss Doria, mich hereinzuholen. Sie sprachen über einen russischen Roman – ein Titel wie *Leprous Souls* – und sie fragte mich, ob ich ihn gelesen hätte. Durch einen merkwürdigen Zufall hatte ich. Es war irgendwie in unseren Unterstand an der Scarpe gewandert, und nachdem wir alle im zweiten Kapitel feststeckten, war es im Schlamm verschwunden, zu dem es natürlich gehörte. Die Dame lobte seine „Eindringlichkeit" und „grabhafte Schönheit". Ich stimmte zu und gratulierte mir selbst zu meiner zweiten Flucht – denn wenn man mir die Frage gestellt hätte, hätte ich sie als gottvergessenes Geschwätz bezeichnen müssen.

Ich drehte mich zu dem Mädchen um, das mich mit einem Lächeln begrüßte. Ich hatte sie in ihrem VAD-Kleid hübsch gefunden, aber jetzt, in einem hauchdünnen schwarzen Kleid und ohne Haare, die nicht mehr von einer Mütze verdeckt waren, war sie das Hinreißendste, was man je gesehen hat. Und ich habe noch etwas anderes beobachtet. In ihrem jungen Gesicht war mehr als nur gutes Aussehen zu sehen. Ihre breite, niedrige Stirn und ihre lachenden Augen waren erstaunlich intelligent. Sie hatte die unheimliche Fähigkeit, ihre Augen plötzlich ernst und tief werden zu lassen, wie ein glitzernder Fluss, der sich zu einem Teich verengt.

„Wir werden uns nie vorgestellt", sagte sie, „also lass mich mich offenbaren." Ich bin Mary Lamington und das sind meine Tanten ... Hat dir *Leprous Souls* *wirklich gefallen?* "

Es war einfach genug, mit ihr zu reden. Und seltsamerweise nahm ihre bloße Anwesenheit die Unterdrückung, die ich in diesem Raum gespürt hatte. Denn sie gehörte zum Draußen und zum alten Haus und zur Welt im Allgemeinen. Sie gehörte zum Krieg und zu der glücklicheren Welt dahinter – einer Welt, die gewonnen werden musste, indem man den Kampf durchmachte und nicht, indem man sich ihm entzog, wie diese beiden dummen Damen.

Ich konnte sehen, wie Wake oft das Mädchen ansah, während er dröhnte und redete und die Misses Wymondham plapperten. Plötzlich schien das Gespräch die blumigen Pfade der Kunst zu verlassen und sich auf gefährliche Weise verbotenen Themen zu nähern. Er begann, unsere Generäle im Feld zu beschimpfen. Ich konnte nicht anders, als zuzuhören. Miss Lamingtons Brauen waren leicht gebeugt, als ob sie missbilligend wäre, und meine eigene Wut begann zu steigen.

Er hatte jede Art von idiotischer Kritik – Inkompetenz, Kleinmut, Korruption. Woher er das Zeug hat, kann ich mir nicht vorstellen, denn selbst der griesgrämigste Tommy hat, nachdem sein Urlaub gestrichen wurde, nie solch einen Blödsinn an den Tag gelegt. Am schlimmsten war, dass er mich bat, ihm zuzustimmen.

Es hat meine ganze Disziplin gekostet. „Ich weiß nicht viel über das Thema", sagte ich, „aber draußen in Südafrika habe ich gehört, dass die britische Führung der Schwachpunkt sei." Ich gehe davon aus, dass in dem, was Sie sagen, viel dran ist."

Es mag schick gewesen sein, aber das Mädchen an meiner Seite schien „Gut gemacht!" zu flüstern.

Wake und ich blieben nicht lange zurück, bevor wir uns den Damen anschlossen; Ich habe es absichtlich abgebrochen, denn ich hatte Todesangst, ich könnte die Beherrschung verlieren und alles verderben. Ich stand mit dem Rücken gegen den Kaminsims, solange ein Mann eine Zigarette rauchen kann, und ließ ihn an mich heran, während ich fest in sein

Gesicht blickte. Zu diesem Zeitpunkt war mir völlig klar, dass Wake nicht der Mann war, der mir meine Anweisungen geben würde. Er spielte kein Spiel. Er war ein vollkommen ehrlicher Spinner, aber kein Fanatiker, denn er war sich seiner selbst nicht sicher. Er hatte irgendwie seine Selbstachtung verloren und versuchte, sich diese wieder zu erkämpfen. Er hatte einen beachtlichen Verstand, denn die Gründe, die er anführte, warum er sich von den meisten seiner Landsleute unterschied, waren soweit gut. Ich hätte mich nicht für eine öffentliche Auseinandersetzung mit ihm interessieren sollen. Hätten Sie mir vor einer Woche von einem solchen Kerl erzählt, wäre mir bei dem Gedanken an ihn schlecht geworden. Aber jetzt mochte ich ihn nicht mehr. Er langweilte mich und er tat mir auch unendlich leid. Man konnte sehen, dass er so unruhig war wie eine Henne.

Als wir zurück in die Halle gingen, verkündete er, dass er sich auf den Weg machen müsse, und bat Miss Lamington, ihm bei der Suche nach seinem Fahrrad zu helfen. Es schien, als ob er für ein paar Tage zum Angeln in einem Gasthof ein Dutzend Meilen entfernt wohnte, und die Neuigkeit machte mich irgendwie sympathischer mit ihm. Dann gingen die Damen des Hauses zu Bett, um ihren Schönheitsschlaf zu verbringen, und ich war auf mich allein gestellt.

Ich saß einige Zeit rauchend im Flur und fragte mich, wann der Bote eintreffen würde. Es wurde schon spät, und im Haus schien es keine Vorbereitungen zu geben, jemanden zu empfangen. Der Butler kam mit einem Tablett mit Getränken herein und ich fragte ihn, ob er an diesem Abend einen weiteren Gast erwarte.

„Ich habe nichts davon gehört, Sir“, war seine Antwort. „Soweit ich weiß, gab es kein Telegramm und ich habe keine Anweisungen erhalten.“

Ich zündete meine Pfeife an und saß zwanzig Minuten lang da und las eine Wochenzeitung. Dann stand ich auf und schaute mir die Familienporträts an. Der Mond, der durch das Gitter kam, lud mich ins Freie ein, um meine Ängste zu lindern. Es war nach elf Uhr und ich wusste immer noch nichts von meinem nächsten Schritt. Es ist eine nervenaufreibende Angelegenheit, für eine unangenehme Aufgabe verarscht zu werden und die Räder der verfluchten Sache stehen zu lassen.

Außerhalb des Hauses, hinter einer gepflasterten Terrasse, fiel der Rasen weiß im Mondschein bis zum Ufer des Baches ab, der sich hier zu einem Miniatursee ausgeweitet hatte. Am Ufer befand sich ein kleiner, formeller Garten mit grauen Steinbrüstungen, die jetzt wie düsterer Marmor schimmerten. Große Duftwolken stiegen von ihm auf, denn der Flieder war kaum verblüht und der Mai stand in voller Blüte. Aus dem Schatten ertönte plötzlich eine Stimme wie eine Nachtigall.

Es wurde das alte Lied „Cherry Ripe" gesungen, ein ziemlich alltägliches Lied, das ich hauptsächlich von Drehorgeln kannte. Doch wenn man es im duftenden Mondlicht hörte, schien es den ganzen Zauber eines älteren Englands und dieser heiligen Landschaft in sich zu tragen. Ich betrat den Garten und sah den Kopf des Mädchens Mary.

Sie war sich meiner Anwesenheit bewusst, denn sie drehte sich zu mir um.

„Ich wollte dich suchen", sagte sie, „jetzt, wo es im Haus ruhig ist. Ich habe Ihnen etwas zu sagen, General Hannay."

Sie kannte meinen Namen und musste irgendwie im Geschäft sein. Der Gedanke faszinierte mich.

„Gott sei Dank kann ich frei mit dir sprechen", rief ich. „Wer und was bist du – lebst du in diesem Haus in dieser Art von Gesellschaft?"

„Meine guten Tanten!" Sie lachte leise. „Sie reden viel über ihre Seele, aber in Wirklichkeit meinen sie ihre Nerven. Sie sind das, was du meine Tarnung nennst, und zwar eine sehr gute."

„Und dieser leichenhafte junge Idiot?"

„Armer Launcelot! Ja – auch Tarnung – vielleicht etwas mehr. Du darfst ihn nicht zu hart verurteilen."

„Aber ... aber –" Ich wusste nicht, wie ich es ausdrücken sollte und stammelte vor lauter Eifer. „Woran erkenne ich, dass Sie der richtige Ansprechpartner für mich sind? Sie sehen, ich habe Befehle und habe keine Informationen über Sie.

„Ich werde Ihnen Beweise geben", sagte sie. „Vor drei Tagen haben Ihnen Sir Walter Bullivant und Mr. Macgillivray gesagt, Sie sollen heute Abend hierher kommen und hier auf weitere Anweisungen warten. Sie trafen sie im kleinen Raucherzimmer im hinteren Teil des Rota Clubs. Es wurde Ihnen geboten, den Namen Cornelius Brand anzunehmen und sich von einem erfolgreichen General in einen pazifistischen südafrikanischen Ingenieur zu verwandeln. Ist das korrekt?"

"Perfekt."

„Du warst den ganzen Abend unruhig und hast nach dem Boten gesucht, der dir diese Anweisungen geben könnte. Beruhigen Sie Ihren Geist. Es kommt kein Bote. Sie erhalten Ihre Befehle von mir."

„Ich könnte sie nicht aus einer willkommeneren Quelle nehmen", sagte ich.

„Sehr hübsch ausgedrückt. Wenn Sie weitere Referenzen wünschen, kann ich Ihnen viel über Ihre eigenen Aktivitäten in den letzten drei Jahren erzählen. Ich kann euch, die keine Erklärung brauchen, jeden Schritt im

Geschäft des Schwarzen Steins erklären. Ich denke, ich könnte eine ziemlich genaue Karte Ihrer Reise nach Erzerum zeichnen. Sie haben einen Brief von Peter Pienaar in Ihrer Tasche, dessen Inhalt ich Ihnen sagen kann. Bist du bereit, mir zu vertrauen?"

„Von ganzem Herzen", sagte ich.

"Gut. Dann wird Dich meine erste Bestellung ganz schön auf die Probe stellen. Denn ich habe dir keine Befehle zu erteilen, außer dir aufzufordern, dich auf eine bestimmte Art von Leben einzulassen. Ihre erste Pflicht besteht darin, „Atmosphäre" zu schaffen, wie Ihr Freund Peter immer sagte. Oh, ich werde dir sagen, wohin du gehen sollst und wie du dich verhalten sollst. Aber ich kann Ihnen nichts befehlen , sondern nur untätig mit offenen Augen und Ohren leben, bis Sie ein „Gefühl" für die Situation entwickelt haben."

Sie blieb stehen und legte eine Hand auf meinen Arm.

„Es wird nicht einfach sein. Es würde mich wahnsinnig machen, und für einen Mann wie Sie wäre es eine weitaus größere Belastung. Man muss tief in das Leben der Unausgegorenen eintauchen, der Menschen, die dieser Krieg nicht oder auf die falsche Weise berührt hat, der Menschen, die den ganzen Tag Haarspalterei betreiben und in das vertieft sind, was Sie und ich es nennen würden egoistische kleine Modeerscheinungen. Ja. Leute wie meine Tanten und Launcelot, nur größtenteils in einer anderen sozialen Schicht. Sie werden nicht in einem alten Herrenhaus wie diesem wohnen, sondern zwischen kleinen, kunstvollen Häusern. Du wirst hören, wie alles, was du für heilig hältst, ausgelacht und verurteilt wird und jede Art von ekelhafter Torheit bejubelt wird, und du musst deinen Mund halten und so tun, als würdest du damit einverstanden sein. Du wirst nichts auf der Welt zu tun haben, außer das Leben in dich eindringen zu lassen und, wie ich schon sagte, deine Augen und Ohren offen zu halten."

„Aber Sie müssen mir einen Hinweis geben, wonach ich suchen sollte?"

„Mein Befehl lautet, Ihnen keine zu geben. Unsere Chefs – Ihre und meine – möchten, dass Sie ohne jegliche *Parteiprise dorthin gehen, wo Sie hingehen* . Denken Sie daran, dass wir uns immer noch in der geheimdienstlichen Phase der Angelegenheit befinden. Die Zeit für einen Wahlkampfplan und noch weniger für Maßnahmen ist noch nicht gekommen."

„Sag mir eins", sagte ich. „Ist es eine wirklich große Sache, die wir suchen?"

„Ein – wirklich – großes – Ding", sagte sie langsam und sehr ernst. „Sie und ich und einige hundert andere jagen den gefährlichsten Mann der Welt. Solange wir keinen Erfolg haben, ist alles, was Großbritannien tut, lahmgelegt. Wenn wir scheitern oder zu spät Erfolg haben, werden die Alliierten möglicherweise nie den Sieg erringen, der ihnen zusteht. Ich werde dir etwas sagen, um dich aufzuheitern. Es ist sozusagen ein Wettlauf gegen die Zeit, also wird dein Fegefeuer nicht allzu lange bestehen bleiben."

Ich musste gehorchen, und sie wusste es, denn sie hielt meine Bereitschaft für selbstverständlich.

Aus einer kleinen goldenen Tasche holte sie ein winziges Kästchen heraus, und als sie es öffnete, entnahm sie etwas, das einer purpurnen Oblate ähnelte und auf der ein weißes Andreaskreuz stand.

„Was für eine Uhr hast du? Ah, ein Jäger. Kleben Sie das in den Deckel. Eines Tages wirst du vielleicht aufgefordert, es zu zeigen ... Noch etwas. Kaufen Sie morgen ein Exemplar des *Pilgrim's Progress* und lernen Sie es auswendig. Eines Tages werden Sie Briefe und Nachrichten erhalten, und der Stil unserer Freunde erinnert wahrscheinlich an John Bunyan ... Das Auto wird morgen vor der Tür stehen, um halb elf zu sein, und ich werde Ihnen die Adresse geben Räume, die für Sie reserviert wurden ... Darüber hinaus habe ich nichts zu sagen, außer Sie zu bitten, Ihre Rolle gut zu spielen und die Fassung zu bewahren. Du hast dich beim Abendessen sehr nett benommen."

Ich stellte eine letzte Frage, als wir im Flur gute Nacht sagten. „Soll ich dich wiedersehen?"

„Bald und oft", war die Antwort. „Denken Sie daran, wir sind Kollegen."

Als ich nach oben ging, fühlte ich mich außerordentlich wohl. Ich hatte eine absolut schreckliche Zeit vor mir, aber jetzt wurde alles durch den Gedanken an das Mädchen, das im Garten „Cherry Ripe" gesungen hatte, verherrlicht und gefärbt. Ich lobte die Weisheit dieser alten Schlange Bullivant bei der Wahl seines Mittelsmanns, denn ich würde gehängt, wenn ich solche Befehle von jemand anderem angenommen hätte.

KAPITEL II
„Das Dorf namens Moral"

Oben in der Hochebene sind unsere Flüsse oft Reihen von Tümpeln, die durch schlammige Rinnsale verbunden sind – die stagnierendsten Wasserläufe, die man auf einer Tagesreise suchen würde. Aber bald erreichen sie den Rand des Plateaus und werden in edlen Schluchten in die Ebene geworfen und rollen danach in satten und lauten Strömungen zum Meer. Also mit der Geschichte, die ich erzähle. Es begann in sanften Abschnitten, so still wie ein Mühlenteich; Doch bald kam der Tag, an dem ich von einem reißenden Strom erfasst wurde und von einem Schicksal, das ich nicht kontrollieren konnte, atemlos von Fels zu Fels geschleudert wurde. Aber vorerst befand ich mich in einem Hinterland, nicht weniger als in der Gartenstadt Biggleswick, wo Mr. Cornelius Brand, ein südafrikanischer Gentleman, der England im Urlaub besuchte, in zwei Zimmern im Cottage von Mr. Tancred Jimson wohnte.

Das Haus – oder „Zuhause", wie sie es in Biggleswick lieber nannten – war eines von etwa zweihundert anderen, die eine angenehme Gemeinde im Mittelland umgaben. Es war schlecht gebaut und seltsam eingerichtet; das Bett war zu kurz, die Fenster passten nicht, die Türen blieben nicht geschlossen; Aber es war so sauber, wie Wasser und Seife und Schrubben es nur möglich machten. Die drei Viertel eines Hektar großen Gartens waren hauptsächlich dem Kartoffelanbau gewidmet, obwohl Mrs. Jimson unter dem Wohnzimmerfenster ein Beet mit duftenden Kräutern hatte und Reihen dürrer Sonnenblumen den Weg säumten, der zur Haustür führte. Es war Mrs. Jimson, die mich empfing, als ich aus der Veranda der Station stieg – eine große rote Frau mit durch die ständige Witterungseinwirkung gebleichtem Haar, gekleidet in ein Kleid, das in Form und Material einem Chintz-Vorhang nachempfunden zu sein schien. Sie war eine gute, freundliche Seele und genauso stolz wie Punch auf ihr Haus.

„Wir leben hier das einfache Leben, Herr Brand", sagte sie. „Sie müssen uns so nehmen, wie Sie uns finden."

Ich versicherte ihr, dass ich nichts Besseres verlangte, und als ich in meinem frischen kleinen Schlafzimmer auspackte, während der Westwind durch das Fenster wehte, kam mir der Gedanke, dass ich schon schlimmere Unterkünfte gesehen hatte.

Ich hatte in London eine beträchtliche Anzahl Bücher gekauft, denn ich dachte, dass ich, wenn ich Zeit hätte, genauso gut etwas für meine Ausbildung tun könnte. Es handelte sich größtenteils um englische Klassiker, deren Namen ich kannte, die ich aber nie gelesen hatte, und sie waren alle in einer kleinen Serie mit flachem Rücken zu einem Schilling pro

Stück erhältlich. Ich habe sie auf einer Kommode angeordnet, aber die *Pilgerreise hatte ich* neben meinem Bett, denn sie war eines meiner Arbeitsutensilien und ich musste sie mir auswendig merken.

Mrs. Jimson, die hereinkam, während ich gerade auspackte, um zu sehen, ob das Zimmer meinen Wünschen entsprach, stimmte meinem Geschmack zu. Bei unserem Mittagsessen wollte sie mit mir über Bücher diskutieren und war so von ihrem eigenen Wissen überzeugt, dass ich meine Unwissenheit verbergen konnte.

„Wir alle arbeiten daran, unsere Persönlichkeit zum Ausdruck zu bringen“, sagte sie mir. „Haben Sie Ihr Medium gefunden, Herr Brand? Soll es der Stift oder der Bleistift sein? Oder ist es vielleicht Musik? Du hast die Stirn eines Künstlers, den frontalen ‚Balken von Michelangelo‘, erinnerst du dich!“

Ich sagte ihr, dass ich zu dem Schluss gekommen sei, dass ich es mit Literatur versuchen würde, aber bevor ich etwas schreibe, würde ich noch etwas mehr lesen.

Es war ein Samstag, also kam Jimson am frühen Nachmittag aus der Stadt zurück. Er war leitender Angestellter in einem Schifffahrtsbüro, aber sein Aussehen ließ es nicht vermuten. Seine Stadtkleidung bestand aus lockerem dunkelgrauem Flanell, einem weichen Kragen, einer orangefarbenen Krawatte und einem weichen schwarzen Hut. Seine Frau ging die Straße hinunter, um ihn zu treffen, und sie kamen Hand in Hand zurück und schwangen ihre Arme wie zwei Schulkinder. Er hatte einen knappen roten Bart mit grauen Strähnen und milde blaue Augen hinter einer starken Brille. Er war das freundlichste Geschöpf der Welt, voller schneller Fragen und bestrebt, mir das Gefühl zu geben, zur Familie zu gehören. Dann schlüpfte er in eine Norfolk-Tweedjacke und begann mit der Bewirtschaftung seines Gartens. Ich zog meinen Mantel aus und reichte ihm eine Hand, und wenn er anhielt, um sich von seiner Arbeit auszuruhen – was alle fünf Minuten geschah, da er überhaupt keine körperliche Verfassung hatte –, wischte er sich die Stirn, rieb sich die Brille und deklamierte über den guten Geruch der Erde und die Freude, der Natur nahe zu sein.

Einmal blickte er mit einer Art Wehmut auf meine großen braunen Hände und muskulösen Arme. „Sie sind einer der *Macher* , Herr Brand“, sagte er, „und ich könnte es in meinem Herzen finden, Sie zu beneiden. Sie haben die Natur in fernen Ländern in wilder Form gesehen. Ich hoffe, dass du uns eines Tages von deinem Leben erzählen wirst. Ich muss mit meiner kleinen Ecke zufrieden sein, aber glücklicherweise gibt es keine territorialen Grenzen für den Geist. Diese bescheidene Behausung ist ein Wachturm, von dem aus ich die ganze Welt überblicken kann.“

Danach ging er mit mir spazieren. Wir trafen Gruppen von zurückkehrenden Tennisspielern und hier und da einen Golfer. Es schien eine Fülle junger Männer zu geben, die größtenteils ziemlich unkrautig aussahen, aber es gab auch ein oder zwei erwachsene Männer, die hätten kämpfen sollen. Die Namen einiger von ihnen erwähnte Jimson voller Ehrfurcht. Ein ungesunder Jüngling war Aronson, der große Romancier; Ein kräftiger, struppiger Kerl mit einem wilden Schnurrbart war Letchford, der berühmte Leitautor des *Critic* . Mehrere wurden mir als Künstler vorgestellt, die besser waren als alle anderen, und ein riesiges, wogendes Geschöpf wurde als Anführer des neuen Orientalismus in England beschrieben. Mir ist aufgefallen, dass diese Leute laut Jimson alle „großartig" waren und dass sie sich alle an etwas „Neuem" versuchten. Es gab auch viele junge Frauen, die meisten von ihnen waren ziemlich schlecht gekleidet und neigten zu unordentlichem Haar. Und es gab überall auf der Welt mehrere anständige Paare, die wie Hausbesitzer eines Abends die Luft schnüffelten. Die meisten dieser Letzteren waren Jimsons Freunde, denen er mich vorstellte. Sie waren seine eigene Klasse — bescheidene Leute, die nach einem farbigen Hintergrund für ihr prosaisches Stadtleben suchten und ihn in dieser seltsamen Siedlung fanden.

Beim Abendessen wurde ich in die besonderen Vorzüge von Biggleswick eingeweiht.

„Es ist ein großartiges Gedankenlabor", sagte Frau Jimson. „Es ist herrlich zu spüren, dass man unter den eifrigen, vitalen Menschen lebt, die an der Spitze aller neuesten Bewegungen stehen, und dass die Geistesgeschichte Englands in unseren Studienräumen und Gärten geschrieben wird." Für uns scheint der Krieg eine ferne und zweitrangige Angelegenheit zu sein. Wie jemand gesagt hat, werden die großen Kämpfe der Welt alle im Kopf ausgetragen."

Ein Schmerzkrampf huschte über das Gesicht ihres Mannes. „Ich wünschte, ich könnte es weit weg spüren. Schließlich, Ursula, ist es das Opfer der Jugend, das Menschen wie uns Muße und Ruhe zum Nachdenken gibt. Unsere Pflicht ist es, das Beste zu tun, was uns erlaubt ist, aber diese Pflicht ist eine armselige Sache im Vergleich zu dem, was unsere jungen Soldaten geben! Vielleicht liege ich völlig falsch, was den Krieg angeht ... Ich weiß, dass ich mit Letchford nicht streiten kann. Aber ich werde keine Überlegenheit vortäuschen, die ich nicht verspüre."

Als ich zu Bett ging, hatte ich das Gefühl, dass ich mit Jimson einen ziemlich gesunden Menschen getroffen hatte. Als ich die Kerzen auf meinem Frisiertisch anzündete, bemerkte ich, dass der Stapel Silber, den ich beim Abwaschen vor dem Abendessen aus meinen Taschen geholt hatte, kopflastig war. Oben befanden sich zwei große Münzen und darunter sechs Pence und Schilling. Nun ist es eine meiner Kuriositäten, dass ich seit meiner

Kindheit meine losen Münzen symmetrisch angeordnet habe, wobei die kleinsten Münzen oben liegen. Das machte mich aufmerksam und ließ mich auf einen zweiten Punkt aufmerksam werden. Die englischen Klassiker auf der Kommode waren nicht in der Reihenfolge, in der ich sie zurückgelassen hatte. Izaak Walton hatte sich links von Sir Thomas Browne gestellt, und der Dichter Burns war trostlos zwischen zwei Bänden von Hazlitt eingeklemmt. Außerdem war eine Rechnung mit Quittung, die ich zur Markierung meines Platzes in den *Pilgrim's Progress gesteckt hatte* , verschoben worden. Jemand hatte meine Sachen durchsucht.

Eine kurze Überlegung überzeugte mich davon, dass es nicht Mrs. Jimson gewesen sein konnte. Sie hatte keine Dienerin und erledigte die Hausarbeit selbst, aber meine Sachen waren unberührt geblieben, als ich vor dem Abendessen das Zimmer verließ, denn sie war gekommen, um aufzuräumen, bevor ich nach unten gegangen war. Während wir beim Abendessen waren, war jemand hier gewesen und hatte alles, was ich besaß, eingehend untersucht. Glücklicherweise hatte ich wenig Gepäck und keine Papiere außer den neuen Büchern und ein oder zwei Rechnungen auf den Namen Cornelius Brand. Der Inquisitor, wer auch immer er war, hatte nichts gefunden ... Der Vorfall tröstete mich sehr. Es war kaum zu glauben, dass an diesem öffentlichen Ort, an dem die Menschen dreist im Freien lebten, ihr Herz auf der Zunge trugen und von den Dächern aus ihre Meinung verkündeten, irgendein Geheimnis existieren konnte. Dennoch muss es ein Geheimnis geben, sonst hätte ein harmloser Fremder mit einer Reisetasche diese seltsamen Aufmerksamkeiten nicht erhalten. Danach machte ich es mir zur Gewohnheit, mit meiner Uhr unter meinem Kissen zu schlafen, denn in der Hülle befand sich Mary Lamingtons Etikett.

Nun begann eine Zeit angenehmer müßiger Aufnahmefähigkeit. Einmal in der Woche war es meine Gewohnheit, für einen Tag nach London zu fahren, um Briefe und Anweisungen entgegenzunehmen, falls welche eintrafen. Ich war von meinen Räumen in Park Lane, die ich unter meinem richtigen Namen gemietet hatte, in eine kleine Wohnung in Westminster umgezogen, die auf den Namen Cornelius Brand lautete. Die an Park Lane adressierten Briefe wurden an Sir Walter weitergeleitet, der sie verdeckt an meine neue Adresse schickte. Ansonsten verbrachte ich meine Vormittage mit Lesen im Garten und entdeckte zum ersten Mal, was für ein Vergnügen es war, alte Bücher zu lesen. Sie erinnerten mich an die Vision, die ich vom Cotswold Ridge aus gesehen hatte, und verstärkten sie, die Offenbarung des unschätzbaren Erbes Englands. Ich habe eine Menge Geschichte in mich aufgenommen, aber vor allem mochte ich die Schriftsteller wie Walton, die mitten in die englische Landschaft vordrangen. Auch bald empfand ich den *Pilgerweg* nicht mehr als Pflicht, sondern als Vergnügen. Ich entdeckte jeden Tag neue Juwelen in der ehrlichen alten Geschichte, und meine Briefe an

Petrus begannen, davon ebenso voll zu sein wie die eigenen Briefe des Petrus. Ich liebte auch die Lieder der Elisabethaner, denn sie erinnerten mich an das Mädchen, das mir in der Juninacht vorgesungen hatte.

Nachmittags trainierte ich in langen Spaziergängen auf den guten, staubigen englischen Straßen. Von Biggleswick aus fiel das Land in eine Ebene aus Wäldern und Weideland ab, mit niedrigen Hügeln am Horizont. Der Ort war mit Dörfern übersät, jedes mit seinem Grün, einem Teich und einer alten Kirche. Die meisten hatten auch Gasthäuser, und dort trank ich so manchen Schluck kühles, nussiges Bier, denn das Gasthaus in Biggleswick war ein reformierter Ort, in dem nichts außer verwaschenem Apfelwein verkauft wurde. Wenn ich in der Abenddämmerung nach Hause stapfte, war ich oft so sehr in das Land verliebt, dass ich vor lauter Freude darüber hätte singen können. Und abends, nach einem Bad, gab es Abendessen, bei dem ein ziemlich erschöpfter Jimson zwischen Schlaf und Hunger kämpfte und die Dame mit einem Kunstfell auf dem unordentlichen Kopf schonungslos von Kultur redete.

Nach und nach drang ich in die lokale Gesellschaft vor. Die Jimsons waren eine große Hilfe, denn sie waren beliebt und pflegten bei den meisten Einwohnern eine gute Bekanntschaft. Sie betrachteten mich als einen verdienstvollen Anwärter auf ein höheres Leben, und ich wurde ihren Freunden mit dem Hinweis auf eine lebendige, wenn auch spießbürgerliche Vergangenheit vorgeführt. Wenn ich eine Begabung zum Schreiben hätte, würde ich ein Buch über die Einwohner von Biggleswick schreiben. Ungefähr die Hälfte davon waren angesehene Bürger, die wegen der Landluft und der günstigen Tarife dorthin kamen, aber selbst diese hatten einen Hauch von Eigenartigkeit und hatten den Jargon des Ortes gelernt. Die jüngeren Männer waren meist Regierungsbeamte oder Schriftsteller oder Künstler. Es gab ein paar Witwen mit Scharen von Töchtern, und am Stadtrand standen mehrere größere Häuser – meist Häuser, die schon vor der Gründung der Gartenstadt dort gestanden hatten. Eines davon war brandneu, eine beeindruckende Villa mit scheinbar antikem Fachwerk, hoch oben auf einem Hügel inmitten kahler Gärten gelegen. Es gehörte einem Mann namens Moxon Ivery, einer Art akademischer Pazifist und ein großer Gott des Ortes. Ein anderes, ein ruhiges georgianisches Herrenhaus, gehörte einem Londoner Verleger, einem glühenden Liberalen, dessen besonderer Geschäftszweig ihn dazu zwang, mit den neuen Bewegungen in Kontakt zu bleiben. Ich sah ihn oft mit einer kleinen schwarzen Tüte zum Bahnhof eilen und abends mit dem Fisch zum Abendessen zurückkommen.

Ich lernte bald überraschend viele Menschen kennen, und es waren die tollsten Rommé-Vögel, die man sich vorstellen kann. Da waren zum Beispiel die Weekeses, drei Mädchen, die mit ihrer Mutter in einem Haus lebten, das so kunstvoll gestaltet war, dass man sich den Kopf brach, egal in welche

Richtung man sich darin drehte. Der Sohn der Familie war ein Kriegsdienstverweigerer, der sich geweigert hatte, irgendeine Arbeit zu verrichten, und für seine Mühen gequält worden war. Sie waren unheimlich stolz auf ihn und pflegten mit einer Begeisterung von seinen Leiden in Dartmoor zu erzählen, die ich eher herzlos fand. Kunst war ihr großes Fach, und ich fürchte, sie fanden mich ziemlich anstrengend. Es war ihre Art, nie etwas offensichtlich Schönes zu bewundern, wie einen Sonnenuntergang oder eine hübsche Frau, sondern überraschende Schönheit in Dingen zu finden, die ich für abscheulich hielt. Außerdem sprachen sie eine Sprache, die mir unbekannt war. Solche Gespräche gab es früher. – MISS WEEKES: „Bewundern Sie Ursula Jimson nicht?" SELBST: „Eher!" MISS W.: „Sie ist in ihren Texten so John-artig." SELBST: „Genau!" MISS W.: „Und Tancred auch – er ist so voller *Nuancen* ." SELBST: „Eher!" FRAU W.: „Er schlägt einen von Dégousses Landsleuten vor." SELBST: „Genau!"

Sie hatten nicht viel mit Büchern zu tun, abgesehen von einigen russischen, und ich erwarb mir in ihren Augen Verdienste, weil ich *Leprous Souls gelesen hatte* . Wenn man mit ihnen über diese göttliche Landschaft sprach, stellte man fest, dass es ihnen völlig egal war und dass sie noch nie eine Meile außerhalb des Dorfes gewesen waren. Aber sie bewunderten sehr die düstere Wirkung eines Zuges, der an einem regnerischen Tag in den Bahnhof Marylebone einfährt.

Aber es waren die Männer, die mich am meisten interessierten. Aronson, der Romanautor, erwies sich bei Bekannten als der schlimmste Bösewicht. Er hielt sich für ein Genie, dessen Unterstützung die Pflicht des Landes war, und er schwatzte über seine elenden Verwandten und jeden, der ihm Geld leihen wollte. Er plapperte ständig über seine Sünden, und sie waren ziemlich erbärmlich. Am liebsten hätte ich ihn unter ein paar gute, altmodische Vollblutsünder aus meinem Bekanntenkreis geworfen; sie hätten ihn erheblich erschreckt. Er erzählte mir, dass er nach „Realität", „Leben" und „Wahrheit" suchte, aber es war schwer vorstellbar, wie er viel darüber wissen konnte, denn er verbrachte den halben Tag im Bett und rauchte billige Zigaretten, den Rest sonnte er sich die Bewunderung schwachsinniger Mädchen. Das Geschöpf war körperlich und geistig an Tuberkulose erkrankt, und der einzige Roman von ihm, den ich las, drehte mir ziemlich den Magen um. Die Stärke von Herrn Aronson waren Witze über den Krieg. Wenn er von einem Bekannten hörte, der sich dem Kriegsdienst angeschlossen hatte oder sogar Kriegsdienst verrichtete, kannte seine Heiterkeit keine Grenzen. Früher juckte es mich in den Fingern, dem kleinen Kerl eine Ohrfeige zu verpassen.

Letchford war ein anderes Paar Schuhe. Er war von Anfang an eine Art Mann und hatte ein ausgezeichnetes Gehirn und die schlechtesten Manieren, die man sich vorstellen kann. Er widersprach allem, was Sie gesagt haben, und achtete auf einen Streit, während andere Leute nach ihrem Abendessen Ausschau hielten. Er war ein zweimotoriger Schnellpazifikist, weil er zu der Art streitsüchtiger Kerl gehörte, der immer in der Minderheit sein musste. Wenn Großbritannien sich aus dem Krieg herausgehalten hätte, wäre er ein glühender Militarist gewesen, aber da es sich darin befand, musste er Gründe finden, warum es sich geirrt hatte. Und dafür gibt es gute Gründe. Ich hätte seinen Argumenten nicht gerecht werden können, wenn ich gewollt hätte, also saß ich fügsam zu seinen Füßen. Für Letchford stand die Welt völlig schief, und Gott hatte ihn mit zwei linken Händen erschaffen. Aber der Kerl hatte Vorzüge. Er hatte ein paar lustige Kinder, die er vergötterte, und an einem Sonntag ging er kilometerweit mit mir spazieren und sang Gedichte über die Schönheit und Größe Englands. Er war fünfundvierzig; Wenn er dreißig gewesen wäre und in meinem Bataillon gewesen wäre, hätte ich ihn zum Soldaten machen können.

Es gab Dutzende weitere, deren Namen ich vergessen habe, aber sie hatten ein gemeinsames Merkmal. Sie waren voller spirituellem Stolz, und ich vergnügte mich damit, ihre Originale im *Pilgrim's Progress zu finden* . Als ich versuchte, sie nach dem Maßstab des alten Peter zu beurteilen, blieben sie völlig zurück. Sie schlossen den Krieg aus ihrem Leben aus, manche aus Schrecken, manche aus reiner Leichtsinnigkeit und manche, weil sie wirklich davon überzeugt waren, dass alles falsch war. Ich glaube, ich wurde in meiner Rolle als Wahrheitssucher, als ehrlicher Kolonialherr, der aus Instinkt gegen den Krieg war und auf der Suche nach Belehrungen in dieser Angelegenheit war, ziemlich beliebt. Sie betrachteten mich als einen Konvertiten aus einer fremden Welt des Handelns, die sie insgeheim fürchteten, obwohl sie so taten, als würden sie sie verachten. Jedenfalls redeten sie sehr offen mit mir, und schon bald hatte ich alle pazifistischen Argumente auswendig. Ich erkannte, dass es drei Schulen gab. Man lehnte den Krieg insgesamt ab, und dieser hatte außer Aronson und Weekes, CO, die jetzt in Dartmoor schmachten, nur wenige Anhänger. Der zweite dachte, dass die Sache der Alliierten befleckt sei und dass Großbritannien genauso viel zur Katastrophe beigetragen habe wie Deutschland. Dazu gehörten alle Anhänger der LDA – der Liga der Demokraten gegen Aggression – einer sehr stolzen Organisation. Der dritte und weitaus größte, der alle anderen umfasste, vertrat die Auffassung, dass wir lange genug gekämpft hätten und dass die Angelegenheit nun durch Verhandlungen geregelt werden könne, da Deutschland seine Lektion gelernt habe. Ich war selbst ein bescheidenes Mitglied der letzten Schule, arbeitete mich aber allmählich zur zweiten vor und hoffte, mit etwas Glück für die erste qualifiziert zu sein. Meine Bekannten stimmten meinen Fortschritten zu. Letchford sagte, dass in meiner langsamen Natur ein Kern von Fanatismus stecke und dass ich am Ende die rote Fahne schwenken würde.

Wie ich bereits sagte, waren spiritueller Stolz und Eitelkeit die Grundlage der meisten von ihnen, und so sehr ich mich auch bemühte, ich konnte darin nichts sehr Gefährliches finden. Das ärgerte mich, denn ich begann mich zu fragen, ob die Mission, die ich so feierlich begonnen hatte, nicht ein Fiasko werden würde. Manchmal machten sie mir unerträgliche Sorgen . Als die Nachricht von Messines kam, interessierte sich niemand im geringsten dafür, während ich mich darauf sehnte, jedes Detail des großen Kampfes zu erfahren. Und wenn sie über militärische Angelegenheiten sprachen, wie es Letchford und andere manchmal taten, konnte man sich nur schwer davon abhalten, sie alle zum Teufel zu schicken, denn ihre amateurhafte Selbstsicherheit hätte Hiob verärgert. Man musste die Erinnerung an unsere Kameraden da draußen eindämmen, die Blut schwitzten, um diese Idioten unter Kontrolle zu halten. Dennoch konnte ich ihnen nicht lange böse sein, so kindisch unschuldig waren sie. Tatsächlich konnte ich nicht anders, als sie zu mögen und eine gewisse Qualität in ihnen zu entdecken. Ich hatte drei Jahre unter Soldaten verbracht, und der britische Soldat, der großartige Kerl, der er ist, hat seine Fehler. Seine Disziplin macht ihn zu einem Haufen Bürokratie und jeder Art von überlegener Autorität. Nun, diese Leute waren ziemlich ehrlich und auf perverse Weise mutig. Letchford jedenfalls. Ich hätte genauso wenig das tun können, was er getan hat und von der Menge von den Bahnsteigen gejagt und von den Frauen auf der Straße beschimpft worden wäre, genauso wenig wie ich seine Leitartikel hätte schreiben können.

Dennoch war ich von meinem Job eher geringgeschätzt. Abgesehen von der Episode, in der meine Habseligkeiten in der ersten Nacht durchsucht wurden, hatte ich nicht den Hauch einer Ahnung oder auch nur die geringste Ahnung, dass es ein Geheimnis geben könnte. Der Ort und die Menschen waren so offen und hell wie eine YMCA-Hütte. Aber eines Tages bekam ich ein ordentliches Bündel Trost. In einer Ecke von Letchfords Zeitung „The *Critic*" fand ich einen Brief, der zu den schärfsten Beschimpfungen gehörte, die ich je gesehen hatte. Der Autor redete wie ein Beagle-Welpe über die Prostitution, wie er es nannte, des amerikanischen Republikanismus gegenüber den Lastern der europäischen Aristokratien. Er erklärte, Senator La Follette sei ein vielfach missverstandener Patriot, da er allein für die arbeitenden Millionen spreche, die keinen anderen Freund hätten. Er war sauer auf Präsident Wilson und prophezeite ein großes Erwachen, als Uncle Sam in Europa gegen John Bull antrat und herausfand, was für ein Standbeiner er war. Der Brief war mit „John S. Blenkiron" unterzeichnet und mit „London, 3. Juli" datiert.

Der Gedanke, dass Blenkiron in England war, verlieh meinem Geschäft ein neues Gesicht. Ich ging davon aus, dass ich ihn bald wiedersehen würde, denn er war nicht der Mann, der still stehen blieb. Er hatte die Rolle übernommen, die er vor seiner Abreise im Dezember 1915 gespielt hatte, und das zu Recht, denn nicht mehr als ein halbes Dutzend Menschen wussten von der Erzerum-Affäre, und für die britische Öffentlichkeit war er nur der Mann, der entlassen worden war des Savoy wegen Gerede über Verrat. Früher hatte ich mich ein wenig einsam gefühlt, aber jetzt schrieb irgendwo in den vier Ecken der Insel der beste Gefährte, den Gott je geschaffen hatte, Unsinn mit der Zunge in seiner alten Wange.

In Biggleswick gab es eine Institution, die Erwähnung verdient. Im Süden der Gemeinde, in der Nähe des Bahnhofs, stand ein rotes Backsteingebäude namens Moot Hall, eine Art Kirche für die sehr ungläubige Bevölkerung. Ungläubig im gewöhnlichen Sinne meine ich, denn ich hatte bereits siebenundzwanzig Arten religiöser Überzeugung gezählt, darunter drei Buddhisten, einen Himmlischen Hierarchen, fünf Heilige der Letzten Tage und etwa zehn Arten von Mystikern, deren Namen ich mir nie merken konnte. Der Saal war ein Geschenk des Verlegers, von dem ich gesprochen habe, und zweimal pro Woche wurde er für Vorträge und Debatten genutzt. Der Ort wurde von einem Komitee verwaltet und erfreute sich überraschender Beliebtheit, denn er gab allen sprudelnden Intellektuellen die Möglichkeit, ihre Ansichten zu äußern. Wenn Sie fragten, wo jemand sei, und Ihnen gesagt wurde, er sei „bei Moot", wurde die Antwort in dem respektvollen Ton gegeben, in dem Sie ein Sakrament erwähnen würden.

Ich bin regelmäßig dorthin gegangen und habe meinen Geist bis zum Äußersten erweitert. Wir hatten alle Stars der Neuen Bewegungen. Wir hatten Doktor Chirk, der einen Vortrag über „Gott" hielt, was, soweit ich erkennen konnte, ein neuer Name war, den er für sich selbst erfunden hatte. Es gab eine Frau, eine schreckliche Frau, die mit einer, wie sie es nannte, „Botschaft der Heilung" aus Russland zurückkam. Und zu meiner Freude gab es eines Abends einen tollen schwarzen Nigger, der viel über „Afrika für die Afrikaner" zu sagen hatte. Ich habe danach in Sesutu ein paar Worte mit ihm gewechselt und ihm den Besuch ziemlich verdorben. Einige der Leute waren außergewöhnlich gut, besonders ein lustiger alter Kerl, der über englische Volkslieder und Tänze sprach und wollte, dass wir einen Maibaum aufstellen. An den Debatten, die im Allgemeinen folgten, begann ich mich zu beteiligen, zunächst sehr zurückhaltend, doch bald mit einigem Selbstvertrauen. Während meine Zeit in Biggleswick nichts anderes bewirkte, lehrte sie mich, auf eigenen Füßen zu argumentieren.

Die erste große Anstrengung, die ich unternahm, war bei einem Anlass in voller Kleidung, als Launcelot Wake herunterkam, um zu sprechen. Auf dem Stuhl saß Mr. Ivery – der erste, den ich von ihm gesehen hatte –, ein rundlicher Mann mittleren Alters mit farblosem Gesicht und unscheinbaren Gesichtszügen. Ich interessierte mich nicht für ihn, bis er anfing zu reden, und dann setzte ich mich kerzengerade hin und bemerkte es. Denn er war der echte Silberzüngler, die Sätze flossen aus seinem Mund, so glatt wie Butter und so sauber ineinandergreifend wie ein Parkettboden. Er hatte eine Art weltmännisches Auftreten, behandelte seine Gegner mit herablassender Freundlichkeit, lehnte jegliche Leidenschaft und Übertreibung ab und gab einem das Gefühl, dass seine weltgewandte Aussage richtig sein müsse, denn wenn er gewollt hätte, hätte er es so vorbringen können viel höher. Ich beobachtete ihn fasziniert und musterte sein Gesicht aufmerksam; Und das, was mir auffiel, war, dass es nichts darin gab – nichts, das ich festhalten konnte. Es war einfach unscheinbar und so alltäglich, dass gerade diese Tatsache es ziemlich bemerkenswert machte.

Wake sprach von den Enthüllungen des Suchomlinow-Prozesses in Russland, die zeigten, dass Deutschland nicht für den Krieg verantwortlich sei. Er machte seinen Job wirklich gut und argumentierte so klar wie ein erstklassiger Anwalt. Ich hatte bei dem Thema geschwitzt und hatte den ganzen gewöhnlichen Sachverhalt in der Hand, und als ich Gelegenheit zum Reden bekam, hielt ich ihnen eine lange Ansprache mit einigen guten Zitaten, die ich aus der *Vossischen Zeitung*, die Letchford, herausgesucht hatte hat mir geliehen. Ich hatte das Gefühl, dass es an mir lag, besonders gewalttätig zu sein, denn ich wollte meinen Charakter mit Wake etablieren, da er ein Freund von Mary war und Mary wusste, dass ich das Spiel spielte. Ich bekam gewaltigen Applaus, viel mehr als der Hauptredner, und nach der Sitzung kam Wake mit seinen heißen Augen auf mich zu und rang mir die Hand. „Du kommst gut voran, Brand", sagte er und stellte mich dann Mr. Ivery vor. „Hier ist ein zweiter und besserer Smuts", sagte er.

Ivery hat mich dazu gebracht, ein Stück mit ihm nach Hause zu gehen. „Ich bin beeindruckt, wie Sie diese schwierigen Probleme im Griff haben, Herr Brand", sagte er mir. „Ich kann Ihnen viel sagen, und Sie könnten für unsere Sache von großem Wert sein." Er stellte mir viele Fragen zu meiner Vergangenheit, die ich mit leichter Verlogenheit beantwortete. Bevor wir uns trennten, nahm er mir das Versprechen ab, eines Abends zum Abendessen zu kommen.

Am nächsten Tag erhaschte ich einen flüchtigen Blick auf Maria, und zu meinem Ärger tötete sie mich. Sie ging mit einer Schar barhäuptiger Mädchen umher, die alle laut plapperten, und obwohl sie mich ganz deutlich sah, wandte sie den Blick ab. Ich hatte auf mein Stichwort gewartet, also lüftete ich nicht meinen Hut, sondern ging weiter, als wären wir Fremde. Ich dachte, es wäre Teil des Spiels, aber diese Kleinigkeit hat mich genervt und ich habe einen düsteren Abend verbracht.

Am nächsten Tag sah ich sie wieder, diesmal unterhielt sie sich ruhig mit Mr. Ivery und trug ein sehr hübsches Sommerkleid und einen breitkrempigen Strohhut mit Blumen darin. Diesmal blieb sie mit einem strahlenden Lächeln stehen und streckte ihre Hand aus. „Herr Brand, nicht wahr?" fragte sie ziemlich zögernd. Und dann wandte sie sich an ihren Begleiter: „Das ist Mr. Brand. Er war letzten Monat bei uns in Gloucestershire."

Herr Ivery gab bekannt, dass er und ich uns bereits kannten. Am helllichten Tag betrachtet war er ein sehr sympathischer Kerl, etwa zwischen fünfundvierzig und fünfzig, mit einer Figur mittleren Alters und einem merkwürdig jungen Gesicht. Mir fiel auf, dass es kaum Linien darauf gab und es eher die eines sehr weisen Kindes als die eines Mannes war. Er hatte ein angenehmes Lächeln, das seinen Kiefer und seine Wangen wie Gummi weiten ließ. „Sie kommen, um mit mir zu Abend zu essen, Herr Brand", rief er mir nach. „Am Dienstag nach Moot. Ich habe bereits geschrieben." Er zog Mary von mir weg und ich musste mich damit begnügen, ihre Figur zu betrachten, bis sie hinter einer Straßenbiegung verschwand.

Am nächsten Tag fand ich in London einen Brief von Peter. Er war in letzter Zeit sehr feierlich gewesen und erinnerte sich jetzt, da er zu dem Schluss kam, dass sein aktives Leben vorbei sei, sehr an die alten Zeiten. Aber dieses Mal war er in einer anderen Stimmung. „ *Ich denke* ", schrieb er, „ *dass du und ich uns bald wiedersehen werden, mein alter Freund." Erinnern Sie sich, als wir im Rooirand dem großen schwarzmähnigen Löwen nachgingen und ihm nicht auf die Spur kommen konnten, und dann wachten wir eines Morgens auf und sagten, wir würden ihn heute holen? – und das taten wir, aber er hätte es beinahe geschafft du zuerst. In den letzten Tagen hatte ich das Gefühl, dass wir beide ins Tal gehen, um uns mit Apollyon zu treffen, und dass der Teufel uns eine böse Zeit bereiten wird, aber wir werden trotzdem zusammen sein. "*

Ich selbst hatte das gleiche Gefühl, obwohl ich mir nicht vorstellen konnte, wie Peter und ich uns treffen würden, es sei denn, ich ging wieder an die Front und wurde in den Sack gesteckt und in dasselbe Boche-Gefängnis geschickt. Aber ich hatte das Gefühl, dass sich meine Zeit in Biggleswick dem Ende zuneigte und dass es für mich bald schwieriger werden würde. Ich empfand eine große Zuneigung zu diesem Ort, unternahm alle meine Lieblingsspaziergänge und trank meine eigene Gesundheit im Bier der Dorfgasthöfe, mit dem Bewusstsein, Abschied zu nehmen. Außerdem beeilte ich mich, meine englischen Klassiker fertigzustellen, denn ich kam zu dem Schluss, dass ich in Zukunft nicht mehr viel Zeit für andere Lektüre haben würde.

Der Dienstag kam, und am Abend machte ich mich ziemlich spät auf den Weg zur Moot Hall, denn nach einem langen, heißen Schritt hatte ich mich gerade in anständige Kleidung geschlüpft. Als ich dort ankam, war es ziemlich voll und ich konnte nur auf den hinteren Bänken einen Platz finden. Dort auf dem Bahnsteig war Ivery, und neben ihm saß eine Gestalt, die jeden Zentimeter von mir mit Zuneigung und wilder Vorfreude erfüllte. „Ich habe jetzt das Privileg", sagte der Vorsitzende, „Ihnen den Redner vorzustellen, den wir so herzlich willkommen heißen, unseren furchtlosen und unermüdlichen amerikanischen Freund, Herrn Blenkiron."

Es war das alte Blenkiron, aber völlig verändert. Seine Statur war verschwunden und er war so schlank wie Abraham Lincoln. Anstelle eines aufgedunsenen Gesichts zeichneten sich seine Wangenknochen und sein Kiefer hart und scharf ab, und statt seiner früheren pastösen Farbe hatte sein Teint den klaren Glanz der Gesundheit. Ich sah jetzt, dass er eine großartige Gestalt von einem Mann war, und als er aufstand, hatte jede Bewegung die Geschmeidigkeit eines Athleten im Training. In diesem Moment wurde mir klar, dass mein ernstes Geschäft jetzt begonnen hatte. Meine Sinne schienen plötzlich schneller, meine Nerven angespannter, mein Gehirn aktiver. Das große Spiel hatte begonnen und er und ich spielten es zusammen.

Ich beobachtete ihn mit angespannter Aufmerksamkeit. Es war eine lustige Rede voller Extravaganz und Heftigkeit, nicht sehr gut argumentiert und furchtbar diskursiv. Sein Hauptargument war, dass Deutschland jetzt in einer guten demokratischen Stimmung sei und durchaus in eine brüderliche Partnerschaft aufgenommen werden könne – dass es tatsächlich nie in einer anderen Stimmung gewesen sei, sondern durch die Verschwörungen seiner Feinde zur Gewalt gezwungen worden sei. Ich hätte meinen sollen, dass vieles davon in krassem Widerspruch zu den Defense of the Realm Acts steht, aber wenn irgendein kluger Beamter von Scotland Yard es gehört hätte, hätte er es aufgrund seiner Widersprüche wahrscheinlich für harmlos gehalten. Es war voller wilder Ernsthaftigkeit und voller Humor – langgezogene amerikanische Metaphern, über die das kritischste Publikum vor Lachen brüllte. Aber es war nicht die Art von Dingen, an die sie gewöhnt waren, und ich konnte mir vorstellen, was Wake dazu gesagt hätte. In mir wuchs die Überzeugung, dass Blenkiron absichtlich versuchte, sich als ehrlicher Idiot zu erweisen. Wenn ja, war es ein großer Erfolg. Auf den einen machte er den Eindruck eines sentimentalen Revolutionärs, der seinen Gegner rücksichtslos ersticht und dann über seinem Grab weint und betet.

Erst am Ende schien er sich zusammenzureißen und einen kleinen Streit zu versuchen. Er legte großen Wert darauf, dass die österreichischen Sozialisten aus einem Land, das seine Kritiker eine Autokratie nannten, freiwillig und mit Zustimmung ihrer Regierung nach Stockholm reisten, während die demokratischen westlichen Völker sich zurückhielten. „Ich gebe zu, ich habe keinen wirklich stichhaltigen Beweis", sagte er, „aber ich wette, dass der Einfluss, der die österreichische Regierung dazu bewegte, diese Botschaft der Freiheit zuzulassen, der Einfluss Deutschlands selbst war." Und das ist das Land, aus dem die verbündeten Pharisäer ihre Röcke holen, damit ihre Kleider nicht befleckt werden!"

Er setzte sich unter viel Applaus, denn sein Publikum hatte sich nicht gelangweilt, obwohl ich sehen konnte, dass einige von ihnen sein Lob für Deutschland als etwas übertrieben empfanden. In Biggleswick war es in Ordnung, Großbritannien im Unrecht zu beweisen, aber es war etwas anderes, den Feind zu preisen. Ich war über seinen letzten Punkt verwirrt, da er nicht mit dem Rest seiner Rede übereinstimmte, und ich versuchte, seine Absicht zu erraten. Darauf hat der Vorsitzende in seinen Schlussbemerkungen hingewiesen. „Ich bin in der Lage", sagte er, „alles zu bestätigen, was der Dozent gesagt hat. Ich kann noch weiter gehen. Ich kann ihm aus vertrauenswürdiger Quelle versichern, dass seine Vermutung richtig ist und dass die Entscheidung Wiens, Delegierte nach Stockholm zu entsenden, weitgehend auf Darstellungen aus Berlin zurückzuführen war. Mir wird mitgeteilt, dass die Tatsache in den letzten Tagen in der österreichischen Presse zugegeben wurde."

Es wurde ein Dank ausgesprochen, und dann schüttelte ich Ivery die Hand, während Blenkiron einen Meter entfernt stand und mit einer der Misses Weekes sprach. Im nächsten Moment wurde ich vorgestellt.

„Herr Brand, es freut mich sehr, Sie kennenzulernen", sagte die Stimme, die ich so gut kannte. „Herr Ivery hat mir von Ihnen erzählt, und ich denke, wir haben uns etwas zu sagen. Wir kommen beide aus Noo-Ländern und müssen den alten Nationen ein wenig Pferdeverstand beibringen."

Mr. Iverys Auto – das einzige, das in der Nachbarschaft noch übrig war – brachte uns zu seiner Villa, und bald saßen wir in einem hell erleuchteten Esszimmer. Es war kein schönes Haus, aber es hatte den Luxus eines teuren Hotels, und das Abendessen, das wir hatten, war so gut wie in jedem Londoner Restaurant. Vorbei waren die alten Zeiten von Fisch, Toast und gekochter Milch. Blenkiron straffte die Schultern und zeigte sich als edler Grabenarbeiter.

„Vor einem Jahr", erzählte er unserem Gastgeber, „war ich der gemeinste Typ von Dyspeptiker. Ich hatte die Liebe zur Gerechtigkeit in meinem Herzen, aber ich hatte den Teufel im Magen. Dann hörte ich Geschichten über die Robson Brothers, die Starchirurgen weit westlich in White Springs, Nebraska. Sie galten als die geschicktesten Hände der Welt, wenn es darum ging, einen Mann zu zerlegen und Teufel aus seinen Eingeweiden zu entfernen. Nun, Sir, ich habe mich immer vor Chirurgen gescheut, denn ich war der Meinung, dass unser Schöpfer nie die Absicht hatte, sein Werk wie eine bankrotte Dago-Eisenbahn wieder aufzubauen. Aber zu diesem Zeitpunkt fühlte ich mich so elend, dass ich einen Mann dafür hätte bezahlen können, dass er mir eine Kugel durch den Kopf jagte. „Es gibt keinen anderen Weg", sagte ich mir. „Entweder du vergisst deine Religion und deine elende Feigheit und wirst zerschnitten, oder du bist es für die Goldküste."

Also biss ich die Zähne zusammen und reiste nach White Springs, und die Brüder schauten sich meinen Zwölffingerdarm an. Sie sahen, dass das verdammte Ding nicht funktionieren würde, also lenkten sie es ab und machten eine Noo-Route für meinen Noo-Trition-Verkehr. Es war die raffinierteste Operation, seit der Herr unserem Urelternteil eine Rippe aus der Seite entnommen hat. Sie verfügen auch über eine sehr gute Möglichkeit, Gebühren zu erheben, denn sie nehmen fünf Prozent des Einkommens eines Mannes ein, und es ist ihnen egal, ob er ein Meat King oder ein Angestellter mit zwanzig Dollar pro Woche ist. Ich kann Ihnen sagen, dass ich mir letztes Jahr einige Mühe gegeben habe, ein sehr reicher Mann zu werden."

Während des gesamten Essens saß ich in einer Art Benommenheit. Ich versuchte, mich an den neuen Blenkiron zu gewöhnen und mich an seinem himmlischen Ton zu erfreuen, und ich zerbrach mir den Kopf über Ivery. Ich hatte die lächerliche Vorstellung, dass ich ihn schon einmal gesehen hatte, aber so sehr ich auch in meine Erinnerung eintauchte, ich konnte ihn nicht einordnen. Er war die Inkarnation des Alltäglichen, ein bequemer Mittelklasse-Sentimentalist, der aus Eitelkeit den Pazifismus förderte, aber sehr darauf achtete, seine Hände nicht zu weit zu beugen. Er dämpfte ständig Blenkirons vulkanische Äußerungen. „Natürlich, wie Sie wissen, hat die Gegenseite ein Argument, dem ich ziemlich schwer begegnen kann ..." „Ich kann mit Patriotismus und in bestimmten Stimmungen sogar mit Jingoismus sympathisieren, aber ich komme immer wieder auf diese Schwierigkeit zurück ." „Unsere Gegner meinen es nicht so sehr schlecht, sie urteilen vielmehr schlecht" – das waren die Sätze, die er immer wieder einwarf. Und er war voll von Zitaten aus privaten Gesprächen, die er mit allen möglichen Menschen geführt hatte – auch mit Mitgliedern der Regierung. Ich erinnere mich, dass er Herrn Balfour große Bewunderung zum Ausdruck brachte.

Von all dem Gerede konnte ich mich nur an eine Sache deutlich erinnern, und zwar deshalb, weil Blenkiron seinen Verstand zu sammeln schien und versuchte zu argumentieren, genau wie er es am Ende seiner Vorlesung getan hatte. Er sprach über eine Geschichte, die er von jemandem gehört hatte, der sie von jemand anderem gehört hatte, dass Österreich in der letzten Juliwoche 1914 den Vorschlag Russlands angenommen hatte, Russlands Hand zu halten und zu verhandeln, und dass der Kaiser eine Nachricht an das Land geschickt hatte Der Zar sagte, er sei einverstanden. Seiner Erzählung zufolge sei dieses Telegramm in Petrograd eingegangen und wie Bismarcks Ems-Telegramm umgeschrieben worden, bevor es den Kaiser erreichte. Er äußerte seinen Unglauben an das Garn. „Ich schätze, wenn es wahr gewesen wäre", sagte er, „hätten wir den richtigen Text schon vor langer Zeit herausgebracht." Eine Kopie hätten sie in Berlin aufbewahrt.

Dennoch habe ich das Gerücht gehört, dass eine solche Nachricht in einer deutschen Zeitung veröffentlicht wurde."

Mr. Ivery sah weise aus. „Du hast recht", sagte er. „Ich weiß zufällig, dass es veröffentlicht wurde. Sie finden es in der *Weser Zeitung*."

„Das sagst du nicht?" sagte er bewundernd. „Ich wünschte, ich könnte die alte Grabsteinsprache lesen. Aber wenn ich könnte, würden sie mir die Papiere nicht geben."

„Oh ja, das würden sie." Herr Ivery lachte freundlich. „England hat immer noch ein gutes Stück Freiheit. Jede seriöse Person kann eine Genehmigung zum Import der feindlichen Presse erhalten. Ich werde nicht als ganz respektabel angesehen, da die Behörden eine enge Definition von Patriotismus haben, aber glücklicherweise habe ich respektable Freunde."

Blenkiron blieb über Nacht, und als es zwölf schlug, verabschiedete ich mich. Sie kamen beide in die Halle, um mich zu verabschieden, und als ich mir gerade etwas zu trinken nahm und mein Gastgeber nach meinem Hut und meinem Stock suchte, hörte ich plötzlich Blenkirons Flüstern in meinem Ohr. „London ... übermorgen", sagte er. Dann nahm er einen formellen Abschied. „Herr Brand, es war mir als amerikanischer Staatsbürger eine Ehre, Ihre Bekanntschaft zu machen, Sir. Ich schätze mich glücklich, wenn es bald zu einem Wiedersehen kommt. Ich halte im Claridge's Hotel an und hoffe, Sie dort empfangen zu dürfen."

Kapitel III:
Die Überlegungen eines geheilten Dyspeptikers

Fünfunddreißig Stunden später befand ich mich in meinen Zimmern in Westminster. Ich dachte, dass dort vielleicht eine Nachricht für mich wäre, denn ich hatte nicht vor, Blenkiron bei Claridge's öffentlich aufzusuchen, bis ich seine Anweisungen hatte. Aber es kam keine Nachricht – nur eine Zeile von Peter, in der er sagte, er hoffe, in die Schweiz geschickt zu werden. Da wurde mir klar, dass er ziemlich zerrüttet sein musste.

Plötzlich klingelte das Telefon. Es war Blenkiron, der sprach. „Gehen Sie nach unten und sprechen Sie mit Ihren Maklern über die Kriegsanleihe. Kommen Sie gegen zwölf Uhr dort an und gehen Sie nicht nach oben, bis Sie einen Freund getroffen haben. Am besten essen Sie schnell in Ihrem Club zu Mittag und kommen dann um zwei Uhr zu Traills Buchhandlung im Haymarket. Sie können um 17.16 Uhr nach Biggleswick zurückkehren."

Ich tat, was mir gesagt wurde, und zwanzig Minuten später, nachdem ich mit der U-Bahn gefahren war, weil ich kein Taxi auftreiben konnte, näherte ich mich dem Büroblock in der Leadenhall Street, wo die angesehene Firma wohnte, die meine Investitionen verwaltete. Es war noch ein paar Minuten vor Mittag, und als ich langsamer wurde, kam eine bekannte Gestalt aus der Bank nebenan.

Ivery strahlte Anerkennung. „Sind Sie bereit für den Tag, Herr Brand?" er hat gefragt. „Ich muss zu meinen Maklern", sagte ich, „die südafrikanischen Zeitungen in meinem Club lesen und um 17:16 Uhr zurück sein." Gibt es eine Chance für Ihr Unternehmen?"

„Ja, das ist mein Zug. *Auf Wiedersehen*. Wir treffen uns am Bahnhof." Er eilte davon und sah mit seinen gepflegten Kleidern und einer Rose im Knopfloch sehr schick aus.

Ich aß ungeduldig zu Mittag und blätterte um zwei Uhr in Traills Laden ein paar neue Bücher um, wobei ich die Straßentür hinter mir im Auge behielt. Es schien ein öffentlicher Ort für einen Auftrag zu sein. Ich hatte gerade angefangen, in einem großen Bildband über Blumengärten zu stöbern, als ein Assistent auftauchte. „Das Kompliment des Managers, Sir, und er meint, dass es oben ein paar alte Reisewerke gibt, die Sie interessieren könnten." Ich folgte ihm gehorsam in ein Obergeschoss, das mit Bänden aller Art und mit Tischen voller Karten und Gravuren ausgestattet war. „Hier entlang, Sir", sagte er und öffnete eine Tür in der Wand, die hinter falschen Buchrückwänden verborgen war. Ich befand mich in einem kleinen Arbeitszimmer und Blenkiron saß rauchend in einem Sessel.

Er stand auf und ergriff meine beiden Hände. „Na, Dick, das ist besser als gutes Essen. Ich habe alles über Ihre Heldentaten gehört, seit wir uns vor einem Jahr am Kai von Liverpool trennten. Wir waren beide mit unseren eigenen Aufgaben beschäftigt, und es gab keine Möglichkeit, Sie über meine Taten auf dem Laufenden zu halten, denn nachdem ich dachte, ich wäre geheilt, ging es mir innerlich noch schlimmer, und ich musste, wie ich Ihnen bereits sagte, zum Arzt gehen -Männer, die in mich eindringen. Danach spielte ich ein ziemlich düsteres Spiel und musste aus der anständigen Gesellschaft aussteigen. Aber, heiliger Mike! Ich bin ein neuer Mann. Früher erledigte ich meine Arbeit mit krankem Herzen und einem Geschmack im Mund wie ein Friedhof, und jetzt kann ich essen und trinken, was ich will, und herumtollen wie ein Fohlen. Ich wache jeden Morgen pfeifend auf und danke dem guten Gott, dass ich lebe. Es war ein schlechter Tag für Kaiser, als ich in die Autos nach White Springs stieg.“

„Das ist ein Rum-Treffpunkt“, sagte ich, „und du hast mich über einen Umweg gebracht.“

Er grinste und bot mir eine Zigarre an.

„Es gab Gründe. Es ist für Sie und mich nicht angebracht, auf der Straße Werbung für unsere Bekanntschaft zu machen. Was den Laden betrifft, so besitze ich ihn seit fünf Jahren. Ich habe eine Vorliebe für gute Lektüre, auch wenn man es nicht glauben würde, und es reizt mich, sie über die Theke zu verteilen ... Zuerst möchte ich etwas über Biggleswick hören.“

„Da ist nicht viel dran. Viel Ignoranz, ein großes Stück Eitelkeit und ein oder zwei Prisen falscher Ehrlichkeit – das sind die Zutaten des Kuchens. Es schadet nicht wirklich viel. Es gibt ein oder zwei schmutzige Literaten, die in einem Marinebataillon sein sollten, aber sie sind ungefähr so gefährlich wie gelbe Kaffernhunde. Ich habe viel gelernt und alle Argumente auswendig gelernt, aber man könnte in jedem Auenland ein Biggleswick pflanzen, und das würde den Boche nicht helfen. Ich sehe trotzdem, wo die Gefahr liegt. Diese Leute sprachen von akademischem Anarchismus, aber der echte Artikel ist irgendwo in der Gegend, und um ihn zu finden, muss man in den großen Industriegebieten suchen. In Biggleswick hatten wir schwache Echos davon. Ich meine, dass die wirklich gefährlichen Kerle diejenigen sind, die den Krieg sofort beenden und so ihren gesegneten Klassenkampf fortsetzen wollen, der alle Nationalitäten durchquert. Was das Spionieren und dergleichen angeht, sind die Jungs aus Biggleswick zu unreif.“

„Ja“, sagte Blenkiron nachdenklich. „Sie haben nicht so viel Verstand, wie Gott den Gänsen gegeben hat. Sind Sie sicher, dass Sie kein schwereres Metall getroffen haben?“

"Ja. Es gibt einen Mann namens Launcelot Wake, der einmal heruntergekommen ist, um zu sprechen. Ich hatte ihn schon einmal getroffen. Er hat das Zeug zum Fanatiker und ist umso gefährlicher, weil man sieht, dass sein Gewissen unruhig ist. Ich kann mir vorstellen, dass er einen Premierminister bombardiert, nur um seine eigenen Zweifel zu zerstreuen."

„Also", sagte er. "Niemand anders?"

Ich dachte nach. „Da ist Mr. Ivery, aber Sie kennen ihn besser als ich. Ich sollte nicht viel auf ihn setzen, bin mir aber nicht ganz sicher, denn ich hatte nie die Gelegenheit, ihn kennenzulernen."

„Ivery", sagte Blenkiron überrascht. „Er hat ein Hobby für unausgegorene Jugendliche, so wie ein anderer reicher Mann Orchideen oder schnelle Traber mag. Du kannst ihn bestimmt richtig einordnen."

"Ich wage zu behaupten. Nur weiß ich nicht genug, um positiv zu sein."

Etwa eine Minute lang saugte er an seiner Zigarre. „Ich schätze, Dick, wenn ich dir alles erzählen würde, was ich getan habe, seit ich diese Küste erreicht habe, würdest du mich einen Romantiker nennen. Ich war weit unten unter den Werktätigen. Ich habe eine Zeit lang als ungelernter, ausgeplünderter Arbeiter in den Barrow-Werften gearbeitet. Ich war Barmann in einem Hotel an der Portsmouth Road und verbrachte einen schwarzen Monat damit, Taxi in der Londoner Innenstadt zu fahren. Eine Zeit lang war ich akkreditierter Korrespondent des *Noo York Sentinel* und ging mit dem Rest der Truppe zu den Pow-Wows von Unterstaatssekretären und Generälen des Kriegsministeriums. Sie haben meine Sachen so grausam zensiert, dass die Zeitung mich gefeuert hat. Dann machte ich einen Rundgang durch England und saß zwei Wochen lang auf einer kleinen Farm in Suffolk. Nach und nach kehrte ich zu Claridge's und dieser Buchhandlung zurück, denn ich hatte das meiste von dem gelernt, was ich wollte.

„Ich hatte gelernt", fuhr er fort und richtete seine neugierigen, vollen, nachdenklichen Augen auf mich, „dass der britische Arbeiter das gesündeste Stück Menschheit auf Gottes Erde ist." Er murrt ein wenig und scherzt ein wenig, wenn er denkt, dass die Regierung ihm einen krummen Deal macht, aber er hat die Geduld von Hiob und den Sand eines Kampfhahns. Und er hat auch Humor, der mich zu Tode kitzelt. In dieser Gegend gibt es nicht viel Ärger, denn er und seinesgleichen schlagen die Hunnen ... Aber ich habe darüber hinaus noch ein oder zwei Dinge gelernt."

Er beugte sich vor und klopfte mir aufs Knie. „Ich verehre den britischen Geheimdienst. Fliegen siedeln sich darauf kaum an. Es hat ein sehr feines Netz, aber es gibt ein Loch in diesem Netz, und es ist unsere Aufgabe, es zu reparieren. Gegen uns ist ein starkes Gehirn im Spiel. Ich habe es vor ein paar Jahren entdeckt, als ich Dumba und Albert gejagt habe, und ich dachte, es wäre in Noo York, aber das war nicht der Fall. Ich habe letztes Jahr wieder zu Hause gearbeitet und den Hauptsitz in Europa angesiedelt. Also habe ich es in der Schweiz und in Holland versucht, aber es waren nur Bruchstücke davon da. Das Zentrum des Netzes, in dem die alte Spinne sitzt, befindet sich genau hier in England, und sechs Monate lang beobachte ich diese Spinne. Es gibt eine Bande, die hilft, eine große Bande, eine kluge Bande und teilweise eine unschuldige Bande. Aber es gibt nur ein Gehirn, und passend dazu haben die Robson Brothers meinen Zwölffingerdarm besiedelt."

Ich hörte mit beschleunigtem Puls zu, denn jetzt kam ich endlich zur Sache.

„Was ist er – internationaler Sozialist oder Anarchist oder was?" Ich fragte.

„Ein reinrassiger Boche-Agent, aber die größte Marke im Katalog – größer als Steinmeier oder Staubier vom alten Bismarck. Gott sei Dank habe ich ihn gefunden ... Ich muss Sie über einige Dinge aufklären."

Er lehnte sich in seinem abgeriebenen Ledersessel zurück und strickte zwanzig Minuten lang. Er erzählte mir, dass Scotland Yard zu Beginn des Krieges über ein ziemlich vollständiges Register der feindlichen Spione verfügte und diese ohne viel Aufhebens einfach weggeräumt hatte. Nachdem die Schar aufgelöst worden war, ging es darum, streunende Vögel zu erlegen. Das hatte einiges an Arbeit gekostet. Es hatte jede Menge hetzerisches Zeug gegeben, Rote Freimaurer und internationale Anarchisten und, was am schlimmsten war, internationale Finanzverschwörer, aber größtenteils waren es gewöhnliche Spinner und Schurken gewesen, Werkzeuge der Boche-Agenten und nicht der Agenten selbst. Mitte 1915 waren jedoch die meisten Nachzügler versammelt. Es blieben aber noch lose Enden, und gegen Ende des letzten Jahres war jemand sehr damit beschäftigt, diese Enden zu einem Netz zusammenzufügen. Es kam zu lustigen Fällen, in denen wichtige Informationen durchsickerten. Ungefähr im Oktober 1916 begann es schlecht zu werden, als die Hun-U-Boote mit einem besonderen Angriff begannen. Der Feind schien plötzlich über ein Wissen zu verfügen, von dem wir dachten, dass es nur ein halbes Dutzend Offiziere teilte. Blenkiron sagte, er sei von der Enthüllung nicht überrascht, denn es gebe immer viele Leute, die Dinge hörten, die sie nicht hören sollten. Was ihn überraschte, war, dass es so schnell zum Feind gelangte.

Dann, nach dem letzten Februar, als die U-Boote der Hunnen in großem Stil für Schrecken sorgten, wurde die Sache immer verzweifelter. Jede Woche kam es zu Lecks, und das Geschäft wurde von Leuten geführt, die sich auskennten, denn sie gingen allen ihnen gestellten Fallen aus dem Weg, und wenn absichtlich falsche Nachrichten veröffentlicht wurden, schickten sie sie nie. Ein Konvoi, der ein tödliches Geheimnis bewahrt hatte, wurde an der einzigen Stelle angegriffen, an der er hilflos war. Ein sorgfältig vorbereiteter Verteidigungsplan würde schachmatt gesetzt, bevor er ausprobiert werden konnte. Blenkiron sagte, dass es keinen Beweis dafür gebe, dass ein einziges Gehirn hinter all dem stecke, denn es gebe keine Ähnlichkeit in den Fällen, aber er habe die ganze Zeit über den starken Eindruck gehabt, dass es sich um das Werk eines Mannes handele. Wir haben es geschafft, einige der Schlupflöcher zu schließen, aber wir konnten unsere Hände nicht in die Nähe der großen bringen. „Zu diesem Zeitpunkt", sagte er, „schätze ich, dass ich kurz davor war, meine Methoden zu ändern." Ich hatte mit dem gearbeitet, was die Hochbürger Induktion nennen, und versucht, von den Taten zum Handelnden zu argumentieren. Nun versuchte ich es mit einem neuen Ansatz, der darin bestand, vom Handelnden auf die Taten herunterzurechnen. Sie nennen es Abzug. Ich war der Meinung, dass es irgendwo auf dieser Insel einen Gentleman gab, den wir Mr. Ich habe mir sehr genau überlegt, was für eine Persönlichkeit er sein muss. Mir war aufgefallen, dass sein Gerät offenbar der Double Bluff war. Das heißt, als ihm zwei Kurse offen standen, A und B, tat er so, als würde er B belegen, und ließ uns so vermuten, dass er es mit A versuchen würde. Dann belegte er doch B. Daher vermutete ich, dass seine Tarnung dieser kleinen Eigenart entsprechen musste. Als Boche-Agent würde er nicht so tun, als wäre er ein herzlicher Patriot, ein ehrlicher alter, blutrünstiger Tory. Das wäre nur der Single Bluff. Ich dachte, dass er ein Pazifist sein würde, schlau genug, sich einfach an das Gesetz zu halten, aber mit den Augen der Polizei auf ihn gerichtet wäre. Er würde Bücher schreiben, die nicht exportiert werden dürften. Er würde in den populären Zeitungen unbeliebt sein, aber alle Mugwumps würden seinen moralischen Mut bewundern. Ich zeichnete ein wirklich schönes Bild von genau dem Mann, den ich erwartet hatte. Dann machte ich mich auf die Suche nach ihm."

Blenkirons Gesicht nahm den Ausdruck eines enttäuschten Kindes an. „Es war nicht gut. Ich bin immer auf dem falschen Weg gewesen und habe mich damit abgemüht, Unschuldige mit weißen Seelen aufzuspüren."

„Aber du hast ihn doch gefunden", rief ich, und plötzlich kam mir ein Verdacht in den Sinn.

„Er wurde gefunden", sagte er traurig, „aber der Kredit gehört nicht John S. Blenkiron. Dieses Kind hat lediglich den Teich verschmutzt. Der große Fisch wurde einer jungen Dame zum Fangen überlassen."

„Ich weiß", rief ich aufgeregt. „Ihr Name ist Miss Mary Lamington."

Er schüttelte missbilligend den Kopf. „Du hast richtig geraten, mein Sohn, aber du hast deine Manieren vergessen. Das ist eine harte Angelegenheit und wir werden nicht den Namen eines sanft erzogenen und reinen jungen Mädchens einbringen. Wenn wir überhaupt mit ihr reden, nennen wir sie bei einem Kosenamen aus dem *Pilgrim's Progress* ... Jedenfalls hat sie den Fisch gefangen, obwohl er nicht gelandet ist. Sehen Sie Licht?"

„Ivery", keuchte ich.

"Ja. Ich sehr. Es gibt nicht viel zu sehen, sagen Sie. Ein gewöhnlicher, mittelaltriger, kuchengesichtiger, Golf spielender, hochkarätiger Mann, den man nicht aus einer Sonntagsschule heraushalten würde. Auch ein Hauch des Schlagzeugers, um zu zeigen, dass er nichts mit Ihrer verweichlichten Aristokratie zu tun hat. Eine schmachtende Silberzunge, die den Klang seiner eigenen Stimme liebt. So mild, würde man sagen, wie Quark und Sahne."

Blenkiron stand von seinem Stuhl auf und stellte sich über mich. „Ich sage dir, Dick, dieser Mann macht mir den Rücken kalt. Er hat keinen Tropfen gutes rotes Blut in sich. Der schmutzigste *Apache* ist im Vergleich zu Moxon Ivery ein christlicher Gentleman. Er ist so grausam wie eine Schlange und so tief wie die Hölle. Aber, bei Gott, er hat ein Gehirn unter seinem Hut. Er ist süchtig und wir spielen gegen ihn, aber Gott weiß, ob er jemals gelandet wird!"

„Warum um alles in der Welt steckst du ihn nicht weg?" Ich fragte.

„Wir haben keinen Beweis – rechtlichen Beweis, meine ich; obwohl es Eimer der anderen Art gibt. Ich könnte einen moralisch sicheren Fall vorbringen, aber er würde mich vor Gericht schlagen. Und ein halbes Hundert Schafe würden im Parlament aufstehen und über die Verfolgung meckern. Er ist mit jeder Ansammlung von Spinnern in England verbündet und mit all den Gänsen, die über die Freiheit des Einzelnen lachen, während die Boche im Begriff ist, die Welt zu versklaven. Nein, Sir, das ist ein zu gefährliches Spiel! Außerdem ist mir klar, dass Moxon Ivery das am besten anerkannte Mitglied dieses Staates ist. Sein *Dossier* ist das Vollständigste, was es außerhalb des kleinen Notizbuchs des Recording Angel gibt. Wir haben seine Referenzen in allen Teilen der Welt aufgegriffen und sie sind alle so korrekt wie Morgans Bilanz. Daraus geht hervor, dass er schon seit seiner kurzen Kleidung ein hochentwickelter Bürger war. Er wuchs in Norfolk auf und es gibt dort Menschen, die sich an seinen Vater erinnern. Er wurde an der Melton School ausgebildet und sein Name steht im Register. Er war in Valparaiso geschäftlich tätig und es gibt genügend Beweise, um drei Bände über sein unschuldiges Leben dort zu schreiben. Dann kam er zwei Jahre vor dem Krieg mit einer bescheidenen Kompetenz nach Hause und steht seitdem im Fokus der Öffentlichkeit. Er war Kandidat der Liberalen für einen Wahlkreis in London und hat den Vorstand aller Institutionen ausgezeichnet, die für die Verbesserung der Menschheit gegründet wurden. Er hat genug Alibis, um eine Boa Constrictor zu ersticken, und sie sind wasserdicht und haben einen Kupferboden, und es sind größtenteils verdammte Lügen ... Aber bei diesem Stunt ist er nicht zu schlagen. Der Mann ist der beste Schauspieler, der je auf der Welt war. Man kann es in seinem Gesicht sehen. Es ist kein Gesicht, es ist eine Maske. Wenn er wollte, konnte er sich wie Shakespeare oder Julius Cäsar oder Billy Sunday oder Brigadegeneral Richard Hannay aussehen lassen. Er hat auch keine Persönlichkeit – er hat fünfzig und es gibt niemanden, den er sein Eigen nennen könnte. Ich schätze, wenn der Teufel ihn endlich in den Griff bekommt, muss er Sand auf seine Krallen streuen, damit er nicht durchschlüpft.“

Blenkiron saß wieder auf seinem Stuhl und hatte ein Bein über die Seite gehoben.

„Wir haben in den letzten Monaten eine ganze Reihe seiner Kanäle geschlossen. Nein, er verdächtigt mich nicht. Die Welt weiß nichts über ihre größten Männer, und für ihn bin ich nur ein Yankee-Friedensfreak, der verrückten Gesellschaften große Abonnements gewährt und hundert Meilen weit reist, um sich vor Publikum aller Art auszutoben. Er hat mich bei Claridge besucht und ich habe dafür gesorgt, dass er alle meine Unterlagen kennt. Es ist auch eine verdammt schlechte Bilanz, denn vor zwei Jahren war ich gewalttätig pro-britisch, bevor ich die Erlösung fand und aufgefordert wurde, England zu verlassen. Als ich das letzte Mal zu Hause war, war ich offiziell ein Kriegsgegner, als ich nicht auf einem Bett voller Schmerzen lag. Herr Moxon Ivery hält John S. Blenkiron nicht für einen ernstzunehmenden Vorschlag. Und während ich hier war, war ich auf der sozialen Skala so weit unten und habe auf so viele hinterhältige Weisen gearbeitet, dass er mich nicht verbinden kann ... Wie ich schon sagte, wir haben die meisten seiner Drähte durchtrennt , aber das Größte haben wir noch nicht erreicht. Er verschickt immer noch Dinge, und zwar sehr kompromittierende Dinge. Jetzt hör gut zu, Dick, denn wir kommen deinem eigenen Geschäft nahe.“

Offenbar hatte Blenkiron Grund zu der Annahme, dass der noch offene Kanal etwas mit dem Norden zu tun hatte. Näher konnte er nicht herankommen, bis er von seinen Leuten hörte, dass ein gewisser Abel Gresson aus den USA in Glasgow aufgetaucht sei. Dieser Gresson, den er entdeckte, war derselbe wie ein gewisser Wrankester, der als Anführer der Industrial Workers of the World in einige hässliche *Sabotagefälle* in Colorado verwickelt war . Er behielt seine Neuigkeiten für sich, denn er wollte nicht, dass sich die Polizei einmischte, aber er selbst wollte mit Gresson Kontakt aufnehmen und ihn genau beobachten. Der Mann war sehr diskret, aber sehr mysteriös, und er verschwand jeweils eine Woche lang, ohne eine Spur zu hinterlassen. Aus irgendeinem unbekannten Grund – er konnte sich nicht erklären, warum – war Blenkiron zu dem Schluss gekommen, dass Gresson mit Ivery in Kontakt stand, und führte daher Experimente durch, um dies zu beweisen.

„Zur Sicherheit brauchte ich verschiedene Kreuzpeilungen, die ich mir vorgestern Abend besorgt habe. Mein Besuch in Biggleswick war ein gutes Geschäft."

„Ich weiß nicht, was sie meinten", sagte ich, „aber ich weiß, woher sie kamen. Eine davon war in Ihrer Rede, als Sie von den österreichischen Sozialisten sprachen, und Ivery hat Sie darauf angesprochen. Der andere war nach dem Abendessen, als er die *Weser Zeitung zitierte* ."

„Du bist kein Dummkopf, Dick", sagte er mit seinem langsamen Lächeln. „Sie haben mit dem ersten Schuss ins Schwarze getroffen. Sie kennen mich und können meinen Gedankengang in diesen Ausführungen verfolgen. Ivery, der mich nicht so gut kannte und den Kopf voller solcher Argumente hatte, sah nichts Ungewöhnliches. Diese Noos-Teile wurden nach Gresson gepumpt, damit er sie weitergeben konnte. Und er hat sie weitergegeben – an Ivery. Sie haben meine Kette vervollständigt."

„Aber es waren alltägliche Dinge, die er vielleicht selbst erraten hätte."

„Nein, das waren sie nicht. Es waren die nettesten Leckerbissen politischer Noos, nach denen alle Spinner gegriffen haben."

„Jedenfalls waren es Zitate aus deutschen Zeitungen. Möglicherweise hatte er die Papiere früher, als Sie dachten."

"Wieder falsch. Der Absatz erschien nie in der *Weser Zeitung* . Aber wir haben ein zerrissenes Stück dieses Noos-Papiers gefälscht, und es war eine sehr hübsche Fälschung, und Gresson, der so etwas wie ein Gelehrter ist, durfte es haben. Er hat es weitergegeben. Ich habe es mir vor zwei Nächten gezeigt. Nichts Vergleichbares hat jemals die Kolumnen des Boche-Journalismus befleckt. Nein, es war ein absolut endgültiger Beweis ... Jetzt, Dick, liegt es an dir, Gresson zu verfolgen."

„Richtig", sagte ich. „Ich bin sehr froh, dass ich wieder mit der Arbeit beginnen kann. Ich werde dick, weil ich mich nicht bewege. Ich nehme an, Sie möchten, dass ich Gresson bei irgendeiner Schmähung ertappe und ihn und mich ganz behaglich einsperre."

„Ich will nichts dergleichen", sagte er sehr langsam und deutlich. „Du musst deinen Anweisungen sehr genau folgen, ich schätze diese beiden Schönheiten, als wären sie meine eigenen weißhaarigen Jungs. Ich würde um nichts in der Welt ihren Komfort und ihre Freiheit beeinträchtigen. Ich möchte, dass sie weiterhin mit ihren Freunden korrespondieren. Ich möchte ihnen alle Möglichkeiten bieten."

Er brach in Gelächter aus, als er mein verwirrtes Gesicht sah.

„Sehen Sie hier, Dick. Wie wollen wir mit der Boche umgehen? Nun, um ihn mit all den raffiniertesten Lügen aufzuklären und ihn dazu zu bringen, sie in die Tat umzusetzen. Hier ist Moxon Ivery, der ihnen immer gute Informationen gegeben hat. Sie vertrauen ihm absolut, und wir wären dumm, wenn wir ihr Vertrauen zerstören würden. Nur wenn wir Moxons Methoden herausfinden, können wir sie selbst anwenden und Noos in seinem Namen verschicken, der nicht ganz so echt ist. Jedes Wort, das er sendet, geht direkt an den Großen Geheimen Generalstab, und der alte Hindenburg und Ludendorff legen sich Handtücher um den Kopf und verschlüsseln es. Wir wollen sie ermutigen, es auch weiterhin zu tun. Wir werden dafür sorgen, dass wir wahre Dinge schicken, die keine Rolle spielen, damit sie ihm weiterhin vertrauen, und ein paar ausgewählte Unwahrheiten, die höllisch wichtig sind. Es ist ein Spiel, das man nicht ewig spielen kann, aber mit etwas Glück schlage ich vor, es lange genug zu spielen, um Fritz' kleine Pläne durcheinander zu bringen."

Sein Gesicht wurde ernst und hatte die Miene, die unser Korpskommandeur beim großen Pow-Wow vor einem Stoß hatte.

„Ich werde dir keine Anweisungen geben, denn du bist Mann genug, deine eigenen zu machen. Aber ich kann Ihnen einen allgemeinen Überblick über die Situation geben. Du erzählst Ivery, dass du nach Norden fährst, um die Arbeitskonflikte aus erster Hand zu untersuchen. Das wird ihm natürlich erscheinen und im Einklang mit Ihrem jüngsten Verhalten stehen. Er wird seinen Leuten sagen, dass Sie ein argloser Kolonialherr sind, der mit Großbritannien unzufrieden ist und sich als nützlich erweisen könnte. Sie werden zu einem meiner Männer in Glasgow gehen, einem brandheißen Agitator, der sich für diese Art entscheidet, seinen Beitrag für sein Land zu leisten. Es ist ein verdammt harter Weg und verdammt gefährlich. Durch ihn werden Sie mit Gresson in Kontakt treten und an der Seite dieses klugen Bürgers bleiben. Finden Sie heraus, was er tut, und erhalten Sie die Chance, ihm zu folgen. Er darf Sie niemals verdächtigen, und zu diesem Zweck müssen Sie selbst sehr nahe am Rande des Gesetzes sein. Du gehst dort als unverfrorener Pazifist hoch und lebst mit Leuten zusammen, die dir den Magen umdrehen. Vielleicht müssen Sie einige dieser Zwei-Cent-Regeln brechen, die die britische Regierung zur Verteidigung des Reiches erfunden hat, und es liegt an Ihnen, nicht erwischt zu werden ... Denken Sie daran, Sie werden von mir keine Hilfe bekommen. Sie müssen über Gresson aufklären, während die gesamten Kräfte des britischen Staates offiziell gegen Sie aufgestellt sind. Ich schätze, das ist ein heikles Unterfangen, aber du bist Manns genug, um es durchzusetzen."

Als wir uns die Hände schüttelten, fügte er noch ein letztes Wort hinzu. „Sie müssen sich Zeit lassen, aber es ist kein Grund, sich herumzuschleichen. Jeden Tag, der vergeht, sendet Ivery das schlimmste Gift aus. Die Boche explodiert für einen großen Feldzug und eine große Anstrengung, um die Nerven zu erschüttern und das Urteilsvermögen unserer Zivilisten zu verwirren. Die ganze Erde ist kriegsmüde und wir haben den Gefahrenpunkt fast erreicht. Es steht viel auf dem Spiel, Dick, denn die Dinge werden sehr heikel."

Ich kaufte im Laden einen neuen Roman und erreichte St. Pancras rechtzeitig, um am Buffet eine Tasse Tee zu trinken. Ivery war am Bücherstand und kaufte eine Abendzeitung. Als wir in die Kutsche stiegen, ergriff er meinen *Punch* , lachte weiter und machte mich auf die Bilder aufmerksam. Als ich ihn ansah, dachte ich, dass er ein perfektes Bild von dem zum Landsmann gewordenen Bürger machte, der abends in sein unschuldiges Zuhause zurückkehrte. Alles stimmte – sein gepflegter Tweed, seine leichten Gamaschen, sein geflecktes Halstuch und sein Aquascutum.

Nicht, dass ich es gewagt hätte, ihn viel anzusehen. Was ich erfahren hatte, weckte in mir den Drang, sein Gesicht zu untersuchen, aber ich wagte nicht, noch größeres Interesse zu zeigen. Ich war ihm gegenüber immer ein wenig zurückhaltend gewesen, da ich ihn nie besonders gemocht hatte, also musste ich die gleiche Art beibehalten. Er war fröhlich wie ein Grig, voller Plausch und sehr freundlich und amüsant. Ich erinnere mich, dass er das Buch nahm, das ich an diesem Morgen zum Lesen im Zug mitgebracht hatte – den zweiten Band von Hazlitts *Essays* , den letzten meiner englischen Klassiker – und so klug über Bücher sprach, dass ich mir wünschte, ich hätte mehr Zeit in seiner Gesellschaft verbracht in Biggleswick.

„Hazlitt war der akademische Radikale seiner Zeit", sagte er. „Er versetzt sich ständig in einen Zustand theoretischer Wut über Missbräuche, denen er noch nie persönlich begegnet ist. Männer, die es mit der Realität zu tun haben, heben sich den Atem auf, um zu handeln."

Das gab mir den Anstoß, ihm von meiner Reise in den Norden zu erzählen. Ich sagte, ich hätte in Biggleswick viel gelernt, aber ich wollte das Industrieleben aus nächster Nähe sehen. „Sonst werde ich vielleicht wie Hazlitt", sagte ich.

Er war sehr interessiert und ermutigend. „Das ist der richtige Weg", sagte er. „Wohin wolltest du eigentlich gehen?"

Ich erzählte ihm, dass ich halb an Barrow gedacht hatte, mich aber entschied, es mit Glasgow zu versuchen, da der Clyde eine warme Ecke zu sein schien.

„Richtig", sagte er. „Ich wünschte nur, ich würde mitkommen. Es wird eine Weile dauern, bis Sie die Sprache verstehen. Man wird unter den Arbeitern eine Menge sinnloser Kriegslust antreffen, denn sie haben Papageiengeschrei über den Krieg, wie sie früher Papageiengeschrei über ihre Arbeitspolitik hatten. Aber es gibt auch viele kluge Köpfe und gesunde Herzen. Sie müssen mir Ihre Schlussfolgerungen schreiben und mir mitteilen."

Es war ein warmer Abend und er döste den letzten Teil der Reise. Ich sah ihn an und wünschte, ich könnte in den Geist hinter diesem maskenhaften Gesicht sehen. Ich zählte in seinen Augen nichts, nicht einmal genug, dass er mich zu einem Werkzeug machen wollte, und ich machte mich daran, zu versuchen, ein Werkzeug aus ihm zu machen. Es klang wie ein aussichtsloses Unterfangen. Und die ganze Zeit über war ich verwirrt von einem anhaltenden Gefühl des Wiedererkennens. Ich sagte mir, das sei Idiotie, denn ein Mann mit so einem Gesicht muss Anzeichen von Ähnlichkeit mit tausend Menschen haben. Aber der Gedanke beschäftigte mich weiter, bis wir unser Ziel erreichten.

Als wir aus dem Bahnhof in den goldenen Abend traten, sah ich Mary Lamington wieder. Sie war mit einem der Weekes-Mädchen zusammen und trug, wie es in Biggleswick üblich war, barhäuptig, so dass die Sonne auf ihrem Haar glitzerte. Ivery zog seinen Hut und hielt eine hübsche Rede vor ihr, während ich mit der Ausdruckslosigkeit des Bühnenverschwörers in ihre ruhigen Augen blickte.

„Ein bezauberndes Kind", bemerkte er, als wir weitergingen. „Auch nicht ohne einen Anflug von Ernsthaftigkeit, der sich vielleicht noch mit edlen Themen befasst."

Als ich mich auf den Weg zu meinem letzten Abendessen mit den Jimsons machte, überlegte ich, dass sich das besagte Kind für Mr. Moxon Ivery wahrscheinlich als eine ausreichend ernste Angelegenheit erweisen würde, bevor das Spiel zu Ende war.

KAPITEL IV
Andrew Amos

Drei Tage später nahm ich den Zug von King's Cross nach Edinburgh. Ich ging zum Pentland Hotel in der Princes Street und ließ dort einen Koffer mit frischer Wäsche und Wechselkleidung zurück. Ich hatte darüber nachgedacht und war zu dem Schluss gekommen, dass ich irgendwo eine Basis und ein frisches Outfit haben musste. Dann machte ich mich in abgetragenen Tweedanzügen und mit nicht mehr Gepäck als einer kleinen Grabentasche auf den Weg nach Glasgow.

Ich ging vom Bahnhof zu der Adresse, die Blenkiron mir gegeben hatte. Es war ein heißer Sommerabend und die Straßen waren voller barhäuptiger Frauen und müde aussehender Handwerker. Als ich die Dumbarton Road entlangging, war ich erstaunt über die Menge an wehrfähigen Menschen, wenn man bedenkt, dass man an keiner britischen Front eine Meile zurücklegen konnte, ohne auf ein Glasgower Bataillon zu stoßen. Dann wurde mir klar, dass es so etwas wie Munition und Schiffe gab, und ich wunderte mich nicht mehr.

Eine beleibte und zerzauste Dame führte mich mit geschlossenem Mund zu Mr. Amos' Wohnung. „Zwei Stufen hoch. Andra wird in der Nacht sein und seinen Tee trinken. Er ist kein Fan von Überstunden. Im Allgemeinen ist er ein kleiner Sechsjähriger." Mit sinkendem Herzen stieg ich die Treppe hinauf, denn wie alle Südafrikaner habe ich eine Abscheu vor Schmutz. Der Raum war ziemlich dreckig, aber auf jedem Treppenabsatz gab es zwei Türen mit polierten Griffen und Messingplatten. Auf einem las ich den Namen Andrew Amos.

Ein Mann in Hemdsärmeln öffnete sich vor mir, ein kleiner Mann, ohne Kragen und mit aufgeknöpfter Weste. Das war alles, was ich in dem schwachen Licht von ihm sah, aber er streckte eine Pfote wie die eines Gorillas aus und zog mich an sich.

Das Wohnzimmer, das über viele Schornsteine hinweg auf einen blassgelben Himmel blickte, von dem sich zwei Fabrikhalme scharf abhoben, gab mir genügend Licht, um ihn vollständig beobachten zu können. Er war etwa 1,70 Meter groß, breitschultrig und hatte einen großen, lockigen Kopf voller ergrauter Haare. Er trug eine Brille und sein Gesicht ähnelte dem eines altmodischen schottischen Ministers, denn er hatte dicke Augenbrauen und Schnurrhaare, die unter seinem Kiefer ineinander übergingen, während sein Kinn und seine riesige Oberlippe glatt rasiert waren. Seine Augen waren stahlgrau und sehr ernst, aber voller schwelender Energie. Seine Stimme war gewaltig und hätte die Wände zum Beben gebracht, wenn er nicht die

Angewohnheit gehabt hätte, mit halbgeschlossenen Lippen zu sprechen. Er hatte keinen gesunden Zahn im Kopf.

Auf dem Tisch standen eine Untertasse voller Tee und ein Teller, auf dem früher einmal Schinken und Eier gestanden hatten. Er nickte ihnen zu und fragte mich, ob ich gefüttert hätte.

„Du willst nichts essen? Nun, einige würden Ihnen einen Schluck anbieten, aber dieses Haus ist absolut abstinent. Wenn du durstig bist, musst du es bei der nächstgelegenen Öffentlichkeit versuchen.“

Ich lehnte jegliche körperlichen Wünsche ab und holte meine Pfeife hervor, an der er begann, einen alten Ton zu füllen. „Mr. Brand ist Ihr Name?“ fragte er mit seiner böigen Stimme. „Ich habe dich erwartet, aber Dod! Mann, du bist zu spät!“

Er zog eine alte silberne Uhr aus seiner Hosentasche und betrachtete sie mit Missfallen. „Das gestrichelte Ding hat Stoppit. Was nehmen Sie sich die Zeit, Herr Brand?“

Dann öffnete er den Deckel seiner Uhr mit dem Messer, mit dem er seinen Tabak geschnitten hatte, und während er das Werk untersuchte, drehte er mir die Rückseite des Gehäuses zu. Auf der Innenseite sah ich Mary Lamingtons lila-weiße Oblate aufgeklebt.

Ich hielt meine Uhr so, dass er das gleiche Zeichen sehen konnte. Seine scharfen Augen, die er für eine Sekunde hob, bemerkten es, und er schloss seinen eigenen mit einem Knall und steckte ihn wieder in die Tasche. Seine Art verlor die Vorsicht und wurde fast freundlich.

„Sie sind nach Glasgow gekommen, Mr. Brand? Nun ja, es ist ein Lenkungsstück, und es gibt ehrliche Meinungen darin und einige, die nicht so ehrlich sind. Mir wurde gesagt, dass du aus Südafrika kommst. Das ist ein langer Weg, aber ich weiß etwas über Südafrika, denn ich hatte den Sohn eines Cousins, der wegen seiner Lunge dort war. Er war in einem Geschäft in der Main Street, Bloomfountain. Sie nannten ihn Peter Dobson. Vielleicht würdest du dich um ihn kümmern.“

Dann sprach er über den Clyde. Er erzählte mir, dass er ein Zuwanderer aus den Grenzgebieten sei. Sein Geburtsort sei die Stadt Galashiels oder, wie er sie nannte, „Gawly“. „Ich habe als Webstuhltuner in Staverts Fabrik angefangen. Dann beschloss mein Vater, und ich nahm sein Ding-Handwerk auf. Heutzutage ist es jedoch keine Welt mehr für kleine unabhängige Unternehmen, also bin ich nach Clyde gezogen und habe den Beruf eines Schiffbauers erlernt. Ich kann sagen, dass ich in der Branche führend geworden bin, denn obwohl ich kein Gewerkschaftsfunktionär bin und wahrscheinlich auch keiner sein werde, hat das Wort von niemandem mehr

Gewicht als meines. Und die Regierung weiß das, denn sie hat mich im Auftrag durch das ganze Land geschickt, um mir die Holzfälle anzusehen und über die Beschaffenheit des Holzes zu berichten. Bestechung, glauben sie, aber Andrew Amos lässt sich nicht bestechen. Er wird über jede Regierung der Welt seine Meinung sagen und ihnen ins Gesicht sagen, was er von ihnen hält. Ja, und er wird den Fall des Arbeiters gegen seinen Unterdrücker bekämpfen, sei es die Regierung oder die gemästeten Kälber, die sie Labour-Mitgliedern nennen. Sie haben sicher schon von den Vertrauensleuten gehört, Herr Brand?"

Ich gab zu, dass ich das getan hatte, denn Blenkiron hatte mich in der aktuellen Geschichte der Arbeitskonflikte gut geschult.

„Nun, ich bin ein Vertrauensmann. Wir vertreten die Basis gegen Amtsträger, die das Vertrauen der Arbeiter verloren haben. Aber ich bin kein Sozialist, und ich möchte, dass Sie das im Hinterkopf behalten. Ich gehöre zu den alten Border-Radikalen und habe keine Lust, mich zu ändern. Ich bin für die Freiheit des Einzelnen und gleiche Rechte und Chancen für alle Männer. Ich werde mich vor einem Dagon eines Regierungsbeamten genauso wenig verneigen wie vor dem Baal eines rücksichtslosen Gutsherrn aus der Tweedside. Ich muss meine Ansichten für mich behalten, denn diese jungen Burschen sind alle druckblöde mit ihren kleinen Büchern über Cawpital und Kollektivismus und ein paar langen, sinnlosen Worten, mit denen ich mir nie die Zunge ausreden würde. Sie und ihr Sozialismus! In einer Seite von John Stuart Mill steckt mehr Mut als in all dem ausländischen Müll. Aber wie gesagt, ich muss schweigen, denn die Welt bekommt jetzt den Sozialismus wie die Masern. Es ist alles auf eine mangelhafte Aufklärung zurückzuführen."

„Und was sagt ein Border-Radikaler zum Krieg?" Ich fragte.

Er nahm seine Brille ab und blickte mich mit seinen struppigen Brauen an. „Ich werde es Ihnen sagen, Herr Brand. All das war schlecht in allem, womit ich seit Jahren der Diskretion gerungen habe – Tories und Lairds und Fabrikanten und Wirte und der alte Kirk – all das war schlecht, sage ich, denn es gab ein paar Anstandsspuren, Ihr werdet feststellen, dass die Deutschen in vollem Umfang niedergedrückt und überrannt werden. Als der Krieg begann, dachte ich drei Tage lang ruhig über das Thema nach und sagte dann: „Andra Amos, du hast endlich den Feind gefunden." Die, gegen die du zuvor gekämpft hast, waren gewissermaßen nur fehlgeleitete Freunde. Diesmal sind es entweder Sie oder der Kaiser, mein Mann!""

Seine Augen hatten ihre Ernsthaftigkeit verloren und eine düstere Wildheit angenommen. „Ja, und ich habe nicht gezögert. Ich habe schon früh im Geschäft erfahren, wie ich meinem Land am besten dienen kann. Es war keine leichte Aufgabe, und es gibt viele ehrliche Leute, die mir an diesem Tag einen schlechten Ruf einbringen werden. Sie denken, ich hetze die Männer zu Hause auf und verlasse die Sache der Jungs an der Front. Mann, ich halte sie gerade. Wenn ich ihre Kämpfe nicht in einer vernünftigen Wirtschaftsfrage ausfechten würde, würden sie die dorts übernehmen und der Gnade des ersten Blagyird ausgeliefert sein, der die Revolution predigte. Ich und meinesgleichen sind Sicherheitsventile, wenn ihr mir folgt. Und Sie machen keinen Fehler, Herr Brand. Die Männer, die sich für eine Lohnerhöhung einsetzen, sind nicht für den Frieden. Sie kämpfen sowohl für die Jungs im Ausland als auch für sich selbst. Es gibt kein Yin unter tausend, das sich nicht bis zum Äußersten anstrengen würde, um die Deutschen zu besiegen. Die Regierung hat Fehler gemacht und muss dafür büßen. Wenn dem nicht so wäre, würden sich die Männer wie ein Elch in der Falle fühlen, denn sie hätten keine Möglichkeit, ihren Kummer zum Ausdruck zu bringen. Warum sollte der große Mann seinen Gewinn verdoppeln und der kleine Mann schlecht darauf vorbereitet sein, am Sabbatmorgen seinen Schinken und sein Ei zu bekommen? Das ist die Bedeutung der Labour-Unruhen, wie sie es nennen, und das ist eine gute Sache, sage ich, denn wenn die Labour-Partei nicht hin und wieder die Spuren hinter sich lassen würde, wäre das ganze Land und Hindenburg darin tot könnte es wie ein faules Apfel zerquetschen.

Ich fragte, ob er im Namen der Mehrheit der Männer spreche.

„Für neunzig Prozent in nur einem Wahlgang. Ich sage nicht, dass es nicht jede Menge Gesindel gibt – den Pint-and-A-Dram-Gentry und die Softheads, die ja Zeitungsausschnitte lesen und sich mit ausländischen Whigmaleirereien den Kopf zerbrechen. Aber der durchschnittliche Mann am Clyde hasst, wie der durchschnittliche Mann an anderen Orten, nur drei Dinge, und das sind die Deutschen, die Profiteure, wie sie sie nennen, und die Iren. Aber er hasst zuerst die Deutschen.“

"Die Iren!" rief ich erstaunt aus.

„Ay, die Iren“, rief der letzte der alten Border-Radikalen. „In Glasgow stinkt es heutzutage nach zwei Dingen: Geld und Irisch. Ich erinnere mich an den Tag, an dem ich Mr. Gladstones Home-Rule-Politik befolgte und über die edle, großzügige, warmherzige Brudernation in fremder Knechtschaft plauderte. Mein Ansporn! Ich spreche nicht von Ulster, das eine mürrische, bösartige Höhle ist, sondern trotzdem von unserem eigenen Volk. Aber die Männer, die sich nicht einmischen, um den Krieg zu unterstützen und die Chance unserer Notwendigkeiten zu nutzen, um einen Bawbee-Aufstand anzuzetteln, sind Goad und den Menschen gegenüber hasserfüllt. Wir haben sie wie Lieblingslämmer behandelt und das ist der Dank, den wir bekommen. Sie kommen zu Tausenden hierher, um den Jungs, die ihre Pflicht tun, die Arbeit wegzunehmen. Ich habe letzte Woche mit einer Witwe gesprochen, die unten an der Dalmarnock Road eine kleine Molkerei betreibt. Sie hat zwei Söhne, beide in der Luftwaffe, einer in den Kamerunern und einer in deutscher Kriegsgefangenschaft. Sie erzählte mir, dass sie nicht mehr weitermachen könne, weil ihr die Hilfe der Jungs fehlte, obwohl sie sich bis auf die Knochen abgemüht hatte. „Sicherlich ist es ein übler Job, Herr Amos", sagt sie, „dass die Regierung meine Jungs aufnimmt, und ich werde sie vielleicht nie wieder sehen, und die irische Bande freilassen und uns das Brot aus dem Mund nehmen." Im Gaswerk auf der anderen Straßenseite haben sie es letzte Woche mit hundert Iren aufgenommen, und jeder von ihnen war so jung und gut aufgestellt, wie man es sich nur wünschen kann. Und mein kleiner Davie, der in Deutschland lebt, hatte eine schwache Brust, und Jimmy hatte Probleme mit dem Darm. Das ist sicherlich keine Gerechtigkeit!'....“

Er brach ab und zündete ein Streichholz an, indem er es über den Hosenboden zog. „Es ist Zeit, dass ich mir die Gasbeleuchtung besorge. Um halb zehn kommen ein paar Männer hierher."

Während das Gas quietschte und im Licht flackerte, skizzierte er für mich die kommenden Gäste. „Da sind Macnab und Niven, zwei meiner Kollegen. Und da ist Gilkison von den Kesselbauern und ein junger Mann, Wilkie – er leidet unter Schwindsucht und schreibt kleine Teile in die Zeitungen. Und da ist ein seltsamer Kerl namens Tombs – man sagt mir, er kommt aus Cambridge und ist dort so etwas wie ein Professor –, sowieso ist er mehr von Bieren als von einem Ei mit Fleisch satt. Er sagte mir, er sei hier, um zum Herzen des Arbeiters vorzudringen, und ich sagte ihm, dass er etwas weiter als bis zum Ärmel der Arbeiterjacke schauen müsse. Es gibt kein Durcheinander in seinem Kopf, die arme Seele. Dann ist da noch Tam Norie, er, der unsere Wochenzeitung *„Justice for All“ herausgibt*. Tam ist ein Humorist und großartig in Sachen Robert Burns, aber er hat nicht die Balance einer schwindenden Abstinenz ... Sie werden verstehen, Herr Brand, dass ich in solcher Gesellschaft den Mund halte und meine eigenen Ansichten nicht äußere mehr als unbedingt nötig ist. Ich kritisiere eine Weile, und das bringt mir den Ruf eines gesunden Menschenverstandes ein, aber ich wedele nie mit der Zunge. Die verdammten Jungs, die am Abend kommen, sind nicht die wahren Arbeiter – sie sind nur der Schaum auf dem Topf, aber es ist der Schaum, der Ihnen nützlich sein wird. Denken Sie daran, dass sie bereits von Ihnen gehört haben und dass Sie eine Art Ruf haben, den Sie aufrechterhalten müssen."

„Wird Herr Abel Gresson hier sein?" Ich fragte.

„Nein", sagte er. "Noch nicht. Er und ich haben es noch nicht geschafft, Besuche abzustatten. Aber die Männer, die kommen, werden Gressons

Freunde sein und mit ihm von euch sprechen. Es ist die beste Art der Einführung, die Sie sich wünschen können."

Der Klopfer ertönte, und Herr Amos beeilte sich, die ersten Ankömmlinge einzulassen. Das waren Macnab und Wilkie: der eine ein anständiger Mann mittleren Alters mit frisch gewaschenem Gesicht und Zelluloidkragen, der andere ein rundschultriger Jugendlicher mit strähnigem Haar und großen Augen und strahlender Haut, die Anzeichen von Schwindsucht sind. „Das ist Mr. Brand, Jungs, aus Südafrika", lautete Amos' Präsentation. Dann kamen Niven, ein bärtiger Riese, und Mr. Norie, der Herausgeber, ein dicker, schmutziger Kerl, der eine schlechte Zigarre rauchte. Als Gilkison von den Kesselbauern ankam, erwies er sich als freundlicher junger Mann mit Brille, der mit gebildeter Stimme sprach und eindeutig einer etwas anderen sozialen Schicht angehörte. Zuletzt kam Tombs, der Cambridge-Professor, ein hagerer junger Mann mit einem sauren Mund und Augen, die mich an Launcelot Wake erinnerten.

„Sie werden kein Mawgnate sein, Mr. Brand, obwohl Sie aus Südafrika kommen", sagte Mr. Norie mit lautem Gelächter.

"Nicht ich. „Ich bin berufstätiger Ingenieur", sagte ich. „Mein Vater stammte aus Schottland und dies ist mein erster Besuch in meinem Heimatland, wie Ihnen mein Freund Herr Amos erzählt hat."

Der Schwindsüchtige sah mich misstrauisch an. „Wir haben zwei − drei der Genossen hier, die die kawpitalistische Regierung aus Transvaal vertrieben hat. Wenn Sie unserer Denkweise folgen, werden Sie sie vielleicht erkennen."

Ich sagte, ich wäre überglücklich, sie kennenzulernen, aber zum Zeitpunkt des fraglichen Verbrechens habe ich tausend Meilen weiter nördlich an einer Mine gearbeitet.

Dann folgte eine Stunde außergewöhnlicher Gespräche. Tombs war mit seiner singenden Namby-Pamby-Universitätsstimme besorgt, Informationen zu bekommen. Er stellte endlose Fragen, hauptsächlich an Gilkison, der der Einzige war, der seine Sprache wirklich verstand. Ich dachte, ich hätte noch nie jemanden gesehen, der so fließend und so sinnlos war, und doch war in ihm eine Art schwache Gewalttätigkeit wie bei einem wahnsinnigen Schaf. Er war damit beschäftigt, seinem privaten akademischen Groll gegen die Gesellschaft Luft zu machen, und ich dachte, dass er in einer Revolution der Typ Junge sein würde, den ich persönlich zum nächsten Laternenpfahl führen würde. Und die ganze Zeit über führten Amos, Macnab und Niven ihre eigenen Gespräche über die Angelegenheiten ihrer Gesellschaft, völlig unbeeindruckt von dem Tornado, der um sie herum tobte.

Es war Herr Norie, der Herausgeber, der mich in die Diskussion einbezog.

„Unser südafrikanischer Freund ist sehr elend", sagte er auf seine ausgelassene Art. „Andra, wenn dieser Ort bei dir nicht so verdammt abstinent wäre und jeder von uns einen Schluck trinken würde, könnte ihm vielleicht die Zunge gelockert werden. Ich möchte hören, was er über den Krieg zu sagen hat. Du hast mir heute Morgen gesagt, dass er im Glauben gesund sei."

„Das habe ich nicht gesagt", sagte Herr Amos. „Wie Sie wissen, Tam Norie, beurteile ich die Zuverlässigkeit dieser Angelegenheit nicht so, wie Sie sie beurteilen. Ich selbst bin für den Krieg, unter bestimmten Bedingungen, die ich oft genannt habe. Ich weiß nichts über die Meinung von Herrn Brand, außer dass er ein guter Demokrat ist, was mehr ist, als ich von einigen Ihrer Freunde sagen kann."

„Hören Sie Andra", lachte Herr Norie. „Er denkt, der Inspektor im Sozialistischen Staat wäre eine Art Adeliger als der Herzog von Buccleuch. Na ja, da ist vielleicht was dran. Aber was den Krieg angeht, irrt er. Ihr kennt meine Ansichten, Jungs. Dieser Krieg wurde von den Kapitalisten geführt, und er wurde von den Arbeitern geführt, und es sind die Arbeiter, die dafür sorgen werden, dass er beendet wird. Dieser Tag kommt sehr nahe. Es gibt diejenigen, die es ausrollen wollen, bis Labour so schwach ist, dass es für den Rest der Zeit in Ketten liegen kann. Das ist das Manöver, das wir verhindern wollen. Wir müssen die Deutschen schlagen, aber es sind die Arbeiter, die das Recht haben zu urteilen, wenn der Feind geschlagen wird, und nicht die Kapitalisten. Was sagen Sie, Herr Brand?"

Mr. Norie hatte offensichtlich seine Fahnen an den Zaun geheftet, aber er gab mir die Chance, nach der ich gesucht hatte. Ich ließ sie mit Nachdruck meine Ansichten äußern, und diese Ansichten besagten, dass der Krieg im Interesse der Demokratie beendet werden müsse. Ich schmeichle mir selbst, dass ich meine Argumente gut dargelegt habe, denn ich hatte jeden faulen Streit vorgebracht und mich größtenteils aus Launcelot Wakes Waffenarsenal geborgt. Aber ich habe es nicht allzu gut ausgedrückt, denn ich hatte eine sehr genaue Vorstellung davon, welchen Eindruck ich hinterlassen wollte. Ich muss ehrlich und ernst sein, nur ein bisschen fanatisch, aber vor allem ein hartnäckiger Geschäftsmann, der wusste, wann die Zeit gekommen war, einen Deal abzuschließen. Tombs unterbrach mich ständig mit dummen Fragen, und ich musste mich auf ihn setzen. Am Ende hämmerte Herr Norie mit seiner Pfeife auf den Tisch.

„Das wird dir helfen, Andra. Du bewirtest unversehens einen Engel. Was sagen Sie dazu, mein Mann?"

Herr Amos schüttelte den Kopf. „Ich werde nicht leugnen, dass da etwas dran ist, aber ich bin nicht davon überzeugt, dass die Deutschen genug vom Gejammer haben." Macnab stimmte ihm zu; die anderen waren bei mir.

Norie war dafür, dass ich einen Artikel für seine Zeitung schreibe, und der Schwindsüchtige wollte, dass ich bei einer Besprechung spreche.

„Willst du das am Morgenabend in unserer Halle in der Newmilns Street noch einmal sagen? Wir haben eine Logensitzung der IWB, und ich werde sie dazu bringen, euch in das Programm einzubeziehen." Er hielt seine leuchtenden Augen wie die eines kranken Hundes auf mich gerichtet, und ich sah, dass ich einen Verbündeten gefunden hatte. Ich sagte ihm, dass ich nach Glasgow gekommen sei, um zu lernen und nicht, um zu lehren, aber ich würde mir keine Chance entgehen lassen, meinen Glauben zu bezeugen.

„Jetzt, Jungs, ich bin für mein Bett", sagte Amos und schüttelte den Tropfen von seiner Pfeife. „Herr Tombs, ich werde Ihnen den Morgen über die Brigend-Werke dirigieren, aber ich habe genug Claver für einen Abend. Ich bin ein Mann, der acht Stunden Schlaf haben möchte."

Der alte Kerl begleitete sie zur Tür und kam mit dem Anflug eines Grinsens im Gesicht zu mir zurück.

„Eine seltsame Menge, Herr Brand! Macnab hat nicht gefallen, was du gesagt hast. In Gallypoly wurde ein Junge von ihm getötet, und er ist nicht auf der Suche nach Frieden auf dieser Seite des Grabes. Er ist mein bester Freund in Glasgow. Er ist ein Ältester in der gälischen Kirche in den Cowcaddens, und ich bin das, was man einen Freidenker nennt, aber in den Grundlagen sind wir uns wunderbar einig. Ich muss zugeben, dass du deinen Teil gut gesprochen hast. Gresson wird hören, dass Sie ein vielversprechender Rekrut sind."

„Das ist ein mieser Job", sagte ich.

„Ja, es ist ein mieser Job. Ich habe oft das Gefühl, mich darüber übergeben zu müssen. Aber es steht uns nicht zu, uns zu beschweren. Es gibt in Frankreich tolle Jobs für bessere Männer ... Ein Wort ins Ohr, Herr Brand. Könntet ihr nicht etwas verlegener aussehen? Ihr starrt den Leuten direkt ins Gesicht, wie ein Hieland-Sergeant-Major oben in der Maryhill-Kaserne." Und er zwinkerte langsam und grotesk mit seinem linken Auge.

Er marschierte zu einem Schrank und holte eine schwarze Flasche und ein Glas hervor. „Ich bin selbst ein Blue-Ribbon, aber du wirst der Bessere sein, wenn es darum geht, dir den Geschmack aus dem Mund zu nehmen. An der Leitung dort gibt es Wasser aus dem Loch Katrine ... Wie ich schon sagte, auf dem Grundstück gibt es nicht viel Übel. Bei Tombs handelt es sich um ein schwarzes Vergehen, aber ein Dominie ist ein Dominie auf der ganzen Welt. Sie machen vielleicht Witze über ihre Industriearbeiter und die brutalen Dinge, die sie tun werden, aber der Zunder auf Clydeside hat eine gesunde Stimmung. Sie sollten es mit Irland versuchen."

„Angenommen", sagte ich, „es gäbe einen wirklich klugen Mann, der dem Feind helfen wollte. Glaubst du, er könnte wenig Gutes bewirken, wenn er in den Läden hier Unruhe stiftet?"

"Ich bin positiv."

„Und wenn er ein kluger Kerl wäre, würde er bald darauf hereinfallen?"

„Ja."

„Wenn er dann noch hier bleiben würde, hätte er es auf ein größeres Spiel abgesehen – etwas wirklich Gefährliches und Verdammtes?"

Amos zog die Brauen nach unten und sah mir ins Gesicht. „Ich verstehe, worauf du hinauswillst. Ja! Das wäre mein Fazit. Ich bin schon vor Wochen darauf gekommen, wegen des Mannes, den du vielleicht am nächsten Morgen treffen wirst."

Dann zog er unter dem Bett eine Kiste hervor, aus der er eine hübsche Flöte hervorholte. „Sie werden mir verzeihen, Mr. Brand, aber ich sage nur eine Melodie, bevor ich ins Bett gehe. Macnab spricht seine Gebete, und ich habe eine Melodie auf der Flöte, und das Prinzip ist genau das gleiche."

Dieser einzigartige Abend endete mit Musik – sehr süßen und authentischen Interpretationen alter Border-Melodien wie „My Peggy is a young thing" und „When the kye come hame". Ich schlief mit einer Vision von Amos ein, dessen Gesicht bis zum Mund ganz verzogen war und ein wanderndes Gefühl in seinen Augen, wie er in seiner schmuddeligen Welt die Gefühle eines Jungen wieder einfing.

Die Witwe von nebenan, die als Haushälterin, Köchin und allgemeines Faktotum der Einrichtung fungierte, brachte mir am nächsten Morgen Rasierwasser, aber ich musste auf ein Bad verzichten. Als ich die Küche betrat, war niemand da, aber während ich den unvermeidlichen Schinken und das Ei verzehrte, kam Amos zum Frühstück zurück. Er brachte die Morgenzeitung mit.

„Der *Herald* sagt, dass es bei Eepers eine große Schlacht gegeben hat", verkündete er.

Ich riss das Blatt auf und las von dem großen Angriff vom 31. Juli, der durch das Wetter verdorben war. "Mein Gott!" Ich weinte. „Sie haben St. Julien und diesen schmutzigen Frezenberg-Kamm ... und Hooge ... und Sanctuary Wood. Ich kenne jeden Zentimeter dieses verdammten Ortes ..."

„Herr Brand", sagte eine warnende Stimme, „das wird niemals gehen." Wenn unsere Freunde dich gestern Abend so reden hörten, könntest du genauso gut mit dem Zug zurück nach London fahren ... Sie reden heute Morgen auf den Bahnhöfen über dich. Ihr werdet an eurem Treffen am

Abend eine gute Beteiligung haben, aber es heißt, dass die Polis sich einmischen wird. Das mag vielleicht eine schlechte Sache sein, aber ich vertraue darauf, dass du Diskretion zeigst, denn du wirst niemandem viel nützen, wenn sie dich in der Duke Street belästigen. Ich habe gehört, dass Gresson mit einer brüderlichen Nachricht von seinen Verrückten in Amerika dort sein wird ... Ich habe dafür gesorgt, dass Sie heute Nachmittag zu Tam Norie gehen und ihm mit seinem Bitpapier unter die Arme greifen. Tam wird dir den ganzen Konflikt im West Country erzählen, und ich erwarte von dir, dass du ihn vom Trinken abhältst. Er argumentiert zwar mit dieser Schreib- und Trinkbande und zitiert Robert Burns, aber das Geschöpf hat eine Frau und fünf Kinder, die von ihm abhängig sind."

Ich habe einen fantastischen Tag verbracht. Zwei Stunden lang saß ich in Nories schmutziger Höhle, während er rauchte und redete, und als er sich an sein Geschäft erinnerte, notierte ich meine Eindrücke von der Labour-Situation in Südafrika für seinen Lappen. Es waren schöne, luftige Eindrücke, die auf völliger Unwissenheit basierten, und wenn sie jemals den Rand erreichten, frage ich mich, was meine Freunde dort von Cornelius Brand, ihrem Autor, hielten. Ich lud ihn zum Abendessen in ein gleichgültiges Gasthaus in einer Seitenstraße des Broomielaw ein, trank anschließend etwas mit ihm in einem Wirtshaus und wurde einigen seiner weniger angesehenen Freunde vorgestellt.

Gegen die Teezeit ging ich zurück zu Amos' Unterkunft und verbrachte etwa eine Stunde damit, einen langen Brief an Mr. Ivery zu schreiben. Ich beschrieb ihm jeden, den ich getroffen hatte, ich gab sehr farbige Ansichten über das explosive Material am Clyde und bedauerte den Mangel an klarem Kopf bei den fortschrittlichen Kräften. Ich habe ein ausführliches Bild von Amos gezeichnet und daraus den Schluss gezogen, dass die Radikalen wahrscheinlich ein Hindernis für echten Fortschritt darstellen würden. „Sie haben ihre alte Militanz auf eine andere Spur gebracht", schrieb ich, „denn bei ihnen ist es eine Gewissenssache, immer militant zu sein." Ich schloss mit einigen sehr groben Bemerkungen zur Wirtschaft ab, die ich den Tischgesprächen über die ungeheuerlichen Gräber entnahm. Es war die Art von Brief, von dem ich hoffte, dass er meinen Charakter als fleißiger Unschuldiger in seinem Gedächtnis festigen würde.

Um sieben Uhr fand ich mich in der Newmilns Street, wo ich von Wilkie aufgegriffen wurde. Zu diesem Anlass hatte er einen sauberen Kragen angelegt und sein mageres Gesicht teilweise gewaschen. Der arme Kerl hatte einen Husten, der ihn erschütterte wie die Wände eines Kraftwerks, wenn die Dynamos in Betrieb sind.

Er entschuldigte sich sehr für Amos. „Andra gehört einer vergangenen Welt an", sagte er. „Er genießt in seiner Gesellschaft einen hohen Ruf und ist ein guter Kämpfer, aber er hat keinerlei Vision, wenn Sie mich verstehen. Er ist ein alter Mann aus Gladston, und das wird in Schottland zum Teufel gemacht. Er ist kein Moderner, Herr Brand, wie Sie und ich. Aber heute Abend werdet ihr ein oder zwei Kerle treffen, deren Bekanntschaft sich lohnen wird. Ihr werdet vielleicht nicht ganz so weit kommen wie sie, aber ihr seid auf dem gleichen Weg. Ich hoffe auf den Tag, an dem wir Arbeiter- und Soldatenräte wie die Russen im ganzen Land haben und den Pawrasiten in Pawrliament unsere Bedingungen diktieren. Sie sagen mir auch, dass die Jungs aus den Schützengräben auf unsere Seite kommen."

Wir betraten den Saal durch eine Hintertür, und in einem kleinen Wartezimmer wurde ich einigen Rednern vorgestellt. Wie man sie an diesem schmuddeligen Ort gesehen hat, waren sie ziemlich klein. Der Vorsitzende war ein Vertrauensmann in einer der Gesellschaften, eine wilde kleine Ratte von einem Mann, der mit Cockney-Akzent sprach und mich mit „Genosse" anredete. Aber einer von ihnen weckte mein lebhaftes Interesse. Ich hörte den Namen Gresson und drehte mich um, um einen etwa fünfunddreißigjährigen Kerl zu finden, der ziemlich elegant gekleidet war und eine Blume im Knopfloch hatte. „Herr Brand", sagte er mit einer satten amerikanischen Stimme, die an die von Blenkiron erinnerte. „Es freut mich sehr, Sie kennenzulernen, Sir. Wir sind aus entlegenen Teilen der Welt angereist, um bei diesem Treffen dabei zu sein." Mir fiel auf, dass er rötliches Haar hatte, kleine, leuchtende Augen und eine hängende Nase wie die eines polnischen Juden.

Sobald wir den Bahnsteig erreichten, sah ich, dass es Ärger geben würde. Der Saal war bis zur Tür voll, und in der gesamten vorderen Hälfte befand sich die Art von Publikum, die ich erwartet hatte: Arbeiter vom politischen Typ, die vor dem Krieg zu Parteiversammlungen gedrängt worden wären. Aber nicht die ganze Menge im Hintergrund war gekommen, um zuzuhören. Einige waren Trottel, andere sahen aus wie Angestellte der besseren Klasse, die auf Bummeltour waren, und es gab eine ganze Menge Khaki. Es gab auch ein oder zwei Herren, die nicht unbedingt nüchtern waren.

Der Vorsitzende setzte zunächst seinen Fuß hinein. Er sagte, wir seien heute Abend dort gewesen, um gegen die Fortsetzung des Krieges zu protestieren und einen Zweig des neuen British Council of Workmen and Soldiers zu gründen. Er sagte ihnen mit einer schönen Mischung aus Metaphern, dass wir die Zügel selbst in die Hand nehmen müssten, denn die Männer, die den Krieg führten, hätten ihre eigenen Äxte zu schleifen und marschierten durch das Blut der Arbeiter zur Oligarchie. Er fügte hinzu, dass wir mit Deutschland keinen halb so schlimmen Streit hätten wie mit unseren eigenen Kapitalisten. Er freute sich auf den Tag, an dem britische Soldaten aus ihren Schützengräben springen und ihren deutschen Kameraden die Hand der Freundschaft reichen würden.

"Nicht ich!" sagte eine feierliche Stimme. „Ich bin nicht auf der Suche nach einer Kugel" – worüber es Gelächter und Pfiffe gab.

Tombs folgte und machte noch schlimmer daraus. Er war fest entschlossen, mit der Demokratie, wie er es ausgedrückt hätte, in ihrer eigenen Sprache zu sprechen, also sagte er mehrmals „Hölle", laut, aber ohne Überzeugung. Plötzlich schlüpfte er in die Art des Vortragenden, und das Publikum wurde unruhig. „Ich schlage vor, mir eine Frage zu stellen", begann er, und aus dem hinteren Teil der Halle kam „Und du wirst eine verdammt üble Antwort bekommen." Danach gab es keine Gräber mehr.

Ich folgte mit äußerster Nervosität und bekam zu meiner Überraschung faires Gehör. Ich fühlte mich so gemein wie ein räudiger Hund an einem kalten Morgen, denn ich hasste es, vor Soldaten Unsinn zu reden – besonders vor ein paar Royal Scots Fusiliers, die, soweit ich wusste, zu meiner eigenen Brigade gehört haben könnten. Mein Stammbaum war der schlichte, praktische, patriotische Mann, der gerade aus den Kolonien kam, die Dinge mit neuen Augen betrachtete und ein neues Abkommen forderte. Ich war sehr gemäßigt, aber um mein Erscheinen dort zu rechtfertigen, musste ich ein oder zwei wilde Flecken einbauen, und diese bekam ich durch leidenschaftliche Angriffe auf das Munitionsministerium. Ich mischte ein wenig mildes Lob auf die Deutschen ein, von denen ich sagte, dass ich sie auf der ganzen Welt als anständige Kerle gekannt habe. Ich erhielt wenig Applaus, aber keinen deutlichen Widerspruch, und setzte mich mit tiefer Dankbarkeit hin.

Der nächste Redner legte den Deckel drauf. Ich glaube, er war ein bekannter Agitator, der bereits deportiert worden war. Ihm gegenüber herrschte keine Lauheit, denn die eine Hälfte des Publikums jubelte wild, als er aufstand, und die andere Hälfte zischte und stöhnte. Er begann mit stürmischen Beschimpfungen der müßigen Reichen, dann der Mittelschicht (er nannte sie die „Diener der Reichen") und schließlich der Regierung. All das wurde ziemlich gut aufgenommen, denn es ist die Art und Weise der Briten, jede Regierung niederzuschlagen und dennoch sehr abgeneigt zu sein, sich von ihr zu trennen. Dann ging er gegen die Soldaten vor und beschimpfte die Offiziere („Gentry Pups", wie er sie nannte) und die Generäle, denen er Trägheit, Feigheit und gewohnheitsmäßige Trunkenheit vorwarf. Er erzählte uns, dass unsere eigenen Verwandten in jeder Schlacht von Anführern geopfert wurden, die nicht den Mut hatten, ihre Risiken zu teilen. Die schottischen Füsiliere wirkten beunruhigt, als hätten sie Zweifel an seiner Bedeutung. Dann brachte er es klarer zum Ausdruck. „Wird irgendein Soldat leugnen, dass die Männer das Sperrfeuer sind, um die Häute der Offiziere intakt zu halten?"

„Das ist ein verdammter Lee", sagte einer der Füsilier-Jocks.

Der Mann nahm die Unterbrechung nicht zur Kenntnis, da er von der Flut seiner eigenen Rhetorik mitgerissen wurde, aber er hatte die Beharrlichkeit des Unterbrechers nicht berücksichtigt. Der Sportler stand langsam auf und verkündete, dass er Befriedigung wollte. „Wenn du deinen schmutzigen Mund offen hältst, um ehrliche Männer zu belästigen, werde ich auf den Bahnsteig steigen und dir den Hals umdrehen."

Dabei gab es einen schönen alten Krach, einige riefen „Ordnung", einige „Fairplay" und einige applaudierten. Ein Kanadier im hinteren Teil der Halle stimmte ein Lied an, und es gab ein hässliches Drängen nach vorne. Die Halle schien sich von hinten nach oben zu bewegen, und in allen Gängen und bis zum Rand der Plattform standen bereits Männer. Der Ausdruck in den Augen dieser Neuankömmlinge gefiel mir nicht, und in der Menge sah ich mehrere, bei denen es sich offensichtlich um Polizisten in Zivil handelte.

Der Vorsitzende flüsterte dem Redner ein Wort zu, der fortfuhr, als der Lärm vorübergehend nachgelassen hatte. Er schied aus der Armee aus, kehrte in die Regierung zurück und verdrängte für kurze Zeit den reinen Anarchismus. Aber er mischt sich wieder ein, denn er verwies auf die Sinn Feiners als Beispiele männlicher Unabhängigkeit. Daraufhin brach ein Tumult aus, und er hatte nie wieder einen Blick hineingeworfen. Im Saal kam es zu mehreren Kämpfen zwischen dem Publikum und mutigen Anhängern des Redners.

Dann trat Gresson in dem vergeblichen Versuch, den Tag zurückzugewinnen, an den Rand des Bahnsteigs. Ich muss sagen, er hat es ungewöhnlich gut gemacht. Er war eindeutig ein geübter Redner, und für einen Moment hatte sein Appell „Jetzt, Jungs, lasst uns ein bisschen abkühlen und vernünftig reden" Wirkung. Aber das Unheil war angerichtet, und die Menge strömte um die einsame Schanze, wo wir saßen. Außerdem konnte ich sehen, dass trotz all seiner klugen Reden der Versammlung sein Aussehen nicht gefiel. Er war so sanft wie eine Turteltaube, aber sie ließen es nicht zu. Eine Rakete schoss an meiner Nase vorbei und ich sah, wie ein verfaulter Kohl den kahlen Kopf des Ex-Deportierten umhüllte. Jemand streckte einen langen Arm aus, schnappte sich einen Stuhl und nahm damit Gresson die Beine ab. Dann gingen plötzlich die Lichter aus und wir zogen uns geordnet durch die Bahnsteigtür zurück, gefolgt von einer schreienden Menschenmenge.

Hier erwiesen sich die Männer in Zivil als nützlich. Sie hielten die Tür fest, während der Ex-Deportierte durch einen Seiteneingang herausgeschmuggelt wurde. Ohne den Schutz des Gesetzes, das er abschaffen würde, würde diese Klasse von Jungen bald aufhören zu existieren. Der Rest von uns, der weniger zu befürchten hatte, wurde gezwungen, in die Newmilns Street zu fliehen. Ich befand mich neben Gresson und nahm seinen Arm. In seiner Manteltasche befand sich etwas Hartes.

Leider gab es an der Stelle, an der wir auftauchten, eine große Lampe, und für unsere Verwirrung sorgten die Füsilier-Jocks. Beide waren kampfbereit und fest entschlossen, jemandes Blut in sich zu haben. Sie schenkten mir keine Beachtung, aber Gresson hatte gesprochen, nachdem ihr Zorn geweckt worden war, und wurde als Opfer identifiziert. Mit einem Freudenschrei stürzten sie auf ihn zu.

Ich spürte, wie seine Hand in seine Seitentasche griff. „Lass das, du Narr", knurrte ich ihm ins Ohr.

„Sicher, Herr", sagte er und im nächsten Moment waren wir mitten im Geschehen.

Es war wie bei so vielen Straßenkämpfen, die ich gesehen habe – eine riesige Menschenmenge, die sich um uns herum drängte und dennoch einen klaren Ring hinterließ. Gresson und ich stießen auf dem Bürgersteig an die Wand und stellten uns den wütenden Soldaten gegenüber. Meine Absicht war es, so wenig wie möglich zu tun, aber schon in der ersten Minute wurde ich davon überzeugt, dass mein Begleiter keine Ahnung hatte, wie man seine Fäuste benutzt, und ich hatte Todesangst, dass er sich mit der Waffe in seiner Tasche beschäftigen würde. Es war diese Angst, die mich in die Auseinandersetzung brachte. Die Sportler waren allesamt Sportler, und nur einer trat in den Kampf ein. Er versetzte Gresson mit der linken Hand einen heftigen Schlag auf den Kiefer, und wenn die Wand ihn nicht getroffen hätte, hätte er ihn niedergeschlagen. Ich sah im Lampenlicht das bösartige Leuchten in den Augen des Amerikaners und das Zucken seiner Hand in seiner Tasche. Das beschloss, dass ich mich einmischte, und ich stellte mich vor ihn.

Dies brachte den zweiten Sportler ins Spiel. Er war ein breiter, stämmiger Kerl, von der entzückenden, krummbeinigen Sorte, die ich durch das Eisenbahndreieck in Arras laufen sah, als wäre es Löschpapier. Er hatte auch eine gewisse Vorstellung vom Kämpfen und machte mir das Leben schwer, denn ich musste den anderen immer wieder von Gresson verdrängen.

„Geh nach Hause, du Narr", schrie ich. „Lassen Sie diesen Herrn in Ruhe. Ich möchte dich nicht verletzen."

Die einzige Antwort war ein Hakenschlag, den ich gerade noch abwehren konnte, gefolgt von einem heftigen Schlag mit der Rechten, dem ich ausweichen konnte, sodass er mit den Knöcheln gegen die Wand schlug. Ich hörte einen Wutschrei und bemerkte, dass Gresson seinen Angreifer offenbar gegen das Schienbein getreten hatte. Ich begann, mich nach der Polizei zu sehnen.

Dann gab es das Schwanken der Menge, das das Herannahen der Kräfte von Recht und Ordnung ankündigt. Aber sie kamen zu spät, um Ärger zu verhindern. Zur Selbstverteidigung musste ich meinen Jock ernst nehmen und geriet in meinen Schlag, als er sich übertrieben hatte und das Gleichgewicht verlor. Ich habe noch nie in meinem Leben jemanden so unfreiwillig geschlagen. Er ging wie ein gesäumter Ochse hinüber und maß seine Länge auf dem Damm.

Ich ertappte mich dabei, wie ich den Polizisten die Dinge höflich erklärte. „Diese Männer hatten Einwände gegen die Rede dieses Herrn bei der Versammlung, und ich musste eingreifen, um ihn zu schützen. Nein, nein! Ich möchte niemanden belasten. Es war alles ein Missverständnis." Ich half dem angeschlagenen Sportler beim Aufstehen und bot ihm als Trost zehn Pfund an.

Er sah mich mürrisch an und spuckte auf den Boden. „Behalten Sie Ihr schmutziges Geld", sagte er. „Ich werde noch mit dir rechnen, mein Mann – mit dir und diesem rothaarigen Streber. Ich werde auf dein Aussehen achten, wenn ich dich das nächste Mal sehe."

Gresson wischte sich mit einem Seidentaschentuch das Blut von der Wange. „Ich schätze, ich stehe in Ihrer Schuld, Herr Brand", sagte er. „Sie können darauf wetten, dass ich es nicht vergessen werde."

Ich kehrte zu einem besorgten Amos zurück. Er hörte meine Geschichte schweigend und sein einziger Kommentar war: „Gut gemacht, die Füsiliere!"

„Es hätte schlimmer kommen können, das leugne ich nicht", fuhr er fort. „Sie haben eine Art Anspruch auf Gresson geltend gemacht, der sich als nützlich erweisen könnte ... Da ich gerade von Gresson spreche, ich habe Neuigkeiten für Sie. Er segelt am Freitag als Purser in der *Tobermory* . Die *Tobermory ist* ein Boot, das jeden Monat die West Highlands hinauf bis nach Stornoway fährt. Ich habe eine Fahrt mit diesem Boot für Sie arrangiert, Mr. Brand."

Ich nickte. „Wie hast du das herausgefunden?" Ich fragte.

„Ich musste etwas finden", sagte er trocken, „aber ich habe Mittel und Wege. Jetzt werde ich dich nicht mit Ratschlägen belästigen, denn du kennst deinen Job genauso gut wie ich. Aber ich selbst gehe am Morgen nach Norden, um mich um einige der Ross-Shire-Wuds zu kümmern, und ich werde im Weg sein, Telegramme im Kyle zu bekommen. Das werdet Ihr im Hinterkopf behalten. Denken Sie auch daran, dass ich ein großer Leser des *Pilgrim's Progress bin* und einen Cousin namens Ochterlony habe."

KAPITEL V
Verschiedene Taten im Westen

Die *Tobermory* war kein Passagierschiff. Das Deck war mit Hunderten von Krimskrams übersät, so dass ein Mann kaum einen Schritt gehen konnte, ohne zu kreuzen, und meine Koje war einfach ein Regal in dem muffigen kleinen Salon, in dem der Geruch von Schinken und Eiern wie ein Nebel hing. Ich schloss mich ihr in Greenock an und ging nach dem Tee mit dem Kapitän an Deck, als er mir die Namen der großen blauen Hügel im Norden nannte. Er hatte ein schönes altes kupferfarbenes Gesicht und einen Backenbart wie ein Erzbischof, und da er all seine Tage damit verbracht hatte, die westlichen Meere zu erobern, hatte er ebenso viele Fäden im Kopf wie Petrus selbst.

„Auf diesem Boot", verkündete er, „wissen wir nicht, was ein Tag bringen wird. Ich kann zwei Stunden in Colonsay verbringen und dort drei Tage bleiben. Ich bekomme ein Telegramm in Oban und das nächste, was ich weg bin, ist Barra. Schafe sind das schwierige Geschäft. Sie müssen für den Verkauf geholt werden, und ihre Verhängnisse lassen sich nur langsam aufheben. Sie sehen also, es ist nicht das, was Sie eine Vergnügungsreise nennen, Maister Brand."

Tatsächlich war es das nicht, denn die verfluchte Wanne wälzte sich wie eine fette Sau, sobald wir eine Landzunge umrundeten und dem Gewicht des Südwestwinds ausgesetzt waren. Als ich nach meinem Ziel gefragt wurde, erklärte ich, dass ich ein Kolonist schottischer Abstammung sei, der seinem Vaterland zum ersten Mal einen Besuch abstattete und die Schönheiten der West Highlands erkunden wollte. Ich ließ ihn verstehen, dass ich nicht reich an den Gütern dieser Welt war.

„Du wirst einen Reisepass haben?" er hat gefragt. „Sie werden euch nicht ohne eins in den Norden von Fort William gehen lassen."

Amos hatte nichts über Pässe gesagt, also sah ich ausdruckslos aus.

„Ich könnte Sie die ganze Reise über an Bord behalten", fuhr er fort, „aber Sie durften nicht landen. Wenn Sie auf der Suche nach Vergnügen sind, wäre es eine schlechte Arbeit, auf diesem Deck zu sitzen und die Werke Gottes zu bewundern, und es wäre Ihnen nicht gestattet, auf den Pier zu treten. Ihr hättet euch bei den Militärherren in Glesca bewerben sollen. Aber Sie haben noch genügend Zeit, Ihre Entscheidung zu treffen, bevor wir in Oban ankommen. Wir haben eine Menge Anrufe zu erledigen, um Mull und Islay gut zu machen."

Der Zahlmeister kam auf mich zu, um sich nach meinem Ticket zu erkundigen, und begrüßte mich grinsend.

„Sie kennen also Herrn Gresson?“ sagte der Kapitän. „Nun, wir sind eine fröhliche kleine Schiffsgesellschaft, und das ist das Tolle an dieser Art von Arbeit.“

Ich bereitete nur ein dürftiges Abendessen zu, denn der Wind hatte auf einen halben Sturm zugenommen, und ich sah, wie Stunden des Elends auf mich zukamen. Das Problem mit mir ist, dass ich nicht ehrlich krank sein und es hinter mich bringen kann. Übelkeit und Kopfschmerzen befallen mich und es gibt keinen Zufluchtsort außer dem Bett. Ich drehte mich in meiner Koje um, ließ den Kapitän und den Maat knapp zwei Meter von meinem Kopf entfernt Sex rauchen und fiel in einen unruhigen Schlaf. Als ich aufwachte, war der Raum leer und es roch widerlich nach abgestandenem Tabak und Käse. Meine pochenden Brauen machten mir den Schlaf unmöglich, und ich versuchte sie zu beruhigen, indem ich auf dem Deck torkelte. Ich sah einen klaren, windigen Himmel, in dem jeder Stern so hell war wie glühende Kohle, und eine wogende Wüste aus dunklem Wasser, die zu tintenschwarzen Hügeln floss. Dann erwischte mich ein Spritzer Gischt und schickte mich wieder in meine Koje, wo ich stundenlang lag und versuchte, einen Wahlkampfplan zu schmieden.

Ich argumentierte, wenn Amos gewollt hätte, dass ich einen Reisepass hätte, hätte er mir einen zur Verfügung gestellt, also brauche ich mir darüber keine Gedanken zu machen. Aber es war meine Aufgabe, neben Gresson zu bleiben, und wenn das Boot eine Woche in irgendeinem Hafen blieb und er an Land ging, musste ich ihm folgen. Da ich keinen Pass hatte, musste ich ständig Ärger ausweichen, was meine Bewegungsfreiheit einschränken und mich aller Wahrscheinlichkeit nach auffälliger machen würde, als ich wollte. Ich vermutete, dass Amos mir den Pass gerade deshalb verweigert hatte, weil er wollte, dass Gresson mich für harmlos hielt. Das Gefahrengebiet wäre daher das Passland, irgendwo nördlich von Fort William.

Aber um Gresson zu folgen, muss ich Risiken eingehen und dieses Land betreten. Sein Verdacht, wenn er überhaupt einen hatte, würde gemildert, wenn ich das Boot in Oban verließ, aber es lag an mir, über Land nach Norden zu folgen und den Ort zu erreichen, an dem die *Tobermory* einen längeren Aufenthalt einlegte. Die verdammte Wanne hatte keine Pläne; sie wanderte durch die West Highlands und suchte nach Schafen und anderen Dingen; und der Kapitän selbst konnte mir keinen Zeitplan für ihre Reise geben. Es war unglaublich, dass Gresson sich all diese Mühe machen würde, wenn er nicht wüsste, dass er an irgendeinem Ort – und am richtigen Ort – Zeit haben würde, einen Aufenthalt an Land zu verbringen. Aber ich konnte Gresson kaum um diese Informationen bitten, obwohl ich beschloss, vorsichtig über ihn hinwegzufliegen. Ich kannte ungefähr den Kurs der *Tobermory* – durch den Sound of Islay nach Colonsay; dann die Ostseite von Mull hinauf nach Oban; dann durch den Sound of Mull zu den Inseln mit

Namen wie Cocktails, Rum und Eigg und Coll; dann nach Skye; und dann für die Äußeren Hebriden. Ich dachte, das Letzte wäre der richtige Ort, und es kam mir wie Wahnsinn vor, das Boot zu verlassen, denn der Herr wusste, wie ich über den Minch gelangen sollte. Diese Überlegung brachte alle meine Pläne erneut durcheinander und ich fiel in einen unruhigen Schlaf, ohne zu einem Ergebnis zu kommen.

Am Morgen pendelten wir zwischen Jura und Islay hin und her, und gegen Mittag erreichten wir einen kleinen Hafen, wo wir etwas Fracht löschten und ein paar Hirten aufnahmen, die nach Colonsay wollten. Der milde Nachmittag und der gute Duft von Salz und Heide vertrieben den Rest meiner Übelkeit, und ich verbrachte eine gewinnbringende Stunde am Pierkopf mit einem Reiseführer namens *Baddely's Scotland* und einer von Bartholomews Karten. Ich begann zu glauben, dass Amos mir vielleicht etwas sagen könnte, denn ein Gespräch mit dem Kapitän hatte ergeben, dass die *Tobermory* nicht lange in der Nähe von Rum und Eigg bleiben würde. Die große Treibsaison hatte gerade erst begonnen, und auf dem Rückweg würden die Schafe für den Oban-Markt gezüchtet. In diesem Fall war Skye der erste Ort, den ich im Auge behalten musste, und wenn ich Wind von der dort wartenden großen Fracht bekommen würde, wäre ich in der Lage, einen Plan zu schmieden. Amos lag irgendwo in der Nähe des Kyle, und zwar auf der anderen Seite der Meerenge von Skye. Als ich mir die Karte ansah, schien es mir, dass ich, obwohl ich keinen Pass hatte, irgendwie in der Lage sein könnte, über Morvern und Arisaig auf den Breitengrad von Skye zu gelangen. Die Schwierigkeit bestand darin, den Meeresstreifen zu überqueren, aber es musste Boote zum Betteln, Ausleihen oder Stehlen geben.

Ich brütete gerade über Baddely, als Gresson sich neben mich setzte. Er war gut gelaunt und zum Reden bereit, und zu meiner Überraschung drehte sich in seinen Reden alles um die Schönheiten der Landschaft. Über allem lag eine Art apfelgrünes Licht; Die steilen Heidehügel schnitten wie violette Amethyste in den Himmel, während jenseits der Meerenge der westliche Ozean sein blasses, geschmolzenes Gold bis zum Sonnenuntergang ausdehnte. Gresson geriet bei dieser Szene ins Schwärmen. „Das versetzt mich geradezu in den Wahnsinn, Mr. Brand. Ich muss diese kleine Altstadt ziemlich oft verlassen, sonst fange ich an, mich zu mausern wie ein Kanarienvogel. Ein Mann fühlt sich wie ein Mann, wenn er an einen Ort kommt, an dem es so gut riecht. Warum zum Teufel geraten wir jemals in diese Stein- und Kalkkäfige? Ich schätze, eines Tages werde ich meine Fracht an einen sauberen Ort bringen, mich dort niederlassen und kleine Gedichte schreiben. Dieser Ort würde mich in etwa zufriedenstellen. Und es gibt einen Ort draußen in Kalifornien in den Küstengebieten, den ich im Auge behalten habe.“ Das Seltsame war, dass ich glaube, dass er es ernst meinte. Sein hässliches Gesicht leuchtete vor ernsthafter Freude.

Er erzählte mir, dass er diese Reise schon einmal unternommen hatte, also stieg ich aus *Baddely aus* und fragte um Rat. „Ich kann nicht viel Zeit im Urlaub verbringen", sagte ich ihm, „und ich möchte alle schönen Orte sehen. Aber die besten davon scheinen sich in der Gegend zu befinden, in die diese dumme britische Regierung Sie ohne Reisepass nicht hineinlässt. Ich nehme an, ich werde dich in Oban zurücklassen müssen."

„Schade", sagte er mitfühlend. „Nun, man hat mir erzählt, dass es rund um Oban einige schöne Sehenswürdigkeiten gibt." Und er blätterte im Reiseführer herum und begann, über Glencoe zu lesen.

Ich sagte, das sei nicht meine Absicht und erzählte ihm von Prinz Charlie und davon, dass der Urgroßvater meiner Mutter irgendeine Rolle in dieser Show gespielt habe. Ich sagte ihm, dass ich den Ort sehen wollte, an dem der Prinz landete und von wo er nach Frankreich aufbrach. „Soweit ich das beurteilen kann, komme ich nicht in das Passland, aber ich muss ein bisschen Fußmarsch machen. Nun ja, ich bin es gewohnt, den Huf auszupolstern. Ich muss den Kapitän dazu bringen, mich in Morvern abzusetzen, und dann kann ich den Gipfel des Lochiel umrunden und über Appin zurück nach Oban gelangen. Wie ist das für eine Urlaubswanderung?"

Er gab dem Vorhaben seine Zustimmung. „Aber wenn ich es wäre, Herr Brand, hätte ich eine Chance, Ihre tapferen Polizisten zu verwirren. Sie und ich halten nicht viel von Regierungen und ihren Zwei-Cent-Gesetzen, und es wäre ein gutes Spiel zu sehen, wie weit Sie in das verbotene Land vordringen könnten. Ein Mann wie Sie könnte diese Heusamen gut bluffen. Es macht mir nichts aus, eine Wette einzugehen …"

"Nein ich sagte. „Ich bin zum Ausruhen unterwegs und nicht zum Sport. Wenn es etwas zu gewinnen gäbe, würde ich mich auf den Weg zu den Orkney-Inseln machen. Aber es ist ein anstrengender Job und ich habe bessere Dinge, über die ich nachdenken kann."

"Also? Nun, amüsieren Sie sich auf Ihre eigene Art und Weise. Es wird mir leid tun, wenn du uns verlässt, denn ich schulde dir etwas für dieses raue Haus, und außerdem hat der alte, moosbedeckte Kapitän verdammt wenig Gesellschaft."

An diesem Abend tauschten Gresson und ich nach dem Abendessen die Garne zur Begleitung des „Ma Goad!" und „Ist das nicht möglich?" von Kapitän und Maat. Nach ein oder zwei Gläsern schwachem Grog ging ich zu Bett und glich die Nachtwache der letzten Nacht aus, indem ich tief und fest einschlief. Ich hatte sehr wenig Ausrüstung bei mir, abgesehen von dem, was ich zum Stehen trug und was ich in meinen wasserdichten Taschen tragen konnte, aber auf Amos' Rat hin hatte ich meinen kleinen vernickelten Revolver mitgebracht. Tagsüber steckte es in meiner Gesäßtasche, aber nachts steckte ich es hinter mein Kissen. Aber als ich am nächsten Morgen aufwachte und feststellte, dass wir in der Bucht unterhalb der rauen niedrigen Hügel vor Anker gingen, von denen ich wusste, dass es sich um die Insel Colonsay handelte, konnte ich keine Spur des Revolvers finden. Ich durchsuchte jeden Zentimeter der Koje und schüttelte nur Federn aus dem schimmeligen Inlett heraus. Ich erinnere mich genau daran, wie ich das Ding vor dem Schlafengehen hinter meinen Kopf gesteckt hatte, und jetzt war es völlig verschwunden. Natürlich konnte ich meinen Verlust nicht öffentlich machen, und es machte mir auch nichts aus, denn das war kein Job, bei dem ich viel schießen konnte. Aber es ließ mich viel über Herrn Gresson nachdenken. Er konnte mich einfach nicht verdächtigen; Wenn er meine Waffe eingepackt hatte, wovon ich ziemlich sicher war, dann musste es daran liegen, dass er sie für sich selbst wollte, und nicht, um mich zu entwaffnen. Egal wie ich es argumentierte, ich kam zum gleichen Schluss. In Gressons Augen muss ich so harmlos wie ein Kind wirken.

Wir verbrachten den größten Teil des Tages in Colonsay, und Gresson blieb, soweit es seine Pflichten erlaubten, wie eine Napfschnecke an mir hängen. Bevor ich an Land ging, schrieb ich ein Telegramm für Amos. Ich habe dem *Pilgerweg eine hektische Stunde gewidmet* , aber es gelang mir nicht, irgendeine verständliche Botschaft in Bezug auf den Text zu verfassen. Wir hatten alle die gleiche Ausgabe – die in der *Golden Treasury*- Reihe –, also hätte ich eine Art Chiffre erfinden können, indem ich mich auf Zeilen und Seiten bezog, aber das hätte ein Dutzend Telegraphenformulare in Anspruch genommen und erschien mir zu aufwendig dafür Zweck. Also habe ich diese Nachricht gesendet:

Ochterlony, Postamt, Kyle,
ich hoffe, einen Teil des Urlaubs in Ihrer Nähe zu verbringen und Sie zu sehen, wenn das Bootsprogramm dies zulässt. Warten gute Ladungen in Ihrer Nähe? Antwort: Postamt, Oban.

Es war äußerst wichtig, dass Gresson das nicht sah, aber es war ein Kinderspiel, ihn abzuschütteln. Ich machte nachmittags einen Spaziergang am Ufer entlang und kam am Telegraphenamt vorbei, aber der verwirrte Kerl war die ganze Zeit bei mir. Meine einzige Chance bestand kurz vor unserer Abfahrt, als er an Bord gehen musste, um Fracht zu überprüfen. Da das Telegraphenbüro in Sichtweite des Schiffsdecks voll war, näherte ich mich ihm nicht. Aber am hinteren Ende des Clachan fand ich den Schulmeister und brachte ihn dazu, zu versprechen, das Telegramm zu schicken. Ich kaufte ihm auch ein paar abgenutzte Sieben-Penny-Romane ab.

Das Ergebnis war, dass ich unsere Abfahrt um zehn Minuten verzögerte und als ich an Bord kam, einem wütenden Gresson gegenüberstand. "Wo zur Hölle bist du gewesen?" er hat gefragt. „Das Wetter bläst unsauber und der alte Mann will unbedingt aussteigen. Hast du deine Beine heute Nachmittag nicht ausreichend gedehnt?"

Ich erklärte demütig, dass ich beim Schulmeister gewesen sei, um mir etwas zum Lesen zu holen, und holte meine schmuddeligen roten Bände hervor. Dabei klärte sich seine Stirn. Ich konnte sehen, dass sein Verdacht zerstreut war.

Wir verließen Colonsay gegen sechs Uhr abends, der Himmel hinter uns neigte sich einem Sturm entgegen und die Hügel des Jura an Steuerbord zeigten ein wütendes Purpur. Colonsay war eine zu niedrige Insel, um als Wellenbrecher gegen einen Weststurm dienen zu können, daher war das Wetter von Anfang an schlecht. Unser Kurs verlief von Norden nach Osten, und als wir das Ende der Insel passiert hatten, schwebten wir im Wellental großer Seen umher, transportierten Tonnen von Wasser und rollten wie ein Büffel. Ich weiß genauso viel über Boote wie über ägyptische Hieroglyphen, aber selbst die Augen meines Landmanns konnten erkennen, dass uns eine harte Nacht bevorstand. Ich war fest entschlossen, nicht wieder übel zu werden, aber als ich unterging, drohte mir der Geruch von Kutteln und Zwiebeln zum Verhängnis zu werden; Also aß ich ein Stück Schokolade und einen Hüttenkeks, zog meine Regenjacke an und beschloss, sie an Deck auszuhalten.

Ich bezog Position in der Nähe des Bugs, wo ich außerhalb der Reichweite der öligen Dampfergerüche war. Es war so frisch wie auf einem Berggipfel, aber mächtig kalt und nass, denn ein böiger Nieselregen hatte eingesetzt, und ich bekam den Wind der großen Wellen mit. Dort balancierte ich mich, während wir in die Dämmerung taumelten und mich mit einer Hand an einem Seil festhielten, das vom stumpfen Mast herabstieg. Mir fiel auf, dass zwischen mir und dem Rand nur eine gleichgültige Schiene war, aber das interessierte mich und half, Krankheiten vorzubeugen. Ich folgte der Bewegung des Schiffs, und obwohl mir tödlich kalt war, war es eher angenehm als sonst. Mein Plan war es, die Übelkeit, die mir das Wetter bereitete, loszuwerden und, wenn ich richtig müde war, nach unten zu gehen und mich umzudrehen.

Ich stand da, bis die Dunkelheit hereinbrach. Zu diesem Zeitpunkt war ich ein Automat, so wie ein Mann auf Wache ist, und ich hätte problemlos bis zum Morgen durchhalten können. Meine Gedanken schweiften über die Erde, angefangen bei dem Geschäft, das ich mir vorgenommen hatte, und schließlich – durch die Erinnerungen an Blenkiron und Peter – bis zum deutschen Wald, wo ich zu Weihnachten 1915 fast erschöpft von Fieber und Fieber gewesen war alter Stumm. Ich erinnerte mich an die bittere Kälte dieses wilden Rennens und daran, wie der Schnee wie Feuer zu brennen schien, als ich stolperte und mein Gesicht hineinschlug. Ich dachte darüber nach, dass Seekrankheit ein Nebeneffekt einer guten Malaria-Erkrankung sei.

Das Wetter wurde immer schlechter und ich bekam mehr als nur Spindrift vom Meer zu spüren. Ich schlang meinen Arm um das Seil, denn meine Finger waren taub. Dann begann ich wieder zu träumen, hauptsächlich von Fosse Manor und Mary Lamington. Das hat mich so hingerissen, dass ich so gut wie eingeschlafen bin. Ich habe versucht, das Bild zu rekonstruieren, als ich sie zuletzt am Bahnhof Biggleswick gesehen hatte ...

Ein schwerer Körper kollidierte mit mir und schüttelte meinen Arm vom Seil. Ich glitt über den Hof des Decks, eingehüllt in einen Wasserwirbel. Ein Fuß verfing sich in einer Stütze der Reling, die mit mir nachgab, so dass ich einen Moment lang mehr als halb über Bord war. Aber meine Finger krallten wild und verfingen sich in den Gliedern der Ankerkette. Sie hielten, obwohl ein Gewicht von einer Tonne an meinen Füßen zu zerren schien ... Dann rollte die alte Wanne zurück, das Wasser rutschte ab und ich lag ausgestreckt auf einem nassen Deck, atemlos und mit einer Gallone Salzlake in meinem Luftröhre.

Ich hörte eine Stimme schrill schreien und eine Hand half mir auf die Beine. Es war Gresson und er schien aufgeregt zu sein.

„Gott, Herr Brand, das war knapp! Ich war gerade dabei, dich zu finden, als sich dieses verdammte Schiff auf die Seite legte. Ich schätze, ich muss mit einer Kanone auf dich geschossen sein, und ich habe mich selbst schlecht beschimpft, als ich dich in den Atlantik rollen sah. Wenn ich das Seil nicht im Griff gehabt hätte, wäre ich neben dir unten gewesen. Sag mal, du bist nicht verletzt? Ich schätze, du kommst besser nach unten und holst dir ein Glas Rum unter deinen Gürtel. Du bist ungefähr so nass wie Mutters Geschirrspüllappen."

Der Wahlkampf hat einen Vorteil. Nehmen Sie Ihr Glück, wenn es kommt, und machen Sie sich keine Sorgen darüber, was hätte sein können. Ich dachte nicht mehr an das Geschäft, außer dass es mich von der Seekrankheit geheilt hatte. Ich ging ohne Bedenken in die stinkende Hütte hinunter und aß eine gute Mahlzeit mit Waliser-Kaninchen und Flaschenbarsch, gefolgt von einer Tüte Rum. Dann entledigte ich mich meiner nassen Kleidung und schlief in meiner Koje, bis wir an einem klaren, blauen Morgen vor einem Dorf in Mull ankerten.

Wir brauchten vier Tage, um die Küste hinaufzukriechen und nach Oban zu gelangen, denn wir schienen ein schwimmender Gemischtwarenladen für jeden Weiler in dieser Gegend zu sein. Gresson gab sich sehr freundlich, als wolle er dafür büßen, dass er mich fast fertig gemacht hätte. Wir spielten Poker, und ich las die kleinen Bücher, die ich in Colonsay bekommen hatte, und rüstete dann eine Angelschnur aus und fing Seelachs und Lithe usw ein gelegentlicher großer Schellfisch. Aber ich merkte, dass die Zeit langsam verging, und ich war froh, dass wir eines Tages gegen Mittag in eine mit Inseln verstopfte Bucht kamen und auf den Hügeln eine saubere kleine Stadt und den Rauch einer Eisenbahnlokomotive sahen.

Ich ging an Land und kaufte in einem Tweed-Laden eine Mütze einer besseren Marke. Dann machte ich mich schnurstracks auf den Weg zur Post und bat um Telegramme. Eines wurde mir gegeben, und als ich es öffnete, sah ich Gresson neben mir.

Es lief so:

Marke, Postamt, Oban. Seite 117, Absatz 3. Ochterlony.

Ich reichte es mit reumütigem Gesicht an Gresson weiter.

„Das ist ein bisschen dumm", sagte ich. „Ich habe einen Cousin, der presbyterianischer Pfarrer oben in Rossshire ist, und bevor ich von diesem Pass-Humbug wusste, schrieb ich ihm und bot ihm an, ihn zu besuchen. Ich habe ihm gesagt, er solle mir hierher telegraphieren, wenn es ihm passt, und der alte Idiot hat mir das falsche Telegramm geschickt. Dies war wahrscheinlich nicht für einen anderen Pfarrerbruder gedacht, der stattdessen meine Botschaft erhalten hat."

„Wie heißt der Kerl?" fragte Gresson neugierig und warf einen Blick auf die Unterschrift.

„Ochterlony. David Ochterlony. Er ist ein großer Meister darin, Bücher zu schreiben, aber im Umgang mit dem Telegraphen ist er nicht gerade brauchbar. Das bedeutet jedoch nicht, dass ich mich ihm nicht nähern werde." Ich zerknüllte das rosa Formular und warf es auf den Boden. Gresson und ich gingen zusammen zum *Tobermory* .

Pilgrim's Progress herausgeholt . Auf Seite 117, Absatz 3, heißt es:

„ Dann sah ich in meinem Traum, dass etwas abseits der Straße, gegenüber der Silbermine, Demas (Herr) stand, um die Passagiere zu rufen, sie sollten kommen und nachsehen. Er sagte zu Christian und seinem Kameraden: Ho, dreh dich hierher und um Ich werde dir etwas zeigen.

Beim Tee leitete ich das Gespräch über mein eigenes früheres Leben. Ich erzählte von meinen Erfahrungen als Bergbauingenieur und sagte, dass ich nie aus dem Trick herauskomme, das Land mit den Augen eines Goldsuchers zu betrachten. „Zum Beispiel", sagte ich, „wenn dies Rhodesien gewesen wäre, hätte ich gesagt, dass in diesen kleinen Kopjes oberhalb der Stadt eine gute Chance auf Kupfer besteht." Sie sind den Hügeln rund um die Mine von Messina nicht unähnlich." Ich erzählte dem Kapitän, dass ich nach dem

Krieg darüber nachdachte, meine Aufmerksamkeit auf die West Highlands zu richten und nach Mineralien Ausschau zu halten.

„Ihr werdet nichts daraus machen", sagte der Kapitän. „Die Kosten sind viel höher, selbst wenn Sie die Mineralien finden würden, denn Sie müssten Ihre Arbeitskraft importieren. Der West Hielandman mag harte Arbeit nicht. Kennst du den Psalm des Kleinbauern?

O dass sich die Torfe zerschneiden würden,
dass die Fische am Ufer tummelten und dass ich in meinem Bett für immer liegen könnte!

„Wurde es jemals versucht?" Ich fragte.

"Oft. Es gibt Marmor- und Schiefersteinbrüche, und in Benbecula gab es Gerüchte über Kohle. Und da sind die Eisenminen in Ranna."

"Wo ist das?" Ich fragte.

„Aufwärts für Skye. Wir schauen dort vorbei und warten im Allgemeinen etwas ab. Es gibt einen Haufen Fracht für Ranna, und normalerweise bekommen wir eine gute Ladung zurück. Aber wie ich schon sagte, arbeiten dort nur wenige Hielander. Hauptsächlich Iren und Jungs aus Fife und Falkirk."

Ich ging dem Thema nicht weiter nach, denn ich hatte Demas' Silbermine gefunden. Wenn die *Tobermory* eine Woche lang in Ranna liegen würde, hätte Gresson Zeit, sich um seine eigenen Privatangelegenheiten zu kümmern. Ranna wäre nicht der richtige Ort, denn die Insel lag mitten in einem viel befahrenen Kanal und war für die ganze Welt nicht zugänglich. Aber Skye lag direkt gegenüber, und als ich auf meiner Karte die großen, wandernden Halbinseln betrachtete, kam ich zu dem Schluss, dass meine Vermutung richtig gewesen war und dass Skye der richtige Ort war.

In dieser Nacht saß ich mit Gresson an Deck, und in einer wunderbaren sternenklaren Stille sahen wir zu, wie die Lichter in den Häusern der Stadt erloschen, und sprachen über tausend Dinge. Mir fiel auf, was ich schon vorher geahnt hatte, dass mein Begleiter kein gewöhnlicher Mann war. Es gab Momente, in denen er sich selbst vergaß und wie ein gebildeter Gentleman sprach. Dann erinnerte er sich und verfiel wieder in die Umgangssprache von Leadville, Colorado. In meiner Rolle des naiven Forschers stellte ich ihm Posen über Politik und Wirtschaft, etwas, das ich beim unintelligenten Stöbern in kleinen Büchern hätte aufschnappen sollen. Im Allgemeinen antwortete er mit einem umgangssprachlichen Schlagwort, aber gelegentlich war er über sein Ermessen hinaus interessiert und lud mich zu einer Ansprache wie auf Augenhöhe ein. Ich entdeckte noch etwas anderes: Er hatte eine Leidenschaft für Poesie und ein großes Gedächtnis dafür. Ich habe vergessen, wie wir uns auf das Thema eingelassen haben, aber ich erinnere mich, dass er einige seltsame, eindringliche Dinge zitierte, von denen er sagte, dass sie Swinburne seien, und Verse von Leuten, von denen ich aus Letchford in Biggleswick gehört hatte. Dann erkannte er an meinem Schweigen, dass er zu weit gegangen war und verfiel wieder in den Jargon des Westens. Er wollte etwas über meine Pläne erfahren, und wir gingen in die Hütte hinunter und schauten uns die Karte an. Ich erklärte meine Route, Morvern hinauf und um die Spitze von Lochiel herum und zurück nach Oban an der Ostseite von Loch Linnhe.

„Ich habe dich", sagte er. „Du hast einen verdammt anstrengenden Spaziergang vor dir. Dieser Käfer hat mich nie gebissen, und ich schätze, ich beneide Sie auch nicht. Und danach, Herr Brand?"

„Zurück nach Glasgow, um etwas für die Sache zu tun", sagte ich leichthin.

„Einfach so", sagte er grinsend. „Es ist ein tolles Leben, wenn man nicht schwächelt."

Am nächsten Morgen dampften wir im Morgengrauen aus der Bucht, und gegen neun Uhr erreichte ich das Ufer an einem kleinen Ort namens Lochaline. Meine Ausrüstung trug ich vollständig bei mir und die Taschen meiner Regenjacke waren mit Pralinen und Keksen gefüllt, die ich in Oban gekauft hatte. Der Kapitän war entmutigend. „Sie werden die Hieland-Hügel satt haben, Mr. Brand, bevor Sie um die Spitze des Lochs gewinnen. Sie werden sich wünschen, wieder auf der *Tobermory zu sein* . Aber Gresson beschleunigte mich freudig auf meinem Weg und sagte, er wünschte, er würde mit mir kommen. Er begleitete mich sogar die ersten hundert Meter und schwenkte seinen Hut hinter mir her, bis ich an der Straßenbiegung angelangt war.

Die erste Etappe dieser Reise war pure Freude. Ich war dankbar, das höllische Boot loszuwerden, und die heißen Sommerdüfte, die das Tal herabströmten, waren nach dem kalten, salzigen Geruch des Meeres beruhigend. Die Straße führte an einer kleinen Bucht entlang, an deren Spitze ein großes weißes Haus inmitten von Gärten stand. Bald hatte ich die Küste verlassen und befand mich in einer Schlucht, wo ein brauner Lachsfluss durch weite Felder von Moormyrten floss. Es hatte seinen Ursprung in einem See, aus dem sich der Berg steil erhob – ein Ort, der an diesem Augustvormittag so glasig war, dass sich jede Narbe und jede Falte des Hügels originalgetreu widerspiegelte. Danach überquerte ich einen niedrigen Pass zum Kopf einer anderen Seeschleuse und gelangte, der Karte folgend, über die Schulter eines großen Hügels und aß mein Mittagessen weit oben auf dessen Abhang, mit einem wunderbaren Ausblick auf Wald und Wasser unter mir .

Den ganzen Vormittag über war ich sehr glücklich, dachte nicht an Gresson oder Ivery, sondern bekam in diesen weiten Räumen einen klaren Kopf und meine Lungen füllten sich mit der frischen Bergluft. Aber mir ist etwas Merkwürdiges aufgefallen. Bei meinem letzten Besuch in Schottland, als ich mehr Moormeilen pro Tag zurücklegte als jeder andere Mensch seit Claverhouse, war ich von dem Land fasziniert und hatte mir Pläne gemacht, mich darin niederzulassen. Aber jetzt, nach drei Jahren Krieg und allgemeinem Raketenbeschuss, fühlte ich mich weniger von dieser Art von Landschaft angezogen. Ich wollte etwas Grüneres, Friedlicheres und Bewohnbareres, und meine Erinnerung richtete sich sehnsüchtig an die Cotswolds.

Ich rätselte darüber, bis mir klar wurde, dass auf all meinen Cotswold-Bildern eine Gestalt immer wieder hin und her ging – ein junges Mädchen mit einer Wolke aus goldenem Haar und der starken, schlanken Anmut eines Jungen, das in einem mondbeschienenen Garten „Cherry Ripe“ gesungen hatte . Oben auf diesem Hügel wurde mir ganz deutlich klar, dass ich, der ich gegenüber Frauen ebenso sorglos gewesen war wie jeder Mönch, mich unsterblich in ein Kind verliebt hatte, das halb so alt war wie ich. Ich wollte es nur ungern zugeben, obwohl mir die Schlussfolgerung schon seit Wochen aufgedrängt wurde. Nicht, dass ich mich nicht in meinem Wahnsinn gefreut hätte, aber es schien mir ein zu hoffnungsloses Geschäft zu sein, und ich hatte keine Verwendung für unfruchtbare Schürzenjägerei. Aber als ich auf einem Felsen saß und Schokolade und Kekse aß, stellte ich mich der Tatsache ins Auge und beschloss, auf mein Glück zu vertrauen. Schließlich waren wir Kameraden in einem großen Job, und es lag an mir, Manns genug zu sein, um sie zu gewinnen. Der Gedanke schien jeden Mut zu stärken, der in mir war. Keine Aufgabe schien zu schwer zu sein, da sie ihre Zustimmung zu gewinnen und irgendwo dahinter Kameradschaft hatte. Ich saß lange Zeit in einem glücklichen Traum, erinnerte mich an all die kurzen Momente, die ich von ihr hatte, und summte ihr Lied vor einem Publikum, das aus einem schwarzgesichtigen Schaf bestand.

Auf der Landstraße, eine halbe Meile unter mir, sah ich eine Gestalt auf einem Fahrrad, die den Hügel hinaufstieg und dann abstieg, um sich am Gipfel das Gesicht zu wischen. Ich richtete meine Zeiss-Brille darauf und stellte fest, dass es sich um einen Landpolizisten handelte. Es erblickte mich, starrte eine Weile, stellte seine Maschine an den Straßenrand und begann dann ganz langsam den Hang hinaufzusteigen. Als es anhielt, winkte es mit der Hand und rief etwas, das ich nicht hören konnte. Ich saß da und beendete mein Mittagessen, bis sich mir die Gesichtszüge eines dicken, alten Mannes offenbarten, der wie ein Grampus bläst, dessen Mütze fest auf dem Hinterkopf eines kahlen Kopfes sitzt und dessen Hose mit einer Schnur um die Schienbeine gebunden ist.

Neben mir befand sich eine Quelle, und ich holte meine Flasche heraus, um meine Mahlzeit abzurunden.

„Trink etwas", sagte ich.

Seine Augen leuchteten und ein Lächeln huschte über sein feuchtes Gesicht.

"Danke mein Herr. Es wird sehr warm sein, wenn wir den Berg hinaufkommen."

„Das solltest du nicht", sagte ich. „Das solltest du wirklich nicht, weißt du? Es ist nicht gut für die Lebenszeit, Hügel hinaufzusausen und dann einen Berg zu erklimmen."

Er hob den Deckel meiner Flasche zum feierlichen Gruß. „Ihre sehr gute Gesundheit." Dann schmatzte er mit den Lippen und trank mehrere Tassen Wasser aus der Quelle.

„Vielleicht kommst du vom Weg nach Achranich?" sagte er in seinem sanften Singsang, nachdem er endlich wieder zu Atem gekommen war.

"Einfach so. Schönes Wetter für die Vögel, falls jemand da wäre, der sie schießen könnte."

"Ah nein. Heute werden nur wenige Schüsse abgefeuert, da es in Morvern keine Herren mehr gibt. Aber ich wollte dich fragen, ob du aus Achranich kommst und ob du jemanden auf der Straße gesehen hast."

Aus seiner Tasche holte er einen braunen Umschlag und ein großes Telegrafenformular hervor. „Würden Sie es lesen, Sir, denn ich habe meine Brille vergessen?"

Es enthielt eine Beschreibung eines Brand, eines Südafrikaners und eines mutmaßlichen Charakters, den die Polizei anhalten und nach Oban zurückbringen sollte. Die Beschreibung war nicht schlecht, aber es fehlte ein gutes, charakteristisches Detail. Offensichtlich hielt mich der Polizist mit meinem braunen Gesicht, dem groben Tweed und den genagelten Schuhen für einen unschuldigen Fußgänger, wahrscheinlich den Gast einer Schießbude im Moorland.

Ich runzelte die Stirn und war ein wenig verwirrt. „Ich habe ungefähr drei Meilen weiter hinten am Hang einen Kerl gesehen. Direkt dort, wo der Brand ins Spiel kommt, gibt es ein Wirtshaus, und ich glaube, er war auf dem Weg dorthin. Vielleicht war das dein Mann. Auf diesem Draht steht „Südafrikaner"; Und jetzt fällt mir ein, dass der Kerl wie ein Kolonialmann aussah."

Der Polizist seufzte. „Kein Zweifel, es wird der Mann sein. Vielleicht hat er eine Pistole und wird schießen."

„Er nicht", lachte ich. „Er sah aus wie ein räudiger Kerl, und er wird bei deinem Anblick völlig erschrocken sein. Aber befolgen Sie meinen Rat und nehmen Sie jemanden mit, bevor Sie ihn angehen. Du bist immer der bessere Zeuge."

„Das ist so", sagte er und seine Miene wurde heller. „Ach, das sind die schlechten Zeiten! Früher gab es nichts anderes zu tun, als die Türen der Blumenschauen zu überwachen und die Yachten davon abzuhalten, die Meerforellen zu wildern. Aber jetzt heißt es Spione, Spione und: „Donald, steh auf und geh zwanzig Meilen los, um einen Deutschen zu finden." Ich wünschte, der Krieg wäre vorbei und alle Deutschen wären tot."

"Hört hört!" Ich weinte und gab ihm daraufhin noch einen Schluck.

Ich begleitete ihn zur Straße und sah, wie er auf sein Fahrrad stieg und wie eine Bekassine im Zickzack den Hügel hinunter in Richtung Achranich raste. Dann machte ich mich zügig auf den Weg nach Norden. Es war klar, je schneller ich mich bewegte, desto besser.

Als ich ging, würdigte ich angewidert die Effizienz der schottischen Polizei. Ich fragte mich, wie um alles in der Welt sie mich herabgestuft hatten. Vielleicht war es das Treffen in Glasgow oder vielleicht meine Verbindung mit Ivery in Biggleswick. Jedenfalls gab es irgendwo jemanden, der sehr schnell darin war, ein *Dossier zusammenzustellen* . Sofern ich nicht nach Oban zurückgeschickt werden wollte, musste ich schnell zur Küste von Arisaig gelangen.

Bald darauf fiel die Straße zu einem glitzernden Meeresloch, das wie die blaue Klinge eines Schwertes im Purpur der Hügel lag. An der Spitze befand sich ein winziger Clachan, eingebettet zwischen Birken und Ebereschen, wo eine gelbbraune Brandung zum Meer führte. Als ich den Ort betrat, war es ungefähr vier Uhr nachmittags, und Frieden lag darauf wie ein Gewand. Auf der breiten, sonnigen Straße gab es kein Lebenszeichen und kein Geräusch außer dem Gackern der Hühner und den Bienen, die zwischen den Rosen geschäftig waren. Es gab eine kleine graue Kiste, die einer Kirche ähnelte, und in der Nähe der Brücke ein strohgedecktes Häuschen, das das Schild eines Post- und Telegrafenamtes trug.

In der letzten Stunde hatte ich darüber nachgedacht, dass ich mich besser auf Pannen vorbereiten sollte. Wenn die Polizei dieser Gegend gewarnt worden wäre, könnten sie zu viel für mich werden, und Gresson könnte seine Reise unübertroffen machen. Das Einzige, was wir tun konnten, war, ein Telegramm an Amos zu schicken und die Angelegenheit in seine Hände zu legen. Ob das möglich war oder nicht, hing von dieser entfernten Postbehörde ab.

Ich betrat den kleinen Laden und wechselte vom strahlenden Sonnenschein in die Dämmerung, in der es nach Paraffin und schwarz gestreiften Pfefferminzkugeln roch. Eine alte Frau mit einem Mutch saß in einem Sessel hinter der Theke. Sie blickte über ihre Brille hinweg zu mir auf und lächelte, und ich war sofort von ihr angetan. Sie hatte das alte, weise Gesicht, das Gott liebt.

Neben ihr bemerkte ich einen kleinen Stapel Bücher, darunter eine Bibel. Aufgeschlagen auf ihrem Schoß lag eine Zeitung, die *United Free Church Monthly* . Ich bemerkte diese Details gierig, denn ich musste mich für die Rolle entscheiden, die ich spielen sollte.

„Es ist ein warmer Tag, Herrin", sagte ich und meine Stimme fiel in die breite Lowland-Sprache, denn ich hatte das Gefühl, dass sie nicht aus den Highlands stammte.

Sie legte ihre Zeitung beiseite. „Das ist es, Sir. Für die meisten ist es tolles Wetter, aber hier ist das erst Ende September, und im besten Fall ist es ein bisschen düster."

„Ja. Unten in Annandale ist das etwas anderes", sagte ich.

Ihr Gesicht leuchtete auf. „Sind Sie aus Dumfries, Sir?"

„Nicht nur aus Dumfries, aber ich kenne die Borders gut."

„Du wirst sie nicht besiegen", rief sie. „Nicht, dass dies kein führender Ort ist und ich muss dafür dankbar sein, seit John Sanderson – das war mein Mann – mich siebenundvierzig Jahre vor Martinstag hierher gebracht hat. Aber je älter ich werde, desto mehr denke ich an die Zeit, in der ich geboren wurde. Es lag zwei Meilen von Wamphray entfernt an der Lockerbie Road, aber mir wurde gesagt, dass der Ort nicht nur ein paar Kilometer von Stanes entfernt ist."

„Ich habe mich gefragt, Herrin, ob ich im Dorf eine Tasse Tee bekommen könnte."

„Du wirst eine Tasse mit mir trinken", sagte sie. „Es kommt nicht oft vor, dass wir hier jemanden aus den Grenzen sehen. Der Wasserkocher kocht gerade."

Sie gab mir Tee, Scones, Butter, Johannisbeermarmelade und Melassekekse, die auf der Zunge zergingen. Und während wir aßen, sprachen wir über viele Dinge – hauptsächlich über den Krieg und die Bosheit der Welt.

„Es sind keine Jungs mehr hier", sagte sie. „Sie haben sich den Camerons angeschlossen, und die verdammten von ihnen sind an einem schrecklichen Ort namens Lowse gefallen. John und ich hatten nie einen Jungen, nur das einzige Mädchen, das mit Donald Frew, dem Träger von Strontian, geheiratet hat. Früher habe ich mich darüber geärgert, aber jetzt danke ich dem Herrn, dass er mir in seiner Barmherzigkeit Kummer erspart hat. Aber ich hätte gern einen Jungen gehabt, der für sein Land kämpfte. Ich wünschte, ich wäre Katholik und könnte Gebete für die Sünder aufstellen, die gestorben sind. Es kann ein großer Trost sein."

Pilgrim's Progress aus meiner Tasche hervor . „Das ist das großartige Buch für eine Zeit wie diese."

„Gut, ich weiß es", sagte sie. „Ich habe es für einen Preis in der Sabbatschule bekommen, als ich ein Mädchen war."

Ich habe die Seiten umgeblättert. Ich las ein oder zwei Passagen vor, und dann kam es mir vor, als würde mich eine plötzliche Erinnerung überwältigen.

„Das ist ein Telegraphenbüro, Herrin. Könnte ich Sie bitten, ein Telegramm zu senden? Wissen Sie, ich habe einen Cousin, der Pfarrer in Ross-shire am Kyle ist, und er und ich sind großartige Korrespondenten. Er hat über etwas im *Pilgrim's Progress geschrieben* und ich denke, ich werde ihm als Antwort ein Telegramm schicken."

„Ein Brief wäre billiger", sagte sie.

„Ja, aber ich bin im Urlaub und habe keine Zeit zum Schreiben."

Sie gab mir ein Formular und ich schrieb:

Ochterlony. Postamt, Kyle. — Demas wird innerhalb der Woche in seiner Mine sein. Bemühe dich mit ihm, damit ich nicht in Ohnmacht falle.

„Sie sind unkonventionell mit den Worten, Sir", war ihr einziger Kommentar.

Mit Bedauern trennten wir uns, und als ich versuchte, den Tee zu bezahlen, kam es fast zu einem Streit. Als ich das nächste Mal an Wamphray vorbeikam, wurde ich gebeten, sie an einen gewissen David Tudhole, Bauer in Nether Mirecleuch, zu erinnern.

Das Dorf war genauso ruhig, als ich es verließ, wie als ich es betrat. Ich ging beruhigter den Hügel hinauf, denn ich war dem Telegramm entkommen und hoffte, meine Spuren verwischt zu haben. Meine Freundin, die Postmeisterin, würde, wenn man sie befragte, wahrscheinlich keinen südafrikanischen Verdächtigen in dem offenen und heimeligen Reisenden erkennen, der mit ihr über Annandale und den *Pilgerweg gesprochen hatte* .

Das sanfte Maulbeerlicht der Westküste begann sich auf die Hügel zu legen. Ich hoffte, vor Einbruch der Dunkelheit ein Dutzend Meilen bis zum nächsten Dorf auf der Karte zurücklegen zu können, wo ich vielleicht ein

Quartier finden würde. Doch bevor ich weit gekommen war, hörte ich hinter mir das Geräusch eines Motors, und ein Auto mit drei Männern fuhr vorbei. Der Fahrer warf mir einen scharfen Blick zu und trat auf die Bremse. Ich bemerkte, dass die beiden Männer im Tonneau Sportgewehre trugen.

„Hallo, Sie, Sir", rief er. "Komm her." Die beiden Gewehrträger – feierliche Kiemen – richteten ihre Waffen auf.

„Bei Gott", sagte er, „es ist der Mann. Wie heißen Sie? Halte ihn in Deckung, Angus."

Die Kiemen bedeckten mich ordnungsgemäß, und mir gefiel der Anblick ihrer schwankenden Fässer nicht. Sie waren offensichtlich genauso überrascht wie ich.

Ich hatte etwa eine halbe Sekunde Zeit, um meine Pläne zu schmieden. Ich trat mit sehr steifer Miene vor und fragte ihn, was zum Teufel er meinte. Für mich gibt es jetzt keine Lowland Scots. Mein Tonfall war der eines Adjutanten eines Gardebataillons.

Mein Inquisitor war ein großer Mann im Ulster, mit einem grünen Filzhut auf dem kleinen Kopf. Er hatte ein hageres, wohlerzogenes Gesicht und sehr cholerische blaue Augen. Ich bezeichne ihn als Soldaten im Ruhestand, Highland-Regiment oder Kavallerie im alten Stil.

Er zog ein Telegrafenformular hervor, wie der Polizist.

„Mittelgroß – kräftig gebaut – grauer Tweed – brauner Hut – spricht mit kolonialem Akzent – stark sonnenverbrannt. Wie ist Ihr Name, Sir?"

Ich antwortete nicht mit kolonialem Akzent, sondern mit der *Arroganz* eines britischen Offiziers, der von einem französischen Wachposten angehalten wurde. Ich fragte ihn noch einmal, was zum Teufel er mit meinem Geschäft zu tun habe. Das machte ihn wütend und er begann zu stottern.

„Ich werde dir beibringen, was ich damit zu tun habe. Ich bin stellvertretender Leutnant dieses Bezirks und habe den Auftrag der Admiralität, die Küste zu überwachen. Verdammt, Sir, ich habe hier ein Telegramm vom Chief Constable, in dem Sie beschrieben werden. Du bist Brand, ein sehr gefährlicher Kerl, und wir wollen wissen, was zum Teufel du hier tust."

Als ich in seine zornigen Augen und seinen schlanken Kopf blickte, der nicht viel Verstand hätte enthalten können, wurde mir klar, dass ich meinen Ton ändern musste. Wenn ich ihn irritierte, wurde er böse, weigerte sich, mir zuzuhören und legte mich stundenlang auf. So wurde meine Stimme respektvoll.

„Ich bitte um Verzeihung, Sir, aber ich bin es nicht gewohnt, plötzlich angehalten und nach meinem Ausweis gefragt zu werden. Mein Name ist Blaikie, Kapitän Robert Blaikie von den Scots Fusiliers. Ich habe drei Wochen Urlaub zu Hause, um nach Hooge etwas Ruhe zu finden. Wir wurden erst vor fünf Tagen herausgeholt." Ich hoffte, mein alter Freund im Schockkrankenhaus in Isham würde mir verzeihen, dass ich mir seine Identität ausgeliehen hatte.

Der Mann sah verwirrt aus. „Wie zum Teufel soll ich damit zufrieden sein? Haben Sie Papiere, die das beweisen?"

"Warum nicht. Bei einem Rundgang trage ich keine Pässe mit mir herum. Sie können aber auch an das Depot oder an meine Londoner Adresse telegrafieren."

Er zupfte an seinem gelben Schnurrbart. „Ich werde gehängt, wenn ich weiß, was ich tun soll. Ich möchte zum Abendessen nach Hause kommen. Ich sage Ihnen was, Sir, ich nehme Sie mit und bringe Sie für die Nacht unter. Mein Junge ist zu Hause, erholt sich, und wenn er sagt, dass du *ein Pukka bist*, bitte ich dich um Verzeihung und gebe dir eine gute Flasche Portwein. Ich werde ihm vertrauen und ich warne Sie, er ist ein scharfsinniges Händchen."

Es blieb mir nichts anderes übrig, als zuzustimmen, und ich stieg mit schlechtem Gewissen neben ihn ein. Angenommen, der Sohn kannte den echten Blaikie! Ich fragte nach dem Namen des Bataillons des Jungen und man sagte mir, es sei das 10. Seaforths-Bataillon. Das war keine angenehme Anhörung, denn sie waren zusammen mit uns an der Somme stationiert gewesen. Aber Colonel Broadbury – denn er nannte mir seinen Namen – brachte mir eine weitere Neuigkeit, die mich beruhigte. Der Junge war noch keine zwanzig und erst seit sieben Monaten draußen. In Arras hatte er einen Splitter in den Oberschenkel bekommen, der ihm den Ischiasnerv zugefügt hatte, und er war immer noch auf Krücken.

Wir fuhren über Moorkämme, immer weiter nach Norden, und kamen an einem hübschen, weiß getünchten Haus in der Nähe des Meeres an. Oberst Broadbury führte mich in eine Halle, in der ein kleines Torffeuer brannte, und auf einer Couch daneben lag ein schlanker, blassgesichtiger junger Mann. Er hatte sein Polizistenverhalten aufgegeben und sich wie ein Gentleman benommen. „Ted", sagte er, „ich habe einen Freund für die Nacht nach Hause gebracht. Ich machte mich auf die Suche nach einem Verdächtigen und fand einen britischen Offizier. Das ist Kapitän Blaikie von den Scots Fusiliers."

Der Junge sah mich freundlich an. „Ich freue mich sehr, Sie kennenzulernen, Sir. Entschuldigen Sie, dass ich nicht aufstehe, aber ich habe ein Spielbein." In seinen Gesichtszügen ähnelte er seinem Vater, war aber dunkel und blass, während der andere blond war. Er hatte genau den gleichen schmalen Kopf, den gleichen störrischen Mund und die ehrlichen, aufbrausenden Augen. Es ist der Typ, der schneidige Regimentsoffiziere hervorbringt, VCs verdient und im großen Stil erfolgreich ist. Ich war nie so nett. Ich gehörte zur Schule der schlauen Feiglinge.

In der halben Stunde vor dem Abendessen verschwand der letzte Hauch von Misstrauen aus dem Kopf meines Gastgebers. Denn Ted Broadbury und ich waren sofort tief im Geschäft. Ich hatte die meisten seiner höheren Offiziere getroffen und wusste alles über ihre Taten in Arras, denn seine Brigade war auf der anderen Seite des Flusses zu meiner Linken gewesen. Wir kämpften den großen Kampf noch einmal, redeten über technische Details und beschimpften den Stab, wie es junge Offiziere tun, wobei der Vater Fragen stellte, die zeigten, wie stolz er auf seinen Sohn war. Ich nahm vor dem Abendessen ein Bad, und als er mich ins Badezimmer führte, entschuldigte er sich sehr herzlich für seine schlechten Manieren. „Ihr Kommen war ein Geschenk des Himmels für Ted. Er hat hier ein bisschen Trübsal getrunken. Und obwohl ich das nicht sagen sollte, ist er ein absolut braver Junge.“

Ich bekam meine versprochene Flasche Portwein und trat nach dem Abendessen mit dem Vater beim Billard an. Dann richteten wir uns im Raucherzimmer ein und ich machte mich daran, die beiden zu unterhalten. Das Ergebnis war, dass sie mich eine Woche bleiben ließen, aber ich sprach von der Kürze meines Urlaubs und sagte, ich müsse zum Bahnhof und dann zurück nach Fort William, um mein Gepäck zu holen.

Also verbrachte ich die Nacht zwischen sauberen Laken, aß ein christliches Frühstück und bekam das Auto meines Gastgebers, um mich ein wenig auf die Straße zu begeben. Ich ließ es nach einem halben Dutzend Meilen fallen und marschierte, der Karte folgend, über die Hügel im Westen. Gegen Mittag erreichte ich einen Bergrücken und sah den Sound of Sleat unter mir scheinen. Es gab noch andere Dinge in der Landschaft. Im Tal rechts kroch ein langer Güterzug auf der Mallaig-Bahn. Und jenseits des Meeresstreifens erhoben sich wie eine Festung der alten Götter die dunklen Bastionen und Türme der Hügel von Skye.

KAPITEL VI
Die Röcke des Coolin

Natürlich muss ich mich von der Eisenbahn fernhalten. Wenn die Polizei in Morvern hinter mir her wäre, würde diese Linie gewarnt werden, denn sie war eine Barriere, die ich überwinden musste, wenn ich weiter nach Norden gehen wollte. Anhand der Karte konnte ich erkennen, dass es sich entlang der Küste drehte, und kam zu dem Schluss, dass der Ort, den ich ansteuern sollte, das Ufer südlich dieser Biegung war, wo der Himmel mir vielleicht etwas Glück in der Bootslinie schicken würde. Denn ich war mir ziemlich sicher, dass jeder Gepäckträger und Bahnhofsvorsteher dieser Blechtruhe darauf bedacht war, mein bescheidenes Ich besser kennenzulernen.

Ich aß zu Mittag von den Sandwiches, die mir die Broadburys gegeben hatten, und machte mich am hellen Nachmittag auf den Weg den Hügel hinunter, überquerte am Fuße eines kleinen Süßwassersees Lochan und folgte dem mündenden Bach durch von Mücken befallene Haselwälder bis zu seiner Mündung mit dem Meer. Es war anstrengend, aber sehr angenehm, und ich verfiel in die gleiche Stimmung müßiger Zufriedenheit, die ich am Morgen zuvor genossen hatte. Ich habe nie eine Menschenseele getroffen. Manchmal brach ein Reh aus dem Versteck hervor, oder ein alter Mönch erschreckte mich mit seinem Schelten. Der Ort war voller Heidekraut, das noch in seiner ersten Blüte stand, und duftete besser als die Myrrhe Arabiens. Es war ein gesegnetes Tal, und ich war so glücklich wie ein König, bis ich zu spüren begann, wie der Hunger aufkam, und darüber nachdachte, dass der Herr allein wusste, wann ich eine Mahlzeit bekommen würde. Ich hatte noch etwas Schokolade und Kekse, aber ich wollte etwas Deftiges.

Die Entfernung war größer als ich dachte und es dämmerte bereits, als ich die Küste erreichte. Das Ufer war offen und öde – große Kieselbänke, an denen Erlen und Haselnüsse aus dem Gebüsch am Hang emporwuchsen. Aber als ich nach Norden marschierte und um eine kleine Landzunge herumbog, sah ich vor mir in einer Biegung der Bucht ein rauchendes Häuschen. Und am Ufer des Wassers trottete die gebeugte Gestalt eines Mannes, beladen mit Netzen und Hummertöpfen. Außerdem lag ein Boot auf dem Kiesstrand.

Ich beschleunigte mein Tempo und überholte den Fischer. Er war ein alter Mann mit struppigem grauen Bart, und seine Ausrüstung bestand aus Seemannsstiefeln und einem vielgeflickten blauen Trikot. Er war taub und hörte mich nicht, als ich ihn rief. Als er mich erblickte, hielt er nicht inne, obwohl er sehr feierlich meinen guten Abend erwiderte. Ich schloss mich ihm an und erreichte in seiner stillen Gesellschaft das Cottage.

Er blieb vor der Tür stehen und nahm seine Lasten ab. Es handelte sich um ein zweiräumiges Gebäude mit einem Dach aus Stroh und die Wände waren mit einer gelb blühenden Schlingpflanze überwuchert. Als er seinen Rücken aufgerichtet hatte, schaute er zum Meer und zum Himmel, als wollte er das Wetter herausfinden. Dann richtete er seine sanften, versunkenen Augen auf mich. „Es wird ein schöner Tag gewesen sein, Sir. Haben Sie nach dem Weg gesucht, der irgendwohin führt?"

„Ich war auf der Suche nach einer Übernachtungsmöglichkeit", sagte ich. „Ich habe eine lange Wanderung durch die Hügel hinter mir und würde mich über eine Chance freuen, nicht weiter zu gehen."

„Für einen Gentleman werden wir keine Unterkunft finden", sagte er ernst.

„Ich kann auf dem Boden schlafen, wenn du mir eine Decke und etwas Abendessen gibst."

„Das wirst du in der Tat nicht", und er lächelte langsam. „Aber ich werde die Frau fragen. Maria, komm her!"

Als Antwort auf seinen Ruf erschien eine alte Frau, eine Frau, deren Gesicht so alt war, dass sie wie seine Mutter wirkte. Im Hochland altert ein Geschlecht schneller als das andere.

„Dieser Herr möchte die Nacht abwarten. Ich wollte ihm gerade erzählen, dass wir ein kleines, ärmliches Haus hatten, aber er meinte, es würde ihm nichts ausmachen."

Sie sah mich mit der schüchternen Höflichkeit an, die man nur an fremden Orten findet.

„Wir können tatsächlich unser Bestes geben, Sir. Der Herr kann Colins Bett auf dem Dachboden haben, aber er muss sich mit einfachem Essen begnügen. Das Abendessen ist fertig, wenn Sie jetzt hereinkommen."

Ich schrubbte mich mit einem Stück gelber Seife an einem angrenzenden Teich in der Brandung und betrat dann eine Küche, die blau nach Torf riechte. Wir aßen eine Mahlzeit aus gekochtem Fisch, Haferflocken und Magermilchkäse, dazu gab es Tassen starken Tee zum Abspülen. Die alten Leute hatten die Manieren von Fürsten. Sie drängten mir Essen auf und stellten mir keine Fragen, bis ich aus Anstand eine Geschichte schreiben und etwas über mich selbst berichten musste.

Ich fand heraus, dass sie einen Sohn in den Argylls und einen kleinen Jungen in der Marine hatten. Aber sie schienen nicht geneigt, über sie oder den Krieg zu sprechen. Durch Zufall stieß ich auf das Interesse des alten Mannes. Er hatte eine Leidenschaft für das Land. Er hatte sich an längst vergessenen Aufständen beteiligt und war im Streit einiger alter Gutsbesitzer weiter im

Norden vertrieben worden. Plötzlich schüttete er mir alle Sorgen des Kleinbauern aus – Leiden, die mir so vorsintflutlich und vergessen vorkamen, dass ich zuhörte, als würde man einem alten Lied lauschen. „Wer aus einem neuen Land kommt, wird davon noch nie gehört haben", sagte er mir immer wieder, aber durch dieses Torffeuer machte ich meine mangelhafte Bildung wett. Er erzählte mir von Zwangsräumungen in diesem Jahr. Einer irgendwo in Sutherland und von harten Taten auf den Outer Isles. Es war weit mehr als eine politische Beschwerde. Es war die Klage der Konservativen über verschwundene Tage und Manieren. „Drüben in Skye gab es ein schönes Land für Schwarzvieh, und jeder Mann hatte seine kleine Herde auf dem Hügel. Aber die Gutsherren sagten, es sei besser für Schafe, und dann sagten sie, es sei nicht gut für Schafe, also stellten sie es den Hirschen zur Verfügung, und jetzt gibt es nirgendwo auf Skye schwarze Rinder." Ich sage Ihnen, es war wie traurige Dudelsackmusik, diesen alten Kerl zu hören. Der Krieg und alles Moderne bedeuteten ihm nichts; er lebte inmitten der Tragödien seiner Jugend und seiner Blütezeit.

Ich bin selbst ein Tory und ein bisschen ein Landreformer, also waren wir uns ziemlich gut einig. So gut, dass ich bekam, was ich wollte, ohne danach zu fragen. Ich sagte ihm, dass ich nach Skye fahren würde, und er bot an, mich am Morgen mit seinem Boot zu übernehmen. „Es wird kein Problem sein. Tatsächlich nein. Ich selbst werde diesen Weg zum Angeln gehen."

Ich sagte ihm, dass nach dem Krieg jeder Hektar britischen Bodens für die Männer genutzt werden müsse, die sich das Recht darauf verdient hätten. Aber das tröstete ihn nicht. Er dachte nicht an das Land selbst, sondern an die Männer, die vor fünfzig Jahren daraus vertrieben worden waren. Sein Wunsch galt nicht einer Reform, sondern einer Wiederherstellung, und das lag außerhalb der Macht einer Regierung. Ich ging in einer traurigen, nachdenklichen Stimmung auf dem Dachboden zu Bett und dachte darüber nach, wie wir durch die Beschleunigung unseres neumodischen Pfluges eine Vielzahl von Maulwurfshügeln niederreißen mussten und wie wünschenswert und unersetzlich das Leben der Maulwürfe war.

Bei frischem, strahlendem Wetter und einem Wind aus Südosten brachen wir am nächsten Morgen auf. Vorne war eine braune Linie niedriger Hügel und dahinter, etwas nördlich, die schwarze Zahnkamm-Bergkette, die ich am Tag zuvor vom Arisaig-Kamm aus gesehen hatte.

„Das ist der Coolin", sagte der Fischer. „Es ist ein schlimmer Ort, wo nicht einmal die Hirsche hingehen können. Aber der Rest von Skye war ein schönes Land für schwarze Rinder."

Als wir uns der Küste näherten, zeigte er uns viele Orte. „Sehen Sie, Sir, in dieser Schlucht. Ich habe dort sechs Kinderbetthäuser rauchen sehen, und jetzt ist keins mehr übrig. Es gab drei Männer meines Namens, die auf den

Machars jenseits der Landzunge Höfe hatten, und wenn man dorthin geht, findet man nur die Spuren ihrer kleinen Gärten. Sie werden den Ort an den Gan-Bäumen erkennen."

Als er mich in einer sandigen Bucht zwischen grünen Farnkämmen an Land brachte, redete er immer noch von der Vergangenheit. Ich brachte ihn dazu, ein Pfund zu nehmen – für das Boot und nicht für die Gastfreundschaft an diesem Abend, denn er hätte mich mit dem Ruder geschlagen, wenn ich das vorgeschlagen hätte. Das letzte Mal, dass ich ihn sah, als ich mich oben auf dem Hügel umdrehte, hatte er immer noch sein Segel gesenkt und blickte auf das Land, das einst voller menschlicher Behausungen gewesen war und nun verlassen war.

Ich blieb eine Weile am Bergrücken entlang, mit dem Sound of Sleat zu meiner Rechten und dahinter den hohen Hügeln von Knoydart und Kintail. Ich hielt Ausschau nach der *Tobermory* , sah aber keine Spur von ihr. Ein Dampfer legte in Mallaig ab, und mehrere Drifter krochen den Kanal hinauf, und einmal sah ich die weiße Flagge und einen Zerstörer geschäftig nach Norden ziehen und eine schwarze Rauchwolke hinter sich herziehen. Dann, nachdem ich die Karte konsultiert hatte, marschierte ich quer durchs Land, behielt immer noch das höher gelegene Gelände bei, war aber außer in unregelmäßigen Minuten außer Sichtweite des Meeres. Ich kam zu dem Schluss, dass meine Aufgabe darin bestand, ohne Zeitverlust auf den Breitengrad von Ranna zu gelangen.

Sobald ich meinen Kurs änderte, hatte ich den Coolin als Gesellschaft. Berge waren schon immer meine Leidenschaft, und die Schwärze und das Geheimnis dieser düsteren Gipfel stiegen mir zu Kopf. Ich habe Fosse Manor und die Cotswolds völlig vergessen. Ich vergaß auch, was mein wichtigstes Gefühl gewesen war, seit ich Glasgow verlassen hatte: das Gefühl der Absurdität meiner Mission. Es schien alles zu weit hergeholt und skurril. Ich ging offenbar kein großes persönliches Risiko ein, und ich hatte immer die unangenehme Angst, dass Blenkiron vielleicht zu schlau gewesen sein könnte und dass die ganze Sache ein Stutennest sein könnte. Aber diese dunkle Bergmasse veränderte meine Sichtweise. Ich begann das merkwürdige Gefühl zu entwickeln, dass dies der Ort sei, dass dort etwas verborgen sein könnte, etwas ziemlich Verdammtes. Ich erinnere mich, dass ich eine halbe Stunde lang auf einem Gipfel saß und mit meiner Brille die Hügel absuchte. Ich erkannte hässliche Abgründe und Täler, die sich in urzeitlicher Schwärze verloren. Als die Sonne sie erwischte – denn es war ein strahlender Tag –, brachte sie keine Farben zum Vorschein, nur abgestufte Schatten. Keine Berge, die ich jemals gesehen hatte – weder die Drakensberge noch die roten Kopjes von Damaraland oder die kalten, weißen Gipfel rund um Erzerum – sahen jemals so überirdisch und unheimlich aus.

Seltsamerweise ließ mich ihr Anblick auch an Ivery denken. Es schien keine Verbindung zwischen einem glatten, sesshaften Wesen, das in Villen und Hörsälen hauste, und diesem struppigen Gewirr von Abgründen zu geben. Aber ich hatte das Gefühl, dass es so war, denn ich hatte begonnen, die Größe meines Gegners zu erkennen. Blenkiron hatte gesagt, dass er sein Netz weit gesponnen habe. Das war für die unausgegorene Jugend von Biggleswick und die pazifistischen Gesellschaften oder sogar für die Härten am Clyde durchaus verständlich. Ich könnte ihn gut in dieses Bild einfügen. Aber dass er sein Spiel zwischen diesen geheimnisvollen schwarzen Felsen spielte, schien ihn größer und verzweifelter zu machen, ein ganz und gar anderes Unterfangen. Die Idee gefiel mir nicht gerade, denn mein Einwand gegen meine letzten Wochen war, dass ich meinen eigentlichen Job verloren hatte und dies eher meine Landeslinie war. Ich hatte immer das Gefühl, ein besserer Bandit als ein Detektiv zu sein. Aber in meine Zufriedenheit mischte sich eine Art Ehrfurcht. Ich begann für Ivery zu empfinden, wie ich für die drei Teufel des Schwarzen Steins empfunden hatte, die mich vor dem Krieg gejagt hatten, und wie ich nie für einen anderen Hunnen empfunden hatte. Die Männer, gegen die wir an der Front kämpften, und die Männer, denen ich im Greenmantle-Geschäft begegnet war, sogar der alte Stumm selbst, waren menschliche Schurken gewesen. Sie waren beeindruckend genug, aber man konnte ihre Fähigkeiten abschätzen und berechnen. Aber dieses Ivery war wie ein Giftgas, das in der Luft hing und in unerwartete Winkel gelangte und das man nicht aufrecht bekämpfen konnte. Bis dahin hatte ich ihn trotz Blenkirons Ernsthaftigkeit lediglich als Problem betrachtet. Aber jetzt schien er ein vertrauter und allgegenwärtiger Feind zu sein, auch nicht greifbar wie der Schrecken eines Spukhauses. Oben auf diesem sonnigen Hügel, mit den Meereswinden um mich herum und den Rufen der Whaups, lief es mir kalt über den Rücken, als ich an ihn dachte.

Ich schäme mich, es zuzugeben, aber ich hatte auch schrecklichen Hunger. Der Krieg hatte etwas an sich, das mich hungrig machte, und je geringer die Aussicht auf Nahrung war, desto schlechter ging es mir. Wenn ich in London gewesen wäre und zwanzig Restaurants für mich geöffnet hätten, wäre ich wahrscheinlich nicht aus dem Häuschen geraten. Das war das Gefühl meines Magens. Ich hatte noch ein wenig Schokolade übrig und aß die mit Butter bestrichenen Fischerscones zum Mittagessen, aber lange vor dem Abend waren meine Gedanken bei meinem leeren Inneren.

Ich übernachtete in einer Hirtenhütte, meilenweit von irgendwo entfernt. Der Mann hieß Macmorran und war aus Galloway gekommen, als die Schafzucht boomte. Er war eine sehr gute Nachahmung eines Wilden, ein kleiner Kerl mit roten Haaren und roten Augen, der ein Pikte hätte sein können. Er lebte mit einer Tochter zusammen, die einst in Glasgow im Dienst gedient hatte, einer dicken jungen Frau mit einem Gesicht voller

Sommersprossen und einem Schmollmund aus gewohnheitsmäßiger Unzufriedenheit. Kein Wunder, denn dieses Cottage war ein ziemlich schäbiger Ort. Es roch so stark nach Torf, dass Hals und Augen ständig schmerzten. Es war schlecht gebaut und musste wie ein Sieb bei einem Sturm undicht gewesen sein. Der Vater war ein mürrischer Kerl, dessen Gespräch ein einziges langes Knurren über die Welt, die hohen Preise, die Schwierigkeit, seine Schafe zu bewegen, die Gemeinheit seines Herrn und den gottverlassenen Charakter von Skye war. „Hier habe ich seit einem Monat kein Bäckerbrot mehr gesehen, und keine Gesellschaft außer einem kleinen, unwissenden Hielander, der Gawlic brüllt. Ich wünschte, ich wäre wieder in den Glenkens. Und wenn ich dafür bezahlt werden könnte, würde ich den Morgen brechen, wovor ich Ehrfurcht habe."

Er gab mir jedoch ein Abendessen – einen Braxy-Schinken und Haferkuchen, und ich kaufte die Reste von ihm ab, um sie am nächsten Tag zu verwenden. Ich traute seinen Decken nicht, also schlief ich die Nacht am Feuer in den Ruinen eines Sessels und wachte im Morgengrauen mit einem üblen Geschmack im Mund auf. Ein Bad in der Brandung erfrischte mich, und nach einer Schüssel Haferbrei machte ich mich wieder auf den Weg. Denn ich wollte unbedingt zu einem Hügel gelangen, von dem aus ich Ranna sehen konnte.

Vor Mittag befand ich mich knapp unter der Ostseite des Coolin, auf einer Straße, die eher einem Steingarten als einem Pfad ähnelte. Plötzlich sah ich vor mir ein großes Haus, das wie ein Gasthaus aussah, also ließ ich es außen vor und schlug die Straße ein, die etwas weiter nördlich dorthin führte. Dann wandte ich mich nach Osten und begann gerade, einen Hügel zu erklimmen, der meiner Meinung nach zwischen mir und dem Meer lag, als ich Räder auf der Straße hörte und zurückblickte.

Es war ein Bauernjob mit einem Mann. Ich war etwa eine halbe Meile entfernt, und etwas im Schnitt seines Auslegers kam mir bekannt vor. Ich setzte meine Brille auf ihn und erkannte eine kleine, kräftige Gestalt in einem Regenmantel und mit einer Wolldecke um den Hals. Während ich zusah, machte es eine Bewegung, als wollte es seine Nase am Ärmel reiben. Das war der Lieblingstrick eines Mannes, den ich kannte. Unauffällig schlüpfte ich durch das lange Heidekraut, um die Straße vor dem Gig zu erreichen. Als ich wie ein Geist vom Wegrand aufstand, sprang das Pferd an, aber nicht der Kutscher.

„Du bist also da", sagte Amos' Stimme. „Ich habe Neuigkeiten für dich. Die *Tobermory* wird inzwischen in Ranna sein. Sie passierte Broadford zwei Stunden später. Als ich sie sah, spannte ich dieses Biest an und ergriff die Chance, mit euch zusammenzukommen."

„Woher um alles in der Welt wussten Sie, dass ich hier sein würde?" Ich fragte überrascht.

„Oh, ich habe anhand deines Telegramms gesehen, wie dein Verstand funktioniert. Und das sage ich zu mir selbst' – dieser Mann Brand, sagt ich, ist nicht der Typ, der leicht zu stoppen ist. Aber ich hatte Angst, dass du einen Tag zu spät kommst, also bin ich die Straße hinaufgekommen, um die Stellung zu halten. Mann, ich freue mich, dich zu sehen. Du bist jünger und süßer als ich, und dein Gresson ist ein aufsehenerregender Junge."

„Eines musst du für mich tun", sagte ich. „Ich kann nicht in Gasthäuser und Geschäfte gehen, aber ohne Essen komme ich nicht aus. Auf der Karte sehe ich, dass etwa sechs Meilen weiter eine Stadt liegt. Gehen Sie dorthin und kaufen Sie mir alles, was in der Dose ist – Kekse, Zunge und Sardinen und ein paar Flaschen Whisky, wenn Sie welche bekommen können. Das kann eine langwierige Arbeit sein, also kaufen Sie viel."

„Wo soll ich sie hinstellen?" war seine einzige Frage.

Wir machten uns auf einen Cache ein, hundert Meter von der Autobahn entfernt, an einer Stelle, wo zwei Hügelkämme die Sicht einschränkten, so dass nur ein kurzes Stück Straße sichtbar war.

„Ich gehe zurück zum Kyle", sagte er zu mir, „und jemand dort kennt Andra Amos, falls Sie eine Möglichkeit finden sollten, eine Nachricht zu senden oder selbst zu kommen." Oh, und ich habe ein Wort von einer Dame, die wir kennen. Sie sagt, je früher du zurück in Vawnity Fair bist, desto mehr wird sie zufrieden sein, vorausgesetzt, du hast die Hügel-Schwierigkeit überwunden."

Ein Lächeln verzog sich auf seinem alten Gesicht und er schwenkte zum Abschied seine Peitsche. Ich interpretierte Marys Botschaft als Aufforderung zum Tempo, konnte das Tempo aber nicht mitmachen. Das war Gressons Sache. Ich glaube, ich war ein wenig verärgert, bis ich mich durch eine andere Interpretation aufheiterte. Sie war vielleicht um meine Sicherheit besorgt, sie wollte mich vielleicht wiedersehen, aber das bloße Senden der Nachricht zeigte, dass ich nicht vergessen war. Ich war in angenehmer Stimmung, als ich den Hügel hinaufstieg und mich diskret im Schutz der vielen Schluchten hielt. Oben angekommen blickte ich auf Ranna und das Meer hinunter.

Dort lag die *Tobermory* und war damit beschäftigt, ihr Schiff zu entladen. Es würde zweifellos einige Zeit dauern, bis Gresson gehen konnte. Es gab noch kein Ruderboot im Kanal und ich musste möglicherweise stundenlang warten. Ich machte es mir gemütlich zwischen zwei Felsen bequem, wo ich nicht gesehen werden konnte und von wo aus ich freie Sicht auf das Meer und die Küste hatte. Aber bald stellte ich fest, dass ich etwas langes Heidekraut für ein Sofa brauchte, und ich ging hinaus, um welche zu holen.

Ich hatte meinen Kopf keine Sekunde lang gehoben, als ich mich wieder fallen ließ. Denn ich hatte einen Nachbarn auf dem Hügel.

Er war etwa zweihundert Meter entfernt, hatte gerade den Kamm erreicht und ging im Gegensatz zu mir ganz offen. Sein Blick war auf Ranna gerichtet, sodass er mich nicht bemerkte, aber von meiner Deckung aus überflog ich jede Zeile von ihm. Er sah wie ein gewöhnlicher Landsmann aus und trug schlecht geschnittene, weite Knickerbocker von der Art, wie sie bei Gillies vorkommen. Er hatte ein Gesicht wie ein portugiesischer Jude, aber ich hatte diesen Typ schon früher bei Leuten mit Highland-Namen gesehen; Sie mochten Juden sein oder nicht, aber sie konnten Gälisch sprechen. Plötzlich verschwand er. Er war meinem Beispiel gefolgt und hatte sich ein Versteck ausgesucht.

Es war ein klarer, heißer Tag, aber an diesem luftigen Ort sehr angenehm. Vom Meer herauf stiegen angenehme Düfte, das Heidekraut war warm und duftete, Bienen dröhnten umher und verirrte Möwen strichen mit ihren Flügeln über den Bergrücken. Ich warf hin und wieder einen Blick zu meinem Nachbarn, aber er war tief in seinem Versteck. Die meiste Zeit behielt ich meine Brille auf Ranna und beobachtete das Treiben der *Tobermory*. Sie lag an der Anlegestelle festgemacht, schien es aber mit dem Entladen nicht eilig zu haben. Ich sah zu, wie der Kapitän von Bord ging und zu einem Haus am Hang ging. Dann schlenderten einige Müßiggänger auf sie zu und standen redend und rauchend dicht neben ihr. Der Kapitän kam zurück und ging wieder. Ein Mann mit Papieren in der Hand erschien und eine Frau mit etwas, das wie ein Telegramm aussah. Der Maat ging in seiner besten Kleidung an Land. Dann endlich, nach Mittag, erschien Gresson. Er gesellte sich zum Kapitän im Büro des Piermasters und kam bald auf der anderen Seite des Stegs heraus, wo einige kleine Boote gestrandet waren. Ein Mann aus *Tobermory* folgte seinem Ruf, ein Boot wurde zu Wasser gelassen und machte sich auf den Weg in den Kanal. Gresson saß im Heck und aß in aller Ruhe sein Mittagessen.

Ich beobachtete jedes Detail dieser Überfahrt mit einiger Genugtuung darüber, dass meine Vorhersage richtig war. Ungefähr auf halber Strecke nahm Gresson die Ruder, übergab sie aber bald dem *Tobermory*- Mann und zündete sich eine Pfeife an. Er holte ein Fernglas hervor und harkte meinen Hang ab. Ich versuchte zu sehen, ob mein Nachbar ein Signal gab, aber alles war still. Plötzlich war das Boot durch die Ausbuchtung des Hügels vor mir verborgen, und ich hörte das Geräusch, wie es über den Strand scharrte.

Gresson war kein Bergwanderer wie mein Nachbar. Er brauchte fast eine Stunde, um den Gipfel zu erreichen, und er erreichte ihn an einer Stelle, die keine zwei Meter von meinem Versteck entfernt war. Ich konnte an seinem mühsamen Atem hören, dass er sehr erschöpft war. Er ging geradewegs über den Kamm, bis er außer Sichtweite von Ranna war, und warf sich auf den Boden. Er war jetzt etwa fünfzig Meter von mir entfernt und ich machte eine Bewegung, um den Abstand zu verringern. An der Nordseite des Hügels befand sich ein grasbewachsener Graben, der tief und dicht mit Heidekraut bewachsen war. Ich schlängelte mich daran entlang, bis ich etwa zwölf Meter von ihm entfernt war, wo ich steckenblieb, weil der Graben abnahm. Als ich aus der Deckung spähte, sah ich, dass der andere Mann sich zu ihm gesellt hatte und dass die Idioten gerade dabei waren, einander zu umarmen.

Ich wagte keinen Zentimeter näher heranzukommen, und während sie mit leiser Stimme redeten, konnte ich nichts von dem hören, was sie sagten. Nichts außer einem Satz, den der fremde Mann zweimal sehr nachdrücklich wiederholte. „Morgen Abend", sagte er und mir fiel auf, dass seine Stimme nicht den Highland-Ton hatte, den ich gesucht hatte . Gresson nickte und warf einen Blick auf seine Uhr, und dann begannen die beiden, bergab in Richtung der Straße zu gehen, die ich an diesem Morgen gefahren war.

Ich folgte, so gut ich konnte, und nutzte einen flachen, trockenen Wasserlauf, in den Schafe eine Spur gelegt hatten, und der mich weit unter dem Niveau des Moores hielt. Es führte mich den Hügel hinunter, allerdings in einiger Entfernung von der Linie, die die beiden einschlugen, und ich musste häufig auf Erkundungstour gehen, um ihre Bewegungen zu beobachten. Sie waren noch ungefähr eine Viertelmeile von der Straße entfernt, als sie anhielten und starrten, und ich starrte mit ihnen. Auf dieser einsamen Autobahn waren Reisende ungefähr so selten wie Straßenarbeiter, und was ihre Aufmerksamkeit auf sich zog, war ein Bauernwagen, der von einem untersetzten älteren Mann mit einer Wolldecke um den Hals gefahren wurde.

Ich hatte einen schlimmen Moment, denn ich rechnete damit, dass Gresson Angst bekommen würde, wenn er Amos erkannte. Vielleicht dachte der Fahrer des Gigs dasselbe, denn er schien sehr betrunken zu sein. Er schwenkte seine Peitsche, er ließ die Zügel wackeln und er bemühte sich zu singen. Er schaute zu den Gestalten am Hang und rief etwas. Der Gig verfehlte den Graben nur knapp, und zu meiner Erleichterung raste das Pferd durch. Die ganze Truppe schwankte wie ein Schiff im Sturm und verschwand außer Sicht um die Ecke des Hügels, wo mein Cache lag. Wenn Amos das Biest aufhalten und die Ware dorthin liefern konnte, hatte er eine meisterhafte Possenreißerei vollbracht.

Die beiden Männer lachten über die Aufführung und trennten sich dann. Gresson ging wieder den Hügel hinauf. Der andere Mann – in Gedanken nannte ich ihn den portugiesischen Juden – machte sich in großem Tempo auf den Weg nach Westen, über die Straße und über ein großes Stück Moor zum nördlichen Ausläufer des Coolin. Er hatte einen Auftrag, von dem

Gresson wusste, und er hatte es eilig, ihn auszuführen. Es war eindeutig meine Aufgabe, ihn zu verfolgen.

Ich hatte einen miesen Nachmittag. Der Kerl legte kilometerweit das Moorland zurück wie ein Reh, und unter der heißen Augustsonne mühte ich mich auf seiner Spur ab. Ich musste weit hinten bleiben und so viel wie möglich in Deckung gehen, für den Fall, dass er zurückblickte; und das bedeutete, dass ich, wenn er einen Bergrücken überquert hatte, mich umdrehen musste, um ihn nicht zu weit vorankommen zu lassen, und wenn wir uns auf freiem Feld befanden, musste ich weite Umwege machen, um verborgen zu bleiben. Wir stießen auf eine Straße, die einen niedrigen Pass überquerte und an der Bergflanke entlangführte, und dieser folgten wir, bis wir auf der Westseite und in Sichtweite des Meeres waren. Es war herrliches Wetter, und draußen auf dem blauen Wasser sah ich, wie kühle Segel sich bewegten und eine leichte Brise die Stille störte, während ich wie ein Hochofen glühte. Glücklicherweise war ich in einem fairen Training und ich brauchte es. Der portugiesische Jude muss konstant sechs Meilen pro Stunde über ein abscheuliches Land geflogen sein.

Gegen fünf Uhr kamen wir an einen Punkt, an dem ich nicht mehr wagte, ihm zu folgen. Die Straße verlief flach am Meeresrand entlang, so dass mehrere Meilen davon sichtbar waren. Außerdem hatte der Mann begonnen, sich alle paar Minuten umzusehen. Er näherte sich etwas und wollte sicher sein, dass sich niemand in seiner Nähe aufhielt. Ich verließ die Straße entsprechend und begab mich auf den Hügel, der zu meinem Verhängnis eine einzige lange Kaskade aus Geröll und umgestürzten Steinen war. Ich sah ihn über eine Anhöhe fallen, die den Rand einer kleinen Bucht zu markieren schien, in die einer der großen Felsvorsprünge der Berge hinabstieg. Es muss eine gute halbe Stunde später gedauert haben, bis ich in meiner größeren Höhe und bei weitaus schlechterem Weg den gleichen Rand erreichte. Ich schaute in die Schlucht und mein Mann war verschwunden.

Er hätte es nicht überqueren können, denn der Ort war breiter, als ich gedacht hatte. Bis auf eine halbe Meile reichte ein Ring schwarzer Abgründe bis zum Ufer, und zwischen ihnen verlief ein großer Bach – lange, flache Teiche am Meeresende und darüber eine Kette von Wasserfällen. Er war wie ein Dachs irgendwo auf der Erde gelandet, und ich wagte nicht, mich zu bewegen, aus Angst, er könnte mich hinter einem Felsbrocken beobachten.

Doch noch während ich zögerte, tauchte er wieder auf, durchquerte den Bach und blickte auf die Straße, die wir gekommen waren. Was auch immer sein Auftrag war, er hatte ihn erledigt und schickte ihn an seinen Herrn zurück. Einen Moment lang dachte ich, ich sollte ihm folgen, doch ein anderer Instinkt überwog. Er war nicht wegen der Landschaft an diesen wilden Ort gekommen. Irgendwo unten im Tal gab es etwas oder jemanden, der den Schlüssel zum Geheimnis besaß. Es war meine Aufgabe, dort zu bleiben, bis ich es aufgeschlossen hatte. Außerdem würde es in zwei Stunden dunkel sein, und ich hatte genug Fußmarsch für einen Tag.

Ich machte mich auf den Weg zum Bachufer und trank einen großen Drink. Der Hügel hinter mir wurde von der untergehenden Sonne erleuchtet, und die kahlen Klippen waren in Rosa und Gold getaucht. Auf beiden Seiten des Baches befand sich Rasen wie ein Rasen, vielleicht hundert Meter breit, und dann ein Gewirr aus langem Heidekraut und Felsbrocken bis zum Rand der großen Felsen. Ich hatte noch nie einen köstlicheren Abend erlebt, aber ich konnte seine Ruhe nicht genießen, weil ich mir Sorgen um den portugiesischen Juden machte. Er war nicht länger als eine halbe Stunde dort gewesen, gerade lange genug, dass ein Mann über den Bach zum ersten Bergrücken und zurück wandern konnte. Dennoch hatte er Zeit gefunden, sein Geschäft zu erledigen. Er hätte einen Brief vielleicht an einem vorher vereinbarten Ort hinterlassen – in diesem Fall würde ich dort bleiben, bis der Mann, für den er bestimmt war, auftauchte. Oder er hätte jemanden kennengelernt, obwohl ich das nicht für möglich gehalten hätte. Als ich die Hektar unebenen Moores absuchte und dann auf das sanfte Plätschern des Meeres auf dem grauen Sand blickte, hatte ich das Gefühl, dass ich vor einem kniffligen Problem stand. Es war zu dunkel, um zu versuchen, seine Schritte zu verfolgen. Das musste für den Morgen übrig bleiben, und ich betete, dass es in der Nacht nicht regnen würde.

Zum Abendessen aß ich den größten Teil des Braxy-Schinkens und des Haferkuchens, den ich aus Macmorrans Hütte mitgebracht hatte. Es bedurfte einiger Selbstverleugnung, denn ich hatte schrecklichen Hunger, um etwas für das Frühstück am nächsten Morgen aufzubewahren. Dann pflückte ich Heidekraut und Farnkraut und machte mir ein Bett im Schutz eines Felsens, der auf einer Anhöhe über dem Bach stand. Mein Schlafgemach war gut versteckt, aber wenn im frühen Morgengrauen etwas auftauchen sollte, gab es mir gleichzeitig eine Aussicht. Mit meiner Regenjacke war es mir vollkommen warm, und nachdem ich zwei Pfeifen geraucht hatte, schlief ich ein.

Meine Nachtruhe war gestört. Zuerst kam ein Fuchs, bellte mir ins Ohr und weckte mich in einer pechschwarzen Nacht, in der kaum ein Stern zu sehen war. Das nächste Mal war es nichts weiter als ein wandernder Hügelwind, aber als ich mich aufsetzte und lauschte, glaubte ich, einen Lichtfunken am Rande des Meeres zu sehen. Es war nur für eine Sekunde, aber es beunruhigte mich. Ich stieg aus und kletterte auf die Spitze des Felsens, aber bis auf das sanfte Plätschern der Flut und das Quaken eines Nachtvogels zwischen den Felsen war noch alles zu hören. Beim dritten Mal war ich plötzlich ganz hellwach, und das ohne Grund, denn ich hatte nicht geträumt. Jetzt habe ich Hunderte Male allein neben meinem Pferd in der Steppe geschlafen, und ich kannte nie einen anderen Grund für ein solches Erwachen als den einen, und das war die Anwesenheit eines menschlichen Wesens in meiner Nähe. Ein Mann, der an die Einsamkeit gewöhnt ist, bekommt diesen zusätzlichen Sinn, der wie ein Wecker die Annäherung eines seiner Artgenossen ankündigt.

Aber ich konnte nichts hören. Es gab ein Kratzen und Rascheln im Moor, aber das war nur der Wind und die kleinen wilden Dinge der Hügel. Ein Fuchs vielleicht oder ein blauer Hase. Ich überzeugte meinen Verstand, aber nicht meine Sinne, und lag lange wach, mit vollen Ohren und angespannten Nerven. Dann schlief ich ein und wachte im ersten Morgengrauen auf.

Die Sonne stand hinter dem Coolin und die Hügel waren schwarz wie Tinte, aber weit draußen in den westlichen Meeren war ein breites goldenes Band. Ich stand auf und ging zum Ufer hinunter. Die Mündung des Baches war flach, aber als ich mich nach Süden bewegte, kam ich an eine Stelle, wo zwei kleine Kaps eine Bucht umschlossen. Es muss eine Verwerfung im Vulkangestein gewesen sein, denn seine Tiefe war ungeheuerlich. Ich zog mich aus und tauchte weit in seine kalten Abgründe, aber ich erreichte nicht den Grund. Ich kam ziemlich atemlos an die Oberfläche und machte mich auf den Weg zum Meer, wo ich auf dem Rücken schwamm und den großen Felswall betrachtete. Ich erkannte, dass der Ort, an dem ich die Nacht verbracht hatte, nur eine kleine grüne Oase am Fuße eines der düstersten Korallenriffe war, die man sich vorstellen konnte. Es war so wüst wie Damaraland. Mir fiel auch auf, wie steil die Klippen vom Niveau anstiegen. Es gab Schornsteine und Schluchten, durch die ein Mann zum Gipfel hätte gelangen können, aber niemand von ihnen hätte außer einem Bergsteiger bestiegen werden können.

Ich fühlte mich jetzt besser, da die ganze Stirnrunzeln aus mir verschwunden war, und ich trocknete mich ab, indem ich im Heidekraut auf und ab rannte. Dann ist mir etwas aufgefallen. An der Spitze des Tiefwassereinlasses waren Spuren menschlicher Füße zu sehen – nicht meine, denn sie befanden sich auf der anderen Seite. Der kurze Meeresrasen war an mehreren Stellen gequetscht und zertrampelt, und es gab abgebrochene Farnstängel. Ich dachte, dass wahrscheinlich ein Fischer dort gelandet war, um sich die Beine zu vertreten.

Aber das brachte mich dazu, an den portugiesischen Juden zu denken. Nachdem ich meine letzten Bissen gefrühstückt hatte – eine Haxe Braxy und ein Stück Haferkuchen –, machte ich mich daran, ihn von der Stelle aus zu verfolgen, an der er das Tal zum ersten Mal betreten hatte. Um mich zu orientieren, ging ich über die Straße zurück, die ich selbst gekommen war, und nach einiger Mühe fand ich seine Spur. Bis zum Bach war es ziemlich klar, denn er war über Gelände mit vielen Kiesflecken gelaufen – oder vielmehr gelaufen. Danach wurde es schwierig, und ich verlor die Nerven völlig in der rauen Heide unterhalb der Felsen. Alles, was ich mit Sicherheit erkennen konnte, war, dass er den Bach überquert hatte und dass sein Geschäft, was auch immer es war, mit den wenigen Hektar verwüsteter Wildnis unterhalb der Abgründe zu tun gehabt hatte.

Ich verbrachte dort einen anstrengenden Morgen, fand aber nichts außer dem Skelett eines Schafes, das von den Raben gepflückt wurde. Es war ein undankbarer Job, und ich war sehr verärgert darüber. Ich hatte das hässliche Gefühl, dass ich auf einer falschen Spur war und meine Zeit verschwendete. Ich wünschte im Himmel, ich hätte den alten Peter bei mir. Er konnte der Spur folgen wie ein Buschmann und hätte die Spur des portugiesischen Juden aus jedem Dschungel der Erde ausgemerzt. Das war ein Spiel, das ich nie gelernt hatte, denn früher hatte ich es immer meinen Eingeborenen überlassen. Ich gab den Versuch auf, lag trostlos auf einem warmen Grasfleck, rauchte und dachte an Peter. Aber meine wichtigsten Überlegungen waren, dass ich um fünf gefrühstückt hatte, dass es jetzt elf war, dass ich unerträglich hungrig war, dass es hier nichts gab, was ich einer Heuschrecke füttern konnte, und dass ich verhungern würde, wenn ich keine Vorräte bekäme.

Es war ein langer Weg zu meinem Cache, aber es gab keinen Weg dorthin. Meine einzige Hoffnung bestand darin, ruhig im Tal zu bleiben, und es könnte eine tagelange Wartezeit bedeuten. Um zu warten, musste ich etwas zu essen haben, und obwohl das bedeutete, dass ich für sechs Stunden auf die Wache verzichten musste, musste ich das Risiko eingehen. Ich machte mich in zügigem Tempo auf den Weg und war sehr deprimiert.

Aus der Karte ging hervor, dass eine Abkürzung über einem Pass in der Bergkette lag. Ich beschloss, es zu nehmen, und diese Abkürzung war, wie die meisten ihrer Art, vom Himmel nicht gesegnet. Ich werde mich nicht mit den Unannehmlichkeiten der Reise befassen. Ich schlitterte zwischen Geröllhalden hindurch, kletterte steile Schornsteine hinauf und bewegte mich unsicher auf messerscharfen Pfaden entlang. Die Schuhe wurden mir von den höllischen Steinen fast von den Füßen gerissen, die alle wie von geologischen Pocken zerfressen waren. Als ich endlich die Kluft überquerte, hatte ich eine schreckliche Aufgabe, in einem grausigen Korridor, in dem jede Stufe aus glatten Kesselplatten bestand, von einer Ebene zur anderen hinunterzusteigen. Aber schließlich war ich zwischen den Mooren auf der Ostseite und gelangte zu der Stelle neben der Straße, wo ich meinen Cache aufgestellt hatte.

Der treue Amos hatte mich nicht im Stich gelassen. Da waren die Vorräte – ein paar kleine Brote, ein Dutzend Dosen und eine Flasche Whisky. Ich packte sie so gut wie möglich in meine wasserdichte Tasche, schwang sie auf meinen Stock und machte mich auf den Rückweg, weil ich dachte, dass ich dem Bild von Christian auf der Titelseite von *Pilgrim's Progress sehr ähnlich sein musste* .

Ich mochte Christian, bevor ich mein Ziel erreichte – Christian, nachdem er die Schwierigkeit „Hügel" bewältigt hatte. Der Spaziergang am Vormittag war schlecht gewesen, aber am Nachmittag war es noch schlimmer, denn ich hatte Fieber und wollte unbedingt zurück, und da ich genug von den Hügeln hatte, entschied ich mich für die längere Route, die ich am Vortag gegangen war. Ich hatte Todesangst davor, gesehen zu werden, denn ich machte eine seltsame Figur, also mied ich jeden Straßenabschnitt, auf dem ich keine klare Sicht nach vorn hatte. Viele ermüdende Umwege machte ich zwischen Moosbüschen und Geröll und den steinigen Brandkanälen. Aber schließlich kam ich dort an, und fast mit einem Gefühl der Beruhigung warf ich meinen Rucksack neben den Bach, an dem ich die Nacht verbracht hatte.

Ich aß eine gute Mahlzeit, zündete meine Pfeife an und verfiel in die ausgeglichene Stimmung, die folgt, wenn die Müdigkeit aufhört und der Hunger gestillt wird. Die Sonne ging unter und ihr Licht fiel auf die Felswand oberhalb der Stelle, wo ich meine Suche nach der Spur aufgegeben hatte.

Als ich es untätig betrachtete, sah ich etwas Merkwürdiges.

Es schien in zwei Teile geteilt zu sein und dazwischen kam ein Sonnenstrahl hindurch. Daran konnte es keinen Zweifel geben. Ich sah das Ende des Schachts im Moor darunter, während der Rest im Schatten lag. Ich rieb mir die Augen und holte meine Brille heraus. Dann habe ich die Erklärung erraten. Dicht an der Wand des Hauptabgrunds befand sich ein Felsturm, der für jeden, der direkt auf die Wand blickte, nicht von ihm zu unterscheiden war. Erst als die Sonne schräg darauf fiel, konnte man es entdecken. Und zwischen dem Turm und der Klippe muss es eine beträchtliche Mulde geben.

Die Entdeckung brachte mich auf die Beine und ließ mich dem Ende des Sonnenstrahls entgegenlaufen. Ich verließ das Heidekraut, kletterte einige Meter Geröll hinauf und hatte auf einigen sehr glatten Platten, auf denen mir nur die Reibung von Tweed und rauem Fels Halt gab, Schwierigkeiten. Langsam arbeitete ich mich auf den Sonnenfleck zu, bis ich einen Halt fand und mich in den Spalt schwang. Auf der einen Seite befand sich die Hauptmauer des Hügels, auf der anderen ein etwa neunzig Fuß hoher Turm und dazwischen ein langer Spalt mit einer Breite von drei bis sechs Fuß. Dahinter war ein kleiner heller Fleck Meer zu sehen.

Es gab noch mehr, denn an der Stelle, wo ich eintrat, gab es einen Überhang, der eine schöne Höhle bildete, niedrig am Eingang, aber ein Dutzend Fuß hoch im Inneren und so trocken wie Zunder. Hier, dachte ich, ist das perfekte Versteck. Bevor ich weiterging, beschloss ich, zum Essen zurückzukehren. Der Abstieg war nicht ganz einfach, und ich rutschte die letzten zwanzig Fuß aus und landete auf dem Kopf in einem weichen Geröllfeld. An der Brandstelle füllte ich meinen Flachmann aus der Whiskyflasche und steckte einen halben Laib, eine Dose Sardinen, eine Dose Zunge und eine Packung Schokolade in meine wasserdichten Taschen. Obwohl ich beladen war, brauchte ich einige Zeit, um wieder aufzustehen, aber ich schaffte es und verstaute meine Sachen in einer Ecke der Höhle. Dann machte ich mich daran, den Rest des Risses zu erkunden.

Es neigte sich nach unten und stieg dann wieder auf eine kleine Plattform. Danach ging es in leichten Schritten zum Moor hinter dem Turm hinab. Wenn der portugiesische Jude hierher gekommen wäre, wäre er auf diesem Weg dorthin gelangt, denn er hätte nicht die Zeit gehabt, meinen Aufstieg zu machen. Ich ging sehr vorsichtig vor, denn ich hatte das Gefühl, ich stehe kurz vor einer großen Entdeckung. Die Plattform war von meiner Seite aus teilweise durch eine Biegung im Spalt verborgen und wurde auf der anderen Seite mehr oder weniger von einer Außenbastion des Turms abgeschirmt. Seine Oberfläche war mit feinem Staub bedeckt, ebenso wie die Stufen dahinter. Voller Aufregung kniete ich nieder und untersuchte es.

Zweifellos gab es hier Spuren. Zu diesem Zeitpunkt kannte ich die Fußspuren des portugiesischen Juden und konnte sie deutlich erkennen, insbesondere in einer Ecke. Aber es gab noch andere Schritte, ganz andere. Das eine zeigte die Abschläge von rauen Landstiefeln, die anderen waren von unbenagelten Sohlen. Wieder sehnte ich mich danach, dass Peter Gewissheit erlangte, obwohl ich mir meiner Schlussfolgerungen ziemlich sicher war. Der Mann, dem ich gefolgt war, war hierhergekommen und nicht lange geblieben. Jemand anderes war wahrscheinlich später hier gewesen, weil die unbenagelten Schuhe über den Schlägern lagen. Der erste Mann hätte dem zweiten möglicherweise eine Nachricht hinterlassen. Vielleicht war das zweite die menschliche Anwesenheit, deren ich mir in der Nacht nur schwach bewusst gewesen war.

Ich entfernte vorsichtig alle Spuren meiner eigenen Fußspuren und ging zurück zu meiner Höhle. Mein Kopf summte vor lauter Entdeckung. Ich erinnerte mich an Gressons Wort an seinen Freund: „Morgen Abend." Als ich es las, hatte der portugiesische Jude eine Nachricht von Gresson an jemanden weitergeleitet, und dieser Jemand war von irgendwoher gekommen und hatte sie abgeholt. Die Nachricht enthielt eine Aufgabe für genau diese Nacht. Ich hatte einen Beobachtungspunkt gefunden, denn wahrscheinlich würde niemand in die Nähe meiner Höhle kommen, die vom Moor aus über einen so mühsamen Aufstieg zu erreichen war. Dort sollte ich biwakieren und sehen, was die Dunkelheit hervorbrachte. Ich erinnere mich, wie ich über das unglaubliche Glück nachdachte, das mich bisher begleitet hatte. Als ich von meinem Zufluchtsort aus auf den blauen Dunst der Dämmerung blickte, der über das Wasser kroch, spürte ich, wie sich mein Puls vor wilder Vorfreude beschleunigte.

Dann hörte ich ein Geräusch unter mir und reckte meinen Hals um die Kante des Turms. Auf dem Weg, den ich gekommen war, kletterte ein Mann den Felsen hinauf.

KAPITEL VII
I Hören Sie von den wilden Vögeln

Ich sah einen alten grünen Filzhut und darunter schlanke, mit Tweed bekleidete Schultern. Dann sah ich einen Rucksack, in dem ein Stock steckte, während sich der Besitzer auf ein Regal schlängelte. Dann drehte er sein Gesicht nach oben, um die verbleibende Entfernung abzuschätzen. Es war das Gesicht eines jungen Mannes, ein blasses und eckiges Gesicht, aber jetzt ein wenig gerötet von der Tagessonne und der Arbeit des Kletterns. Es war ein Gesicht, das ich zum ersten Mal im Fosse Manor gesehen hatte.

Mir wurde plötzlich schlecht und das Herz schmerzte. Ich weiß nicht warum, aber ich hatte die Intellektuellen von Biggleswick nie wirklich mit einem Geschäft wie diesem in Verbindung gebracht. Keiner von ihnen außer Ivery, und er war anders. Sie waren albern und arrogant gewesen, aber nicht mehr – ich hätte darauf meinen Eid geschworen. Doch hier war einer von ihnen, der schwarze Verräter an seinem Heimatland verübte. Etwas begann in meinen Schläfen zu pochen, als ich mich daran erinnerte, dass Mary und dieser Mann Freunde gewesen waren, dass er ihre Hand gehalten und sie bei ihrem Vornamen gerufen hatte. Mein erster Impuls war, zu warten, bis er aufstand, ihn dann zwischen die Felsbrocken zu werfen und seine deutschen Komplizen über seinen gebrochenen Hals rätseln zu lassen.

Es fiel mir schwer, die Welle der Wut im Zaum zu halten. Ich hatte meine Pflicht zu erfüllen, und dazu gehörte auch, mit diesem Mann auf dem Laufenden zu bleiben. Ich musste ihn davon überzeugen, dass ich ein Komplize war, und das dürfte nicht einfach sein. Ich beugte mich über die Kante, und als er auf dem Sims über den Kesselplatten aufstand, pfiff ich, sodass er sein Gesicht mir zuwandte.

„Hallo, Wake", sagte ich.

Er zuckte zusammen, starrte eine Sekunde lang und erkannte mich. Er schien nicht allzu erfreut zu sein, mich zu sehen.

"Marke!" er weinte. "Wie bist du hier her gekommen?"

Er schwang sich neben mich, richtete seinen Rücken auf und schnallte seinen Rucksack ab. „Ich dachte, dies sei mein privater Zufluchtsort und niemand außer mir wüsste es. Haben Sie die Höhle entdeckt? Es ist das beste Schlafzimmer in Skye." Sein Ton war wie immer eher sauer.

Dieser kleine Hammer schlug in meinem Kopf. Ich sehnte mich danach, meine Hände an seine Kehle zu legen und den selbstgefälligen Verrat in ihm zu ersticken. Aber ich konzentrierte mich auf ein Ziel: ihn davon zu überzeugen, dass ich sein Geheimnis teilte und auf seiner Seite war. Seine spontane Selbstbeherrschung schien nur der kluge Deckmantel des überraschten Verschwörers zu sein, der nach einem Plan suchte.

Wir betraten die Höhle und er warf seinen Rucksack in eine Ecke. „Als ich das letzte Mal hier war", sagte er, „habe ich den Boden mit Heidekraut bedeckt. Wir müssen noch mehr besorgen, wenn wir weich schlafen wollen." Im Zwielicht wirkte er nur noch verschwommen, aber er schien ein neuer Mann zu sein als der, den ich zuletzt in der Moot Hall in Biggleswick gesehen hatte. In seinem Körper lag eine drahtige Kraft und in seinem Gesicht lag eine Entschlossenheit. Was für ein Narr war ich gewesen, ihn nur als eingebildeten *Flaneur* hinzustellen !

Er ging noch einmal zum Regal und schnupperte an dem frischen Abend. Im Westen war ein wunderschöner roter Himmel, aber in der Felsspalte waren die Schatten gefallen, und nur die hellen Flecken an beiden Enden kündigten den Sonnenuntergang an.

„Wach", sagte ich, „du und ich müssen uns verstehen. Ich bin ein Freund von Ivery und kenne die Bedeutung dieses Ortes. Ich habe es zufällig entdeckt, aber ich möchte, dass Sie wissen, dass ich mit Leib und Seele bei Ihnen bin. Sie können mir bei der heutigen Aufgabe vertrauen, als wäre ich Ivery selbst."

Er drehte sich um und sah mich scharf an. Seine Augen waren wieder heiß, so wie ich sie bei unserem ersten Treffen in Erinnerung hatte.

"Wie meinst du das? Wie viel weißt du?"

Der Hammer schlug mir hart in die Stirn und ich musste mich zusammenreißen, um zu antworten.

„Ich weiß, dass am Ende dieses Risses letzte Nacht eine Nachricht hinterlassen wurde und dass jemand aus dem Meer kam und sie aufhob. Dass jemand wiederkommt, wenn die Dunkelheit hereinbricht, und es wird eine andere Botschaft geben."

Er hatte seinen Kopf weggedreht. "Du redest Unsinn. An dieser Küste könnte kein U-Boot landen."

Ich konnte sehen, dass er mich auf die Probe stellte.

„Heute Morgen", sagte ich, „ bin ich in der tiefen Wasserbucht unter uns geschwommen. Es ist der perfekteste U-Boot-Schutzraum in Großbritannien."

Er hielt immer noch sein Gesicht von mir fern und blickte in die Richtung, aus der er gekommen war. Für einen Moment schwieg er, dann sprach er mit der bitteren, gedehnten Stimme, die mich in Fosse Manor geärgert hatte.

„Wie vereinbaren Sie dieses Geschäft mit Ihren Prinzipien, Herr Brand? Ich erinnere mich, dass Sie immer ein Patriot waren, obwohl Sie mit der Regierung nicht einer Meinung waren.“

Es war nicht ganz das, was ich erwartet hatte, und ich war noch nicht bereit. Ich stammelte in meiner Antwort. „Weil ich ein Patriot bin, möchte ich Frieden. Ich denke, dass... ich meine...“

„Deshalb bist du bereit, dem Feind zum Sieg zu verhelfen?“

„Sie haben bereits gewonnen. Ich möchte, dass das anerkannt wird und das Ende beschleunigt wird.“ Ich wurde klarer im Kopf und fuhr fließend fort.

„Je länger der Krieg dauert, desto schlimmer wird dieses Land ruiniert. Wir müssen den Menschen die Wahrheit klarmachen und –“

Doch plötzlich drehte er sich um, und seine Augen leuchteten.

„Du Schurke!“ rief er: „Du verdammter Schurke!“ Und er warf sich wie eine Wildkatze auf mich.

Ich hatte meine Antwort bekommen. Er glaubte mir nicht, er wusste, dass ich ein Spion war, und er war fest entschlossen, mich zu töten. Wir waren jetzt über unsere Finesse hinaus und wieder bei dem alten barbarischen Spiel. Es war sein Leben oder meins. Der Hammer schlug wütend in meinem Kopf, als wir uns näherten, und eine grimmige Befriedigung stieg in meinem Herzen auf.

Er hatte nie eine Chance, denn obwohl er in guter Verfassung war und die leichte, drahtige Figur eines Bergsteigers hatte, verfügte er nicht über ein Viertel meiner Muskelkraft. Außerdem war er falsch platziert, denn er hatte die Außenstation. Wäre er drinnen gewesen, hätte er mich durch seinen plötzlichen Angriff vielleicht über den Rand geworfen. So wie es war, packte ich ihn und zwang ihn zu Boden, wobei ich ihm dabei den Atem aus dem Körper drückte. Ich muss ihn erheblich verletzt haben, aber er hat nie geweint. Mit großer Mühe fesselte ich seine Hände mit dem Gürtel meiner Regenjacke auf dem Rücken, trug ihn in die Höhle und legte ihn in das dunkle Ende der Höhle. Dann fesselte ich seine Füße mit dem Riemen seines eigenen Rucksacks. Ich müsste ihn knebeln, aber das konnte warten.

Ich musste mir noch einen Aktionsplan für die Nacht ausdenken, denn ich wusste nicht, welche Rolle er dabei spielen sollte. Er könnte anstelle des portugiesischen Juden der Bote sein, in diesem Fall hätte er Papiere über seine Person. Wenn er von der Höhle wüsste, hätten andere vielleicht das gleiche Wissen, und ich sollte ihn besser versetzen, bevor sie kamen. Ich schaute auf meine Armbanduhr und das leuchtende Zifferblatt zeigte an, dass es halb zehn war.

Dann bemerkte ich, dass das Bündel in der Ecke schluchzte. Es war ein schreckliches Geräusch und es machte mir Sorgen. Ich hatte eine kleine Taschenlampe und leuchtete Wake damit ins Gesicht. Wenn er weinte, dann mit trockenen Augen.

„Was wirst du mit mir machen?" er hat gefragt.

„Das kommt darauf an", sagte ich grimmig.

„Nun, ich bin bereit. Ich mag zwar ein armes Geschöpf sein, aber ich will verdammt sein, wenn ich Angst vor dir oder so etwas wie dir habe." Es war mutig, das zu sagen, denn es war eine Lüge; seine Zähne klapperten.

„Ich bin bereit für einen Deal", sagte ich.

„Du wirst es nicht bekommen", war seine Antwort. „Schneiden Sie mir die Kehle durch, wenn Sie das wollen, aber beleidigen Sie mich um Himmels willen nicht ... Ich würge, wenn ich an Sie denke. Du kommst zu uns und wir heißen dich willkommen und empfangen dich in unseren Häusern und erzählen dir unsere innersten Gedanken, und die ganze Zeit über bist du ein verdammter Verräter. Sie wollen uns nach Deutschland verkaufen. Sie können jetzt gewinnen, aber bei Gott! Deine Zeit wird kommen! Das ist mein letztes Wort an dich ... du Schwein!"

Der Hammer hörte in meinem Kopf auf zu schlagen. Ich sah mich plötzlich als blinden, absurden Narren. Ich ging zu Wake hinüber und er schloss die Augen, als erwartete er einen Schlag. Stattdessen öffnete ich die Riemen, die seine Beine und Arme hielten.

„Wach auf, alter Kerl", sagte ich, „ich bin der schlimmste Idiot. Ich esse so viel Dreck, wie du willst. Ich gebe dir die Erlaubnis, mich schwarz und blau zu schlagen, und ich werde keine Hand rühren. Aber jetzt nicht. Jetzt steht uns ein weiterer Auftrag bevor. Mann, wir sind auf der gleichen Seite und ich wusste es nie. Es ist ein schlechter Grund, sich zu entschuldigen, aber wenn es Sie tröstet, fühle ich mich im Moment wie der schlechteste Hund in Europa."

Er saß aufrecht und rieb sich die verletzten Schultern. "Wie meinst du das?" fragte er heiser.

„Ich meine, dass du und ich Verbündete sind. Mein Name ist nicht Brand. Ich bin Soldat – ein General, wenn Sie es wissen wollen. Ich bin auf Befehl nach Biggleswick gefahren und bin mit demselben Auftrag hierher gekommen. Ivery ist der größte deutsche Agent in Großbritannien und ich bin hinter ihm her. Ich habe seine Kommunikationsleitungen abgehört, und noch heute Abend, Gott sei Dank, werden wir den letzten Hinweis auf das Rätsel finden. Hörst du? Wir sind in diesem Geschäft gemeinsam tätig und Sie müssen mit anpacken."

Ich erzählte ihm kurz die Geschichte von Gresson und wie ich seinen Mann hierher aufgespürt hatte. Während ich redete, aßen wir zu Abend, und ich wünschte, ich hätte Wakes Gesicht beobachten können. Er stellte Fragen, denn er ließ sich nicht so schnell überzeugen. Ich denke, es war meine Erwähnung von Mary Lamington, die den Ausschlag gegeben hat. Ich weiß nicht warum, aber das schien ihn zu befriedigen. Aber er würde sich nicht verraten.

„Sie können auf mich zählen", sagte er, „denn das ist schwarzer, rücksichtsloser Verrat." Aber Sie kennen meine Politik und ich ändere sie deswegen nicht. Ich bin mehr denn je gegen deinen verfluchten Krieg, jetzt, wo ich weiß, was Krieg bedeutet."

„Okay", sagte ich, „ich bin selbst Pazifist. Von mir wirst du keine Heldentaten über den Krieg hören. Ich bin ganz für den Frieden, aber zuerst müssen wir diese Teufel besiegen."

Es war für keinen von uns sicher, in dieser Höhle zu bleiben, also beseitigten wir die Spuren unserer Besatzung und versteckten unsere Rucksäcke in einer tiefen Felsspalte. Wake verkündete seine Absicht, den Turm zu besteigen, während noch ein schwacher Lichtschein zu sehen war. „Oben ist es breit, und ich kann das Meer im Auge behalten, wenn sich Licht zeigt. Ich habe es schon einmal erlebt. Ich habe den Weg vor zwei Jahren gefunden. Nein, ich werde nicht einschlafen und runterfallen. Ich habe den größten Teil des Nachmittags auf dem Gipfel des Sgurr Vhiconnich geschlafen und bin jetzt so wach wie eine Fledermaus."

Ich sah zu, wie er die Fassade des Turms emporkletterte, und bewunderte sehr die Geschwindigkeit und Gewandtheit, mit der er hinaufstieg. Dann folgte ich der Spalte nach Süden bis zu der Mulde direkt unterhalb der Plattform, wo ich die Fußspuren gefunden hatte. Dort befand sich ein großer Felsbrocken, der aus Richtung unserer Höhle den Blick darauf teilweise versperrte. Der Ort war für meine Zwecke perfekt, denn zwischen dem Felsbrocken und der Turmwand war ein schmaler Spalt, durch den ich alles hören konnte, was auf der Plattform passierte. Ich fand eine Haltung, in der ich mich bequem ausruhen und durch den Spalt im Auge behalten konnte, was dahinter geschah.

Es gab immer noch ein schwaches Licht auf dem Bahnsteig, aber bald verschwand es und schwarze Dunkelheit legte sich auf die Hügel. Es war die Dunkelheit des Mondes, und wie in der Nacht zuvor wehte ein dünner Balken über den Himmel und verdeckte die Sterne. Der Ort war sehr still, obwohl ab und zu der Schrei eines Vogels von den Felsen, die über mir schwammen, und vom Ufer die Pfeife einer Seeschwalbe oder eines Austernfischers zu hören war. Von irgendwo oben auf dem Turm schrie eine Eule. Das war meiner Meinung nach Wake, also schrie ich zurück und bekam

Antwort. Ich nahm meine Armbanduhr ab und steckte sie ein, damit mich das leuchtende Zifferblatt nicht verriete; und ich bemerkte, dass es fast elf Uhr war. Ich hatte meine Schuhe bereits ausgezogen und meine Jacke war am Kragen zugeknöpft, so dass kein Hemd zu sehen war. Ich glaubte nicht, dass der kommende Besucher sich die Mühe machen würde, den Spalt hinter der Plattform zu erkunden, aber ich wollte auf Notfälle vorbereitet sein.

Dann folgte eine Stunde Wartezeit. Ich fühlte mich wunderbar aufgeheitert und begeistert, denn Wake hatte mein Vertrauen in die menschliche Natur wiederhergestellt. An diesem unheimlichen Ort waren wir wie ein Nebel von Geheimnissen umgeben. Irgendeine unbekannte Gestalt kam aus dem Meer, der Abgesandte jener Macht, mit der wir seit drei Jahren zu kämpfen hatten. Es war, als hätte der Krieg gerade erst unsere eigenen Küsten erreicht, und noch nie, nicht einmal als ich allein im süddeutschen Wald war, hatte ich so sehr den Spaß eines skurrilen Schicksals verspürt. Ich wünschte nur, Peter hätte bei mir sein können. Und so flohen meine Gedanken zu Peter in seinem Gefangenenlager und ich sehnte mich nach einem weiteren Anblick meiner alten Freundin, wie sich ein Mädchen nach seinem Liebhaber sehnt.

Dann hörte ich das Schreien einer Eule, und bald drang das Geräusch vorsichtiger Schritte an mein Ohr. Ich konnte nichts sehen, aber ich vermutete, dass es der portugiesische Jude war, denn ich hörte das Knirschen schwerbenagelter Stiefel auf dem kiesigen Felsen.

Die Figur war sehr ruhig. Es schien, als würde es sich hinsetzen, dann erhob es sich und fummelte an der Turmwand direkt hinter dem Felsbrocken herum, hinter dem ich Schutz suchte. Es schien einen Stein zu bewegen und zu ersetzen. Danach kam Stille und dann noch einmal das Schreien einer Eule. Auf der Felstreppe waren Stufen, die Stufen eines Mannes, der den Weg nicht gut kannte und ein wenig stolperte. Es waren auch die Schritte eines Menschen ohne Nägel in seinen Stiefeln.

Sie erreichten den Bahnsteig und jemand sprach. Es war der portugiesische Jude und er sprach gut Deutsch.

„ *Die Vögelein schweigen im Walde* ", sagte er.

Die Antwort kam von einer klaren, maßgeblichen Stimme.

„ *Warte nur, bald ruhest du auch.* "

Offensichtlich eine Art Passwort, denn vernünftige Männer reden in einer solchen Situation nicht über kleine Vögel. Es klang für mich wie gleichgültige Poesie.

Dann folgte ein Gespräch in leiser Stimme, von dem ich nur seltsame Phrasen mitbekam. Ich hörte zwei Namen – *Chelius* und etwas, das wie ein niederländisches Wort klang: *Bommaerts* . Dann fing ich zu meiner Freude

Elfenbein auf, und als es ausgesprochen wurde, schien es, als würde ein Lachen folgen. Ich hörte auch mehrmals wiederholt einen Satz, der mir wie reines Kauderwelsch vorkam: *Die Stubenvögel verstehn*. Es wurde vom Mann aus dem Meer gesprochen. Und dann das Wort *Wildvögel*. Das Paar schien verrückt nach Vögeln zu sein.

Für eine Sekunde leuchtete im Schutz des Felsens eine elektrische Taschenlampe auf, und ich konnte ein gebräuntes, bärtiges Gesicht sehen, das auf einige Papiere blickte. Das Licht verschwand, und wieder fummelte der portugiesische Jude an den Steinen am Fuß des Turms herum. Zu meiner Freude war er nah an meiner Ritze und ich konnte jedes Wort hören. „Sie können nicht oft hierher kommen", sagte er, „und es kann schwierig sein, ein Treffen zu vereinbaren. Sehen Sie sich daher den Platz an, den ich für das *Vogelfutter* geschaffen habe. Wenn ich die Gelegenheit dazu habe, werde ich hierher kommen, und Sie werden auch kommen, wenn Sie dazu in der Lage sind. Oft wird es nichts geben, aber manchmal wird es viel sein."

Ich hatte eindeutig Glück und mein Jubel machte mich nachlässig. Ein Stein, auf dem ein Fuß ruhte, rutschte aus, und obwohl ich mich sofort zurückhielt, rollte das verwirrte Ding mit lautem Klappern in die Mulde hinab. Ich bettete mich in die Felsspalte und wartete mit klopfendem Herzen. Der Ort war stockfinster, aber sie hatten eine elektrische Taschenlampe, und wenn sie mich einmal damit anstrahlten, war ich weg. Ich hörte, wie sie die Plattform verließen und in die Mulde hinabstiegen. Da standen sie und hörten zu, während ich den Atem anhielt. Dann hörte ich „ *Nix, mein Freund* ", und die beiden gingen zurück, wobei die Stiefel des Marineoffiziers auf dem Kies ausrutschten.

Sie verließen den Bahnsteig nicht gemeinsam. Der Mann vom Meer verabschiedete sich kurz von dem portugiesischen Juden und lauschte, dachte ich, ungeduldig seiner letzten Botschaft, als wollte er unbedingt gehen. Es dauerte eine gute halbe Stunde, bis dieser loszog, und ich hörte, wie das Geräusch seiner genagelten Stiefel verklang, als er das Heidekraut des Moores erreichte.

Ich wartete noch etwas und kroch dann zurück zur Höhle. Die Eule schrie, und bald darauf stieg Wake sanft neben mir herab; Er muss jeden Halt und jeden Halt auswendig gekannt haben, um die Arbeit in dieser tintenschwarzen Dunkelheit erledigen zu können. Ich erinnere mich, dass er keine Fragen an mich stellte, aber er benutzte eine Sprache, die für Kriegsdienstverweigerer selten ist, wenn es um die Männer ging, die sich kürzlich in der Spalte aufgehalten hatten. Wir, die noch vor vier Stunden in Todesgefahr gewesen waren, rollten uns nun wie zwei müde Hunde auf dem harten Boden zusammen und schliefen tief und fest ein.

Als ich aufwachte, war Wake völlig schlecht gelaunt. Das, woran er sich am Abend zuvor am meisten erinnerte, war unser Streit und die grobe Art, wie ich ihn beleidigt hatte. Ich machte ihm keine Vorwürfe, denn wenn jemand mich für einen deutschen Spion gehalten hätte, wäre ich auf sein Blut aus gewesen, und es hatte keinen Zweck, zu erklären, dass er mir Grund zum Verdacht gegeben hatte. Er war in Bezug auf seine gesegneten Prinzipien genauso empfindlich wie eine alte Jungfer in ihrem Alter. Ich fühlte mich selbst eher unruhig und das hat die Sache nicht besser gemacht. Sein Gesicht war wie ein Wasserspeier, als wir zum Strand hinuntergingen, um zu baden, also hielt ich den Mund. Er kaute den Keim seines verletzten Stolzes.

Aber das Salzwasser entfernte die Reste seiner Staupe. Man kann nicht genervt sein, wenn man in diesem fröhlichen, leuchtenden Meer schwimmt. Wir jagten einander hinter dem Eingang zum äußeren Wasser davon, wo eine frische Morgenbrise wehte. Dann zurück zu einem Vorgebirge aus Heidekraut, wo die ersten Sonnenstrahlen, die über den Coolin kamen, unsere Haut trockneten. Er saß zusammengekauert da und starrte auf die Berge, während ich die Felsen am Rande erkundete. Draußen im Minch rasten zwei Zerstörer nach Süden, und ich fragte mich, wo in dieser blauen Wüste das Schiff war, das in den Nachtwachen hierhergekommen war.

Ich fand die Spur des Mannes aus dem Meer ganz frisch auf einem Kiesstück oberhalb der Wassermarke.

„Da ist unser Freund des Abends“, sagte ich.

„Ich glaube, die ganze Sache war eine Laune“, sagte Wake, den Blick auf die Schornsteine von Sgurr Dearg gerichtet. „Es waren nur zwei Eingeborene – vielleicht Wilderer oder Kesselflicker.“

„Hier spricht man kein Deutsch.“

„Es war wahrscheinlich Gälisch.“

„Was halten Sie dann davon?“ und ich zitierte das Zeug über Vögel, mit dem sie sich gegenseitig begrüßt hatten.

Wake sah interessiert aus. „Das ist *Uber allen Gipfeln* . “ Haben Sie schon einmal Goethe gelesen?“

„Niemals ein Wort. Und was halten Sie davon?“ Ich zeigte auf einen flachen Felsen unterhalb der Gezeitenmarke, der mit einem Gewirr aus Algen bedeckt war. Es war aus einem weicheren Stein als das harte Material in den Hügeln und jemand hatte die Hälfte des Seetangs und ein Stück der Seite abgekratzt. „Das wurde gestern Morgen nicht gemacht, denn ich habe hier mein Bad genommen.“

Wake stand auf und untersuchte den Ort. Er schnüffelte in den Ritzen der Felsen herum, die die Bucht säumten, und stieg wieder ins Wasser, um die Gegend genauer zu erkunden. Als er zu mir kam, lächelte er. „Ich entschuldige mich für meine Skepsis", sagte er. „In der Nacht waren hier einige benzinbetriebene Boote. Ich kann es riechen, denn ich habe eine Nase wie ein Retriever. Ich gehe davon aus, dass Sie auf dem richtigen Weg sind. Wie auch immer, obwohl Sie anscheinend ein wenig Deutsch können, könnten Sie kaum unsterbliche Poesie erfinden."

Wir brachten unsere Sachen zu einem grünen Winkel des Brandes und bereiteten ein sehr gutes Frühstück zu. Wake hatte nichts in seinem Rucksack als Plasmonenkekse und Rosinen, denn das sei, wie er sagte, sein Bergsteigerfutter, aber er war nicht abgeneigt, meine Sachen aus der Dose zu probieren. Er war ein andersgroßer Kerl draußen in den Bergen als der anämische Intellektuelle von Biggleswick. Er hatte sein bestialisches Selbstbewusstsein vergessen und sprach mit ernsthafter Leidenschaft von seinem Hobby. Es schien, als wäre er überall in Europa herumgekrochen, vom Kaukasus bis zu den Pyrenäen. Ich konnte sehen, dass er seinen Job gut machen musste, denn er prahlte nicht mit seinen Heldentaten. Es waren die Berge, die er liebte, und nicht, seinen Körper über schwierige Stellen zu winden. Die Coolin, sagte er, seien seine Favoriten, denn auf einigen von ihnen könne man zweitausend Fuß guten Fels bekommen. Wir richteten unsere Brille auf das Gesicht von Sgurr Alasdair, und er skizzierte für mich verschiedene Wege, um zu seinem düsteren Gipfel zu gelangen. Das Coolin und die Dolomiten für ihn, denn er hatte die *Aiguilles* von Chamonix satt . Ich erinnere mich, dass er mit ungeheurer Begeisterung die Freuden des frühen Morgengrauens in Tirol beschrieb, als man durch weite Felder blühender Wiesen zu einem Zahn aus reinem weißem Kalkstein vor einem klaren blauen Himmel aufstieg. Er erzählte auch von den kleinen wilden Hügeln im bayerischen Wettersteingebirge und von einem Führer, den er dort aufgenommen und für diesen Beruf ausgebildet hatte.

„Sie nannten ihn Sebastian Buchwieser. Er war der fröhlichste Junge, den Sie je gesehen haben, und auf Felsen so geschickt wie eine Gämse. Wahrscheinlich ist er inzwischen tot, tot in einem schmutzigen Jägerbataillon. Das bist du und dein verfluchter Krieg."

„Nun, wir müssen uns an die Arbeit machen und es richtig beenden", sagte ich. „Und du musst helfen, mein Junge."

Er war ein guter Zeichner, und mit seiner Hilfe zeichnete ich eine grobe Karte der Spalte, in der wir übernachtet hatten, und gab dabei sorgfältig die Orientierung in Bezug auf die Brandung und das Meer an. Dann schrieb ich alle Einzelheiten über Gresson und den portugiesischen Juden auf und beschrieb letzteren bis ins kleinste Detail. Ich beschrieb auch sehr genau den

Cache, in dem die Nachrichten abgelegt werden sollten. Damit war mein Papiervorrat aufgebraucht, und ich hinterließ die Aufzeichnung der Kuriositäten, die ich während des Gesprächs mitgehört hatte, für einen späteren Zeitpunkt. Ich steckte das Ding in ein altes Zigarettenetui aus Leder, das ich besaß, und reichte es Wake.

„Du musst direkt zum Kyle gehen und darfst unterwegs keine Zeit verlieren. Niemand verdächtigt Sie, also können Sie jeden Weg beschreiten, den Sie möchten. Wenn Sie dort ankommen, fragen Sie nach Herrn Andrew Amos, der in der Nachbarschaft einen Regierungsjob hat. Geben Sie ihm das Papier von mir. Er wird schon wissen, was er damit machen soll. Sagen Sie ihm, dass ich übermorgen vor Mittag irgendwie zum Kyle komme. Ich muss meine Spuren ein wenig verwischen, deshalb kann ich nicht mit dir kommen, und ich möchte das Ding genauso schnell in seinen Händen haben, wie deine Beine dich tragen. Wenn jemand versucht, es dir zu stehlen, iss es um Gottes willen. Sie können selbst sehen, dass es teuflisch wichtig ist.“

„Ich werde in drei Tagen wieder in England sein“, sagte er. „Irgendeine Nachricht für deine anderen Freunde?“

„Vergiss mich. Du hast mich hier nie gesehen. Ich bin immer noch Brand, der liebenswürdige Kolonialstudent, der soziale Bewegungen studiert. Wenn Sie Ivery treffen, sagen Sie, Sie hätten von mir auf dem Clyde gehört, tief im Aufruhr. Aber wenn Sie Miss Lamington sehen, können Sie ihr sagen, dass ich die Bergschwierigkeit überwunden habe. Ich komme zurück, sobald Gott es mir erlaubt, und werde mich direkt in den Biggleswick-Stoß stürzen. Nur dieses Mal werde ich in meinen Ansichten etwas fortgeschrittener sein ... Sie müssen nicht böse sein. Ich sage nichts gegen Ihre Prinzipien. Der Hauptpunkt ist, dass wir beide schmutzigen Verrat hassen.“

Er steckte den Koffer in seine Westentasche. „Ich werde um Garsbheinn herumgehen“, sagte er, „und vorbei an Camasunary. Ich werde lange vor Abend im Kyle sein. Ich hatte sowieso vor, heute Nacht in Broadford zu schlafen ... Auf Wiedersehen, Brand, denn ich habe deinen richtigen Namen vergessen. Du bist kein schlechter Kerl, aber du hast mich zum ersten Mal in meinem nüchternen Leben in ein Melodrama verwickelt. Ich hege einen Groll gegen dich, weil du den Coolin mit einem Shilling-Schocker verwechselt hast. Du hast ihre Heiligkeit zerstört.“

„Du hast eine falsche Vorstellung von Romantik“, sagte ich. „Warum, Mann, letzte Nacht warst du eine Stunde lang an der Front – dem Ort, an dem die feindlichen Streitkräfte unsere eigenen berühren. Du warst übertrieben – du warst im Niemandsland.“

Er lachte. „Das ist eine Möglichkeit, es zu betrachten"; und dann stolzierte er davon und ich beobachtete seine schlanke Gestalt, bis er die Hügelbiegung hinter sich hatte.

Den ganzen Morgen rauchte ich friedlich neben der Brandwunde und ließ meine Gedanken über die ganze Angelegenheit schweifen. Ich hatte genau das bekommen, was Blenkiron wollte: ein Postamt für den Feind. Es würde eine sorgfältige Handhabung erfordern, aber ich konnte sehen, dass die saftigsten Lügen auf diesem Weg zum *Großen Hauptquartier gelangten* . Dennoch hatte ich das hässliche Gefühl im Hinterkopf, dass es allzu einfach gewesen war und dass Ivery nicht der Mann war, der sich auf diese Weise lange täuschen ließ. Das brachte mich dazu, über die queere Diskussion in der Felsspalte nachzudenken. Der Poesiekram, den ich als gewöhnliches Passwort abgetan habe, hat sich wahrscheinlich jedes Mal geändert. Aber wer waren *Chelius* und *Bommaerts* , und was zum Teufel waren die Wildvögel und die Käfigvögel? Zweimal in den letzten drei Jahren hatte ich zwei solcher Rätsel zu lösen – Scudders Gekritzel in seinem Taschenbuch und Harry Bullivants drei Wörter. Ich erinnerte mich daran, dass ich erst durch das ständige Kauen auf sie eine Art Sinn bekommen hatte, und ich fragte mich, ob das Schicksal eines Tages auch dieses Rätsel lösen würde.

In der Zwischenzeit musste ich genauso unauffällig nach London zurückkehren, wie ich gekommen war. Es könnte etwas Zeit in Anspruch nehmen, denn die Polizei, die in Morvern aktiv gewesen war, war vielleicht immer noch auf der Strecke, und es war wichtig, dass ich mich aus Ärger heraushielt und Gresson und seinen Freunden keinen Hinweis darauf gab, dass ich so weit im Norden gewesen war. Das musste mir jedoch Amos mitteilen, und gegen Mittag nahm ich meine Regenjacke mit den geplatzten Taschen und machte mich auf den Weg zu einem langen Umweg die Küste hinauf. An diesem gesegneten Tag begegnete ich kaum einer Menschenseele. Ich kam an einer Brennerei vorbei, die offenbar ihren Betrieb eingestellt hatte, und kam am Abend in eine kleine Stadt am Meer, wo ich in einem Gasthaus der gehobenen Art übernachtete und zu Abend aß.

Am nächsten Tag machte ich mich auf den Weg entlang der Küste nach Süden und machte zwei interessante Erlebnisse. Ich warf einen genauen Blick auf Ranna und stellte fest, dass die *Tobermory* nicht mehr da war. Gresson hatte nur darauf gewartet, dass seine Arbeit erledigt war; Er könnte den alten Kapitän wahrscheinlich so verdrehen, wie er wollte. Das zweite war, dass ich an der Tür einer Dorfschmiede den Rücken des portugiesischen Juden sah. Diesmal sprach er Gälisch – gutes Gälisch, wie es klang, und in dieser Truppe von Müßiggängern hätte er für den ganz gewöhnlichen Gillie gegolten.

Er sah mich nicht, und ich hatte keine Lust, ihm die Chance zu geben, denn ich hatte das seltsame Gefühl, dass der Tag kommen könnte, an dem es gut für uns wäre, uns als Fremde zu treffen.

In dieser Nacht stieg ich mutig im Gasthaus von Broadford auf, wo man mich großzügig mit frischen Meerforellen fütterte und ich zunächst einen ausgezeichneten Likör aus Honig und Whisky probierte. Am nächsten Morgen machte ich mich früh auf den Weg und schon lange vor Mittag hatte ich die Engstellen des Kyle und die beiden kleinen steinernen Clachans in Sicht, die sich auf der anderen Seite des Meeresstreifens gegenüberstehen.

Ungefähr zwei Meilen von dem Ort entfernt stieß ich an einer Straßenbiegung auf einen Bauernwagen, der am Wegesrand stand und auf dem das Pferd das Moorgras mähte. Ein Mann saß rauchend am Ufer und hatte den linken Arm in die Zügel gehakt. Er war ein älterer Mann mit einer kleinen, stämmigen Figur und einer Wolldecke um den Hals.

KAPITEL VIII
Die Abenteuer eines Bagman

„Sie sind pünktlich, Herr Brand", sagte die Stimme von Amos. „Aber los! Mann, was hast du mit deiner Hose gemacht! Und deine Bauten? Du bist nicht nur von deinem Aussehen her sehr respektabel."

Das war ich nicht. Die verwüsteten Felsen des Coolin hatten ihre Spuren auf meinen Schuhen hinterlassen, die außerdem eine Woche lang nicht gereinigt worden waren, und die gleichen Hügel hatten meine Jacke an den Schultern zerrissen, meine Hose oberhalb des rechten Knies zerrissen und alles befleckt meine Kleidung mit Torf und Flechten.

Ich warf mich neben Amos ans Ufer und zündete meine Pfeife an. "Hast du meine Nachricht bekommen?" Ich fragte.

„Ja. Es ist von sicherer Hand bis zu dem uns bekannten Ziel weitergegangen. Sie haben es gut geschafft, Mr. Brand, aber ich wünschte, Sie wären wieder in London." Er saugte an seiner Pfeife und zog die struppigen Brauen so tief in die Tiefe, dass sie die wachsamen Augen verdeckten. Dann begann er laut zu denken.

„Du kannst nicht nach Mallaig zurückkehren. Ich verstehe nicht nur warum, aber sie suchen auf dieser Strecke nach dir. Es ist eine ärgerliche Angelegenheit, wenn Ihre Freunde, also die Polis, ihr Bestes tun, um Ihre Pläne zu durchkreuzen, und Sie nicht in der Lage sind, sie aufzuklären. Ich könnte eine Nachricht an den Chief Constable senden und Sie ohne Zwischenstopp wie eine Ladung Fisch aus Aiberdeen nach London bringen, aber das würde den guten Charakter ruinieren, den Sie mit so viel Mühe aufgebaut haben. Na, na! Ihr müsst das Risiko eingehen und ohne einen einzigen Ausweis durch Muirtown reisen."

„Es kann kein sehr großes Risiko sein", warf ich ein.

„Ich bin mir nicht so sicher. Gresson hat das *Tobermory verlassen* . Er kam gestern mit dem Mallaig-Boot hier vorbei, und ein kleiner schwarzhäutiger Mann war bei ihm, der an der Kyle ausstieg. Er ist immer noch da und macht Halt im Hotel. Sie nennen ihn Linklater und er reist in Whisky. Mir gefällt sein Aussehen nicht."

„Aber Gresson verdächtigt mich nicht?"

"Möglicherweise nicht. Aber du möchtest nicht, dass er dich hier sieht. Euer Adel, überlasst die Sache nicht dem Zufall. Seien Sie ganz sicher, dass jeder Mann in Gressons Familie alles über Sie weiß und Ihre Beschreibung bis hin zum Muttermal an Ihrem Kinn kennt."

„Dann haben sie es falsch verstanden", antwortete ich.

„Ich habe nur gefühlsmäßig gesprochen", sagte Amos. „Gestern habe ich über Ihren Fall nachgedacht und bei diesem Auftritt das Beste mitgebracht, was ich für Sie tun konnte. Ich wünschte, du wärst ansehnlicher gekleidet, aber ein guter Deckmantel wird Mängel verbergen."

Er holte hinter dem Gig-Sitz eine alte Gladstone-Tasche hervor und enthüllte ihren Inhalt. Es gab einen Bowler von vulgärem und antiquiertem Stil; es gab einen fertigen Mantel aus irgendeinem dunklen Stoff, wie ihn ein Angestellter auf dem Weg ins Büro trägt; Es gab ein Paar abnehmbare Zelluloidmanschetten und es gab einen Kragen und einen Kragen aus Leinen. Außerdem gab es einen kleinen Handkoffer, wie ihn Bagger auf ihrer Runde tragen.

„Das ist dein Gepäck", sagte Amos stolz. „Diese kleine Tasche ist voller Proben. Es wird euch etwas ausmachen, dass ich vorsichtshalber in Glasgow Maß genommen habe, damit die Sachen passen. Sie haben einen neuen Namen, Mr. Brand, und ich habe aufgrund dessen ein Zimmer für Sie im Hotel reserviert. Sie sind Archibald McCaskie und reisen für die Firma Todd, Sons & Brothers aus Edinburgh. Kennst du die Leute? Sie veröffentlichen kleine religiöse Bücher, die Sie für Sabbatschulpreise an die Pfarrer von Free Kirk in Skye verkaufen wollen."

Der Gedanke amüsierte Amos, und er verfiel wieder in das düstere Lachen, das bei ihm als Lachen galt.

Ich steckte meine Mütze und die Regenjacke in die Tasche und zog die Melone und den Überzieher an. Sie passten einigermaßen gut. Ebenso die Manschetten und der Kragen, allerdings stieß ich hier auf einen Haken, denn ich hatte meinen Schal irgendwo im Coolin verloren, und Amos musste, wie ein Pelikan, die rostige schwarze Krawatte abgeben, die seine eigene Person schmückte. Es war eine seltsame Maschine, und ich fühlte mich wie nichts auf der Welt darin, aber Amos war zufrieden.

„Herr McCaskie, Sir", sagte er, „Sie sind das Musterbeispiel eines Verlegerreisenden." Ihr solltet besser ein paar biografische Details erfahren, die ihr vielleicht vergessen habt. Sie sind ein Mann aus Edinburgh, aber Sie waren einige Jahre in London, was die Art erklärt, wie Sie sprechen. Du bleibst bei 6, Russell Street, abseits der Meadows, und du bist ein Ältester in der Nethergate UF Kirk. Habt ihr einen besonderen Geschmack, auf den ihr den Crack aufmerksam machen könntet, wenn ihr in ein Gespräch vertieft seid?"

Ich habe die englischen Klassiker vorgeschlagen.

„Und sehr passend. Sie können es auch mit Politik versuchen. Ihr solltet besser ein Freihändler sein, aber konvertiert von Lloyd George. Das ist ein häufiger Fall, und Sie müssen auch ganz normal sein … Wenn ich Sie wäre, würde ich hier eine Weile herumlungern und erst nach Einbruch der Dunkelheit in Ihrem Hotel ankommen. Dann könnt ihr zu Abend essen und zu Bett gehen. Der Muirtown-Zug fährt um halb sieben Uhr morgens ab … Nein, du kannst nicht mit mir kommen. Es würde nicht genügen, wenn wir gemeinsam gesehen würden. Wenn ich dich auf der Straße treffe, verrate ich dir nie, dass ich dich kenne."

Amos kletterte in die Gig und rannte nach Hause. Ich ging zum Ufer hinunter, setzte mich zwischen die Felsen und aß etwa zur Teezeit die Reste meiner Vorräte auf. Im sanften Dämmerlicht schlenderte ich in den Clachan und holte mir ein Boot, das mich zum Gasthaus brachte. Es war ein gemütlicher Ort, mit einer mütterlichen alten Wirtin, die mir mein Zimmer zeigte und Schinken, Eier und kalten Lachs zum Abendessen versprach. Nach einer gründlichen Wäsche, die ich brauchte, und einem ehrlichen Versuch, meine Kleidung ansehnlich zu machen, ging ich zum Essen in ein Kaffeezimmer, das von einer einzigen schwachen Petroleumlampe beleuchtet wurde.

Das Essen war ausgezeichnet und während ich aß, stieg meine Stimmung. In zwei Tagen sollte ich wieder in London bei Blenkiron sein und irgendwo im Umkreis einer Tagesreise von Mary. Ich könnte mir jetzt keine Szene vorstellen, ohne darüber nachzudenken, wie Mary hineinpasste. Ihr zuliebe fand ich Biggleswick entzückend, weil ich sie dort gesehen hatte. Ich war mir nicht sicher, ob das Liebe war, aber es war etwas, wovon ich noch nie zuvor geträumt hatte, etwas, an das ich jetzt denken konnte. Es machte die ganze Erde für mich rosig und golden und das Leben so lebenswert, dass ich mich den kommenden Tagen gegenüber wie ein Geizhals fühlte.

Ich war gerade mit dem Abendessen fertig, als sich ein weiterer Gast zu mir gesellte. Im Licht dieser berüchtigten Lampe wirkte er wie ein kleiner, wachsamer Kerl mit einem buschigen schwarzen Schnurrbart und schwarzem Haar, das in der Mitte gescheitelt war. Er hatte bereits satt und schien sich nach menschlicher Gesellschaft zu sehnen.

Innerhalb von drei Minuten hatte er mir erzählt, dass er von Portree heruntergekommen sei und auf dem Weg nach Leith sei. Eine Minute später hatte er eine Karte hervorgeholt, auf der ich „JJ Linklater" las und in der Ecke der Name Hatherwick Bros. stand. Sein Akzent verriet, dass er aus dem Westen stammte.

„Ich war oben bei den Brennereien", informierte er mich. „Heutzutage ist es ein schlechtes Geschäft, in dem die Abstinenzler über die Schande der Nation und den Weg, den Krieg zu verlieren, jammern. Ich selbst bin ein gemäßigter Mensch, aber ich würde es als Schande empfinden, anständigen Leuten das Geschäft zu verderben. Wenn die Regierung den Alkoholkonsum stoppen will, soll sie uns auskaufen. Sie haben uns erlaubt, gutes Geld in den Handel zu investieren, und sie müssen dafür sorgen, dass wir es zurückbekommen. Der andere Weg würde die öffentliche Kreditwürdigkeit ruinieren. Das ist, was ich sage. Angenommen, eine Labour-Regierung glaubt, Seife sei schlecht für die Nation? Werden sie Port Sunlight zum Schweigen bringen? Oder gute Kleidung? Oder Lum-Hüte? Ihre Dummheit hat kein Ende, wenn sie einmal auf diesem Weg anfangen. „Ein legales Geschäft ist ein legales Geschäft", sage ich, und es verstößt gegen die öffentliche Ordnung, es der Gnade von Spinnern auszusetzen. Sind Sie nicht einverstanden, Sir? Übrigens, ich weiß deinen Namen nicht?"

Ich sagte es ihm und er redete weiter.

„Wir sind Blender und betreiben ein sehr erstklassiges Geschäft, größtenteils im Ausland. Der Krieg hat uns natürlich mit unserem Exporthandel getroffen, aber wir sind nicht so schlimm wie manche. Was ist Ihr Standpunkt, Mr. McCaskie?"

Als er das hörte, war er sehr interessiert.

„Sagst du das? Ihr seid von Todd's! Mann, ich war selbst im Buchgeschäft tätig, bis ich es gegen etwas etwas Lukrativeres eingetauscht habe. Ich war drei Jahre lang für Andrew Matheson unterwegs. Ihr kennt den Namen – Paternoster Row – ich habe die Nummer vergessen. Ich hatte den Ehrgeiz, eine eigene Buchhandlung zu eröffnen und Linklater o' Paisley zu einem großen Namen in der Branche zu machen. Aber ich bekam das Angebot von Hatherwick's und wollte heiraten, also siegte der schmutzige Profit. Und es tut mir nicht leid, dass ich mich verändert habe. Wenn es diesen Krieg nicht gegeben hätte, hätte ich mit meinem Gehalt und meinen Provisionen einen vierstelligen Betrag verdient ... Meine Pfeife ist ausgegangen. Haben Sie eine dieser seltenen und wertvollen Kuriositäten namens Sperma, Mr. McCaskie?"

Er war ein fröhlicher kleiner Mann und plapperte weiter, bis ich ankündigte, dass ich vorhabe, zu Bett zu gehen. Wenn es sich um Amos' Bagger handelte, den man in Begleitung von Gresson gesehen hatte, verstand ich, wie nutzlos der Verdacht eines klugen Mannes sein kann. Er hatte sich wahrscheinlich mit Gresson auf dem Skye-Boot getroffen und diese finstere Seele mit seinem Gekicher ermüdet.

Ich war rechtzeitig wach, bezahlte meine Rechnung, frühstückte Haferbrei und frischen Schellfisch und lief die paar hundert Meter zum Bahnhof. Es war ein warmer, trüber Morgen, ohne dass die Sonne zu sehen war, und die Hügel von Skye waren bis zum Fuß neblig. Die drei Waggons des kleinen

Zuges waren fast voll, als ich meine Fahrkarte kaufte, und ich wählte einen Raucherwagen der dritten Klasse, in dem vier Soldaten saßen, die aus dem Urlaub zurückkehrten.

Der Zug fuhr bereits, als ein verspäteter Passagier über den Bahnsteig eilte und neben mir einstieg. Ein fröhliches „Morgen, Mr. McCaskie" verkündete mein Mitgast im Hotel.

Wir rasten von der Küste weg, eine breite Schlucht hinauf und dann weiter zu einer weiten Moorfläche mit hohen Hügeln, die sich nach Norden erstreckten. Es war ein schläfriger Tag, und in dieser Atmosphäre der Hektik und der überfüllten Menschenmenge spürte ich, wie sich meine Augen schlossen. Ich machte ein kurzes Nickerchen und erwachte, als ich feststellte, dass Herr Linklater seinen Platz gewechselt hatte und nun neben mir saß.

„Wir werden bis Muirtown keinen *Schotten bekommen*", sagte er. „Haben Sie nichts in Ihren Proben, das Sie mir zum Lesen geben könnten?"

Ich hatte die Proben vergessen. Ich öffnete den Koffer und fand die seltsamste Sammlung kleiner Bücher, alle in bunten Einbänden. Einige waren religiös und trugen Namen wie *Dew of Hermon* und *Cool Siloam* ; Bei einigen handelte es sich um unschuldige Erzählungen: „ *Wie Tommy sein Geld rettete* ", „*Ein Missionskind in China*" und „ *Kleine Susie und ihr Onkel*". Es gab ein *Leben von David Livingstone*, ein Kinderbuch über Muscheln und eine reich vergoldete Ausgabe der Gedichte eines gewissen James Montgomery. Ich bot Herrn Linklater die Auswahl an, der grinste und sich für das Missionarskind entschied. „Das ist nicht die Lektüre, die ich gewohnt bin", sagte er. „Ich mag kräftiges Fleisch – Hall Caine und Jack London. Übrigens, wie verträgst du dein Geschäft mit den Buchhändlern? Als ich bei Matheson war, hätte es Ärger gegeben, wenn wir wie Sie direkt mit der Öffentlichkeit verhandelt hätten."

Der verwirrte Kerl fing an, über die Einzelheiten des Buchhandels zu sprechen, von denen ich nichts wusste. Er wollte wissen, zu welchen Konditionen wir „Jugendliche" verkauften, welchen Rabatt wir den großen Großhändlern gewährten und welche Buchklasse wir „zum Verkauf" anboten. Ich verstand kein Wort seines Jargons, und ich muss mich schlecht verraten haben, denn er stellte mir Fragen über Firmen, von denen ich noch nie gehört hatte, und ich musste irgendeine Antwort geben. Ich redete mir ein, dass der Esel harmlos sei und dass seine Meinung über mich keine Rolle spiele, aber sobald ich einigermaßen konnte, tat ich so, als wäre ich in den *Pilgrim's Progress vertieft*, von dem sich unter den Proben auch ein farbenfrohes Exemplar befand. Es begann mit der Folge von „Christian and Hopeful in the Enchanted Ground", und in dieser stickigen Kutsche folgte ich sofort dem Beispiel von „Heedless and Too-Bold" und schlief tief und fest ein. Ich wurde geweckt, als der Zug über die Weichen einer kleinen Moorkreuzung rumpelte. In angenehmer Lethargie versunken, saß ich mit geschlossenen Augen da und warf dann einen heimlichen Blick auf meinen Begleiter. Er hatte das Missionskind verlassen und las in einem kleinen dunkelbraunen Buch und markierte Passagen mit einem Bleistift. Sein Gesicht war in Gedanken versunken, und es war ein neues Gesicht, nicht der leere, gut gelaunte Ausdruck des geschwätzigen Postboten, sondern etwas Kluges, Zielstrebiges und Furchtbares. Ich blieb zusammengekauert, als würde ich noch schlafen, und versuchte herauszufinden, um welches Buch es sich handelte. Aber meine Augen, so gut sie auch sind, konnten weder den Text noch den Titel erkennen, außer dass ich den sehr starken Eindruck hatte, dass dieses Buch nicht in englischer Sprache geschrieben war.

Ich wachte abrupt auf und beugte mich zu ihm hinüber. Blitzschnell schob er seinen Bleistift in den Ärmel und drehte sich mit einem albernen Lächeln zu mir um.

„Was halten Sie davon, Mr. McCaskie? Es ist ein kleines Buch, das ich zusammen mit fünfzig anderen in einer Gruppe mitgenommen habe. Ich habe fünf Schilling für das Grundstück bezahlt. Es sieht aus wie Gairman, aber in meiner Jugend haben sie uns keine Fremdsprachen beigebracht.“

Ich nahm das Ding und blätterte darin um, wobei ich versuchte, jeden Anflug von Intelligenz aus meinem Gesicht zu verbannen. Es war richtigerweise deutsch, ein kleines Handbuch zur Hydrographie ohne den Namen des Herausgebers. Es sah aus wie ein Lehrbuch, das eine Regierungsbehörde ihren Beamten aushändigen würde.

Ich habe es zurückgegeben. „Es ist entweder deutsch oder niederländisch. Ich bin kein großer Gelehrter, abgesehen von ein wenig Französisch und dem Latein, das ich im Heriot's Hospital gelernt habe ... Das ist ein furchtbar langsamer Zug, Mr. Linklater.“

Die Soldaten machten Mittagsschlaf und der Bagger schlug ein Kartenspiel vor. Mit der Zeit erinnerte ich mich daran, dass ich Ältester der Nethergate UF Church war und lehnte dies mit einiger Härte ab. Danach schloss ich die Augen wieder, denn ich wollte über dieses neue Phänomen nachdenken.

Der Kerl konnte Deutsch, das war klar. Er war auch in Gressons Gesellschaft gesehen worden. Ich glaubte nicht, dass er mich verdächtigte, obwohl ich ihn zutiefst verdächtigte. Es war meine Aufgabe, mich strikt an meinen Standpunkt zu halten und ihm keinen Anlass zu geben, an mir zu zweifeln. Er übte eindeutig seine eigene Rolle an mir aus, und ich muss den Eindruck erwecken, dass ich ihn in seinen Berufen wörtlich verstehe. Also wachte ich plötzlich auf und verwickelte ihn in ein kontroverses Gespräch über die Moral des Verkaufs starker Spirituosen. Er reagierte bereitwillig und vertrat den Fall des Alkohols mit großer Schärfe und Vehemenz. Die

Diskussion interessierte die Soldaten, und einer von ihnen holte eine Flasche hervor und bot ihm einen Drink an, um zu zeigen, dass er auf Linklaters Seite stand. Abschließend bemerkte ich mürrisch, dass der Bagman ein besserer Mann gewesen sei, als er Bücher für Alexander Matheson verkaufte, und dass das den Geschäftsabschluss bedeutete.

Dieser Zug war ein Rekord. Es hielt an jeder Station, und am Nachmittag wurde es einfach müde und setzte sich mitten in ein Moor und dachte eine Stunde lang nach. Ab und zu steckte ich den Kopf aus dem Fenster und roch den wurzeligen Duft der Moore, und als wir auf einer Brücke Halt machten, beobachtete ich die Forellen in den Tümpeln des braunen Flusses. Dann schlief und rauchte ich abwechselnd und begann, wahnsinnig hungrig zu werden.

Als ich aufwachte, hörte ich, wie die Soldaten über den Krieg diskutierten. Es gab einen Streit zwischen einem Gefreiten der Camerons und einem Pioniergefreiten wegen eines unbedeutenden Vorfalls an der Somme.

„Ich sage euch, ich war dort", sagte der Cameron. „Wir haben die Black Watch abgelöst, und Fritz hat die Straße beschossen, und wir sind erst um ein Uhr morgens an der Linie angekommen. Der Frae Frickout Circus am südlichen Ende des High Wood ist alle acht Kilometer entfernt."

„Nicht Abune drei", sagte der Pionier dogmatisch.

„Mann, ich habe es getrampelt."

"Ebenfalls. Ich habe eine Woche lang jede Nacht mit Kabeln zu tun gehabt."

Der Cameron sah sich launisch in der Gesellschaft um. „Ich wünschte, es wäre noch jemand hier, der den Ort kennt. Er würde mir Recht geben. Diese Jungs sind nicht gut, denn sie kamen erst später dazu. Ich sage dir, es sind fünf Meilen."

„Drei", sagte der Pionier.

Die Stimmung stieg, denn jeder der Streitenden fühlte sich in seiner Wahrhaftigkeit angegriffen. Es war zu heiß für einen Streit und ich war so schläfrig, dass ich leichtsinnig wurde.

„Halt die Klappe, ihr Idioten", sagte ich. „Die Entfernung beträgt sechs Kilometer, also liegen Sie beide falsch."

Mein Ton war den Männern so vertraut, dass er den Streit beendete, aber es war nicht der Ton eines Verlegerreisenden. Mr. Linklater spitzte die Ohren.

„Was ist ein Kilometer, Mr. McCaskie?" fragte er langweilig.

„Mit fünf multiplizieren und durch acht dividieren, dann erhält man die Meilen."

Ich war jetzt auf der Hut und erzählte eine lange Geschichte von einem Neffen, der an der Somme getötet worden war, und wie ich mit dem Kriegsministerium über seinen Fall korrespondiert hatte. „Außerdem", sagte ich, „bin ich ein großer Zeitungsforscher und habe alle Bücher über den Krieg gelesen." Es ist eine schwierige Zeit für uns alle, und wenn man sich ernsthaft für die Kampagne interessiert, hilft das sehr. Ich meine, die Orte auf der Karte auszuarbeiten und Haigs Depeschen zu lesen."

„Genau so", sagte er trocken und ich hatte das Gefühl, dass er mich mit einem seltsamen Ausdruck in seinen Augen beobachtete.

Eine neue Idee ergriff mich. Dieser Mann war in Gressons Gesellschaft gewesen, er konnte Deutsch, er war offensichtlich etwas ganz anderes als das, was er vorgab zu sein. Was wäre, wenn er im Dienst unseres eigenen Geheimdienstes stünde? Ich war im Kyle aus dem Nichts aufgetaucht, und ich hatte als Bagman nur einen dürftigen Eindruck gemacht und keinerlei Kenntnisse über mein eigenes Handwerk erkennen lassen. Ich befand mich in einem Bereich, der für die normale Öffentlichkeit gesperrt war; und er hatte guten Grund, ein Auge auf meine Bewegungen zu haben. Er ging nach Süden, und ich auch; Natürlich müssen wir uns irgendwie trennen.

„Wir ziehen uns in Muirtown um, nicht wahr?" Ich fragte. „Wann fährt der Zug Richtung Süden?"

Er konsultierte einen Taschenfahrplan. „Zehn Uhr dreiunddreißig. Die Wartezeit beträgt in der Regel vier Stunden, denn wir müssen um Viertel nach sechs eintreffen. Aber dieser alte Leichenwagen hat Glück, wenn er um neun Uhr da ist."

Seine Prognose war richtig. Wir rumpelten aus den Hügeln in die Haughlands und erhaschten einen Blick auf die Nordsee. Dann wurden wir aufgehängt, während ein langer Güterzug die Strecke entlangfuhr. Es war fast dunkel, als wir endlich in den Bahnhof von Muirtown krochen und unsere Ladung heißer und müder Soldaten ausspuckten.

Ich verabschiedete mich demonstrativ von Linklater. „Es freut mich sehr, Sie kennengelernt zu haben. Wir sehen uns später im Zug nach Edinburgh. Ich gehe spazieren, um mir die Beine zu vertreten, und esse etwas zu Abend." Ich war fest entschlossen, um 10.30 Uhr in den Süden ohne mich aufzubrechen.

Meine Idee war, in einem abgelegenen Gasthaus ein Bett und eine Mahlzeit zu bekommen, am nächsten Morgen hinauszugehen und einen langsamen Zug am Ende der Strecke zu nehmen. Linklater war zum Wagen des Wachmanns verschwunden, um sein Gepäck zu holen, und die Soldaten saßen auf ihren Rucksäcken mit der Miene, völlig und endgültig verloren und vernachlässigt zu sein, die den britischen Kämpfer auf einer Reise auszeichnet. Ich gab meine Fahrkarte auf und ging, da ich aus einem Nordzug ausgestiegen war, ungehindert in die Stadt.

Es war Marktnacht und die Straßen waren überfüllt. Auf den Bürgersteigen drängten sich Blaujacken der Flotte, Leute vom Land, die einkaufen gingen, und jede Art von Militärdetail. Fischhändler boten ihre Waren an, und an einer Ecke stand ein Flötenspieler, der die Nacht fürchterlich machte. Ich nahm einen verschlungenen Weg und landete schließlich in einem bescheiden aussehenden Wirtshaus in einer Seitenstraße. Als ich mich nach einem Zimmer erkundigte, konnte ich niemanden mit Autorität finden, aber ein schlampiges Mädchen teilte mir mit, dass ein Bett frei sei und dass ich in der Bar Schinken und Eier essen könne. Nachdem ich meinen Kopf heftig gegen einen Querbalken geschlagen hatte, stolperte ich einige Stufen hinunter und betrat einen muffigen kleinen Ort, der nach verschüttetem Bier und abgestandenem Tabak roch.

Der versprochene Schinken und die Eier erwiesen sich als unmöglich – an diesem Abend gab es in Muirtown keine Eier –, aber ich bekam kaltes Hammelfleisch und ein Pint gleichgültiges Bier. Es war niemand da außer zwei Bauern, die heißen Whisky und Wasser tranken und mit düsterem Interesse über den Preisanstieg bei Futtermitteln diskutierten. Ich aß mein Abendessen und bereitete mich gerade darauf vor, den Aufenthaltsort meines Schlafzimmers herauszufinden, als durch die Straßentür ein Dutzend Soldaten eintraten.

In einer Sekunde wurde der stille Ort zu einem Babel. Die Männer waren streng nüchtern; aber sie waren in der Stimmung der Freundlichkeit, die ein Trankopfer erfordert. Man war bereit, sich behandeln zu lassen; Er war der Anführer der Gruppe, und um das Ende seines Urlaubs zu feiern, bewirtete er seine Freunde. Von meinem Platz aus konnte ich ihn nicht sehen, aber seine Stimme war dominant. „Was hast du vor, Jock? Bier für dich, Andra? Ein Pint und ein Schluck für mich. Das ist besser als vongblong und vongrooge, Davie. Mann, wenn ich in diesen Kneipen sitze, wie man sie nennt, sehne ich mich oft nach einem schottischen Führer.

Die Stimme kam mir bekannt vor. Ich veränderte meinen Sitz, um einen Blick auf den Redner zu werfen, und zog mich dann hastig zurück. Es war der schottische Füsilier, den ich bei der Verteidigung von Gresson nach dem Treffen in Glasgow am Kiefer verletzt hatte.

Aber durch einen seltsamen Zufall hatte er mich entdeckt.

„Was ist das an der Ecke?" „, schrie er und verließ die Bar, um mich anzustarren. Nun, es ist eine merkwürdige Sache, aber wenn man einmal mit einem Mann gestritten hat, wenn auch nur für ein paar Sekunden, erinnert man sich an sein Gesicht und daran, dass der Streit in Glasgow unter einer Lampe stattgefunden hat. Der Sportler erkannte mich gut genug.

"Von Gott!" Er rief: „Wenn das kein Glück ist! Jungs, hier ist der Mann, mit dem ich in Glesca feucht bin. Bitte beachten Sie, dass ich Ihnen davon erzählt habe. Er hat mich umgebracht, und nun ist es an mir, dasselbe mit ihm zu tun. Ich hatte das Gefühl, dass ich gezwungen war, etwas zu tun. Niemand kann Geordie Hamilton schlagen, ohne dass Geordie eines Tages seinen Kopf zurückbekommt. Steh auf, Mann, denn ich bin dazu bestimmt, dir den Kopf abzuschlagen.

Ich stand ordnungsgemäß auf und blickte ihm mit der besten Gelassenheit, die ich aufbringen konnte, ins Gesicht.

„Du irrst dich, mein Freund. Ich habe dich noch nie zuvor gesehen, und ich war noch nie in meinem Leben in Glasgow.“

„Das ist ein verdammter Lee“, sagte der Füsilier. „Du bist der Mann, und wenn du nein bist, bist du ihm so ähnlich, dass du ihn verstecken musst!“

„Verdammt, Ihr Unsinn!“ Ich sagte. „Ich habe keinen Streit mit dir, und ich habe Besseres zu tun, als mit einem Fremden in einer Gastwirtschaft zu streiten.“

„Habt ihr es gesehen? Nun, ich werde es euch besser lernen. Ich muss dich schlagen, und dann musst du kämpfen, ob du willst oder nicht. Tam, zieh meine Jacke an und sorge dafür, dass mein Getränk leer ist.“

Das war ein höllisches Ärgernis, denn ein Streit hier würde die Polizei einschalten und meine zweifelhafte Lage ans Licht bringen. Ich überlegte, mich zu wehren, denn ich war mir sicher, dass ich den Jock ein zweites Mal hinlegen könnte, aber das Schlimmste daran war, dass ich nicht wusste, wo die Sache enden würde. Möglicherweise musste ich gegen alle antreten, und das bedeutete einen edlen öffentlichen Schlagabtausch. Ich habe mein Bestes getan, um meinem Gegner gerecht zu werden. Ich sagte, wir wären alle gute Freunde und bot an, Getränke für die Party bereitzuhalten. Aber das Blut des Füsiliers war in Wallung, und er bereitete sich auf einen Streit vor, geschickt angestiftet von seinen Kameraden. Er hatte jetzt seine Tunika ausgezogen und stampfte mit geballten Fäusten vor mir her.

Ich habe das Beste getan, was mir unter den gegebenen Umständen einfiel. Mein Platz befand sich in der Nähe der Treppe, die zum anderen Teil des Gasthauses führte. Ich schnappte mir meinen Hut, schoss nach oben und bevor sie merkten, was ich tat, verriegelte ich die Tür hinter mir. Ich konnte hören, wie in der Bar ein Chaos ausbrach.

Ich schlüpfte durch einen dunklen Gang zu einem anderen, der im rechten Winkel dazu verlief und die Straßentür des Gasthauses mit den

Hinterräumen zu verbinden schien. Ich konnte Stimmen in der kleinen Halle hören, und das ließ mich abschrecken.

Einer von ihnen gehörte Linklater, aber er redete nicht so, wie Linklater geredet hatte. Er sprach gebildetes Englisch. Ich hörte einen weiteren mit schottischem Akzent, den ich für den des Vermieters hielt, und einen dritten, der wie der eines hochrangigen Polizisten klang, sehr schnell und offiziell. Ich habe auch einen Satz von Linklater gehört: „Er nennt sich McCaskie." Dann blieben sie stehen, denn der Aufruhr aus der Bar hatte die Haustür erreicht. Der Füsilier und seine Freunde suchten mich am anderen Eingang.

Die Aufmerksamkeit der Männer im Saal war abgelenkt, und das gab mir eine Chance. Es gab nichts anderes als die Hintertür. Ich schlüpfte hindurch in einen Hof und wäre fast über eine Wanne mit Wasser gestolpert. Ich habe das Ding so platziert, dass jeder, der in die Richtung kommt, darüber fallen kann. Eine Tür führte mich in einen leeren Stall und von dort in eine Gasse. Es war alles absurd einfach, aber als ich die Gasse hinunterging, hörte ich einen gewaltigen Krach und den Klang wütender Stimmen. Jemand war in die Wanne gegangen und ich hoffte, dass es Linklater war. Ich hatte Gefallen an dem Fusilier-Jock gefunden.

Irgendwo begann der Mond, aber diese Spur war sehr dunkel. Ich rannte nach links, denn rechts sah es aus wie eine *Sackgasse* . Dies führte mich in eine ruhige Straße mit zweistöckigen Häusern, an deren einem Ende die Lichter einer Straße zu sehen waren. Also schlug ich den umgekehrten Weg ein, denn ich wollte nicht, dass die ganze Bevölkerung von Muirtown lautstark hinter mir her war. Ich geriet auf eine Landstraße, und ich geriet auch in den Lieferwagen der Verfolger, der eine Abkürzung genommen haben musste. Sie schrien, als sie mich sahen, aber ich hatte einen kleinen Anfang und ging die Straße entlang, in dem Glauben, dass ich auf offenes Land zusteuerte.

Da habe ich mich geirrt. Die Straße führte mich auf die andere Seite der Stadt, und gerade als ich zu glauben begann, eine gute Chance zu haben, sah ich vor mir die Lichter eines Stellwerks und etwas links davon die Lichter des Bahnhofs . In einer halben Stunde würde der Zug nach Edinburgh abfahren, aber ich hatte das unmöglich gemacht. Hinter mir konnte ich die Verfolger hören, die wie Jagdhundwelpen Zungen gaben, denn sie hatten einige hübsche, betrunkene Herren zu ihrer Party angelockt. Ich war völlig verwirrt, wohin ich mich wenden sollte, als ich vor dem Bahnhof eine lange Reihe verschwommener Lichter bemerkte, die nur auf einen Zug mit heruntergelassenen Jalousien hinweisen konnten. Es war mit einem Motor ausgestattet und schien darauf zu warten, dass ein paar Lastwagen anfuhren. Es war eine wilde Chance, aber die einzige, die ich sah. Ich kletterte über ein Stück Brachland, kletterte auf eine Böschung und landete auf den Metallen.

Ich duckte mich unter den Kupplungen durch und gelangte auf die andere Seite des Zuges, weg vom Feind.

Dann geschahen gleichzeitig zwei Dinge. Ich hörte die Schreie meiner Verfolger aus einem Dutzend Metern Entfernung, und der Zug setzte sich ruckartig in Bewegung. Ich sprang auf das Trittbrett und schaute in ein offenes Fenster. Das Abteil war voller Truppen, sechs pro Seite und zwei Männer, die auf dem Boden saßen, und die Tür war verschlossen. Ich sprang kopfüber durch das Fenster und landete auf dem Hals eines müden Kriegers, der gerade eingeschlafen war.

Während ich fiel, entschied ich mich für mein Verhalten. Ich muss betrunken sein, denn ich kannte das unendliche Mitgefühl des britischen Soldaten gegenüber den Überholten. Sie zogen mich auf die Füße, und der Mann, auf den ich gestürzt war, rieb sich den Schädel und verlangte blasphemisch Erklärungen.

„Meine Herren", ich schluckte, „ich entschuldige mich." Ich kam zu spät zu diesem kaputten Zug und muss morgen in E'inburgh sein, sonst werde ich entlassen. Ich „entschuldige mich. Wenn ich meinem Freund den Kopf verletzt habe, werde ich ihn küssen und ihn heilen."

Dabei gab es großes Gelächter. „Das solltest du besser annehmen, Pete", sagte einer. „Es ist das erste Mal, dass dir jemals jemand einen Kuss angeboten hat."

Ein Mann fragte mich, wer ich sei, und ich schien nach einem Kartenetui zu suchen.

„Losht", stöhnte ich. „Losht, meine kleine Tasche auch und ich habe meinen Po-Hut zerschlagen. Ich bin ein schrecklicher Anblick, meine Herren – eine schreckliche Warnung, pünktlich zu den Zügen zu sein. Ich bin John Johnstone, geschäftsführender Angestellter der Herren Watters, Brown & Elph'stone, 923 Charl'tte Street, E'inburgh. Ich war oben im Norden und habe meine Mama besucht."

„Ihr solltet in Frankreich sein", sagte ein Mann.

„Ich wünschte, ich wäre es, aber sie ließen mich nicht. „Herr Johnstone", sagten sie, „Sie sind verdammt gut." „Du hast Krampfadern und ein schlechtes Herz", sagten sie. Also sage ich: „Guten Morgen, meine Herren." Gib mir nicht die Schuld, wenn das Land ruiniert ist. Das ist, was ich gesagt habe."

Zu diesem Zeitpunkt hatte ich den einzigen verbliebenen Platz auf dem Boden eingenommen. Mit der Philosophie ihrer Rasse hatten die Männer meine Anwesenheit akzeptiert und wandten sich wieder ihrem eigenen Gespräch zu. Der Zug hatte Fahrt aufgenommen, und da ich der Meinung war, dass es sich um eine Art Sonderzug handelte, suchte ich nach wenigen Haltestellen. Außerdem handelte es sich nicht um einen Korridorwagen, sondern um einen altmodischen Wagen, so dass ich eine Zeit lang vor der unwillkommenen Aufmerksamkeit der Schaffner geschützt war. Ich streckte meine Beine unter dem Sitz aus, legte meinen Kopf gegen die Knie eines bulligen Schützen und machte es mir gemütlich, um das Beste daraus zu machen.

Meine Überlegungen waren nicht angenehm. Ich war zu weit unter die Oberfläche gegangen und hatte das nackte Gefühl, das man in einem Traum hat, wenn man glaubt, im Nachthemd ins Theater gegangen zu sein. Ich hatte in zwei Tagen drei Namen und ebenso viele Charaktere. Ich fühlte mich, als hätte ich nirgendwo ein Zuhause und keine Position und wäre nur ein streunender Hund, der alle Hände und Füße gegen mich drückte. Es war ein hässliches Gefühl, und es konnte weder durch akute Angst noch durch das Wissen, in ein verzweifeltes Drama verwickelt zu sein, ausgeglichen werden. Ich wusste, dass ich problemlos nach Edinburgh weiterreisen konnte, und wenn die Polizei Ärger machte, was sie auch tat, würde ein Telegramm an Scotland Yard die Sache in ein paar Stunden regeln. Es bestand kein Verdacht auf eine körperliche Gefahr zur Wiederherstellung meiner Würde. Das Schlimmste, was passieren könnte, wäre, dass ich sofort erfuhr, dass ich mit den Behörden befreundet war, und die Rolle, die ich spielen wollte, unmöglich werden würde. Er würde es sicherlich hören. Ich hatte größten Respekt vor seinem Geheimdienst.

Doch das war schon schlimm genug. Bisher hatte ich es gut gemacht. Ich hatte Gresson von der Spur abgehalten. Ich hatte herausgefunden, was Bullivant wissen wollte, und ich musste nur unauffällig nach London zurückkehren, um das Spiel zu gewinnen. Ich habe mir das alles gesagt, aber es hat meine Stimmung nicht aufgeheitert. Ich fühlte mich gemein und gehetzt und hatte sehr kalte Füße.

Aber ich habe einen harten Kern der Hartnäckigkeit in mir, der mich dazu bringt, nichts aufzugeben, bis ich völlig daran erstickt bin. Die Chancen standen schlecht gegen mich. Die schottische Polizei interessierte sich aktiv für meine Bewegungen und wäre bereit, mich am Ende meiner Reise willkommen zu heißen. Ich hatte meinen Hut ruiniert und meine Kleidung war, wie Amos bemerkt hatte, nicht anständig. Ich hatte mir in der Nacht zuvor einen Vier-Tage-Bart entledigt, hatte mir dabei aber Schnittwunden zugezogen, und mit meinem wettergegerbten Gesicht und den wirren Haaren sah es eher nach einem Bastler als nach einem anständigen Bagger aus. Ich dachte voller Sehnsucht an meinen Koffer im Pentland Hotel in Edinburgh und an den hübschen blauen Serge-Anzug und die saubere Bettwäsche, die darin ruhte. Es war kein Grund für ein subtiles Spiel, denn ich hatte keine Karten. Dennoch war ich entschlossen, meine Hand nicht wegzuwerfen, bis ich dazu gezwungen wurde. Wenn der Zug irgendwo anhalten würde, würde ich aussteigen und für den Rest auf meinen eigenen Verstand und das anhaltende Glück der britischen Armee vertrauen.

Die Chance ergab sich kurz nach Tagesanbruch, als wir an einer kleinen Kreuzung anhielten. Ich stand gähnend auf und versuchte, die Tür zu öffnen, bis mir einfiel, dass sie verschlossen war. Daraufhin streckte ich meine Beine aus dem Fenster auf der vom Bahnsteig abgewandten Seite und wurde sofort von einem schläfrigen Seaforth angegriffen, der glaubte, ich würde über Selbstmord nachdenken.

„Lass mich gehen", sagte ich. „Ich bin gleich wieder da."

„Lass ihn zusammenkommen, Jock", sagte eine andere Stimme. „Du weißt, wie ein Mann ist, wenn er auf der Party war. Die heiße Luft wird ihn nüchtern machen.

Ich wurde freigelassen, ließ mich nach einigem Turnen auf die Metallstangen fallen und ging um das Ende des Zuges herum. Als ich auf den Bahnsteig kletterte, begann er sich zu bewegen, und aus einem der hinteren Waggons blickte ein Gesicht. Es war Linklater und er erkannte mich. Er versuchte auszusteigen, aber die Tür wurde prompt von einem empörten Gepäckträger zugeschlagen. Ich hörte ihn protestieren, und er hielt den Kopf draußen, bis der Zug um die Kurve fuhr. Das hat meine Gans ganz gut gegart. Von der nächsten Wache aus würde er der Polizei telegrafieren.

Mittlerweile befand sich an diesem sauberen, kahlen, kühlen Ort nur ein einziger Reisender. Er war ein schlanker junger Mann mit einer Reisetasche und einem Waffenkoffer. Seine Kleidung war wunderschön, ein grüner Homburg-Hut, ein eleganter grüner Tweedmantel und Stiefel, so glänzend poliert wie eine Rosskastanie. Ich sah sein Profil, als er sein Ticket abgab, und zu meinem Erstaunen erkannte ich es.

Der Bahnhofsvorsteher sah mich schief an, als ich mich heruntergekommen und zerzaust dem offiziellen Blick präsentierte. Ich habe versucht, in einem autoritativen Ton zu sprechen.

„Wer ist der Mann, der gerade ausgegangen ist?"

„Was ist dein Ticket?"

„Ich hatte keine Zeit, mir in Muirtown eins zu besorgen, und wie Sie sehen, habe ich mein Gepäck zurückgelassen. Nehmen Sie es aus diesem Pfund heraus und ich werde zurückkommen, um das Wechselgeld zu holen. Ich möchte wissen, ob das Sir Archibald Roylance war."

Er blickte misstrauisch auf den Zettel. „Ich glaube, das ist der Name. Er ist Kapitän an der Fleein-Schule. Was wolltest du von ihm?"

Ich stürmte durch das Buchungsbüro und fand meinen Mann dabei, in ein großes graues Auto einzusteigen.

„Archie", rief ich und schlug ihm auf die Schultern.

Er drehte sich scharf um. "Was zum Teufel-! Wer bist du?" Und dann schlich sich das Erkennen in sein Gesicht und er stieß einen freudigen Schrei aus. „Meine heilige Tante! Der als Charlie Chaplin verkleidete General! Kann ich Sie irgendwohin fahren, Sir?"

KAPITEL IX
Ich nehme die Flügel einer Taube

„Fahr mich irgendwohin zum Frühstück, Archie", sagte ich, „denn ich sterbe vor Hunger."

Er und ich stiegen in den Pritschenwagen, und der Fahrer lenkte uns von der Bahnhofsstraße einen langen Hügel hinauf. Sir Archie war einer meiner Subalternen bei den alten Lennox Highlanders gewesen und hatte uns vor der Somme verlassen, um sich dem Flying Corps anzuschließen. Ich hatte gehört, dass er seine Flügel bekommen hatte und sich vor Arras gut geschlagen hatte und jetzt zu Hause Piloten ausbildete. Er war ein unbeschwerter Jugendlicher gewesen, der von mir wegen seiner Unterlassungssünden eine ganze Menge grobe Beschimpfungen über sich ergehen lassen musste. Aber es war der lockere Typ, den ich jetzt suchte.

Ich sah, wie er über mein Aussehen amüsierte Blicke warf.

„Haben Sie ein bisschen Leben gesehen, Sir?" erkundigte er sich respektvoll.

„Ich werde von der Polizei gejagt", sagte ich.

„Dreckige Hunde! Aber machen Sie sich keine Sorgen, Herr; Wir kriegen dich schon fertig. Ich war selbst in der gleichen Situation. Du kannst gemütlich in meiner kleinen Blockhütte liegen, denn dieses alte Bild wird Gibbons nicht ausplaudern. Oder, sag dir was, ich habe eine Tante, die hier in der Nähe wohnt und die ein bisschen sportlich ist. Du kannst dich in ihrem Wassergraben verstecken, bis die Bobbys müde werden."

Ich glaube, es war Archies ruhige Akzeptanz meiner Position als natürlich und angemessen, die meine gute Laune wiederherstellte. Er war viel zu wohlerzogen, um zu fragen, welches Verbrechen ich begangen hatte, und ich hatte nicht vor, ihn groß aufzuklären. Aber als wir die Moorstraße hinauffuhren, ließ ich ihn wissen, dass ich der Regierung diene, es aber notwendig sei, dass ich nicht authentifiziert erscheine und dass ich deshalb der Polizei ausweichen müsse. Er pfiff seine Anerkennung aus.

„Mein Gott, das ist ein tiefes Spiel. Eine Art Tarnung? Meiner Erfahrung nach ist es leicht, bei solchen Stunts zu übertreiben. Als ich in Misieux war, begannen die Franzosen damit, die Karawanen zu tarnen, in denen sie ihre Tauben hielten, und sie machten das so verdammt gut, dass die armen kleinen Vögel sie nicht aus der Ruhe bringen konnten und die Nacht draußen verbrachten."

Wir betraten die weißen Tore eines großen Flugplatzes, gingen an einem Wald aus Zelten und Hütten vorbei und hielten an einer Hütte am anderen Ende des Platzes an. Es war halb vier, und die Welt schlief noch. Archie nickte in Richtung eines der Hangars, aus dessen Öffnung der Propeller eines Flugzeugs herausragte.

„Ich werde morgen mit dem Bus nach Farnton fliegen", bemerkte er. „Es sind die neuen Shark-Gladas. Habe ein Maul wie ein Baum."

Eine Idee schoss mir in den Sinn.

„Du gehst heute Morgen", sagte ich.

"Woher wusstest du das?" er rief aus. „Ich muss heute gehen, aber das Auerhuhn oben in Caithness wollte so sehr schießen, dass ich beschlossen habe, einen weiteren Tag Urlaub zu ergattern. Sie können nicht erwarten, dass ein Mann in den Süden Englands aufbricht, wenn er gerade eine anstrengende Reise hinter sich hat."

„Trotzdem wirst du ein beherzter Kerl sein und in zwei Stunden anfangen. Und du wirst mich mitnehmen."

Er starrte ausdruckslos und brach dann in schallendes Gelächter aus. „Du bist der Mann, mit dem man Tiger schießen kann. Aber welchen Preis mein Kommandant? Er ist kein schlechter Kerl, aber an den Fesseln etwas zottelig. Er wird den Witz nicht zu schätzen wissen."

„Er muss es nicht wissen. Er darf es nicht wissen. Das ist eine Angelegenheit zwischen dir und mir, bis sie zu Ende ist. Ich verspreche Ihnen, dass ich mit dem Flying Corps alles in Ordnung bringen werde. Bringen Sie mich noch vor dem Abend nach Farnton, dann haben Sie eine gute Arbeit für das Land geleistet."

„Okay! Lass uns ein Bad nehmen und ein bisschen frühstücken, und dann bin ich dein Mann. Ich werde ihnen sagen, sie sollen den Bus fertig machen."

In Archies Schlafzimmer wusch und rasierte ich mich und lieh mir eine grüne Tweedmütze und ein brandneues Aquascutum aus. Letzteres deckte die Mängel meiner Kleidung ab, und als ich mir ein Paar Handschuhe besorgte, fühlte ich mich fast respektabel. Gibbons, der ein Alleskönner zu sein schien, kochte uns etwas Speck und ein Omelett, und während er aß, garnierte Archie. Im Bataillon hatte er sich hauptsächlich über Renntreffen und die verlassenen Freuden der Stadt unterhalten, aber jetzt hatte er das alles vergessen und suhlte sich, wie jeder gute Flieger, den ich je kannte, begeistert im „Laden". Ich habe großen Respekt vor dem Flying Corps, aber es neigt dazu, seinen Jargon jeden Monat zu ändern, und seine Gespräche sind für den Laien schwer zu verstehen. Er hatte eine verzweifelte Sehnsucht nach dem Krieg, den er ausschließlich aus der Luft betrachtete. Für ihn war Arras vorbei, bevor die Infanterie den Gipfel überquerte, und der schwierige Teil der Somme war Oktober, nicht September. Er rechnete damit, dass der große Luftkampf noch nicht begonnen hatte, und er hoffte nur, nach

Frankreich fliegen zu dürfen, um dort seinen Anteil zu haben. Wie alle guten Flieger war auch er sehr bescheiden. „Ich habe ein bisschen Hindernisjagd gemacht und war auf der Jagd, und ich habe gute Hände für ein Pferd, sodass ich mit einem Bus ziemlich gut zurechtkomme. Es ist alles eine Frage der Hände, wissen Sie. Das Risiko ist nicht halb so hoch wie bei der Infanterie unter Ihnen, aber der Spaß ist millionenfach größer. Ich bin sehr froh, dass ich mich verändert habe, Sir.“

Wir sprachen über Peter, und er stellte ihn an die Spitze. Voss, dachte er, sei der einzige Boche, der sich mit ihm messen könne, denn über Lensch habe er sich noch nicht entschieden. Den Franzosen Guynemer rangierte er hoch, allerdings auf andere Weise. Ich erinnere mich, dass er keinen Respekt vor Richthofen und seinem berühmten Zirkus hatte.

Pünktlich um sechs waren wir startklar. Ein paar Mechaniker hatten die Maschine herausgeholt, und Archie zog seinen Mantel und seine Handschuhe an und kletterte auf den Pilotensitz, während ich mich hinten auf den Platz des Beobachters quetschte. Der Flugplatz erwachte, aber ich sah keine Beamten in der Nähe. Wir saßen kaum, als Gibbons unsere Aufmerksamkeit auf ein Auto auf der Straße lenkte, und schon hörten wir einen Schrei und sahen Männer, die in unsere Richtung winkten.

„Verschwinde besser, mein Junge“, sagte ich. „Die sehen aus wie meine Freunde.“

Der Motor sprang an und die Mechaniker standen frei. Als wir über den Rasen rollten, schaute ich zurück und sah mehrere Gestalten in unsere Richtung rennen. In der nächsten Sekunde hatten wir die holprige Erde verlassen und waren auf der glatten Landstraße in der Luft unterwegs.

Ich war schon mehrere Dutzend Mal geflogen, meist über die feindlichen Linien, wenn ich mir selbst ein Bild von der Lage des Landes machen wollte. Dann waren wir im Tiefflug geflogen und wurden von den Hun Archies schön abgestaubt, ganz zu schweigen von einem gelegentlichen Maschinengewehrfeuer. Aber erst zu dieser Stunde war mir bewusst geworden, wie viel Freude ein Geradeausflug in einem schnellen Flugzeug bei perfektem Wetter mit sich bringt. Archie hat keine Zeit verloren. Bald sahen die Hangars dahinter wie Kinderspielzeug aus, und die Welt lief vor uns davon, bis sie wie eine große goldene Schüssel erschien, über die die Quintessenz des Lichts strömte. Die Luft war kalt und meine Hände taub, aber ich habe sie nie gespürt. Während wir pochend und südwärts rasten, manchmal in Wirbeln stießen, manchmal gleichmäßig in einem Strom bewegungslosen Äthers schwammen, wurden mein Kopf und mein Herz so leicht wie die eines Jungen. Ich vergaß die Strapazen meines Jobs und sah nur noch die freudige Komik. Ich hätte nicht gedacht, dass mich irgendetwas auf der Welt noch einmal beunruhigen könnte. Ganz links war ein Keil aus

Silber und daneben eine Ansammlung von Spielzeughäusern. Das muss Edinburgh sein, wo mein Portmanteau ruhte und wo jetzt eine höchst effiziente Polizei nach mir fragte. Bei dem Gedanken lachte ich so laut, dass Archie mich gehört haben musste. Er drehte sich um, sah mein grinsendes Gesicht und grinste zurück. Dann gab er mir ein Zeichen, mich anzuschnallen. Ich gehorchte, und er begann, „Stunts" zu üben – den Looping, den Spinning Nose Dive und andere, deren Namen ich nicht kannte. Es war ein herrlicher Spaß, und er führte seine Maschine so, wie ein guter Reiter ein nervöses Pferd über eine steife Hürde lockt. Er hatte das gewisse Etwas im Blut, das einen großartigen Piloten ausmacht.

Plötzlich hatte sich das Schachbrett aus Grün und Braun in ein tiefes Lila mit schwachen silbernen Linien verwandelt, die wie Adern in einem Felsen aussahen. Wir überquerten die Grenzhügel, den Ort, an dem ich anstrengende Tage verbracht hatte, als ich in das Black-Stone-Geschäft verwickelt war. Was für ein wunderbares Element war diese Luft, die einen weit über die Strapazen der Menschheit hinausführte! Archie hatte gut daran getan, sich zu ändern. Peter war der weise Mann gewesen. Ich hatte großes Mitleid mit meinem alten Freund, der auf einem deutschen Gefängnishof hin und her humpelte, obwohl er einmal einen Falken geflogen hatte. Ich dachte darüber nach, dass ich mein bisheriges Leben verschwendet hatte. Und dann fiel mir ein, dass all dieser Ruhm im Krieg nur einen Zweck hatte, nämlich dem schlammigen britischen Infanteristen zu helfen, seinen hunnischen Gegner niederzuschlagen. Er war schließlich der Kerl, der Schlachten entschied, und der Gedanke tröstete mich.

Ein großes Hochgefühl ist oft der Vorbote einer Katastrophe, und bei mir sollte es plötzlich zu einem Untergang kommen. Es ging auf die Mittagszeit zu und wir waren schon weit in England angekommen – anhand der Flüsse, an denen wir vorbeigekommen waren, vermutete ich, dass wir uns irgendwo im Norden von Yorkshire befanden –, als die Maschine seltsame Geräusche von sich gab und wir in vollkommen ruhige Luft gerieten. Wir tauchten ab und stiegen dann auf, aber das verdammte Ding stotterte weiter. Archie gab ihm einen Zettel zurück, auf den er gekritzelt hatte: „Motor kaputt. Muss in Micklegill landen. Entschuldige vielmals." Also stiegen wir auf eine niedrigere Höhe, wo wir deutlich die Häuser und Straßen und die langen, anschwellenden Bergrücken eines Moorlandes sehen konnten. Ich hätte mich nie zurechtfinden können, aber Archies geübtes Auge kannte jeden Orientierungspunkt. Wir rollten jetzt sehr langsam dahin, und selbst ich konnte bald die Hangars eines großen Flugplatzes erreichen.

Wir haben Micklegill gemacht, aber nur mit der Haut unserer Zähne. Wir waren so tief, dass die rauchenden Schornsteine der Stadt Bradfield, sieben Meilen östlich, halb von einem Daunenkamm verdeckt waren. Archie gelang ein geschickter Sinkflug im Windschatten eines Tannengürtels und er kam voller Verwünschungen gegen die Gladas-Maschine davon. „Ich werde ins Lager gehen und Bericht erstatten“, sagte er, „und dann Mechaniker runterschicken, um dieses verdammte Grammophon zu reparieren.“ Gehen Sie besser spazieren, Sir. Ich möchte keine Fragen über Sie beantworten, bis wir startbereit sind. Ich schätze, es wird eine Stunde dauern.“

Die Fröhlichkeit, die ich in der oberen Luft erlangt hatte, erfüllte mich noch immer. Ich setzte mich fröhlich wie ein Sandjunge in einen Graben und zündete mir eine Pfeife an. Ich war von einem jungenhaften Geist des ungezwungenen Abenteuers besessen und wartete auf die nächste Drehung des Glücksrads mit nur angenehmer Belustigung.

Diese Wende ließ nicht lange auf sich warten. Archie schien sehr atemlos zu sein.

„Sehen Sie, Sir, da oben herrscht heftiger Krach. Sie haben im ganzen Land über Sie telefoniert und wissen, dass Sie auf meiner Seite sind. Sie haben die Polizei und werden Sie in fünf Minuten haben, wenn Sie sich nicht wehren. Ich habe gelogen und gesagt, ich hätte noch nie von dir gehört, aber sie kommen, um es selbst zu sehen. Verschwinden Sie um Himmels willen ... Sie sollten besser in der Mulde und hinter den Bäumen in Deckung bleiben. Ich bleibe hier und versuche, es unverschämt herauszureden. Ich werde sowieso in Flammen aufgehen ... Ich hoffe, Sie helfen mir aus der Klemme, Sir.“

„Mach dir keine Sorgen, mein Junge“, sagte ich. „Ich werde alles wieder in Ordnung bringen, wenn ich zurück in die Stadt komme. Ich werde mich auf den Weg nach Bradfield machen, denn dieser Ort ist etwas auffällig. Auf Wiedersehen, Archie. Du bist ein guter Kerl und ich werde dafür sorgen, dass du nicht leidest.“

Ich machte mich auf den Weg in die Senke des Moores und versuchte, meine mangelnde Strategie durch Geschwindigkeit auszugleichen, denn es war schwer zu sagen, wie viel meine Verfolger von diesem höher gelegenen Gelände aus befehligten. Sie müssen mich gesehen haben, denn ich hörte Pfiffe und Männerschreie. Ich stieß auf eine Straße, überquerte sie und kam an einem Bergrücken vorbei, von dem aus ich einen Blick auf das sechs Meilen entfernte Bradfield hatte. Und während ich rannte, begann ich darüber nachzudenken, dass eine solche Verfolgungsjagd nicht lange dauern würde. Sie mussten mich in der nächsten halben Stunde festnehmen, es sei denn, ich konnte sie verwirren. Aber in dieser kahlen grünen Gegend gab es keine Deckung, und es sah so aus, als wären meine Chancen ungefähr denen eines Hasen, der von einem braven Windhund auf einem kahlen Moor gejagt wird.

Plötzlich ertönte direkt vor mir ein vertrautes Geräusch. Es war das Dröhnen der Kanonen – das Knallen der Feldbatterien und das Knallen kleiner Haubitzen. Ich fragte mich, ob ich den Verstand verloren hatte. Während ich weitertrottete, ertönte das Knattern der Maschinengewehre, und über dem Bergrücken vor mir sah ich den Staub und die Dämpfe explodierender Granaten. Ich kam zu dem Schluss, dass ich nicht verrückt war und dass deshalb die Deutschen gelandet sein mussten. Ich kroch den letzten Hang hinauf und vergaß die Verfolger hinter mir ganz.

Und dann bin ich froh, wenn ich nicht auf einen wahren Kampf herabblicken würde.

Es gab zwei Sätze Schützengräben mit Stacheldraht und allen Befestigungen, einer voller Truppen und der andere leer. Auf diesen letzteren explodierten Granaten, aber es gab kein Lebenszeichen darin. In den anderen Linien schien der größte Teil aus zwei Brigaden zu bestehen, und der erste Graben war voller Bajonette. Mein erster Gedanke war, dass die Home Forces verrückt geworden waren, denn diese Art von Show konnte keinerlei Trainingswert haben. Und dann sah ich noch andere Dinge – Kameras und Kameramänner auf Plattformen an den Flanken und Männer mit Megafonen dahinter auf Holzgerüsten. Eines der Megafone lief ständig auf Hochtouren.

Endlich erkannte ich die Bedeutung der Aufführung. Irgendein Filmhändler hatte sich mit der Regierung verbünden lassen, und es waren Truppen ausgesandt worden, um einen Kriegsfilm zu drehen. Mir kam der Gedanke, dass ich vielleicht die Tarnung bekommen würde, die ich suchte, wenn ich in diesen Vorstoß verwickelt wäre. Ich hastete den Hügel hinunter zum nächsten Kameramann.

Während ich rannte, stürzte die erste Truppenwelle über den Gipfel. Sie machten es ungewöhnlich gut, denn sie waren vom Geist der Sache erfasst und gingen mit grimmigen Gesichtern und dem langsamen, zielstrebigen Gang hinüber, den ich bei meinen eigenen Kameraden in Arras gesehen hatte. Zwischen ihnen explodierten Rauchgranaten, und hin und wieder überschlug sich ein findiger Bergsteiger. Insgesamt war es die beste Show, die ich je gesehen habe. Die Kameras klickten, die Waffen knallten, im Hintergrund applaudierten Pfadfinder und der Staub stieg in Wolken in den Himmel.

Aber trotzdem stimmte etwas nicht. Ich könnte mir vorstellen, dass diese Art von Geschäft aus der Sicht des Filmhändlers eine Menge Planung erforderte, denn sein Zweck war nicht derselbe wie der des befehlshabenden Offiziers. Sie wissen, wie ein Fotograf wählerisch ist und mit einer Pose unzufrieden ist, die seinem Model in Ordnung erscheint. Ich hätte denken sollen, dass das Spektakel ausreicht, um jedes Kinopublikum aus den Socken zu hauen, aber der Mann auf dem Gerüst neben mir urteilte anders. Er ließ sein Megafon wie den Schwanengesang eines sterbenden Büffels dröhnen. Er wollte etwas ändern und wusste nicht, wie er es tun sollte. Er hüpfte auf einem Bein; er nahm das Megaphon aus seinem Mund, um zu fluchen; Er schwenkte es wie ein Banner und schrie irgendeinen Gegner auf der anderen Seite an. Und dann verließ ihn seine Geduld und er hüpfte die Leiter hinunter und ließ sein Megaphon an den Kameramännern vorbei auf das Schlachtfeld fallen.

Das war sein Verhängnis. Er kam der zweiten Welle in die Quere und wurde wie ein Blatt von einem Strom verschlungen. Für einen Moment sah ich ein rotes Gesicht und einen auffällig karierten Anzug, und der Rest war Stille. Er wurde über den Hügel getragen oder in einen feindlichen Graben gerollt, aber auf jeden Fall blieb er für mich verloren.

Ich packte sein Megaphon ein und sprang die Stufen zum Bahnsteig hinauf. Endlich sah ich eine Chance auf erstklassige Tarnung, denn mit Archies Mantel und Mütze machte ich als Filmhändler einen sehr guten Eindruck. Zwei Wellen waren über die Küste gegangen, und die Kinomänner hatten wie Biber gearbeitet und alles gefilmt. Aber es gab immer noch eine ganze Menge Truppen, mit denen ich spielen konnte, und ich beschloss, diese Truppe aufzumischen, damit die Kerle, die hinter mir her waren, bessere Dinge hatten, über die sie nachdenken konnten.

Mein Vorteil war, dass ich wusste, wie man Männern kommandiert. Ich konnte sehen, dass mein Gegenüber am Megafon hilflos war, denn der Fehler, der meinen Mann in ein Granatenloch gespült hatte, hatte ihn zur Impotenz gebracht. Die Truppen schienen hauptsächlich für Unteroffiziere verantwortlich zu sein (ich könnte mir vorstellen, dass die Offiziere versuchen würden, sich dieser Angelegenheit zu entziehen), und ein Unteroffizier ist im wahrsten Sinne des Wortes das Geschöpf auf der Welt. Also änderte ich mit meinem Megaphon die Kampfreihenfolge.

Ich brachte die dritte Welle in die vorderen Schützengräben. Nach etwa drei Minuten hatten die Männer die professionelle Note erkannt und gingen geschickt auf meine Befehle ein. Sie dachten, es sei Teil der Show, und die gehorsamen Kameras klickten auf alles, was in ihre Umlaufbahn kam. Mein Ziel war es, die Truppen an einer zu engen Front aufzustellen, so dass sie zwangsläufig nach außen schwärmten, und ich musste dabei schnell sein, denn ich wusste nicht, wann der unglückliche Filmhändler vom Schlachtfeld zurückgeholt werden würde und meine Autorität bestreiten.

Es dauert lange, etwas in Ordnung zu bringen, aber es dauert nicht lange, es zu verwirren, besonders wenn es sich bei dem Ding um eine so empfindliche Maschine wie disziplinierte Truppen handelt. In etwa acht Minuten hatte ich Chaos verursacht. Die Flanken breiteten sich aus, trotz all der Hetze der Unteroffiziere, und der Rand verschlang die Fotografen. Die Kameras auf ihren kleinen Plattformen gingen wie Kegel um. Es war feierlich, das erschrockene Gesicht eines Fotografen zu sehen, der völlig überrascht die zielstrebige Infanterie anflehte, bevor er sprachlos wurde.

Es war kein Ort, an dem ich mich aufhalten konnte, also warf ich das Megaphon weg und geriet in den Schwanz der dritten Welle. Ich wurde weitergetrieben und ankerte in den feindlichen Schützengräben, wo ich, wie ich erwartet hatte, meinen profanen und atemlosen Vorgänger, den Filmhändler, vorfand. Ich hatte ihm nichts zu sagen, also hielt ich mich an den Graben, bis er am Hang des Hügels endete.

An dieser Flanke stand, vor Aufregung wahnsinnig, eine Schar Pfadfinder. Meine Aufgabe bestand darin, Bradfield so schnell zu erreichen, wie meine Beine mich trugen, und so unauffällig, wie die Götter es erlaubten. Leider war ich für diese Heldenstube ein viel zu großes Interesse. Jeder Pfadfinder ist ein wissenshungriger Amateurdetektiv. Mir folgten mehrere, die mich mit Fragen überhäuften, und mir wurde gesagt, dass ich nach Bradfield fahre, um einen Teil der Kinotruppe zu beeilen. Es klang ziemlich lahm, denn für dieses Kino-Outfit konnte man schon jetzt nicht mehr beten.

Wir erreichten die Straße und an einer Steinmauer standen mehrere Fahrräder. Ich wählte eines aus und bereitete die Montage vor.

„Das ist Mr. Emmotts Maschine“, sagte ein Junge scharf. „Er sagte mir, ich solle ein Auge darauf haben.“

„Ich muss es mir ausleihen, Junge“, sagte ich. „Herr Emmott ist mein sehr guter Freund und wird nichts dagegen haben.“

Von unserem Standpunkt aus überblickte ich die Rückseite des Schlachtfeldes und konnte eine ängstliche Versammlung von Offizieren sehen. Ich konnte auch andere sehen, deren Aussehen mir nicht gefiel. Sie waren nicht da gewesen, als ich das Megaphon operierte. Sie müssen vom Flugplatz bergab gekommen sein und waren aller Wahrscheinlichkeit nach die Verfolger, denen ich ausgewichen war. Die Heiterkeit, die ich in der Luft gewonnen hatte und die mich in die Albernheiten der letzten halben Stunde getrieben hatte, ließ nach. Ich hatte wieder das Gefühl, gejagt zu werden, und wurde im mittleren Alter vorsichtiger. Ich hatte an diesem Tag eine schlechte Bilanz: Archie in Schwierigkeiten zu bringen und eine offizielle Kinovorstellung zu scheitern – beides entsprach nicht den Pflichten eines Brigadegenerals. Außerdem musste ich noch nach London kommen.

Ich hatte noch keine zweihundert Meter die Straße zurückgelegt, als ein Pfadfinder, der wie wild in die Pedale trat, auf mich zukam.

„Colonel Edgeworth möchte Sie sehen“, keuchte er. „Du sollst sofort zurückkommen.“

„Sag ihm, dass ich jetzt nicht warten kann", sagte ich. „Ich werde ihm in einer Stunde meinen Respekt erweisen."

„Er sagte, du sollst sofort kommen", sagte der treue Bote. „Er hat schreckliche Laune auf dich und er hat Bobbys bei sich."

Ich beschleunigte mein Tempo und ließ den Jungen zurück. Ich ging davon aus, dass ich fast zwei Meilen Vorsprung hatte und alles außer Benzin schlagen konnte. Aber meine Feinde hatten zwangsläufig Autos, also sollte ich so schnell wie möglich von der Straße verschwinden. Ich rollte einen langen Hügel hinunter zu einer Brücke, die einen kleinen, verfärbten Bach überspannte, der in einer bewaldeten Schlucht floss. Im Moment war niemand auf dem Hügel hinter mir, also schlüpfte ich in die Deckung, schob das Fahrrad unter der Brücke hindurch und versteckte Archies Aquascutum in einem Brombeerdickicht. Ich trug jetzt meinen eigenen verrufenen Tweed und hoffte, dass das Ablegen meines auffälligsten Kleidungsstücks meine Verfolger verwirren würde, wenn sie mich einholen sollten.

Aber ich war fest davon überzeugt, dass sie das nicht tun sollten. Ich schaffte es, den Bach hinunterzugehen und auf eine Gasse zu gelangen, die von den Hügeln zu den Gärtnereien rund um die Stadt führte. Ich dankte dem Himmel, dass ich das Aquascutum losgeworden war, denn der Augustnachmittag war warm und mein Tempo war nicht gemächlich. Wenn ich mich in einer abgelegenen Gegend befand, rannte ich, und wenn jemand in Sichtweite war, ging ich geschickt.

Während ich ging, dachte ich darüber nach, dass Bradfield das Ende meiner Abenteuer erleben würde. Die Polizei wusste, dass ich dort war und würde die Wachen überwachen und mich jagen, wenn ich dort bliebe. Ich kannte dort niemanden und hatte keine Chance, eine wirkungsvolle Tarnung zu bekommen. Tatsächlich begann ich mich sehr bald zu fragen, ob ich überhaupt bis zu den Straßen kommen sollte. Denn in dem Moment, als ich auf der Ladefläche eines Fischhändlerkarrens mitgenommen wurde und von der flatternden Leinwand abgeschirmt wurde, kamen zwei Gestalten auf Motorrädern vorbei, und eine von ihnen war der neugierige Pfadfinder. Die Hauptstraße vom Flugplatz wurde jetzt wahrscheinlich von Autos bewacht. Es sah so aus, als würde es in einem der Vororte zu einer entwürdigenden Verhaftung kommen.

Der Fischkarren, unterstützt von einer halben Krone für den Fahrer, brachte mich an den abgelegenen kleinen Villen vorbei, zwischen langen Reihen von Arbeiterhäusern, zu engen, gepflasterten Gassen und den Vororten großer Fabriken. Sobald ich sah, dass die Straßen überfüllt waren, stieg ich aus und ging zu Fuß. In meinen alten Klamotten muss ich wie ein zweitklassiger Buchmacher oder ein zwielichtiger Pferdebuhler gewirkt haben. Das einzig

Anständige an mir war meine goldene Uhr. Ich schaute auf die Uhr und stellte fest, dass es halb sechs war.

Ich wollte etwas essen und war gerade auf der Suche nach einer Gaststätte, als ich das Schnurren eines Motorrads hörte und auf der anderen Straßenseite den intelligenten Pfadfinder sah. Er sah mich auch und trat so heftig auf die Bremse, dass er ins Schleudern geriet und beinahe unter den Rädern eines Wollwagens scheiterte. Das gab mir Zeit, mich zu verdrängen und eine Seitenstraße hinaufzuschleichen. Ich hatte das unangenehme Gefühl, dass ich gefangen sein würde, denn an einem Ort, von dem ich nichts wusste, hatte ich keine Chance, meinen Verstand einzusetzen.

Ich erinnere mich, dass ich fieberhaft versuchte, nachzudenken, und ich vermute, dass meine Beschäftigung mich nachlässig machte. Ich befand mich jetzt in einem wahren Slum, und als ich meine Hand in die Westentasche steckte, stellte ich fest, dass meine Uhr verschwunden war. Das hat meiner Depression den Grundstein gelegt. Die Reaktion auf das wilde Burnout am Vormittag hatte mir sehr kalte Füße beschert. Ich befand mich wieder in der Unterwelt und es bestand keine Chance, dass ein zweiter Archie Roylance auftauchte, um mich zu retten. Ich erinnere mich noch an den säuerlichen Geruch der Fabriken und den Rauchnebel in der Abendluft. Es ist ein Geruch, den ich seitdem nie wieder erlebt habe, ohne dass es zu einer Art Abstumpfung des Geistes gekommen wäre.

Dann kam ich auf einen Marktplatz. Es ertönten Pfiffe, und die Leute strömten in großer Eile aus den Mühlen zurück. Die Menschenmenge gab mir für einen Moment ein Gefühl der Sicherheit, und ich wollte mich gerade nach dem Weg zum Bahnhof erkundigen, als jemand meinen Arm anstieß.

Neben mir stand ein grob aussehender Kerl in Mechanikerkleidung.

„Kumpel", flüsterte er. „Ich habe hier eine Zusammenfassung von dir." Und zu meinem Erstaunen drückte er mir meine Uhr in die Hand.

„Es wurde aus Versehen aufgenommen. Wir sind deine Freunde. Du hast recht, wenn du tust, was ich dir sage. Da drüben ist ein Schäler, der ein Auge auf dich geworfen hat. Folge mir und ich hole dich raus."

Das Aussehen des Mannes gefiel mir nicht besonders, aber ich hatte keine Wahl, und trotzdem hatte er mir meine Uhr zurückgegeben. Er schlich in eine Gasse zwischen hohen Häusern und ich schlich hinter ihm her. Dann machte er sich auf den Weg und führte mich über eine kurvenreiche Strecke durch stinkende Höfe in eine Gerberei und dann durch eine schmale Gasse in die Hinterviertel einer Fabrik. Zweimal kehrten wir um, und einmal kletterten wir über eine Mauer und folgten dem Ufer eines blauschwarzen Baches mit schmutzigem Schlamm darauf. Dann gelangten wir in ein sehr schäbiges Viertel der Stadt und kamen in einen schmuddeligen Garten, übersät mit Blechdosen und zerbrochenen Blumentöpfen. Durch eine Hintertür betraten wir eines der Cottages und mein Führer schloss es sorgfältig hinter sich ab.

Er zündete das Gas an, zog die Jalousien in einem kleinen Salon herunter und sah mich lange und fragend an. Er sprach jetzt mit gebildeter Stimme.

„Ich stelle keine Fragen", sagte er, „aber es ist meine Aufgabe, Ihnen meine Dienste zur Verfügung zu stellen. Sie tragen den Pass."

Ich starrte ihn an, und er zog seine Uhr heraus und zeigte ein weiß-lila Kreuz auf der Innenseite des Deckels.

„Ich verteidige nicht alle Leute, die wir beschäftigen", sagte er grinsend. „Die Moral der Männer ist nicht immer so gut wie ihr Patriotismus. Einer von ihnen hat Ihre Uhr geklaut, und als er sah, was sich darin befand, meldete er sich bei mir. Wir haben Ihre Spur bald erkannt und festgestellt, dass Sie in Schwierigkeiten stecken. Wie gesagt, ich stelle keine Fragen. Was können wir für dich tun?"

„Ich möchte ohne Fragen nach London kommen. Sie suchen mich in meinem jetzigen Rig, also muss ich es ändern."

„Das ist ganz einfach", sagte er. „Machen Sie es sich für eine Weile bequem und ich werde Sie wieder in Ordnung bringen. Der Nachtzug fährt um elf Uhr dreißig ... Im Schrank finden Sie Zigarren und auf dem Tisch liegt *der Critic dieser Woche* . Es gibt einen guten Artikel über Conrad, falls Sie sich für solche Dinge interessieren."

Ich nahm mir eine Zigarre und verbrachte eine gewinnbringende halbstündige Lektüre über die Laster der britischen Regierung. Dann kam mein Gastgeber zurück und forderte mich auf, in sein Schlafzimmer aufzusteigen. „Sie sind Private Henry Tomkins vom 12. Gloucesters, und Ihre Kleidung liegt für Sie bereit. Ich schicke dir deine Geschenksachen, wenn du mir eine Adresse gibst."

Ich tat, was mir gesagt wurde, und tauchte bald in der Uniform eines britischen Soldaten auf, komplett bis hin zu den formlosen Stiefeln und den wasserabweisenden Gamaschen. Dann nahm mich mein Freund in die Hand und vollendete die Verwandlung. Er fing mit der Schere an, mein Haar zu schneiden und formte eine Locke, die sich, wenn sie gut geölt war, über meine Stirn kräuselte. Meine Hände waren hart und rau und ich brauchte nur ein wenig Schmutz und das Hacken der Nägel, um den Anforderungen gerecht zu werden. Mit meiner Mütze an der Seite meines Kopfes, einem Rucksack auf dem Rücken, einem Dienstgewehr in der Hand und meinen Taschen voller Penny-Bildpapiere war ich das Musterbeispiel eines britischen Soldaten, der aus dem Urlaub zurückkehrte. Außerdem hatte ich eine

Packung Woodbine-Zigaretten und eine Portion Brot und Käse für die Reise dabei. Und ich hatte einen auf meinen Namen ausgestellten Eisenbahnbefehl für London.

Dann gab mir mein Freund das Abendessen – Brot und Aufschnitt und eine Flasche Bass, die ich wie wild verschlang, denn seit dem Frühstück hatte ich nichts mehr gegessen. Er war ein neugieriger Kerl, so diskret wie ein Grabstein, sehr bereit, über allgemeine Themen zu sprechen, kam aber nie in die Nähe der intimen Angelegenheit, die ihn und mich und Gott weiß wie viele andere durch ein wenig Lila und Weiß verbunden hatte Kreuz in einem Uhrengehäuse. Ich erinnere mich, dass wir über die Themen gesprochen haben, die in Biggleswick früher beliebt waren – die großen politischen Dinge, die mit Großbuchstaben beginnen. Er teilte Amos' Ansicht über die Solidität des britischen Arbeiters, sagte aber etwas, das mich zum Nachdenken brachte. Er war davon überzeugt, dass es enorm viel deutsche Spionagearbeit gab und dass die meisten Praktizierenden unschuldig waren. „Der gewöhnliche Brite rennt nicht zum Verrat, aber er ist nicht sehr klug. Ein kluger Mann kann in einem solchen Spiel einen Narren besser ausnutzen als einen Schurken."

Als er mich verabschiedete, gab er mir einen Rat. „Zieh diese Klamotten aus, sobald du London erreichst. Private Tomkins wird Sie aus Bradfield entlassen, aber in der Metropole ist das vielleicht kein passender *Alias*."

Um halb elf war ich sicher im Zug und redete mit einem halben Dutzend meiner Artgenossen in einem verrauchten Abteil der dritten Klasse den Jargon des heimkehrenden Soldaten. Bei meiner Flucht hatte ich Glück gehabt, denn am Bahnhofseingang und auf dem Bahnsteig waren mir mehrere Männer mit dem unverkennbaren Aussehen von Polizisten in Zivil aufgefallen. Außerdem glaubte ich – auch wenn das vielleicht meine Einbildung war –, in der Menge einen Blick auf den Bagman zu erhaschen, der sich Linklater genannt hatte.

KAPITEL X
Die Vorteile eines Luftangriffs

Der Zug hatte schreckliche Verspätung. Es war um acht Uhr siebenundzwanzig fällig, aber als wir St. Pancras erreichten, war es schon fast zehn. Ich hatte beschlossen, direkt zu meinen Zimmern in Westminster zu gehen und unterwegs eine Mütze und eine wasserdichte Mütze zu kaufen, um meine Uniform zu verbergen, falls bei meiner Ankunft jemand in der Nähe meiner Tür sein sollte. Dann würde ich Blenkiron anrufen und ihm alle meine Abenteuer erzählen. Ich frühstückte in einem Café, ließ meinen Rucksack und mein Gewehr in der Garderobe und ging hinaus in den klaren, sonnigen Morgen.

Ich war sehr zufrieden mit mir. Wenn ich auf meine verrückte Reise zurückblicke, schien es mir, als hätte ich eine unglaubliche Glückssträhne gehabt und auch Anspruch auf ein wenig Kredit. Ich sagte mir, dass Beharrlichkeit sich immer auszahlt und dass niemand geschlagen wird, bis er tot ist. Alle Anweisungen Blenkirons waren gewissenhaft befolgt worden. Ich hatte Iverys Postamt gefunden. Ich hatte die Linien unserer eigenen Spezialkommunikation mit dem Feind festgelegt und, soweit ich sehen konnte, keine Spur hinterlassen. Ivery und Gresson hielten mich für einen wohlmeinenden Trottel. Es stimmte, dass ich bei der schottischen Polizei tiefes Misstrauen geweckt hatte. Aber das spielte keine Rolle, denn Cornelius Brand, der Verdächtige, würde bald verschwinden, und es gab nichts gegen den aufstrebenden Soldaten, Brigadegeneral Richard Hannay, der sich bald auf den Weg nach Frankreich machen würde. Immerhin war diese Dienstleistung gar nicht so unangenehm gewesen. Ich lachte, als ich an meine düsteren Vorahnungen in Gloucestershire dachte. Bullivant hatte gesagt, dass es auf lange Sicht verdammt riskant sein würde, aber hier war das Ende und ich war noch nie in der Gefahr gewesen, etwas Schlimmeres zu begehen, als mich lächerlich zu machen.

Ich erinnere mich, dass ich auf meinem Weg durch Bloomsbury nicht so sehr an meinen triumphalen Bericht an Blenkiron dachte, sondern an meine baldige Rückkehr an die Front. Bald würde ich wieder bei meiner geliebten Brigade sein. Ich hatte Messines und den ersten Teil des Dritten Yperns verpasst, aber der Kampf ging noch weiter und ich hatte noch eine Chance. Es könnte sein, dass ich eine Teilung bekomme, denn darüber war schon vor meiner Abreise die Rede gewesen. Ich wusste, dass der Armeekommandeur viel von mir hielt. Aber im Großen und Ganzen hoffte ich, dass ich bei der Brigade bleiben würde. Schließlich war ich ein Amateursoldat und war mir meiner Kräfte bei einem größeren Kommando nicht sicher.

In der Charing Cross Road dachte ich an Mary, und die Brigade erschien mir plötzlich weniger attraktiv. Ich hoffte, dass der Krieg nicht mehr lange dauern würde, obwohl ich nicht wusste, wie er bald aufhören würde, da Russland direkt auf den Teufel zusteuerte. Ich war fest entschlossen, Mary zu sehen, bevor ich ging, und ich hatte eine gute Ausrede, denn ich hatte meine Befehle von ihr entgegengenommen. Die Aussicht faszinierte mich und ich schwelgte in einem glücklichen Traum, als ich heftig mit einem aufgeregten Bürger zusammenstieß.

Dann wurde mir klar, dass etwas sehr Seltsames passierte.

Es gab ein dumpfes Geräusch, das an das Knallen der Korken flacher Limonadenflaschen erinnerte. Auch von weit oben am Himmel war ein Summen zu hören. Die Menschen auf der Straße starrten entweder in den Himmel oder rannten wild um Schutz. Ein Autobus vor mir leerte seinen Inhalt im Handumdrehen; Ein Taxi hielt mit einem Glas vor, und der Fahrer und der Fahrgast sprangen in einen Antiquariatsladen. Es dauerte ein oder zwei Augenblicke, bis mir die Bedeutung des Ganzen klar wurde, und kaum hatte ich das geschafft, bekam ich einen sehr praktischen Beweis. Hundert Meter entfernt fiel eine Bombe auf eine Straßeninsel, ließ in einem weiten Umkreis jede Fensterscheibe zersplittern und ließ Steinsplitter um meinen Kopf fliegen. Ich tat, was ich an der Front schon hundert Mal zuvor getan hatte, und ließ mich flach aufs Gesicht fallen.

Der Mann, der sagt, dass es ihm nichts ausmacht, bombardiert oder beschossen zu werden, ist entweder ein Lügner oder ein Wahnsinniger. Dieser Londoner Luftangriff schien mir eine äußerst unangenehme Angelegenheit zu sein. Ich denke, es war der Anblick des anständigen zivilisierten Lebens um einen herum und der geordneten Straßen, denn was in einem Trümmerhaufen wie Ypern oder Arras völlig natürlich war, schien hier ein Skandal zu sein. Ich erinnere mich, dass ich einmal in einem Dorf in Flandern einquartiert war, wo ich das Haus des Maires hatte und in einem mit geschnittenem Samt gepolsterten Raum saß, mit Wachsblumen auf dem Kaminsims und Ölgemälden von drei Generationen an den Wänden. Der Boche hatte es sich in den Kopf gesetzt, den Ort mit einem Marinegeschütz mit großer Reichweite zu beschießen, und ich verabscheute es einfach. Es war schrecklich, wenn Staub und Splitter in dieses gemütliche, gemütliche Zimmer geweht wurden, während ich, wenn ich in einer zerstörten Scheune gewesen wäre, nicht darüber nachgedacht hätte. Ebenso erschienen Bombenabwürfe im Zentrum Londons als groteske Unanständigkeit. Ich hasste es, pummelige Bürger mit wilden Augen zu sehen, Kindermädchen mit verängstigten Kindern und elende Frauen, die wie Kaninchen in einem Gehege herumliefen.

Das Dröhnen wurde lauter, und als ich nach oben schaute, konnte ich sehen, wie die feindlichen Flugzeuge in einer wunderschönen Formation flogen, sehr gemächlich, wie es schien, und ganz London ihrer Gnade ausgeliefert. Eine weitere Bombe fiel nach rechts, und plötzlich prasselten Splitter unserer eigenen Splitter heftig um mich herum. Ich hielt es für an der Zeit, in Deckung zu gehen, und rannte schamlos zum besten Ort, den ich sehen konnte, nämlich einer U-Bahn-Station. Fünf Minuten zuvor war die Straße überfüllt; Jetzt ließ ich eine Wüste mit einem Bus und drei leeren Taxis hinter mir.

Ich fand den Eingang zur U-Bahn voller aufgeregter Menschlichkeit. Eine beleibte Dame war ohnmächtig geworden und eine Krankenschwester war hysterisch geworden, aber im Großen und Ganzen benahmen sich die Leute gut. Seltsamerweise schienen sie nicht geneigt zu sein, die Treppe hinunter in die vollkommene Sicherheit des Untergrunds zu gehen; aber sie sammelten sich lieber dort, wo sie noch einen Blick auf die Oberwelt erhaschen konnten, als wären sie hin- und hergerissen zwischen Angst um ihr Leben und Interesse an dem Spektakel. Dieses Publikum verlieh mir großen Respekt vor meinen Landsleuten. Aber mehrere waren stark verunsichert, und ein Mann, der etwas weiter weg war und ihm den Rücken zuwandte, zuckte ständig mit den Schultern, als hätte er Koliken.

Ich beobachtete ihn neugierig, und eine Bewegung der Menge brachte sein Gesicht ins Profil. Dann keuchte ich vor Erstaunen, denn ich sah, dass es Ivery war.

Und doch war es nicht Ivery. Es gab die vertrauten, unscheinbaren Züge, die Eintönigkeit, die Fülle, aber sozusagen alles in Trümmern. Der Mann war völlig außer sich. Seine Gesichtszüge schienen vor meinen Augen dünner zu werden. Er wurde schärfer, feiner, in gewisser Weise jünger, ein Mann ohne Selbstbeherrschung, ein formloses Geschöpf im Prozess der Verwandlung. Er wurde auf seine Rudimente reduziert. Unter dem Bann der Panik wurde er zu einem neuen Mann.

Und das Verrückte war, dass ich den neuen Mann besser kannte als den alten.

Meine Hände wurden von der Menge eng an meine Seiten geklemmt; Ich konnte meinen Kopf kaum drehen, und es war nicht die Gelegenheit für die Nachbarn, den Gesichtsausdruck eines Menschen zu beobachten. Wenn es so gewesen wäre, müsste es sich bei mir um ein Arbeitszimmer gehandelt haben. Meine Gedanken waren weit weg von Luftangriffen, damals im heißen Sommerwetter von 1914. Ich sah eine Reihe von Villen auf einer Landzunge über dem Meer. Im Garten eines davon spielten zwei Männer Tennis, während ich hinter einem angrenzenden Busch hockte. Einer davon war ein rundlicher junger Mann, der einen bunten Schal um die Taille trug und von Golf-Handicaps plapperte ... Ich sah ihn wieder im Esszimmer der

Villa, er trug einen Smoking und lispelte ein wenig ... Ich saß ihm gegenüber
an der Brücke und sah, wie ihn zwei von Macgillivrays Männern festhielten,
als sein Kamerad die neununddreißig Stufen hinaufgelaufen war, die zum
Meer führten ... Ich sah auch das Wohnzimmer meiner alten Wohnung in
Portland Place und hörte die schnelle, besorgte Stimme des kleinen Scudder,
der über die drei Männer sprach, die er auf Erden am meisten fürchtete, von
denen einer in seiner Rede lispelte. Ich hatte geglaubt, dass alle drei längst
unter dem Rasen liegen würden ...

Er schaute nicht in meine Richtung und ich konnte sein Gesicht in Sicherheit
verschlingen. Es gab keinen Zweifel. Ich hatte ihn immer als den
großartigsten Schauspieler der Welt bezeichnet, denn hatte er nicht die Rolle
des Ersten Seelords gespielt und die täglichen Kollegen dieses Offiziers
getäuscht? Aber er konnte weit mehr als jeder menschliche Schauspieler,
denn er konnte eine neue Persönlichkeit und damit ein neues
Erscheinungsbild annehmen und fest in der Figur leben, als wäre er in ihr
geboren worden ... Mein Kopf war leer, und ich konnte nur blind nach
Schlussfolgerungen suchen ... Wie war er dem Tod eines Spions und Mörders
entkommen, denn ich hatte ihn zuletzt in den Händen der Justiz gesehen? ...
Natürlich kannte er mich von Anfang an Tag in Biggleswick ... Ich hatte
überlegt, mit ihm zu spielen, und er hatte sehr listig und verdammt mit mir
gespielt. In dieser schwitzenden Sardinenbüchse voller Flüchtlinge zitterte
ich vor Bitterkeit meines Kummers.

Und dann bemerkte ich, dass sein Gesicht mir zugewandt war, und ich
wusste, dass er mich erkannte. Mehr noch, ich wusste, dass er wusste, dass
ich ihn erkannt hatte – nicht als Ivery, sondern als diesen anderen Mann. In
seinen Augen erschien ein neugieriger Ausdruck des Verständnisses, der für
einen Moment seine Nervosität überwand.

Ich hatte genug Verstand, um zu erkennen, dass das den letzten Schliff gab.
Es wäre immer noch etwas los, wenn er glaubte, ich sei blind, aber wenn er
einmal glaubte, ich wüsste die Wahrheit, würde er durch unsere Maschen
durchdringen und wie ein Nebel verschwinden.

Mein erster Gedanke war, mich an ihn zu klammern und ihn anzugreifen
und alle aufzufordern, mir zu helfen, indem sie ihn als das anprangerten, was
er war. Dann sah ich, dass das unmöglich war. Ich war ein Privatsoldat in
einer geliehenen Uniform, und er konnte die Geschichte leicht gegen mich
wenden. Ich muss sicherere Waffen benutzen. Ich muss zu Bullivant und
Macgillivray und ihre große Maschine in Gang setzen. Vor allem muss ich
nach Blenkiron gelangen.

Ich fing an, mich aus diesem Drang zu befreien, denn Luftangriffe schienen
mir jetzt viel zu trivial, als dass ich darüber nachdenken konnte. Außerdem
hatten die Waffen aufgehört, aber die menschliche Natur ist so schafhaft,

dass die Menge immer noch zusammenhielt, und ich brauchte gut fünfzehn Minuten, um mich auf den Weg ins Freie zu machen. Ich stellte fest, dass der Ärger vorüber war und die Straße wieder ihr gewohntes Aussehen angenommen hatte. Busse und Taxis fuhren, und geschwätzige Gruppen von Menschen erzählten von ihren Erlebnissen. Ich machte mich auf den Weg zu Blenkirons Buchhandlung, dem nächstgelegenen Zufluchtshafen.

Aber am Piccadilly Circus wurde ich von einem Militärpolizisten angehalten. Er fragte mich nach meinem Namen und meinem Bataillon, und ich gab sie ihm, während sein misstrauischer Blick über meine Gestalt musterte. Ich hatte weder Rucksack noch Gewehr, und der Andrang in der U-Bahn-Station hatte mein Aussehen nicht verbessert. Ich erklärte ihm, dass ich am Abend nach Frankreich zurückkehren würde, und er verlangte meinen Haftbefehl. Ich glaube, meine Beschäftigung hat mich nervös gemacht und ich habe schlecht gelogen. Ich sagte, ich hätte es bei meiner Ausrüstung im Haus meiner verheirateten Schwester gelassen, aber ich habe bei der Angabe der Adresse gestolpert. Ich konnte sehen, dass der Kerl kein Wort davon glaubte.

In diesem Moment kam ein APM. Er war ein pompöser Unterstand, sehr prächtig in seinen roten Streifen und wahrscheinlich wütend, weil er gerade unter Beschuss gestanden hatte. Auf jeden Fall war er bestrebt, den strengen Weg der Pflicht zu gehen.

„Tomkins!" er sagte. „Tomkins! Wir haben einen Kerl mit diesem Namen in unseren Unterlagen. Bring ihn mit, Wilson."

„Aber, Sir", sagte ich, „ich muss – ich muss einfach meinen Freund treffen." Es ist eine dringende Angelegenheit, und ich versichere Ihnen, mir geht es gut. Wenn Sie mir nicht glauben, nehme ich ein Taxi und wir fahren zu Scotland Yard, und ich stehe zu dem, was sie sagen."

Seine Stirn wurde dunkel vor Zorn. „Was ist das für ein höllischer Unsinn? Scotland Yard! Was zum Teufel hat Scotland Yard damit zu tun? Du bist ein Betrüger. Ich kann es in deinem Gesicht sehen. Ich rufe Ihr Depot an und Sie landen in ein paar Stunden im Gefängnis. Ich erkenne einen Deserteur, wenn ich ihn sehe. Bring ihn mit, Wilson. Du weißt, was zu tun ist, wenn er versucht abzuhauen."

Ich dachte kurz darüber nach, mich zu lösen, kam aber zu dem Schluss, dass die Chancen zu groß für mich waren. Wütend vor Ungeduld folgte ich dem APM zu seinem Büro im ersten Stock in einer Seitenstraße. Die kostbaren Minuten vergingen; Ivery, jetzt gründlich gewarnt, gelang die Flucht; und ich, der einzige Träger eines tödlichen Geheimnisses, stapfte in dieser absurden Prozession mit.

Die APM erteilte seine Befehle. Er gab die Anweisung, mein Depot anzurufen, und befahl Wilson, mich in den Wachraum zu bringen, den er nannte. Er setzte sich an seinen Schreibtisch und beschäftigte sich mit einer Menge Buff-Akten.

In meiner Verzweiflung erneuerte ich meinen Einspruch. „Ich flehe Sie an, Herrn Macgillivray von Scotland Yard anzurufen. Es geht um Leben und Tod, Sir. Wenn Sie es nicht tun, übernehmen Sie eine sehr große Verantwortung."

Ich hatte seine brüchige Würde hoffnungslos verletzt. „Noch mehr von deiner Unverschämtheit und ich lasse dich in Fesseln legen. Ich werde mich früh genug um Sie kümmern, damit Sie sich wohlfühlen. Raus hier, bis ich nach dir schicke."

Als ich sein dummes, gereiztes Gesicht betrachtete, wurde mir klar, dass ich ziemlich dagegen war. Abgesehen von Angriffen und Angriffen auf alle, denen ich mich unterwerfen musste. Ich salutierte respektvoll und wurde weggeführt.

Die Stunden, die ich in diesem kahlen Vorraum verbrachte, sind für mich wie ein Albtraum. Ein Sergeant war an einem Schreibtisch mit weiteren Buff-Akten beschäftigt, und ein Pfleger wartete auf einem Hocker neben einem Telefon. Ich schaute auf meine Uhr und stellte fest, dass es ein Uhr war. Bald verkündete das Zuschlagen einer Tür, dass die APM zum Mittagessen gegangen war. Ich habe versucht, mit dem dicken Sergeant zu sprechen, aber er hat mich sehr bald zum Schweigen gebracht. Also saß ich zusammengekauert auf der Holzform und kaute den Keim meines Ärgers ab.

Ich dachte mit Bitterkeit an die Befriedigung, die mich am Morgen erfüllt hatte. Ich hatte mich für den Teufel eines guten Kerls gehalten und war nicht mehr als ein Trottel gewesen. Die Abenteuer der vergangenen Tage schienen nur kindisch zu sein. Ich hatte über halb Großbritannien Lügen erzählt und Kapriolen gemacht, weil ich dachte, ich würde ein hinterhältiges Spiel spielen, und mich nur wie ein Schuljunge benommen haben. Bei solchen Gelegenheiten ist ein Mann selten nur für sich, und die Intensität meiner Selbsterniedrigung hätte meinen schlimmsten Feind zufrieden gestellt. Es tröstete mich nicht, dass die Sinnlosigkeit des Ganzen nicht meine Schuld war. Ich suchte nach Ausreden. Es waren die Tatsachen, die gegen mich schrien, und aufgrund dieser Tatsachen war ich ein idiotischer Versager gewesen.

Denn natürlich hatte Ivery mit mir gespielt, seit dem ersten Tag in Biggleswick. Er hatte meinen Reden applaudiert, mir geschmeichelt und mir geraten, zum Clyde zu gehen, wobei er mich die ganze Zeit ausgelacht hatte.

Auch Gresson hatte es gewusst. Jetzt habe ich alles gesehen. Er hatte versucht, mich zwischen Colonsay und Mull zu ertränken. Es war Gresson, der in Morvern die Polizei gegen mich angesetzt hatte. Der Bagger Linklater war eine von Gressons Kreaturen gewesen. Der einzige dürftige Trost war, dass die Bande mich für gefährlich genug gehalten hatte, einen Mordversuch an mir zu unternehmen, und dass sie nichts über meine Machenschaften in Skye wussten. Davon war ich überzeugt. Sie hatten mich notiert, aber mehrere Tage lang war ich völlig aus ihrer Obhut verschwunden.

Als ich alle Vorfälle durchging, fragte ich, ob schon alles verloren sei. Es war mir nicht gelungen, Ivery zu täuschen, aber ich hatte sein Postamt herausgefunden, und wenn er nur glauben würde, ich hätte ihn nicht für den Schurken des Schwarzen Steins erkannt, würde er in seinen alten Gewohnheiten weitermachen und Blenkiron in die Hände spielen. Ja, aber ich hatte ihn sozusagen unbekleidet gesehen, und er wusste, dass ich ihn so gesehen hatte. Das Einzige, was jetzt noch zu tun war, war, ihn zu fesseln, bevor er das Land verließ, denn es gab genügend Beweise, um ihn festzuhalten. Das Gesetz muss seinen langen Arm ausstrecken und ihn, Gresson und den portugiesischen Juden einsammeln, sie vor ein Kriegsgericht stellen und sie anständig in den Untergrund stecken.

Aber er hatte jetzt mehr als eine Stunde Vorwarnung erhalten, und ich war im Büro dieses verdammten APM mit Bürokratie beschäftigt. Der Gedanke machte mich wahnsinnig, ich stand auf und lief auf und ab. Ich sah, wie sich der Pfleger mit ziemlich verängstigtem Gesicht darauf vorbereitete, die Klingel zu drücken, und bemerkte, dass der dicke Sergeant zum Mittagessen gegangen war.

„Sag mal, Kumpel", sagte ich, „fühlst du dich nicht geneigt, einem armen Kerl etwas Gutes zu tun?" Ich weiß, dass ich dafür bin, und ich werde meine Medizin wie ein Lamm nehmen. Aber ich möchte unbedingt einen Anruf durchstellen."

„Das ist nicht erlaubt", war die Antwort. „Von dem alten Mann würde ich mich freuen."

„Aber er ist ausgegangen", drängte ich. „Ich möchte nicht, dass du etwas falsch machst, Kumpel. Ich überlasse dir das Reden, wenn du nur meine Nachricht schickst. Ich habe reichlich Geld und es macht mir nichts aus, dir für den Job ein Pfund zu geben."

Er war ein schmaler kleiner Mann mit einem schwachen Kinn und er schwankte offensichtlich.

„Möchtest du mit uns reden?" er hat gefragt.

„Scotland Yard", sagte ich, „das Zuhause der Polizei. Gott segne dich, das kann nicht schaden. Sie müssen nur Scotland Yard anrufen – ich gebe Ihnen die Nummer – und Mr. Macgillivray die Nachricht überbringen. Er ist der größte Mistkerl aller Bobbys."

„Das klingt einigermaßen in Ordnung", sagte er. „Der alte Mann wird erst in einer halben Stunde zurück sein, und der Sergeant auch nicht. Aber lass uns mal sehen, wie viel Geld du dafür brauchst."

Ich legte eine Pfundnote auf das Formular neben mir. „Es gehört dir, Kumpel, wenn du zu Scotland Yard durchkommst und mir sagst, was ich dir geben werde."

Er ging zum Instrument. „Was willst du dem Kerl mit dem langen Namen sagen?"

„Angenommen, Richard Hannay wird im Büro der APM in der Claxton Street festgehalten. Sagen Sie, er hat wichtige Neuigkeiten – sagen Sie dringende und geheime Neuigkeiten – und bitten Sie Herrn Macgillivray, sofort etwas dagegen zu unternehmen."

„Aber ‚Annay' ist nicht der Name, den du gegeben hast."

„Herr segne dich, nein. Haben Sie noch nie von einem Mann gehört, der sich einen anderen Namen ausleiht? Jedenfalls ist es das, was du mir geben möchtest."

„Aber wenn dieser Mac-Mann hier vorbeikommt, werden sie wissen, dass er angerufen hat, und ich werde den alten Mann auf mich loslassen."

Es dauerte zehn Minuten und eine zweite Pfundnote, um diese Hürde zu überwinden. Nach und nach nahm er seinen Mut zusammen und wählte die Nummer. Ich hörte mit einiger Nervosität zu, während er meine Botschaft überbrachte – er musste sie zweimal wiederholen – und wartete gespannt auf die nächsten Worte.

„Nein, Sir", hörte ich ihn sagen, „wir wollen nicht, dass Sie hier vorbeikommen." „Er denkt als ‚wie – ich meine, ‚er will …"

Ich machte einen großen Schritt und nahm ihm den Hörer ab.

„Macgillivray", sagte ich, „bist du das? Richard Hannay! Um Himmels willen, kommen Sie sofort hierher und befreien Sie mich aus den Fängen eines albernen APM. Ich habe die tödlichsten Neuigkeiten. Es gibt keine Sekunde zu verschwenden. Um Gottes willen, komm schnell!" Dann fügte ich hinzu: „Sag deinen Kameraden einfach, sie sollen Ivery sofort einsammeln. Du kennst seine Verstecke."

Ich legte den Hörer auf und stand einem blassen und empörten Pfleger gegenüber. „Es ist alles in Ordnung", sagte ich. „Ich verspreche Ihnen, dass Sie meinetwegen keinen Ärger bekommen werden. Und da sind deine zwei Pfund."

Die Tür im Nebenzimmer öffnete und schloss sich. Der APM war vom Mittagessen zurückgekehrt...

Zehn Minuten später öffnete sich die Tür erneut. Ich hörte Macgillivrays Stimme, und sie war nicht in sanften Tönen gehalten. Er war mit kleineren Beamten zusammengestoßen und machte sich damit einen Namen.

Ich war wieder mein eigener Herr, also verzichtete ich auf die Gesellschaft des Pflegers. Ich traf einen äußerst verunsicherten Offizier, der versuchte, ein paar Fetzen seiner Würde zu retten, und die beeindruckende Gestalt von Macgillivray, die ihm Manieren beibrachte.

„Freut mich, dich zu sehen, Dick", sagte er. „Das ist General Hannay, Sir. Es mag Sie trösten zu wissen, dass Ihre Torheit möglicherweise den Unterschied zwischen Sieg und Niederlage Ihres Landes ausgemacht hat. Ich werde Ihren Vorgesetzten ein Wort sagen."

Es war kaum fair. Ich musste ein Wort für den alten Kerl einlegen, dessen rote Lappen plötzlich schmuddelig geworden zu sein schienen.

„Es war meine Schuld, dieses Trikot zu tragen. Wir nennen es ein Missverständnis und vergessen es. Aber ich würde vorschlagen, dass die Höflichkeit nicht einmal gegenüber einem armen Teufel von einem säumigen Privatsoldaten verschwendet wird."

Als ich in Macgillivrays Auto saß, erzählte ich ihm meine Geschichte. „Sag mir, es ist ein Albtraum", rief ich. „Sagen Sie mir, dass die drei Männer, die wir auf dem Ruff versammelt haben, vor langer Zeit erschossen wurden."

„Zwei", antwortete er, „aber einer ist entkommen." Der Himmel weiß, wie er es geschafft hat, aber er ist völlig aus der Welt verschwunden."

„Der Dicke, der in seiner Rede lispelte?"

Macgillivray nickte.

„Nun, dieses Mal sind wir dabei. Haben Sie Weisungen erteilt?"

"Ja. Mit etwas Glück haben wir ihn innerhalb einer Stunde in den Händen. Wir haben alle seine Lieblingsorte im Visier."

„Aber zwei Stunden Anfang! Das ist ein großes Handicap, denn man hat es mit einem Genie zu tun."

„Dennoch denke ich, dass wir es schaffen können. Wohin geht Ihr Ziel?"

Ich erzählte ihm von meinen Zimmern in Westminster und dann von meiner alten Wohnung in Park Lane. „Der Tag der Verkleidungen ist vorbei. In einer halben Stunde werde ich Richard Hannay sein. Es wird ein Trost sein, wieder die Uniform anzuziehen. Dann werde ich nach Blenkiron suchen."

Er grinste. „Ich nehme an, Sie hatten eine turbulente Zeit. Wir haben viele besorgte Nachrichten aus dem Norden über einen gewissen Herrn Brand erhalten. Ich konnte unsere Männer nicht entmutigen, weil ich befürchtete, dass es Ihnen das Spiel verderben könnte. Ich habe gehört, dass sie letzte Nacht in Bradfield den Kontakt zu Ihnen verloren haben, also habe ich eher damit gerechnet, Sie heute hier zu sehen. Effiziente Truppe der schottischen Polizei."

„Vor allem, wenn sie verschiedene begeisterte Hobbyhelfer haben."

"Also?" er sagte. "Ja natürlich. Sie hätten. Aber ich hoffe, Ihnen jetzt zum Erfolg Ihrer Mission gratulieren zu können."

„Ich wette, dass du das nicht tust", sagte ich.

„Ich wette nie auf ein berufliches Thema. Warum dieser Pessimismus?"

„Nur, dass ich unseren Herrn besser kenne als Sie. Ich habe zweimal gegen ihn gespielt. Er gehört zu den Bösewichten, die nicht aufhören, Unruhe zu stiften, bis sie tot sind. Und selbst dann würde ich gerne zusehen, wie der Körper eingeäschert wird, und die Asche mitten ins Meer bringen und verstreuen. Ich habe das Gefühl, dass er das Größte ist, was Sie oder ich jemals in Angriff nehmen werden."

KAPITEL XI
Das Tal der Demütigung

Ich holte etwas Gepäck und einen Stapel neu angekommener Briefe aus meinen Zimmern in Westminster ab und nahm ein Taxi zu meiner Wohnung in Park Lane. Normalerweise war ich mit einem großen Gefühl der Behaglichkeit an diesen alten Ort zurückgekehrt, wie ein Schuljunge, der zu Hause in seinem Zimmer umherstreift und seine Schätze untersucht. Früher sah ich gern meine Jagdtrophäen an der Wand und versank in meinen eigenen Sesseln. Aber jetzt hatte ich keine Freude mehr an der Sache. Ich nahm ein Bad und zog mir die Uniform an, wodurch ich mich kampfbereiter fühlte. Aber ich litt unter der festen Überzeugung, völlig versagt zu haben, und hatte keinen Anteil an Macgillivrays Optimismus. Die Ehrfurcht, mit der mich die Black-Stone-Bande vor drei Jahren erfüllt hatte, war tausendfach wiederbelebt. Persönliche Demütigung war der geringste Teil meiner Probleme. Was mich beunruhigte, war das Gefühl, gegen etwas unmenschlich Furchtbares, Weises und Starkes anzutreten. Ich glaubte, ich wäre bereit, eine Niederlage hinzunehmen und das Spiel zu vermasseln.

Unter den ungeöffneten Briefen befand sich einer von Peter, ein sehr umfangreicher Brief, den ich in aller Ruhe las. Es war ein merkwürdiger Brief, bei weitem der längste, den er mir jemals geschrieben hatte, und sein Umfang ließ mich seine Einsamkeit verstehen. Er befand sich immer noch in seinem deutschen Gefangenenlager, rechnete aber jeden Tag damit, in die Schweiz zu gehen. Er sagte, er könne nach England oder Südafrika zurückkehren, wenn er wollte, denn ihnen sei klar, dass er nie wieder ein Kämpfer sein könne; aber er dachte, es sei besser, in der Schweiz zu bleiben, denn in England würde es ihm nicht gut gehen, wenn alle seine Freunde kämpfen würden. Wie üblich beschwerte er sich nicht und schien für seine kleinen Gnaden sehr dankbar zu sein. Es gab einen Arzt, der freundlich zu ihm war, und einige gute Leute unter den Gefangenen.

Aber Petrus' Brief bestand hauptsächlich aus Überlegungen. Er war schon immer ein gewisser Philosoph gewesen, und jetzt, in seiner Isolation, hatte er begonnen, intensiv nachzudenken und mir die Ergebnisse auf dünnen Papierseiten in seiner unbeholfenen Handschrift mitzuteilen. Ich konnte zwischen den Zeilen lesen, dass er einen heftigen Kampf mit sich selbst hatte. Er versuchte, seinen Mut angesichts der schlimmsten Prüfung, der er sich stellen konnte, aufrechtzuerhalten – einem verkrüppelten Alter. Er hatte schon immer viel über die Bibel gewusst, und diese und der *Pilgerweg* waren seine wichtigsten Denkhilfen. Beides nahm er ganz wörtlich, als handele es sich um Zeitungsberichte über tatsächliche aktuelle Ereignisse.

Er erwähnte, dass er nach langem Nachdenken zu dem Schluss gekommen sei, dass die drei größten Männer, von denen er je gehört oder die er je getroffen habe, Mr. Valiant-for-Truth, der Apostel Paulus und ein gewisser Billy Strang seien, der 1992 mit ihm in Mashonaland gewesen sei . Billy, von dem ich alles wusste; Er war Peters Held und Anführer gewesen, bis ihn ein Löwe am Blaauwberg erwischte. Ich glaube, Peter bevorzugte Valiant-for-Truth gegenüber Mr. Greatheart wegen seiner überlegenen Aufsässigkeit, denn da er selbst sehr sanft war, liebte er einen mutigen Redner. Danach verfiel er in eine Phase der Selbstprüfung. Er bedauerte, dass er keinem der drei Punkte weit hinterherhinkte. Er dachte, dass er mit etwas Glück Mr. Standfast ähneln könnte, denn wie er hatte er keine großen Probleme, wach zu bleiben, war außerdem „arm wie ein Heuler" und machte sich nichts aus Frauen. Er hoffte nur, dass er es ihm gleichtun könnte, indem er ein gutes Ende herbeiführte.

Dann folgten einige Bemerkungen von Peter zum Thema Mut, die mir in diesem Londoner Zimmer einfielen, als ob sie von seiner lebendigen Stimme gesprochen würden. Ich habe noch nie jemanden gekannt, der so mutig war, so mutig instinktiv, oder jemanden, der es so sehr hasste, wenn man ihm das sagte. Es war fast das Einzige, was ihn wütend machen konnte. Sein ganzes Leben lang hatte er dem Tod gegenübergestanden, und das Eingehen von Risiken erschien ihm so selbstverständlich, wie morgens aufzustehen und zu frühstücken. Aber er hatte begonnen, über genau das nachzudenken, was er zuvor für selbstverständlich gehalten hatte, und hier ist ein Auszug aus seinen Schlussfolgerungen. Ich paraphrasiere ihn, denn er war nicht grammatikalisch.

Es ist leicht genug, mutig zu sein, wenn man sich gut fühlt und Nahrung in sich trägt. Und es ist nicht so schwierig, selbst wenn man nichts zu essen hat und schäbig ist, denn das macht einen geneigt, zu spielen. Ich meine damit, mutig zu sein und das Spiel nach den richtigen Regeln zu spielen, ohne sich Sorgen zu machen, dass man höchstwahrscheinlich auf den Kopf geschlagen wird. Es ist der klügste Weg, Ihre Haut zu retten. Es lohnt sich nicht, an den Tod zu denken, wenn man einem angreifenden Löwen gegenübersteht oder versucht, viele Wilde zu bluffen. Wenn Sie darüber nachdenken, werden Sie es verstehen; Wenn Sie dies nicht tun, ist die Wahrscheinlichkeit groß, dass Sie es nicht tun werden. Diese Art von Mut setzt nur gute Nerven und Erfahrung voraus. Der meiste Mut ist Erfahrung. Die meisten Menschen haben ein wenig Angst vor neuen Dingen ...

Sie möchten ein größeres Herz haben, um sich der Gefahr zu stellen, nach der Sie suchen und die Ihnen im normalen Geschäftsleben nicht begegnet. Trotzdem ist das so ziemlich das Gleiche: gute Nerven und gute Gesundheit und eine natürliche Vorliebe für Rudern. Du siehst, Dick, das ganze Spiel macht jede Menge Spaß. Es gibt Aufregung und Spaß daran, Ihren Verstand und Ihre Fähigkeiten einzusetzen, und Sie wissen, dass die schlechten Seiten nicht lange anhalten können. Als Arcoll mich zu Makapans Kraal schickte, gefiel mir der Job überhaupt nicht, aber im schlimmsten Fall bestand er aus drei Teilen, und ich war so aufgeregt, dass ich nie an das Risiko dachte, bis er vorbei war ...

Aber der große Mut ist der kaltblütige Typ, der nie loslässt, selbst wenn man sich innerlich leer fühlt, das Blut dünn ist, man keinen Spaß oder Gewinn hat und der Ärger noch lange nicht vorbei ist ein oder zwei Stunden, dauert aber Monate und Jahre. Einer der Männer hier sprach über diese Art und nannte sie „Fortitude". Meiner Meinung nach ist Standhaftigkeit das Größte, was ein Mann haben kann — einfach weiterzumachen, wenn einem der Mut und das Herz fehlen. Billy hatte es in sich, als er mit Fieber und einem gebrochenen Arm einsam von Garungoze zum Limpopo wanderte, nur um den Portugiesen zu zeigen, dass er sich von ihnen nicht überwältigen ließ. Aber der Hauptmann bei dieser Aufgabe war der Apostel Paulus ...

Petrus schrieb zu seinem eigenen Trost, denn jetzt war ihm nur noch Standhaftigkeit übrig. Aber seine Worte trafen mich ziemlich direkt und ich las sie immer wieder, denn ich brauchte die Lektion. Hier verlor ich den Mut, nur weil ich in der ersten Runde gescheitert war und mein Stolz einen Schlag erlitten hatte. Ich schämte mich ehrlich gesagt, und das machte mich zu einem viel glücklicheren Menschen. Von einer Aufgabe des Unternehmens konnte nicht die Rede sein, ganz gleich, wie schwierig es auch sein mochte. Ich hatte das seltsame religiöse Gefühl, dass die Schicksale von Ivery und mir miteinander verknüpft waren und dass kein Wille von mir uns auseinanderhalten konnte. Ich hatte vor dem Krieg gegen ihn angetreten und gewonnen; Ich war ihm erneut gegenübergetreten und hatte verloren; Beim dritten oder zwanzigsten Mal würden wir eine endgültige Entscheidung treffen. Die ganze Sache war mir bisher ein wenig unwirklich vorgekommen, jedenfalls meine eigene Verbindung dazu. Ich hatte Befehlen fügsam gehorcht, aber mein wahres Ich stand abseits und beobachtete mein Tun mit einer gewissen Zurückhaltung. Aber diese Stunde in der U-Bahn hatte mich ins Serum gebracht, und ich sah die Angelegenheit nicht als die von Bullivant oder Blenkiron, sondern als meine eigene. Vorher hatte es mich gezehnt, wieder an die Front zu kommen; Jetzt wollte ich Iverys Spur verfolgen, die mich allerdings durch die Untergrube führen sollte. Peter hatte recht; Standhaftigkeit war das, was ein Mann besitzen musste, wenn er seine Seele retten wollte.

Die Stunden vergingen, und wie ich erwartet hatte, kam keine Nachricht von Macgillivray. Um sieben Uhr ließ ich mir etwas zum Abendessen hochschicken, und gegen acht dachte ich darüber nach, bei Blenkiron nachzuschauen. In diesem Moment kam ein Anruf, in dem ich gebeten wurde, zu Sir Walter Bullivants Haus in Queen Anne's Gate zu gehen.

Zehn Minuten später klingelte ich, und die Tür wurde mir von demselben teilnahmslosen Butler geöffnet, der mich an jenem berühmten Abend vor drei Jahren eingelassen hatte. In der angenehm grüngetäfelten Halle hatte sich nichts verändert; der Alkoven war derselbe wie damals, als ich von dort aus den Weggang des Mannes beobachtet hatte, der sich jetzt Ivery nannte; Das Telefonbuch lag genau an der Stelle, aus der ich es gerissen hatte, um den Ersten Seelord anzurufen. Und im Hinterzimmer, wo an diesem Abend fünf besorgte Beamte beraten hatten, fand ich Sir Walter und Blenkiron.

Beide sahen besorgt aus, der Amerikaner fiebrig. Er ging auf dem Kaminvorleger auf und ab und saugte an einer nicht angezündeten schwarzen Zigarre.

„Sag mal, Dick“, sagte er, „das ist ein schlechtes Geschäft.“ Es war nicht deine Schuld. Du hast es gut gemacht. Wir – Sir Walter und Mr. Macgillivray, ich – waren diejenigen, die aufgegeben haben.“

"Irgendwelche Neuigkeiten?" Ich fragte.

„Bisher ist das Cover leer“, antwortete Sir Walter. „Es war Teufelswerk, dass unser Freund heute in deine Richtung schaute. Bist du dir ziemlich sicher, dass er gesehen hat, dass du ihn erkannt hast?“

"Absolut. So sicher, dass er es wusste, habe ich ihn vor drei Jahren in Ihrer Halle erkannt, als er als Lord Alloa prahlte.“

„Nein“, sagte Blenkiron traurig, „dieses kleine Aufflackern des Erkennens ist genau das Einzige, worüber Sie sich nicht irren können.“ Land lebendig! Ich wünschte, Herr Macgillivray würde kommen.“

Es klingelte und die Tür öffnete sich, aber es war nicht Macgillivray. Es war ein junges Mädchen in einem weißen Ballkleid mit einem Strauß blauer Kornblumen an der Brust. Ihr Anblick riss Sir Walter so plötzlich aus seinem Stuhl, dass er seine Kaffeetasse umkippte.

„Mary, meine Liebe, wie hast du das geschafft? Ich habe dich erst im späten Zug erwartet.“

„Ich war in London, wissen Sie, und sie haben über Ihr Telegramm angerufen. Ich wohne bei Tante Doria und schneide ihre Theaterparty ab. Sie denkt, ich bin beim Shandwick's-Tanz, also brauche ich erst morgen früh nach Hause ... Guten Abend, General Hannay. Du hast die Schwierigkeit „Hügel“ überwunden.“

„Die nächste Stufe ist das Tal der Demütigung“, antwortete ich.

„So scheint es“, sagte sie ernst und saß ganz ruhig auf der Kante von Sir Walters Stuhl, ihre kleine, kühle Hand auf seiner.

Ich hatte sie mir in meiner Erinnerung als sehr jung und strahlend vorgestellt, als tanzendes, exquisites Kind. Aber jetzt habe ich das Bild überarbeitet. Die kristallklare Frische des Morgens war immer noch da, aber ich sah, wie tief das Wasser war. Es war ihre reine Feinheit und Stärke, die mich faszinierte. Ich fand sie nicht einmal hübsch, genauso wenig wie ein Mann an das gute Aussehen des Freundes denkt, den er verehrt.

Wir warteten, ohne ein Wort zu sprechen, bis Macgillivray kam. Der erste Blick in sein Gesicht verriet seine Geschichte.

"Gegangen?" fragte Blenkiron scharf. Die lethargische Ruhe des Mannes schien ihn völlig verlassen zu haben.

„Weg", wiederholte der Neuankömmling. „Wir haben ihn gerade aufgespürt. Oh, er hat es geschickt geschafft. In keinem seiner Verstecke gab es Anzeichen von Unruhe. Sein Abendessen wurde in Biggleswick bestellt und mehrere Leute wurden eingeladen, über das Wochenende bei ihm zu bleiben – einer davon war ein Regierungsmitglied. Für nächste Woche wurden zwei Treffen vereinbart, bei denen er sprechen sollte. Am frühen Nachmittag flog er als Passagier in einem der neuen Flugzeuge nach Frankreich. Er war seit Monaten mit den Leuten des Air Board verbunden – natürlich als ein anderer Mann mit einem anderen Gesicht. Miss Lamington hat das einfach zu spät entdeckt. Der Bus geriet aus der Spur und stürzte in der Normandie ab. Zu diesem Zeitpunkt ist unser Mann in Paris oder darüber hinaus."

Sir Walter nahm seine große Schildpattbrille ab und legte sie vorsichtig auf den Tisch.

„Rollen Sie die Karte Europas auf", sagte er. „Das ist unser Austerlitz. Mary, meine Liebe, ich fühle mich sehr alt."

Macgillivray hatte das scharfe Gesicht eines bitter enttäuschten Mannes. Blenkiron war sehr rot geworden und ich konnte sehen, dass er heftig vor sich hin lästerte. Marys Augen waren ruhig und ernst. Sie tätschelte weiterhin Sir Walters Hand. Das Gefühl einer bevorstehenden großen Katastrophe lastete schwer auf mir, und um den Bann zu brechen, fragte ich nach Einzelheiten.

„Sagen Sie mir einfach das Ausmaß des Schadens", fragte ich. „Unser cleverer Plan, die Boche zu täuschen, ist gescheitert. Das ist schlecht. Ein gefährlicher Spion ist außerhalb unserer Macht geraten. Das ist schlimmer. Sag mir, gibt es noch das Schlimmste? Wo liegt die Grenze des Unheils, das er anrichten kann?"

Sir Walter war aufgestanden und setzte sich zu Blenkiron auf den Kaminvorleger. Seine Brauen waren gerunzelt und sein Mund hart, als hätte er Schmerzen.

„Es gibt keine Grenze", sagte er. „Nichts, was ich sehen kann, außer der Langmut Gottes. Sie kennen den Mann als Ivery, und Sie kennen ihn als den anderen, von dem Sie glaubten, er sei an einem Sommermorgen angeschossen und anständig begraben worden. Das Zweite hattest du am tödlichsten zu fürchten – zumindest wenn nicht, hatte ich Angst. Du hast erkannt, dass wir Ivery fürchteten, und du wusstest genug über ihn, um seine teuflische Klugheit zu erkennen. Nun, Sie haben die beiden Männer in einem Mann vereint. Ivery war der beste Kopf, dem Macgillivray und ich je begegnet sind, der schlaueste, geduldigste und weitsichtigste. Kombinieren Sie ihn mit dem anderen, dem Chamäleon, das sich in seine Umgebung einfügen kann und so viele Persönlichkeiten hat, wie es Typen und Eigenschaften auf der Erde gibt. Was ist das für ein Feind, gegen den man kämpfen muss?“

„Ich gebe zu, es ist ein heikles Unterfangen. Aber wie viel Böses kann er schließlich anrichten? Der Aktivität selbst des klügsten Spions sind ziemlich strenge Grenzen gesetzt.“

"Ich stimme zu. Aber dieser Mann ist kein Spion, der ein paar elende Untergebene kauft und ein Dutzend private Briefe stiehlt. Er ist ein Genie, das Teil unseres englischen Lebens ist. Es gibt nichts, was er nicht gesehen hat. Er pflegte enge Beziehungen zu allen möglichen Politikern. Wir wissen das. Er tat es als Ivery. Sie mochten ihn sehr, denn er war klug und schmeichelte ihnen, und sie erzählten ihm Dinge. Aber Gott weiß, was er in seinen anderen Persönlichkeiten sah und hörte. Soweit ich weiß, hat er vielleicht mit Empfehlungsschreiben von Präsident Wilson in der Downing Street gefrühstückt oder als angesehener Neutraler die Grand Fleet besucht. Dann denken Sie an die Frauen; wie sie reden. Wir sind die undichteste Gesellschaft der Welt und wir schützen uns, indem wir gefährliche Menschen davon fernhalten. Wir vertrauen auf unser äußeres Sperrfeuer. Aber wer wirklich reingeschlüpft ist, hat eine Million Chancen. Und das ist, denken Sie daran, einer von zehn Millionen Menschen, ein Mann, dessen Gehirn keinen Moment schläft, der schnell die kleinste Andeutung aufnimmt, der aus einem Dutzend Gerüchten einen Plan zusammenstellen kann. Es ist, als ob der Chef des Geheimdienstes plötzlich zum Feind überlaufen würde ... Der gewöhnliche Spion kennt nur Bruchstücke unzusammenhängender Fakten. Dieser Mann kennt unser Leben und unsere Denkweise und alles über uns.“

„Nun, aber eine Abhandlung über das englische Leben in Kriegszeiten wird den Boche nicht viel nützen.“

Sir Walter schüttelte den Kopf. „Ist dir denn nicht klar, was für ein explosives Zeug hier lügt? Ich weiß genug, um die nächste deutsche Friedensoffensive wirklich tödlich zu machen – nicht die Patzer, die sie bisher war, sondern etwas, das unsere Schwachstellen auf den Punkt bringt. Er weiß genug, um unseren Feldzug zunichtezumachen. Und das Schlimmste ist, dass wir nicht genau wissen, was er weiß oder was er anstrebt. Dieser Krieg ist voller

Überraschungen. Beide Seiten kämpfen um den Vorsprung, den kleinen Bruchteil des Vorteils, und zwischen ebenbürtigen Gegnern ist es nur das zusätzliche Atom Vorwissen, das den Ausschlag gibt."

„Dann müssen wir uns abstoßen und ihm nachjagen", sagte ich fröhlich.

„Aber was wirst du tun?" fragte Macgillivray. „Wenn es nur darum ginge, eine Organisation zu zerstören, könnte man es schaffen, denn eine Organisation stellt eine große Front dar. Aber es geht darum, diesen einen Mann zu vernichten, und seine Front ist messerscharf. Wie wirst du ihn finden? Es ist, als würde man nach der Nadel im Heuhaufen suchen, und zwar nach einer solchen Nadel! Eine Nadel, die sich nach Belieben in ein Stück Strohhalm oder eine Dose verwandeln kann!"

„Trotzdem müssen wir es tun", sagte ich und erinnerte mich an die Lektion des alten Peter über Standhaftigkeit, obwohl ich nicht sagen kann, dass ich sehr beherzt war.

Sir Walter warf sich müde in einen Sessel. „Ich wünschte, ich könnte ein Optimist sein", sagte er, „aber es sieht so aus, als müssten wir uns geschlagen geben. Ich arbeite seit zwanzig Jahren an diesem Arbeitsplatz, und obwohl ich oft geschlagen wurde, hatte ich immer gewisse Trümpfe im Spiel. Jetzt bin ich gehängt, wenn ich welche habe. Es sieht nach einem Knock-out aus, Hannay. Es nützt nichts, uns etwas vorzumachen. Wir sind Männer genug, den Tatsachen ins Auge zu sehen und uns die Wahrheit zu sagen. Ich sehe keinen Lichtblick in dem Geschäft. Wir haben unseren Schuss nur um Haaresbreite verfehlt, und das ist dasselbe, als ob wir meilenweit verfehlt hätten."

Ich erinnere mich, dass er Mary wie zur Bestätigung ansah, aber sie lächelte oder nickte nicht. Ihr Gesicht war sehr ernst und ihre Augen sahen ihn fest an. Dann zogen sie los und trafen auf meine, und sie schienen mir meine Marschbefehle zu geben.

„Sir Walter", sagte ich, „vor drei Jahren saßen Sie und ich in genau diesem Raum. Wir dachten, wir wären der Welt zum Opfer gefallen, wie wir jetzt denken. Wir hatten nur diesen einen erbärmlichen kleinen Hinweis, an dem wir uns festhalten konnten – ein Dutzend Wörter, die ein toter Mann in ein Notizbuch gekritzelt hatte. Sie dachten, ich wäre verrückt, als ich nach Scudders Buch gefragt habe, aber wir haben uns voll ins Zeug gelegt und innerhalb von vierundzwanzig Stunden hatten wir gewonnen. Denken Sie daran, dass wir damals gegen die Zeit kämpften. Jetzt haben wir ein angemessenes Maß an Freizeit. Dann hatten wir nur noch einen Satz Kauderwelsch. Jetzt verfügen wir über einen großen Wissensschatz, denn Blenkiron hat über Ivery gebrütet wie eine alte Henne, und er kennt seine Arbeitsweise und die Rasse seiner Verbündeten. Du musst jetzt an etwas arbeiten. Wollen Sie mir damit sagen, dass Sie, wenn so viel auf dem Spiel steht, Ihre Hand hinschmeißen werden?"

Macgillivray hob den Kopf. „Wir wissen viel über Ivery, aber Ivery ist tot. Wir wissen nichts über den Mann, der heute Abend in der Normandie glorreich auferstanden ist."

„Oh ja, das tun wir. Der Mann hat viele Gesichter, aber nur einen Geist, und über diesen Geist wissen Sie viel."

„Das frage ich mich", sagte Sir Walter. „Wie kann man einen Geist erkennen, der keine Eigenschaften hat, außer dass er vollkommen und überaus kompetent ist? Bloße mentale Kräfte werden uns keinen Hinweis geben. Wir wollen den Charakter kennen lernen, der hinter allen Persönlichkeiten steckt. Vor allem wollen wir seine Schwächen kennen. Wenn wir auch nur den Hauch einer Schwäche hätten, könnten wir vielleicht einen Plan schmieden."

„Nun, lasst uns alles niederschreiben, was wir wissen", rief ich, denn je mehr ich argumentierte, desto eifriger wurde ich. Ich erzählte ihnen ausführlich die Geschichte der Nacht im Coolin und was ich dort gehört hatte.

„Da sind die beiden Namen *Chelius* und *Bommaerts* . Der Mann sprach sie in einem Atemzug mit *Elfenbein* , sie müssen also mit Iverys Bande in Verbindung gebracht werden. Man muss den gesamten Geheimdienst der Alliierten beschäftigen, um diesen beiden Worten eine Bedeutung zu geben. Zum Glück werden Sie bestimmt etwas finden! Denken Sie daran, dass diese Namen nicht zum Ivery-Teil gehören, sondern zum großen Spiel hinter all den verschiedenen Verkleidungen ... Dann ist da noch die Rede von den Wildvögeln und den Käfigvögeln. Ich habe keine Ahnung, was es bedeutet. Aber es handelt sich um eine höllische Bande, und in Ihren Aktenstapeln muss es einen Hinweis geben. Sie beschäftigen die Intelligenz zweier Gehirnhälften. Sie verfügen über die gesamte Maschinerie, und ich habe die Erfahrung gemacht, dass selbst ein einzelner Mann, der ständig an einem Problem herumkaut, etwas entdeckt."

Meine Begeisterung begann in Macgillivray Funken zu schlagen. Er wirkte jetzt nachdenklich statt mutlos.

„Daran könnte etwas dran sein", sagte er, „aber es ist eine weit entfernte Chance."

„Natürlich ist das eine sehr große Chance, und das ist alles, was wir jemals von Ivery bekommen werden. Aber wir haben schon früher eine schlechte Chance genutzt und gewonnen ... Dann haben Sie hier alles, was Sie über Ivery wissen. Gehen Sie sein *Dossier* sorgfältig durch und ich wette, Sie finden etwas, woran Sie arbeiten können. Blenkiron, Sie sind ein Mann mit einem kühlen Kopf. Sie geben zu, dass wir eine sportliche Chance haben."

„Sicher, Dick. Er hat die Dinge so repariert, dass die Linien auf der anderen Seite der Strecke liegen, aber wir schaffen das schon irgendwie. Was John S. Blenkiron betrifft, hat er auf dieser Welt nur eines zu tun: dem gelben Hund zu folgen und dafür zu sorgen, dass er ordentlich und sauber aufgeräumt wird. Ich muss eine Menge persönlicher Beleidigungen klären. Ich war leicht zu ertragen und er war nicht sehr respektvoll. Du kannst auf mich zählen, Dick.“

„Dann sind wir uns einig“, rief ich. „Nun, meine Herren, es liegt an Ihnen, die erste Etappe zu arrangieren. Bevor Sie sich auf den Weg machen, müssen Sie noch einiges an Personalarbeit leisten.“

"Und du?" fragte Sir Walter.

„Ich gehe zurück zu meiner Brigade. Ich möchte eine Ruhe und Abwechslung. Außerdem ist die erste Stufe Büroarbeit, und dafür bin ich nicht geeignet. Aber ich werde darauf warten, dass ich gerufen werde, und ich komme wie aus der Luft, sobald du mich rausholst. Ich habe eine Ahnung von dieser Sache. Ich weiß, dass es ein Ende geben wird und dass ich dabei sein werde, und ich denke, dass es auch eine verzweifelte, blutige Angelegenheit sein wird.“

Ich bemerkte, dass Marias Augen auf mich gerichtet waren, und in ihnen las ich denselben Gedanken. Sie hatte kein Wort gesprochen, sondern auf der Kante eines Stuhls gesessen, müßig einen Fuß hin und her geschwenkt und mit einer Hand mit einem Elfenbeinfächer gespielt. Sie hatte mir meine alten Befehle gegeben und ich erwartete von ihr die Bestätigung der neuen.

„Miss Lamington, Sie sind die Klügste von uns. Was sagen Sie?"

Sie lächelte – dieses schüchterne, gesellige Lächeln, das ich mir während all der Wanderungen des letzten Monats immer wieder vorgestellt hatte.

"Ich glaube, Du hast recht. Wir haben noch einen langen Weg vor uns, denn das Tal der Demütigung liegt erst in der Mitte des *Pilgerwegs* . Die nächste Etappe war Vanity Fair. Ich könnte dort von Nutzen sein, meinst du nicht?“

Ich erinnere mich an die Art, wie sie lachte und wie ein galanter Junge den Kopf zurückwarf.

„Der Fehler, den wir alle gemacht haben“, sagte sie, „ist, dass unsere Methoden zu *terre-à-terre sind* .“ Wir haben es mit einem Dichter zu tun, einem großen Dichter, und wir müssen unserer Fantasie freien Lauf lassen, um mit ihm Schritt zu halten. Seine Stärke ist seine Unerwartetheit, wissen Sie, und wir werden ihn nicht nur durch Mühen besiegen. Ich glaube, der wildeste Weg ist der klügste, denn er kreuzt sich am ehesten mit dem seinen … Wer ist der Dichter unter uns?“

„Peter", sagte ich. „Aber er ist in Deutschland mit einer Spielpause festgefahren. Trotzdem müssen wir ihn einbinden."

Zu diesem Zeitpunkt waren wir alle aufgeheitert, denn es ist wunderbar, was für eine Stärkung in der Aussicht auf Taten steckt. Der Butler brachte Tee, den Bullivant nach dem Abendessen zu trinken pflegte. Für mich kam es fantastisch vor, einem jungen Mädchen dabei zuzusehen, wie es für zwei ergraute und vornehme Staatsdiener und einen ramponierten Soldaten einschenkte – eine so schickliche Familienfeier, wie man es sich nur wünschen kann – und darüber nachzudenken, dass alle vier damit beschäftigt waren ein Unternehmen, bei dem das Leben von Menschen mit weniger als Distelholz gerechnet werden muss.

Danach gingen wir nach oben in einen edlen georgianischen Salon und Mary spielte für uns. Mir ist die Musik eines Instruments völlig egal – es sei denn, es handelt sich um Pfeifen oder eine Regimentskapelle –, aber ich liebe die menschliche Stimme von ganzem Herzen. Aber sie wollte nicht singen, denn ich vermute, dass das Singen für sie etwas war, das nicht nach Belieben kam, sondern nur wie der Ton eines Vogels floss, wenn die Stimmung günstig war. Ich wollte es auch nicht. Ich war zufrieden damit, dass „Cherry Ripe" das einzige Lied war, das in meiner Erinnerung mit ihr verbunden war.

Es war Macgillivray, der uns wieder ins Geschäft brachte.

„Ich wünschte beim Himmel, es gäbe eine Geisteshaltung, die wir definitiv an ihn und an niemanden sonst binden könnten." (In diesem Moment hatte „Er" für uns nur eine Bedeutung.)

„Mit seinem Verstand kann man nichts anfangen", sagte Blenkiron gedehnt. „Man kann die Bande des Orion nicht lösen, wie die Bibel sagt, oder Leviathan mit einem Haken festhalten. Ich rechnete damit, dass ich es könnte, und studierte seine Geräte eingehend. Aber der verdammte Fluch wollte nicht bleiben. Ich dachte, ich hätte ihn auf den Doppelbluff zurückgeführt, und er spielte mir den Dreifachbluff vor. In dieser Zeile gibt es nichts."

Eine Erinnerung an Peter kam mir wieder in den Sinn.

„Was ist mit dem ‚toten Winkel'?" Ich fragte und erzählte ihnen die Lieblingstheorie des alten Peter. „Jeder Mensch, den Gott geschaffen hat, hat irgendwo seine Schwachstelle, irgendeinen Charakterfehler, der einen stumpfen Fleck in seinem Gehirn hinterlässt. Wir müssen das herausfinden, und ich denke, ich habe einen Anfang gemacht."

Macgillivray fragte mich mit scharfer Stimme, was ich meinte.

„Er ist in einer Panik... von irgendetwas. Oh, ich meine nicht, dass er ein Feigling ist. Ein Mann in seinem Beruf braucht die Nerven eines Büffels. Er könnte uns allen Mut machen. Ich meine damit, dass er nicht ganz weiß ist. Irgendwo in ihm sind gelbe Streifen ... Ich habe viel über diese Mutfrage nachgedacht, da ich selbst nicht viel davon habe. Nicht wie Peter, meine ich. Ich habe jede Menge weiche Stellen in mir. Ich habe Angst davor, zu ertrinken oder dass mir die Augen herausgeschossen werden. Ivery hat Angst vor Bomben – jedenfalls hat er Angst vor Bomben in einer Großstadt. Ich habe einmal ein Buch gelesen, in dem es um etwas namens *Agoraphobie ging*. Vielleicht liegt es daran... Wenn wir nun diese Schwachstelle kennen, hilft uns das bei unserer Arbeit. Es gibt Orte, an die er nicht geht, und einige Dinge, die er nicht tun kann – jedenfalls nicht gut. Ich denke, das ist nützlich.“

„Ja“, sagte Macgillivray. „Vielleicht ist es nicht das, was man ein brennendes und strahlendes Licht nennen würde.“

„Da ist wieder ein Riss in seiner Rüstung“, fuhr ich fort. „Es gibt einen Menschen auf der Welt, an dem er seine Transformationen niemals üben kann, und das bin ich. Ich werde ihn immer wiedererkennen, obwohl er als Sir Douglas Haig auftrat. Ich kann nicht erklären, warum, aber ich habe ein tiefes Gefühl dafür. Ich habe ihn vorher nicht erkannt, weil ich dachte, er sei tot, und der Nerv in meinem Gehirn, der nach ihm hätte suchen sollen, funktionierte nicht. Aber ich bin jetzt auf der Hut und dieser Nerv funktioniert auf Hochtouren. Wann immer, wo und wie auch immer wir uns auf der Erde wiedersehen, zwischen ihm und mir wird „Dr. Livingstone, nehme ich an“ sein.“

„Das ist besser“, sagte Macgillivray. „Wenn wir Glück haben, Hannay, wird es nicht lange dauern, bis wir dich aus den Streitkräften Seiner Majestät herausziehen.“

Mary stand vom Klavier auf und setzte sich wieder auf die Armlehne von Sir Walters Stuhl.

„Es gibt noch einen weiteren blinden Fleck, den Sie nicht erwähnt haben.“ Es war ein kühler Abend, aber ich bemerkte, dass ihre Wangen plötzlich gerötet waren.

„Letzte Woche hat Mr. Ivery mich gebeten, ihn zu heiraten“, sagte sie.

TEIL II

KAPITEL XII
Ich werde wieder ein Kämpfer

Am 13. September kehrte ich nach Frankreich zurück und übernahm am 19. desselben Monats meine alte Brigade. Am 26. wurden wir ins Polygon Wood geschoben und nach vier Tagen so schwer verletzt, dass wir zur Umrüstung herausgeholt wurden. Zu meiner großen Überraschung erhielt ich am 7. Oktober das Kommando über eine Division und befand mich in den ersten Novembertagen am Rande der Ypern-Kämpfe. Von dieser Front aus wurden wir zur Unterstützung nach Cambrai geschickt, kamen aber nur zum letzten Rückschlag dieser einzigartigen Schlacht. Wir hielten einen Teil des St.-Quentin-Sektors bis kurz vor Weihnachten, als wir eine Ruhephase in Quartieren hatten, die meiner Meinung nach bis Anfang Januar andauerte, als ich mit dem Auftrag losgeschickt wurde, den ich hatte wird sich jetzt beziehen.

Das ist eine kurze Zusammenfassung meiner militärischen Bilanz in der zweiten Hälfte des Jahres 1917. Ich werde nicht näher auf die Kämpfe eingehen. Abgesehen von den Tagen des Polygon Wood war es weder sehr streng noch besonders vornehm, und Sie werden es in den Geschichtsbüchern finden. Was ich hier zu erzählen habe, ist meine ganz persönliche Suche, denn die ganze Zeit, in der ich gelebt habe, waren meine Gedanken zweigeteilt. Im Morast der Haanebeek-Ebene, in den schleimigen Versorgungslinien bei Zonnebeke, im gequälten Hochland um Flesquieres und an vielen anderen seltsamen Orten machte ich mir ständig Gedanken über mein privates Rätsel. Nachts lag ich wach und dachte darüber nach, und oft warf ich mich in Granattrichter, und oft stieg ich von den Laufbrettern, weil meine Augen auf eine andere Landschaft gerichtet waren. Niemand hat jemals ein paar erbärmliche Hinweise so zu Brei gekaut wie ich in diesen trostlosen Monaten in Flandern und der Picardie.

Denn ich hatte das Gefühl, dass die Sache äußerst ernst war, noch schlimmer als der Kampf vor mir. Russland war kopfüber zum Teufel gerannt, Italien hatte es zwischen die Augen bekommen und war immer noch schwindelig, und unsere eigenen Aussichten waren nicht allzu rosig. Die Boche stieg aus irgendeinem Grund an, und ich sah eine schwierige Zeit vor uns, bis Amerika sich auf dem Feld mit uns messen konnte. Es war die Chance für die Wild Birds, und ich wachte immer schweißgebadet auf und dachte darüber nach, was für eine Teufelei Ivery wohl anstellen würde. Ich glaube, dass ich meine eigentliche Arbeit einigermaßen gut gemacht habe, aber ich habe meine wildesten Gedanken über den anderen geworfen. Ich erinnere mich, wie ich von jener Juninacht in den Cotswolds bis zu meinem letzten Treffen mit Bullivant in London jede Stunde jeden Tages durchgegangen bin, um eine neue Orientierung zu finden. Ich hätte wahrscheinlich Gehirnfieber bekommen, wenn ich nicht die meiste Zeit meiner Tage und Nächte damit verbringen müsste, einen erbitterten Kampf mit einem sehr wachsamen Hunnen zu führen. Das hielt meinen Geist im Gleichgewicht, und ich wage zu behaupten, dass es ihm einen Vorteil verschaffte; Denn in diesen Monaten hatte ich das Glück, eine bessere Spur zu erspüren als Bullivant, Macgillivray und Blenkiron, die in ihren Londoner Büros tausend Drähte gezogen hatten.

Ich werde die verschiedenen Vorkommnisse in dieser privaten Quest von mir in zeitlicher Reihenfolge auflisten. Das erste war mein Treffen mit Geordie Hamilton. Es geschah kurz nachdem ich zur Brigade zurückgekehrt war, als ich hinunterging, um einen Blick auf unser schottisches Füsilier-Bataillon zu werfen. Die alte Brigade war am 31. Juli unsanft angegriffen worden und hatte schwere Zugkräfte benötigen, um auch nur annähernd an Stärke zu kommen. Vor allem die Füsiliere waren fast eine neue Truppe, die durch die Vereinigung unserer Überreste mit den Überresten eines Bataillons einer anderen Division und die Mitnahme von etwa einem Dutzend Offizieren aus der heimischen Ausbildungseinheit entstanden war.

Ich musterte die Männer und mein Blick fiel auf ein bekanntes Gesicht. Ich fragte nach seinem Namen und der Oberst bekam ihn vom Sergeant-Major. Es war Obergefreiter George Hamilton.

Jetzt wollte ich einen neuen Batman und beschloss sofort, meinen alten Antagonisten zu haben. Am Nachmittag meldete er sich bei mir im Brigadehauptquartier. Als ich diese kräftige, krummbeinige Gestalt betrachtete, die so steif dastand wie das Schild eines Tabakladens, sein hässliches, aus braunem Eichenholz gehauenes Gesicht, sein ehrlicher, mürrischer Mund und seine blauen Augen, die ins Leere starrten, wusste ich, dass ich es verstanden hatte Mann, den ich wollte.

„Hamilton", sagte ich, „Sie und ich sind uns schon einmal begegnet."

„Herr?" kam die verwirrte Antwort.

„Schau mich an, Mann, und sag es mir, wenn du mich nicht erkennst."

Er bewegte seine Augen ein wenig, in einem respektvollen Blick.

„Sirr, ich habe nichts gegen Sie."

„Nun, ich werde dein Gedächtnis auffrischen. Erinnern Sie sich an den Saal in der Newmilns Street und das Treffen dort? Du hattest draußen einen Streit mit einem Mann und wurdest niedergeschlagen."

Er gab keine Antwort, aber seine Farbe wurde dunkler.

„Und vierzehn Tage später sahen Sie in einem Wirtshaus in Muirtown denselben Mann und gaben ihm die Jagd seines Lebens."

Ich konnte sehen, wie er den Mund verzog, denn er musste sich die Strafen vorgestellt haben, die in der königlichen Verordnung für das Schlagen eines Offiziers vorgesehen waren. Aber er rührte sich nie.

„Schau mir ins Gesicht, Mann", sagte ich. „Erinnerst du dich jetzt an mich?"

Er tat, was ihm geboten wurde.

„Sirr, ich denke an Sie."

„Hast du nichts mehr zu sagen?"

Er räusperte sich. „Sirr, ich wusste nicht, dass ich einen Offizier schlage."

„Natürlich hast du das nicht getan. Das hast du vollkommen richtig gemacht, und wenn der Krieg vorbei wäre und wir beide freie Männer wären, würde ich dir die Chance geben, mich hier und jetzt niederzuschlagen. Das muss warten. Als du mich das letzte Mal sahst, habe ich meinem Land gedient, obwohl du es nicht wusstest. Wir dienen jetzt zusammen und Sie müssen sich an der Boche rächen. Ich werde dich zu meinem Diener machen, denn zwischen dir und mir besteht eine ziemlich enge Bindung. Was sagen Sie dazu?"

Diesmal sah er mir direkt ins Gesicht. Sein besorgtes Auge schätzte mich und war zufrieden. „Ich bin stolz, Ihr Diener zu sein, Sir", sagte er. Dann kam ein ersticktes Lachen aus seiner Brust und er vergaß seine Disziplin. „Losh, aber du bist ein toller Junge!" Er erholte sich sofort, salutierte und marschierte davon.

Die zweite Episode ereignete sich während unserer kurzen Rast nach dem Polygon Wood, als ich eines Nachmittags die Linie hinuntergeritten war, um einen Freund von der Heavy Artillery zu treffen. Ich kam im Nieselregen des Abends zurück und klapperte über das fettige *Pavé* zwischen den traurigen Pappeln, als ich an diesem Morgen eine Labour-Firma traf, die die Verwüstungen einer Boche- *Strafe reparierte* . Ich war mir über meinen Weg nicht ganz sicher und fragte einen der Arbeiter. Er richtete sich auf und salutierte, und ich sah unter einer anrüchigen Mütze die Züge des Mannes, der mit mir in der Coolin-Spalte gewesen war.

Ich sprach ein Wort mit seinem Sergeant, der ihn rausschlug, und er ging ein Stück des Weges mit mir.

„Großartiger Schotte, Wake, was hat dich hierher geführt?" Ich fragte.

„Dasselbe, was dich gebracht hat. Dieser verrottete Krieg."

Ich war abgestiegen und ging neben ihm her und bemerkte, dass sein hageres Gesicht seine Blässe verloren hatte und dass seine Augen nicht mehr so heiß waren wie früher.

„Es scheint dir gut zu gehen", sagte ich, denn ich wusste nicht, was ich sagen sollte. Eine plötzliche Schüchternheit erfasste mich. Wake muss einige heftige Gefühlswirbel durchgemacht haben, bevor es dazu kam. Er sah, was ich dachte und lachte auf seine scharfe, ironische Art.

„Glauben Sie nicht, dass Sie einen Konvertiten gemacht haben. Ich denke, wie ich immer dachte. Aber ich kam zu dem Schluss, dass ich, da das Schicksal mich zu einem Regierungsbeamten gemacht hatte, meine Arbeit genauso gut an einem weniger gepolsterten Ort als auf einem Stuhl im Innenministerium erledigen könnte ... Oh nein, das war keine Grundsatzfrage. Eine Arbeit ist so gut wie die andere, und ich bin ein besserer Angestellter als ein Marineoffizier. Bei mir war es Genuss: Ich wollte frische Luft und Bewegung."

Ich sah ihn an – Schlamm bis zur Hüfte und seine Hände voller Blasen und Schnittwunden von der ungewohnten Arbeit. Mir wurde klar, was seine Mitarbeiter für ihn bedeuten mussten und wie sehr er die rauen Reden von Unteroffizieren genießen würde.

„Du bist ein verdammter Humbug", sagte ich. „Warum um alles in der Welt sind Sie nicht zu einem OTC gegangen und haben dort eine Provision erhalten? Sie sind leicht zu bekommen."

„Sie verwechseln meinen Fall", sagte er bitter. „Ich war nicht plötzlich von der Gerechtigkeit des Krieges überzeugt. Ich stehe da, wo ich immer stand. Ich bin kein Kombattant und wollte eine Abwechslung in der zivilen Arbeit ... Nein, es war kein idiotisches Tribunal, das mich hierher geschickt hat. Ich bin aus freien Stücken gekommen und es macht mir wirklich großen Spaß."

„Für einen Mann wie dich ist das ein harter Job", sagte ich.

„Nicht so grob, wie es die Kerle in den Schützengräben kriegen. Ich habe heute einem Bataillon dabei zugesehen, wie es zurückmarschierte, und sie sahen aus wie Geister, die jahrelang in schlammigen Gräbern gelegen hatten. Weiße Gesichter und benommene Augen und bleierne Füße. Mein Job ist bequem. Mir gefällt es am besten, wenn das Wetter schlecht ist. Es täuscht mich vor, ich würde meine Pflicht tun."

Ich nickte in Richtung eines kürzlichen Granatenlochs. „So etwas in der Art?"

"Jetzt und dann. Wir haben heute Morgen ordentlich Staub gewischt. Ich kann nicht sagen, dass es mir damals gefallen hat, aber ich denke gern daran zurück. Eine Art moralisches Anodyn.

„Ich frage mich, was zum Teufel der Rest von euch von euch hält?"

„Sie machen nichts. Ich bin nicht besonders *gutmütig*. Sie denken, ich sei ein Idiot – und das bin ich auch. Es macht mir keinen Spaß, über Bier und Frauen zu reden oder Grammophon zu hören oder über meine letzte Mahlzeit zu schimpfen. Aber ich bin ganz zufrieden, danke. Manchmal setze ich mich in eine Ecke einer YMCA-Hütte und lese ein oder zwei Bücher. Mein größtes Leid ist der Padre. Er war zu meiner Zeit bei Keble und möchte, wie einer meiner Kollegen es ausdrückt, „zu sehr hilfsbereit" sein … Was machst du, Hannay? Ich sehe, Sie sind eine Art General. Sie sind hier ziemlich dicht am Boden."

„Ich bin eine Art General. Soldat im Salient zu sein ist nicht gerade der sanfteste Job, aber ich glaube nicht, dass er für Sie so hart ist wie Ihrer. Weißt du, Wake, ich wünschte, ich hätte dich in meiner Brigade. Ausgebildet oder ungeübt, du bist ein mutiger, mutiger Kerl."

Er lachte mit etwas weniger Säure als sonst. „Beinahe überredest du mich, kämpferisch zu sein. Nein danke. Ich habe nicht den Mut, und außerdem sind da noch meine lustigen alten Prinzipien. Trotzdem möchte ich in deiner Nähe sein. Sie sind ein guter Kerl, und ich hatte die Ehre, Ihnen bei Ihrer Ausbildung behilflich zu sein … Ich muss zurückkommen, sonst wird der Sergeant denken, ich sei abgehauen."

Wir schüttelten uns die Hände, und das letzte, was ich von ihm sah, war eine Gestalt, die in der feuchten Dämmerung steif salutierte.

Der dritte Vorfall war recht trivial, wenngleich seine Folgen bedeutsam waren. Kurz bevor ich die Einteilung bekam, hatte ich einen Anfall von Malaria. Wir waren zur Unterstützung im Salient, in sehr unbequemen Schützengräben hinter Wieltje, und ich verbrachte drei Tage auf dem Rücken in einem Unterstand. Draußen regnete es heftig, und ab und zu strömte das Wasser durch den Gasvorhang die Treppe hinunter und bildete Pfützen am Fußende meines Bettes. Es war nicht gerade der schönste Ort, um sich zu erholen, aber ich war zu der Zeit völlig abgestumpft, und am dritten Tag fing ich an, mich aufzusetzen und mich zu langweilen.

Ich las alle meine englischen Papiere zweimal und einen großen Stapel deutscher Papiere, die ich mir früher von einem Freund vom GHQ-Geheimdienst schicken ließ, der wusste, dass ich gerne den Worten des Boche folgte. Während ich döste und grübelte, wie es ein Mann nach Fieber tut, fiel mir die gewaltige Darstellung einer Anzeige in der englischen Presse auf. Es handelte sich um ein Ding namens „Gussiters Tiefatmungssystem", das laut seinem Begründer ein Heilmittel für alle Krankheiten war, die der Mensch geistig, moralisch oder körperlich erleiden kann. Politiker, Generäle, Admirale und Varietékünstler bezeugten allesamt das neue Leben, das sich ihnen eröffnet hatte. Ich erinnere mich, dass ich mich gefragt habe, was diese

Sportler für ihre Aussagen bekamen, und dachte, ich würde selbst einen gefälschten Brief an den alten Gussiter schreiben.

Dann nahm ich die deutschen Zeitungen zur Hand, und plötzlich fiel mein Blick auf eine Anzeige der gleichen Art in der *Frankfurter Zeitung* . Diesmal war es nicht Gussiter, sondern ein gewisser Weissmann, aber sein Spiel war identisch – „tiefes Atmen". Der hunnische Stil unterschied sich vom englischen – alles drehte sich um die Göttin der Gesundheit, die Nymphen der Berge und zwei Zitate von Schiller. Aber das Prinzip war dasselbe.

Das brachte mich ein wenig zum Nachdenken und ich ging die ganze Charge sorgfältig durch. Ich habe die Anzeige im *Frankfurter* und in ein oder zwei eher obskuren *Volksstimmen* und *Volkszeitungen gefunden* . Ich habe es auch im *Großen Krieg gefunden* , der offiziellen deutschen propagandistischen Bilderzeitung. Bis auf einen waren sie alle gleich, und dieser hatte eine kühne Variation, denn er enthielt vier der Sätze, die in der gewöhnlichen englischen Werbung verwendet wurden.

Das kam mir fragwürdig vor, und ich begann, einen Brief an Macgillivray zu schreiben, in dem ich darauf hinwies, dass es sich anscheinend um einen Handel mit dem Feind handelte, und ihm riet, sich an Mr. Gussiters finanzielle Unterstützung zu wenden. Ich dachte, er könnte hinter sich ein Hunnensyndikat finden. Und dann kam mir noch eine Idee, die mich dazu veranlasste, meinen Brief umzuschreiben.

Ich habe die Papiere noch einmal durchgesehen. Die englischen, die die Werbung enthielten, waren allesamt gute, solide, kriegerische Organe; So etwas hätte keine Zensur dagegen, das Land zu verlassen. Ich hatte einen kleinen Stapel pazifistischer Drucke vor mir, und die Werbung fehlte ihnen. Das mag an der Zirkulation liegen, vielleicht aber auch nicht. Die deutschen Zeitungen waren entweder radikale oder sozialistische Veröffentlichungen, genau das Gegenteil der englischen Zeitungen, mit Ausnahme des *Großen Krieges* . Jetzt haben wir eine freie Presse, und Deutschland hat streng genommen keine. Alle ihre journalistischen Indiskretionen sind kalkuliert. Daher hat der Boche nichts dagegen, wenn seine Lumpen in feindliche Länder gelangen. Er will es. Er liebt es, sie in Kolumnen mit der Überschrift „Durch die deutsche Brille" zitiert zu sehen, und hat die Texte von Artikeln verfasst, die zeigen, was für ein guter Demokrat er wird.

Während ich über das Thema nachdachte, begannen sich in meinem Kopf bestimmte Schlussfolgerungen zu bilden. Die vier identischen Sätze schienen darauf hinzudeuten, dass „Deep Breathing" Verbindungen zu Boche hatte. Hier bot sich eine Chance, mit dem Feind zu kommunizieren, die den argusäugigen Herren, die die Post prüfen, trotzen würde. Was sollte Herrn A daran hindern, an einem Ende eine Anzeige mit einer guten Chiffre zu schreiben und das Papier, das sie enthielt, innerhalb von drei Tagen über

Holland nach Deutschland zu bringen? Herr B am anderen Ende antwortete im *Frankfurter* , und ein paar Tage später lasen kluge Redakteure und scharfsinnige Geheimdienstoffiziere – und Herr A – es in London, obwohl nur Herr A wusste, was es wirklich bedeutete.

Es kam mir wie eine brillante Idee vor, etwas Einfaches, das klugen Leuten nicht in den Sinn kommt und den Boche sehr selten. Ich wünschte, ich wäre nicht mitten in einer Schlacht, denn ich hätte selbst versucht, die Chiffre zu untersuchen. Ich schrieb einen langen Brief an Macgillivray, in dem ich meinen Fall darlegte, und ging dann schlafen. Als ich aufwachte, wurde mir klar, dass es sich um einen ziemlich dürftigen Streit handelte, und ich hätte den Brief gestoppt, wenn er nicht von einer Lebensmittelgruppe vorzeitig verschickt worden wäre.

Danach begannen die Dinge sehr langsam zu geschehen. Das erste Mal geschah es, als Hamilton, nachdem er nach Boulogne gefahren war, um ein paar Kochutensilien abzuholen, mit der überraschenden Nachricht zurückkam, dass er Gresson gesehen hatte. Er hatte seinen Namen nicht gehört, beschrieb ihn mir aber dramatisch als „der kleine rothaarige Teufel, der damals in Glesca Ecky Brockie ins Knie getreten hat, Sir", ich erkannte die Beschreibung.

Gresson, so schien es, war ein vergnüglicher Ritt. Er war mit einer Gruppe von Labour-Delegierten zusammen, die von zwei Beamten empfangen und in *Chars-à-Bancs* verschleppt worden waren . Hamilton berichtete aus Erkundigungen bei seinen Freunden, dass solche Besucher wöchentlich kamen. Ich hielt das für eine sehr vernünftige Idee der Regierung, fragte mich aber, wie Gresson ausgewählt worden war. Ich hatte gehofft, dass Macgillivray vor Wochen einen langen Arm gemacht und ihn gezittert hatte. Vielleicht hatten sie zu wenig Beweise, um ihn aufzuhängen, aber er war der schwärzeste Verdächtige und hätte interniert werden sollen.

Eine Woche später hatte ich Gelegenheit, wegen geschäftlicher Angelegenheiten im Zusammenhang mit meiner neuen Abteilung im Hauptquartier zu sein. Meine Freunde vom Geheimdienst erlaubten mir, die direkte Verbindung nach London zu nutzen, und ich rief Macgillivray an. Zehn Minuten lang führte ich ein spannendes Gespräch, da ich seit meiner Abreise aus England keine Neuigkeiten aus dieser Gegend erhalten hatte. Ich hörte, dass der portugiesische Jude geflohen war – er war aus seiner Heimatheide verschwunden, als sie ihn holen wollten. Sie hatten ihn als einen deutschen Professor für keltische Sprachen identifiziert, der einen Lehrstuhl an einem walisischen College innehatte – ein gefährlicher Kerl, denn er war ein aufrechter, hochgesinnter, wütender Fanatiker. Gegen Gresson hatten sie überhaupt keine Beweise, aber er stand unter strenger Beobachtung. Als ich nach seiner Überfahrt nach Frankreich fragte, antwortete Macgillivray, dass dies Teil ihres Plans sei. Ich erkundigte mich, ob der Besuch irgendwelche Hinweise gegeben hätte, bekam aber nie eine Antwort, da die Leitung in diesem Moment für das Kriegsministerium freigegeben werden musste.

Ich habe den Mann aufgespürt, der für diese Labour-Besuche verantwortlich war, und mich mit ihm angefreundet. Gresson, sagte er, sei ein ruhiger, wohlerzogener und äußerst dankbarer Gast gewesen. Er hatte auf dem Vimy Ridge Tränen geweint und – strikt gegen den Befehl – vor einigen Truppen, die er auf der Straße nach Arras traf, eine Rede darüber gehalten, wie die britische Labour-Partei in ihren Gebeten an die Armee dachte und Blut schwitzte, um Waffen herzustellen. Am letzten Tag hatte er ein Missgeschick gehabt, denn er wurde auf der Straße sehr krank – er hatte ein Nierenleiden, das den Stößen des Wagens nicht standhalten konnte – und musste in einem Dorf zurückgelassen und von der Gruppe unterwegs abgeholt werden zurück. Sie fanden ihn besser, aber immer noch zittrig. Ich befragte den verantwortlichen Beamten zu diesem Halt ins Kreuzverhör und erfuhr, dass Gresson allein in der Hütte eines Bauern zurückgelassen worden war, denn er sagte, er müsse sich nur hinlegen. Der Ort war der Weiler Eaucourt Sainte-Anne.

Mehrere Wochen lang blieb dieser Name in meinem Kopf hängen. Es hatte einen angenehmen, urigen Klang und ich fragte mich, wie Gresson seine Stunden dort verbracht hatte. Ich suchte es auf der Karte und nahm mir vor, es mir anzusehen, wenn wir das nächste Mal zum Rasten rauskamen. Und dann vergaß ich es, bis ich den Namen noch einmal hörte.

Am 23. Oktober hatte ich das Pech, bei einem Rundgang durch meine Schützengräben an vorderster Front ein kleines Granatsplitter mit dem Kopf aufzuhalten. Es war ein dunkler, nebliger Tag und ich hatte meinen Blechhut abgenommen, um mir die Stirn abzuwischen, als das Ding passierte. Ich bekam eine lange, flache Kopfwunde, die nichts anderes bedeutete, als stark zu bluten, und da uns kein großer Umzug bevorstand, schickte mich der Bezirksstaatsanwalt zurück zu einer Reinigungsstation, um mich darum kümmern zu lassen. Ich blieb drei Tage vor Ort und hatte, da es mir vollkommen gut ging, Zeit, mich umzusehen und nachzudenken, so dass ich diese Zeit als eine seltsame, erholsame Pause im höllischen Lärm des Krieges in Erinnerung habe. Ich erinnere mich noch daran, wie in meiner letzten Nacht dort ein Sturm die Lampen zum Schwingen und Flackern brachte und die graugrünen Leinwandwände in eine Masse gesprenkelter Schatten verwandelte. Der Boden war durch das Trampeln vieler Füße schlammig, was zu einem ständigen Tröpfeln von Verletzten von der Linie führte. In meinem Zelt befand sich zu dieser Zeit niemand besonders Schlimmes außer einem Jungen, dessen Schulter durch einen Knall halb weggesprengt worden war und der am anderen Ende in einem betäubten Schlaf lag. Bei den meisten

handelte es sich um Influenza-, Bronchitis- und Grabenfieberkranke, die
darauf warteten, zum Stützpunkt verlegt zu werden, oder genesen waren und
kurz vor der Rückkehr zu ihren Einheiten standen.

Eine kleine Gruppe von uns speiste Hühnchen aus der Dose, Kompott und
Käse aus der Dose am rauchigen Ofen, wo zwei aus Packkisten hergestellte
Schirme einen gewissen Schutz gegen die Zugluft boten, die wie junge
Tornados durch das Zelt fegte. Ein Mann hatte ein Buch mit dem Titel „Die
Geistergeschichten eines Antiquars" gelesen , und der Vortrag drehte sich um die
unerklärlichen Dinge, die jedem ein- oder zweimal im Leben passieren. Ich
habe einen Beitrag über die Männer beigesteuert, die im Buschland nach
Krügers Schatz suchten und von einem Gnus erschreckt wurden. Es ist ein
gutes Garn und ich werde es eines Tages aufschreiben. Ein großer
Highlander, der seine Pantoffeln auf dem Herd hatte und dessen Kostüm
aus einem Kilt, einer britischen Jacke, einem grauen Krankenhaus-
Morgenmantel und vier Paar Socken bestand, erzählte die Geschichte der
Camerons in First Ypern , und von dem Subalternen aus dem Tiefland, der
kein Gälisch konnte und sich plötzlich dabei ertappte, wie er seine Männer
mit einem uralten Hochland-Geschwätz ermutigte. Der arme Kerl hatte
einen heftigen Bronchialhusten, was darauf hindeutete, dass sein Land ihn
durchaus auf einem wärmeren Schlachtfeld als Flandern einsetzen könnte.
Er wirkte ein wenig wie ein Gelehrter und erklärte das Cameron-Geschäft in
vielen langen Worten.

Ich erinnere mich, wie sich das Gespräch dahinschlängelte, wie es das
Gespräch tut, wenn Männer untätig sind und über den nächsten Tag
nachdenken. Ich achtete nicht besonders darauf, denn ich dachte gerade über
eine Änderung nach, die ich an einem meiner Bataillonskommandos
vornehmen wollte, als eine neue Stimme hereinbrach. Sie gehörte einem
kanadischen Kapitän aus Winnipeg, einem sehr schweigsamen Kerl, der
Grastabak rauchte .

„In diesem verdammten Land gibt es viele Geister", sagte er.

Dann begann er zu erzählen, was mit ihm passiert war, als seine Division das
letzte Mal wieder in Ruhequartieren war. Er hatte eine Stabsstelle und ertrug
die Divisionsleitung in einem alten französischen Schloss. Sie hatten nur
einen kleinen Teil des Hauses; der Rest war verschlossen, aber die Gänge
waren so gewunden, dass es schwierig war, nicht in den unbewohnten Teil
zu wandern. Eines Nachts, sagte er, erwachte er mit einem gewaltigen Durst,
und da er sich durch das Trinken des örtlichen Wassers in seinem
Schlafzimmer keine Cholera holen würde, machte er sich auf den Weg in das
Zimmer, in dem sie herumalberten, um zu versuchen, einen Whisky zu
holen. und-Soda. Er konnte es nicht finden, obwohl er die Straße kannte wie
seinen eigenen Namen. Er gab zu, dass er möglicherweise falsch abgebogen

war, glaubte es aber nicht. Jedenfalls landete er in einem Gang, den er noch nie zuvor gesehen hatte, und da er keine Kerze hatte, versuchte er, seinen Weg zurückzuverfolgen. Erneut machte er einen Fehler und tastete weiter, bis er ein schwaches Licht sah, von dem er dachte, es müsse das Zimmer des GSO sein, eines guten Kerls und Freundes von ihm. Also stürmte er hinein und fand einen großen, dunklen Salon mit zwei Gestalten darin und einer brennenden Lampe zwischen ihnen und einem seltsamen, unangenehmen Geruch. Er trat einen Schritt vor und sah dann, dass die Figuren keine Gesichter hatten. Das lockerte seine Gelenke vor Angst und er schrie auf. Einer der beiden rannte auf ihn zu, die Lampe ging aus und der widerliche Geruch stieg ihm plötzlich in die Kehle. Danach wusste er nichts mehr, bis er am nächsten Morgen in seinem eigenen Bett mit stechenden Kopfschmerzen aufwachte. Er sagte, er habe die Erlaubnis des Generals eingeholt und den gesamten unbewohnten Teil des Hauses durchsucht, aber das Zimmer könne er nicht finden. Über allem lag dicker Staub, und es gab keine Anzeichen für die Anwesenheit neuer Menschen.

Ich erzähle die Geschichte so, wie er sie mit seiner gedehnten Stimme erzählt hat. „Ich denke, das war der echte Artikel in Ghosts. Du glaubst mir nicht und kommst zu dem Schluss, dass ich betrunken war? Das war ich nicht. Es gibt noch kein Getränk, das mich so fertig machen könnte. Ich bin gerade auf einen Spalt im alten Universum gestoßen und habe meinen Kopf hinausgeschoben. Es kann euch Jungs jeden Tag passieren."

Der Highlander begann mit ihm zu streiten und ich verlor das Interesse an dem Gespräch. Aber ein Satz machte mich aufmerksam. „Ich nenne dir den Namen des verdammten Ortes, und wenn du das nächste Mal in der Nähe bist, kannst du selbst ein bisschen nach Gold suchen. Es heißt Schloss Eaucourt Sainte-Anne und liegt etwa sieben Kilometer von Douvecourt entfernt. Wenn ich eine Immobilie in diesem Land kaufen würde, würde ich diesen Standort wahrscheinlich meiden."

Danach hatte ich einen düsteren Monat, mit dem Zieleinlauf des Dritten Yperns und dem Trubel nach Cambrai. Bis Mitte Dezember hatten wir uns etwas erholt, aber die Linie, die meine Abteilung vertrat, war nicht unsere Wahl, und wir mussten ein wachsames Auge auf die Taten der Boche haben. Es war eine ermüdende Aufgabe, und ich hatte keine Zeit, an etwas anderes als die militärische Aufklärung zu denken – anhand der Geschichten der Gefangenen die gegen uns gerichteten Einheiten aufzuspüren, kleine Razzien zu organisieren und das Royal Flying Corps zu beschäftigen. Ich war von Letzterem begeistert und unternahm selbst mehrere Fahrten über die Linien mit Archie Roylance, der seinen Herzenswunsch erfüllt hatte und glücklicherweise zu der Staffel direkt hinter mir gehörte. Ich habe dazu so wenig wie möglich gesagt, denn das Hauptquartier ermutigte Divisionsgeneräle nicht, solche Methoden anzuwenden, obwohl es einen berühmten Armeekommandeur gab, der daraus ein Hobby machte. Auf einer dieser Reisen ereignete sich ein Vorfall, der meinem Warten auf das größere Spiel ein Ende bereitete.

An einem trüben Dezembertag, kurz nach dem Mittagessen, machten sich Archie und ich auf den Weg zur Erkundung. Sie wissen, wie der Nebel in der Picardie plötzlich aus dem Boden zu stinken scheint und die Hänge wie ein Schal umhüllt. Das war dieses Mal unser Glück. Wir hatten die Linien in großer Höhe überquert und erhielten den üblichen Gruß der Hun Archies. Nach ein oder zwei Meilen schien der Boden zu uns hinaufzusteigen, obwohl wir noch nicht abgestiegen waren, und plötzlich befanden wir uns mitten in einem kalten, klebrigen Nebel. Wir tauchten mehrere tausend Fuß weit, aber das verfluchte Ding wurde immer dichter und es konnte nirgends ein Orientierungspunkt gefunden werden. Ich dachte, wenn wir so weitermachen würden, würden wir gegen einen Baum oder einen Kirchturm prallen und dem Feind leicht zum Opfer fallen.

Der gleiche Gedanke muss Archie durch den Kopf gegangen sein, denn er kletterte erneut. Wir gelangten in eine tödlich kalte Zone, aber die Luft war nicht klarer. Daraufhin beschloss er, nach Hause zu fahren und gab mir den Auftrag, auf der Karte einen Kompasskurs zu ermitteln. Das war leichter gesagt als getan, aber ich hatte eine ungefähre Vorstellung davon, wie schnell wir seit der Grenzüberschreitung zurückgelegt hatten, und kannte unsere ursprüngliche Richtung, also tat ich, was ich konnte. Wir machten noch eine Weile weiter und dann begann ich zu zweifeln. Archie auch. Wir gingen tief hinunter, aber wir konnten nichts von dem Krach hören, der eine Meile lang auf beiden Seiten der Linien immer tobte . Die Welt war sehr unheimlich und tödlich still, so still, dass Archie und ich durch die Sprechröhre sprechen konnten.

„Wir haben diesen verleumdeten Kampf verloren", rief er.

„Ich glaube, Ihr verrotteter alter Kompass hat uns verdorben", antwortete ich.

Wir kamen zu dem Schluss, dass es nicht genügen würde, die Richtung zu ändern, und blieben beim Kurs. Ich wurde nervös wie ein Kätzchen, vor allem wegen der Stille. Das ist nicht das, was man mitten auf einem Schlachtfeld erwartet. Ich schaute mir den Kompass genau an und sah, dass er wirklich kaputt war. Archie muss es bei einem früheren Flug beschädigt und vergessen haben, es austauschen zu lassen.

Er hatte ein sehr verängstigtes Gesicht, als ich ihn darauf hinwies.

"Großer Gott!" „Wir sind entweder in der Nähe von Calais oder in der Nähe von Paris oder meilenweit auf der falschen Seite der Boche-Linie", krächzte er – denn er hatte eine furchterregende Erkältung. Was zum Teufel sollen wir tun?"

Und als er dann den Deckel drauf machte, ging sein Motor kaputt. Es war die gleiche Leistung wie in den Mooren von Yorkshire und schien eine Spezialität der Shark-Gladas-Art zu sein. Doch dieses Mal kam das Ende schnell. Wir tauchten steil ab und ich konnte an Archies Griff um den Stock erkennen, dass er alle Hände voll zu tun haben würde, um unseren Hals zu retten. Er rettete sie, aber nicht viel, denn wir landeten am Rande eines gepflügten Feldes, mit einer Reihe von Stößen, die mir die Zähne zittern ließen. Es war derselbe dichte, tropfende Nebel, und wir krochen aus dem alten Bus und suchten Schutz wie zwei aufgefressene Kaninchen.

Unser Zufluchtsort war der Windschatten eines kleinen Wäldchens.

„Ich bin der Meinung", sagte Archie feierlich, „dass wir uns in Bezug auf La Cateau irgendwo einig sind. Tim Wilbraham wurde dort im Retreat zurückgelassen und brauchte neun Monate, um die niederländische Grenze zu erreichen. Es ist eine schwindelerregende Aussicht, Sir."

Ich machte mich auf den Weg zur Aufklärung. Auf der anderen Seite des Waldes verlief eine Straße, und der Nebel verhüllte das Geräusch so sehr, dass ich einen Mann darauf nicht hören konnte, bis ich sein Gesicht sah. Der erste, den ich sah, ließ mich flach in der Decke liegen ... Denn er war ein deutscher Soldat, feldgrau, mit Feldmütze, rotem Band und allem, und er hatte eine Spitzhacke auf der Schulter.

Eine zweite Überlegung zeigte mir, dass dies kein endgültiger Beweis war. Er könnte einer unserer Gefangenen sein. Aber es war kein Ort, um Risiken einzugehen. Ich ging zurück zu Archie, und wir beide überquerten das gepflügte Feld und gelangten weiter auf die Straße. Dort sahen wir einen Bauernkarren mit einer Frau und einem Kind darin. Sie sahen französisch aus, aber melancholisch, genau das, was man von den Bewohnern eines vom Feind besetzten Landes erwarten würde.

Dann kamen wir an die Parkmauer eines großen Hauses und sahen undeutlich die Umrisse eines Häuschens. Hier würden wir früher oder später einen Beweis für unseren Aufenthaltsort erhalten, also lagen wir zitternd zwischen den Pappeln am Straßenrand. An diesem Nachmittag schien niemand im Ausland zu sein. Eine Viertelstunde lang war es totenstill. Dann erklangen Pfiffe und gedämpfte Schritte.

„Das ist ein Engländer", sagte Archie freudig. „Kein Boche könnte solch einen scheußlichen Lärm machen."

Er hatte recht. Aus dem Nebel tauchte die Gestalt eines Soldaten des Army Service Corps auf, die Mütze auf dem Hinterkopf, die Hände in den Taschen, und sein Gang war der eines freien Mannes. Ich habe nie einen schöneren Anblick gesehen als diesen Marmeladenhändler.

Wir standen auf und begrüßten ihn. „Was ist das für ein Ort?" Ich schrie.

Er hob eine schmutzige Hand an seine Stirnlocke.

„Ockott Saint Anny, Sir", sagte er. „Bitte verzeihen Sie, Sir, aber es geht Ihnen nicht schlecht, Sir?"

Zehn Minuten später trank ich Tee in der Kantine einer MT-Werkstatt, während Archie zum nächsten Signalschalter gegangen war, um ein Auto anzurufen und Anweisungen zu seinem kostbaren Bus zu geben. Es war fast dunkel, aber ich trank meinen Tee und eilte hinaus in die dichte Dämmerung. Denn ich wollte mir das Schloss ansehen.

Ich fand einen großen Eingang mit hohen Steinsäulen, aber die Eisentore waren verschlossen und sahen aus, als wären sie seit Menschengedenken nicht geöffnet worden. Da ich den Verlauf solcher Orte kannte, suchte ich nach dem Seiteneingang und fand eine schlammige Straße, die zur Rückseite des Hauses führte. Die Vorderseite zeigte offenbar auf eine Art Park; Auf der Rückseite befanden sich mehrere Nebengebäude und ein Grabenabschnitt, der in der Winterdämmerung sehr tief und schwarz aussah. Diese wurde von einer Steinbrücke überquert, an deren Ende sich eine Tür befand.

Offensichtlich wurde das Schloss nicht zur Unterbringung genutzt. Von dem britischen Soldaten war nichts zu sehen; Es gab keine Anzeichen von irgendetwas Menschlichem. Ich kroch so lautlos durch den Nebel, als würde ich auf Samt schreiten, und ich hatte nicht einmal die Gesellschaft meiner eigenen Schritte. Ich erinnerte mich an die Geistergeschichte des Kanadiers und kam zu dem Schluss, dass ich mir dasselbe vorstellen würde, wenn ich an einem solchen Ort leben würde.

Die Tür war verriegelt und mit einem Vorhängeschloss versehen. Ich bog am Graben entlang und hoffte, die Hausfront zu erreichen, die wahrscheinlich modern war und über einen zivilisierten Eingang verfügte. Es musste jemand vor Ort sein, denn aus einem Schornstein rauchte. Bald versiegte der Wassergraben und machte einem gepflasterten Damm Platz, aber eine Mauer, die im rechten Winkel zum Haus verlief, versperrte mir den Weg. Ich hatte fast Lust, zurückzugehen und an die Tür zu hämmern, aber mir fiel ein, dass Generalmajore nachts verlassenen Schlössern keinen Besuch abstatten, ohne einen vernünftigen Auftrag zu erledigen. Ich sollte in den Augen eines alten Concierges wie ein Idiot aussehen. Das Tageslicht war fast verschwunden und ich hatte keine Lust, mit einer Kerze im Haus herumzutasten.

Aber ich wollte sehen, was jenseits der Mauer war – eine dieser Launen, die den nüchternsten Männern zu schaffen machen. Ich rollte eine ausschweifende Regentonne an den Fuß und balancierte mich behutsam auf ihren morschen Dauben. Dadurch konnte ich mich an der flachen Ziegelsteinplatte festhalten und zog mich hoch.

Ich blickte auf einen kleinen Innenhof mit einer weiteren Mauer dahinter, die jeden Blick auf den Park versperrte. Rechts befand sich das Schloss, links weitere Nebengebäude; Der ganze Ort war in jede Richtung nicht mehr als zwanzig Meter lang. Ich wollte mich gerade auf dem Weg zurückziehen, den ich gekommen war, denn trotz meines Pelzmantels war es auf diesem Platz ungewöhnlich kühl, als ich hörte, wie sich ein Schlüssel in der Tür in der Schlossmauer unter mir drehte.

Eine Laterne erzeugte einen Lichtfleck in der nebligen Dunkelheit. Ich sah, dass die Trägerin eine Frau war, eine ältere Frau mit runden Schultern wie die meisten französischen Bauern. In einer Hand trug sie eine Ledertasche und bewegte sich so lautlos, dass sie Gummistiefel getragen haben musste. Das Licht wurde auf Höhe ihres Kopfes gehalten und beleuchtete ihr Gesicht. Es war das Schlimmste, was ich je gesehen habe, denn eine schreckliche Narbe hatte sich über die Haut der Stirn gezogen und die Augenbrauen hochgezogen, sodass sie wie eine teuflische chinesische Maske aussahen.

Langsam trottete sie über den Hof und trug die Tasche so behutsam, als wäre sie ein Kleinkind. Sie blieb an der Tür eines der Nebengebäude stehen und stellte die Laterne und ihre Last auf den Boden. Aus ihrer Schürze zog sie etwas, das wie eine Gasmaske aussah, und stülpte es sich über den Kopf. Sie zog auch ein Paar lange Stulpen an. Dann schloss sie die Tür auf, nahm die Laterne und ging hinein. Ich hörte, wie sich der Schlüssel hinter ihr drehte.

Als ich an der Wand hockte, spürte ich, wie mir ein hässliches Zittern über den Rücken lief. Ich hatte einen flüchtigen Blick darauf, was der Geist des Kanadiers gewesen sein könnte. Diese Hexe mit der Kapuze wie eine giftige Schlange war zu viel für meinen Magen. Ich ließ mich von der Mauer fallen und rannte – ja, rannte, bis ich die Hauptstraße erreichte und die fröhlichen Scheinwerfer eines Transportwagens sah und die ehrliche Rede des britischen Soldaten hörte. Das brachte mich wieder zur Besinnung und gab mir das Gefühl, wirklich dumm zu sein.

Als ich mit Archie zur Schlange zurückfuhr, schämte ich mich für meine Panik. Ich sagte mir, dass ich nur eine alte Landfrau gesehen hatte, die ihre Hühner füttern wollte. Ich habe meine Vernunft überzeugt, aber ich habe mich nicht ganz überzeugt. Eine gefühllose Angst vor diesem Ort umgab mich, und ich konnte meine Selbstachtung nur wiedergewinnen, indem ich mich entschloss, dorthin zurückzukehren und jeden Winkel zu erkunden.

KAPITEL XIII
Das Abenteuer des Schlosses der Picardie

Ich habe auf der Karte nach Eaucourt Sainte-Anne gesucht, und je mehr ich seine Lage studiert habe, desto weniger gefiel es mir. Es war der Knoten, aus dem alle Hauptrouten zu unserer Picardie-Front hervorgingen. Wenn die Boche uns jemals kaputtmachen sollte, wäre das der Ort, zu dem der alte Hindenburg streben würde. Zu jeder Tages- und Nachtzeit zogen Truppen und Transportzüge durch dieses unbedeutende Dörfchen. Bedeutende Generäle und ihre Stäbe kamen täglich in Sichtweite des Schlosses vorbei. Es war ein bequemer Rastplatz für Bataillone, die zur Ruhe kamen. Angenommen, so argumentierte ich, unsere Feinde wollten einen Schlüsselpunkt für einen Angriff auf die *Moral* , die Disziplin oder die Gesundheit der britischen Armee, dann könnten sie keinen besseren finden als Eaucourt Sainte-Anne. Es war das ideale Spionagezentrum. Aber als ich meine Freunde vom Geheimdienst vorsichtig ansprach, schienen sie sich darüber keine Sorgen zu machen.

Von ihnen erhielt ich einen Zettel an die örtlichen französischen Behörden, und sobald wir Ende Dezember aus der Schlange kamen, machte ich mich direkt auf den Weg in die Landstadt Douvecourt. Glücklicherweise lag unser Divisionsquartier fast nebenan. Ich interviewte einen außergewöhnlichen Mann in schwarzer Uniform und schwarzen Samthandschuhen, der mich freundlich empfing und mir seine Archive und Register zur Verfügung stellte. Zu diesem Zeitpunkt sprach ich ziemlich gut Französisch und hatte ein natürliches Gespür für Sprachen, aber die schnelle Sprache des *Sous-Präfekten* war mir zur Hälfte entgangen. Nach und nach überließ er mir die Papiere und einen Angestellten, und ich machte mich daran, die Geschichte des Schlosses zu recherchieren.

Es gehörte schon lange vor Agincourt dem Adelsgeschlecht der D'Eaucourts, das jetzt durch eine alte Marquise vertreten wurde, die in Biarritz residierte. Sie hatte noch nie in dem Ort gelebt, der ein Dutzend Jahre zuvor in Trümmern verfallen war, als ein reicher Amerikaner ihn pachtete und teilweise restaurierte. Er hatte es bald satt — seine Tochter hatte einen abtrünnigen französischen Kavallerieoffizier geheiratet, mit dem er sich gestritten hatte, sagte der Angestellte —, und seitdem habe es mehrere Mieter gegeben. Ich fragte mich, warum ein so unattraktives Haus so bereitwillig hätte vermietet werden können, aber der Verkäufer erklärte, dass die Ursache die Rebhuhnjagd sei. Es war ungefähr das Beste in Frankreich und hatte 1912 die Rekordtasche gezeigt.

Die Liste der Mieter lag vor mir. Es gab einen zweiten Amerikaner, einen Engländer namens Halford, einen Pariser jüdischen Bankier und einen ägyptischen Prinzen. Aber das Feld für 1913 war leer, und ich fragte den Angestellten danach. Er erzählte mir, dass es von einem Wollfabrikanten aus Lille übernommen worden sei, er die Rebhühner jedoch nie geschossen habe, obwohl er gelegentlich Nächte im Haus verbracht habe. Er hatte einen Pachtvertrag für fünf Jahre und zahlte weiterhin Miete an die Marquise. Ich fragte nach dem Namen, aber der Angestellte hatte es vergessen. „Es wird dort geschrieben", sagte er.

„Aber nein", sagte ich. „Jemand muss über diesem Register geschlafen haben. Nach 1912 gibt es nichts mehr."

Er untersuchte die Seite und blinzelte. „Jemand muss tatsächlich geschlafen haben. Zweifellos war es der junge Louis, der jetzt mit den Waffen in der Champagne unterwegs ist. Aber der Name wird auf der Liste des Kommissars stehen. Es ist, soweit ich mich erinnere, eine Art Flämisch."

Er humpelte davon und kam nach fünf Minuten zurück.

„Bommaerts", sagte er, „Jacques Bommaerts. Ein junger Mann ohne Frau, aber mit Geld – *Dieu de Dieu* , was für Unmengen davon!"

Dieser Angestellte bekam fünfundzwanzig Franken, und er war für den Preis günstig. Ich kehrte voller Ehrfurcht in meine Abteilung zurück. Es war ein wunderbares Schicksal, das mich auf seltsamen Wegen in diese abgelegene Ecke geführt hatte. Erstens der Zufall, dass Hamilton Gresson traf; dann die Nacht in der Clearing Station; Zuletzt das Missgeschick, als Archies Flugzeug im Nebel verloren ging. Ich hatte drei Gründe für den Verdacht: Gressons plötzliche Krankheit, der Geist des Kanadiers und diese schreckliche alte Frau in der Dämmerung. Und jetzt hatte ich eine gewaltige Tatsache. Das Anwesen wurde von einem Mann namens Bommaerts gepachtet, und das war einer der beiden Namen, die der Fremde vom Meer in dieser fernen Spalte im Coolin geflüstert hatte.

Anti-Spionage- Leuten gegangen und hätte ihnen seine Geschichte erzählt. Ich konnte das nicht tun; Ich hatte das Gefühl, dass es sich um meinen privaten Fund handelte und ich die Prospektion selbst durchführen würde. In jeder freien Minute, die ich hatte, grübelte ich über die Sache. An einem frostigen Morgen ritt ich am Schloss vorbei und untersuchte alle Eingänge. Die Hauptstraße war die große Allee mit den verschlossenen Toren. Das führte direkt zur Vorderseite des Hauses, wo sich die Terrasse befand – oder man könnte es auch Rückseite nennen, denn die Haupttür befand sich auf der anderen Seite. Wie auch immer, die Auffahrt führte bis zum Rand der Terrasse und teilte sich dann in zwei Teile. Ein Zweig führte zu den Ställen über die Nebengebäude, wo ich die alte Frau gesehen hatte, der andere umrundete das Haus, umrundete den Graben und mündete in den Nebenstraße kurz vor der Brücke. Wenn ich an diesem ersten Abend mit

Archie nach rechts statt nach links gegangen wäre, hätte ich den Ort ohne Probleme umrunden können.

Im frischen Morgenlicht sah das Haus recht banal aus. Ein Teil davon war so alt wie Noah, aber das meiste war neu und in Jerry-Bauweise gebaut, die Art von flachem, dünnem französischem Schloss, ganz vorne und ohne Tiefe und voller Zugluft und rauchiger Schornsteine. Ich hätte vielleicht hineingehen und den Ort durchsuchen, aber ich wusste, dass ich nichts finden würde. Mir wurde klar, dass dieses Haus erst am Abend interessant war und ich wie Nikodemus bei Nacht kommen musste. Außerdem hatte ich eine private Rechnung, die ich mit meinem Gewissen begleichen musste. Ich hatte den Ort im nebligen Zwielicht erkundet, und es ist nicht angebracht, so etwas auf sich beruhen zu lassen. Der Mut eines Mannes ist wie ein Pferd, das sich einem Zaun widersetzt; Du musst ihn am Kopf packen und ihn erneut unter Druck setzen. Wenn Sie das nicht tun, wird er beim nächsten Mal noch schlimmer funken. Ich hatte nicht genug Mut, um damit etwas zu riskieren, obwohl ich vor vielen Dingen Angst hatte, die größte Angst für mich war die Angst.

Bis Heiligabend hatte ich keine Chance. Am Tag zuvor hatte es geschneit, aber der Frost setzte ein und der Nachmittag endete mit einem grünen Sonnenuntergang, auf dem die Erde knisterte und knisterte wie die Haut eines Hais. Ich aß früh zu Abend und nahm Geordie Hamilton mit, der zu seinen vielen Erfolgen noch das Autofahren hinzufügte. Er war der einzige Mann im BEF, der irgendetwas von dem Spiel erraten hatte, das ich wollte, und ich wusste, dass er so diskret war wie ein Grabstein. Ich zog meine älteste Trenchcap, eine Hose und ein Paar Stiefel mit Scaife-Sohle an, die ich abends immer anzog. Ich hatte eine nützliche kleine elektrische Taschenlampe, die in meiner Tasche steckte und von der ein Kabel zu einer kleinen Glühbirne führte, die mit einem Schalter funktionierte und an meinem Gürtel aufgehängt werden konnte. So hatte ich im Notfall meine Arme frei. Ebenso habe ich meine Pistole umgeschnallt.

Im Weiler Eaucourt Sainte-Anne herrschte in dieser Nacht wenig Verkehr. Es waren nur wenige Autos unterwegs, und die MT-Abteilung schien dem Lärm nach zu urteilen, als sei sie mit einem privaten Ausflug beschäftigt. Es war ungefähr neun Uhr, als wir in die Seitenstraße einbogen, und am Eingang sah ich eine kräftige Gestalt in Khaki, die neben zwei Fahrrädern Wache aufstellte. Etwas an der Geste des Mannes, als er salutierte, kam mir bekannt vor, aber ich hatte keine Zeit, nach zufälligen Erinnerungen zu suchen. Ich ließ das Auto kurz vor der Brücke stehen und nahm die Straße, die mich zur terrassenförmig angelegten Vorderseite des Hauses bringen würde.

Als ich um die Ecke des Schlosses bog und die lange, geisterhafte Fassade weiß im Mondlicht sah, fühlte ich mich weniger sicher. Die Unheimlichkeit des Ortes hat mich getroffen. In dieser stillen, verschneiten Welt ragte es riesig und geheimnisvoll auf mit seinen Reihen von Fensterläden, von denen jedes die Ausstrahlung hatte, die leere Häuser haben und die eine wilde Geschichte verbergen. Ich sehnte mich danach, den alten Peter bei mir zu haben, denn er war der Mann für so einen Ausflug. Ich hatte gehört, dass er in die Schweiz gebracht worden war, und stellte ihn mir jetzt in einem Bergdorf vor, wo der Schnee tief lag. Ich hätte alles dafür gegeben, Peter mit einem ganzen Bein an meiner Seite zu haben.

Ich trat auf die Terrasse und lauschte. Es gab kein Geräusch auf der Welt, nicht einmal das entfernte Rumpeln eines Karrens. Der Haufen ragte über mir auf wie ein Mausoleum, und ich dachte darüber nach, dass es einiges an Mut erfordern musste, in ein leeres Haus einzubrechen. Es würde durchaus Spaß machen, in eine geschäftige Wohnung einzubrechen und sich den Teller zu klauen, wenn die Leute beim Abendessen waren, aber die Leere und Stille zu durchbrechen bedeutete einen Kampf mit den Schrecken in der Seele eines Mannes. In meinem Fall war es noch schlimmer, denn die Aussicht auf Beute bereitete mir keine Freude. Ich wollte vor allem hineingehen, um mein Gewissen zu beruhigen.

Ich hatte keine großen Zweifel, dass ich einen Weg finden würde, denn drei Jahre Krieg und die häufige Anwesenheit unordentlicher Hauptquartierstäbe haben die Verbindungen der meisten Häuser in der Picardie gelockert. Im Allgemeinen gibt es ein Fenster, das nicht verriegelt wird, oder eine Tür , die sich nicht verriegeln lässt. Aber ich habe Fenster für Fenster auf der Terrasse probiert, ohne Ergebnis. Über jedem waren die schweren grünen Sonnenläden heruntergelassen, und als ich die Angeln von einem zerbrach, befand sich darin eine lange Stange, um ihn festzuhalten. Ich begann gerade darüber nachzudenken, ein Regenrohr zu verputzen und es im zweiten Stock zu versuchen, als ein Fensterladen, den ich festgehalten hatte, in meiner Hand zurückschwang. Es war offen gelassen worden, und ich betrat einen Raum, indem ich den Schnee von meinen Stiefeln schob.

Ein Mondlichtschein folgte mir und ich sah, dass ich mich in einem großen Salon mit poliertem Holzboden und dunklen, in Laken gehüllten Möbelstücken befand. Ich klickte auf die Glühbirne an meinem Gürtel und der kleine Lichtkreis zeigte einen Ort, der seit Jahren nicht mehr bewohnt war. Am anderen Ende befand sich eine weitere Tür, und als ich auf Zehenspitzen darauf zuging, fiel mir etwas auf dem Parkett ins Auge. Es war ein Stück Neuschnee, ähnlich dem, der an einem Stiefelabsatz klumpt. Ich hatte es nicht dorthin gebracht. Ein anderer Besucher war hier vorbeigekommen, und zwar nicht lange vor mir.

Ganz vorsichtig öffnete ich die Tür und schlüpfte hinein. Vor mir stand ein Stapel Möbel, der eine Art Sichtschutz bildete, und dahinter blieb ich stehen und lauschte. Es war jemand im Raum. Ich hörte das Geräusch menschlichen Atmens und sanfter Bewegungen; Der Mann, wer auch immer er war, befand sich am anderen Ende von mir, und obwohl durch einen kaputten Fensterladen ein schwacher Mondschein zu sehen war, konnte ich nicht erkennen, was er wollte. Ich fing jetzt an, mich zu amüsieren. Ich wusste von seiner Anwesenheit und er wusste nichts von meiner, und das ist der Sport des Stalkings.

Eine unachtsame Bewegung meiner Hand ließ den Bildschirm knarren. Sofort hörten die Bewegungen auf und es herrschte völlige Stille. Ich hielt den Atem an und nach ein oder zwei Sekunden begannen die winzigen Geräusche erneut. Obwohl meine Augen es mir nicht bestätigen konnten, hatte ich das Gefühl, dass der Mann vor mir bei der Arbeit war und eine sehr kleine, abgeschirmte Taschenlampe benutzte. An der Wand dahinter war nur ein ganz schwacher, sich bewegender Schimmer zu erkennen, der jedoch vielleicht vom spaltenden Mondlicht herrührte.

Offenbar war er beruhigt, denn seine Bewegungen wurden deutlicher. Da stand ein Glas, als wäre ein Tisch zurückgeschoben worden. Wieder herrschte Stille und ich hörte nur das Einatmen. Ich habe sehr scharfe Ohren und für mich klang es, als ob der Mann verunsichert wäre. Der Atem ging schnell und ängstlich.

Plötzlich veränderte es sich und wurde zum Geist einer Pfeife – die Art von Geräusch, das man mit den Lippen und Zähnen macht, ohne dass die Melodie jemals deutlich zum Vorschein kommt. Wir alle tun es, wenn wir mit etwas beschäftigt sind – sich rasieren, Briefe schreiben oder die Zeitung lesen. Aber ich dachte nicht, dass mein Mann beschäftigt war. Er pfiff, um flatternde Nerven zu beruhigen.

Dann fing ich die Luft ein. Es war „Cherry Ripe".

Von einem Moment an, in dem ich mich sehr wohl fühlte, wurde ich nervös. Ich hatte mit dem Unsichtbaren Guckloch gespielt, und der Spieß wurde umgedreht. Mein Herz schlug wie ein Hammer gegen meine Rippen. Ich scharrte mit den Füßen, und wieder herrschte angespannte Stille.

„Maria", sagte ich – und das Wort schien in der Stille wie eine Bombe zu explodieren – „Maria! Ich bin es – Dick Hannay."

Es gab keine Antwort außer einem Schluchzen und dem Geräusch eines schüchternen Schrittes.

Ich ging vier Schritte in die Dunkelheit und erwischte ein zitterndes Mädchen in meinen Armen ...

In den letzten Monaten hatte ich mir oft eine Szene ausgemalt, die den Höhepunkt meines Lebens bedeuten würde. Wenn unsere Arbeit beendet war und der Krieg vergessen war, sprach ich irgendwo – vielleicht auf einer grünen Wiese in Cotswold oder in einem Zimmer eines alten Herrenhauses – mit Mary. Zu diesem Zeitpunkt sollten wir uns gut kennen und ich hätte meine Schüchternheit verloren. Ich würde versuchen, ihr zu sagen, dass ich sie liebte, aber wann immer ich darüber nachdachte, was ich sagen sollte, sank mein Herz, denn ich wusste, ich würde mich lächerlich machen. Du kannst nicht vierzig Jahre lang mein Leben ausschließlich unter Männern führen und dabei hübsche Reden vor Frauen halten. Ich wusste, dass ich stottern und stolpern würde, und ich erfand in meiner Verzweiflung unmögliche Situationen, in denen ich ihr meine Liebe ohne Worte durch ein melodramatisches Opfer klarmachen konnte.

Aber das freundliche Schicksal hatte mir die Mühe erspart. Ohne eine Silbe außer christlichen Namen stammelten wir in dieser unheimlichen Dunkelheit, die wir vollkommen verstanden hatten. Die Feen waren ungesehen am Werk gewesen, und die Gedanken eines jeden von uns waren aufeinander zugegangen, bis die Liebe wie ein Samen im Dunkeln gekeimt war. Während ich sie in meinen Armen hielt, streichelte ich ihr Haar und murmelte Dinge, die einer Erinnerung meiner Vorfahren entsprungen zu sein schienen. Sicherlich hatte meine Zunge sie noch nie zuvor benutzt, noch hatte mein Verstand sie sich vorgestellt ... Nach und nach schlang sie ihre Arme um meinen Hals und strebte mit einem halben Schluchzen auf mich zu. Sie zitterte immer noch.

„Dick", sagte sie und diesen Namen auf ihren Lippen zu hören, war das Süßeste, was ich je erlebt hatte. „Dick, bist du es wirklich? Sag mir, dass ich nicht träume."

„Ich bin es, ganz klar, Mary, meine Liebe. Und jetzt, wo ich dich gefunden habe, werde ich dich nie wieder gehen lassen. Aber, mein kostbares Kind, wie um alles in der Welt bist du hierher gekommen?"

Sie löste sich und ließ ihre kleine elektrische Taschenlampe über mein raues Gewand wandern.

„Du siehst aus wie ein großartiger Krieger, Dick. So habe ich dich noch nie gesehen. Ich war in Doubting Castle und hatte große Angst vor Giant Despair, bis du kamst."

„Ich glaube, ich nenne es das Dolmetscherhaus", sagte ich.

„Es ist das Haus von jemandem, den wir beide kennen", fuhr sie fort. „Er nennt sich hier Bommaerts. Das war einer der beiden Namen, wissen Sie? Ich habe ihn seitdem in Paris gesehen. Oh, es ist eine lange Geschichte und Sie werden alles bald hören. Ich wusste, dass er manchmal hierher kam, also kam ich auch hierher. Ich habe die letzten zwei Wochen im Douvecourt-Krankenhaus, nur vier Meilen entfernt, als Krankenpfleger gearbeitet."

„Aber was hat dich nachts allein geführt?“

„Wahnsinn, denke ich. Auch Eitelkeit. Sehen Sie, ich hatte eine ganze Menge herausgefunden, und ich wollte die eine entscheidende Sache herausfinden, die Mr. Blenkiron verwirrt hatte. Ich sagte mir, es sei dumm, aber ich konnte mich nicht davon fernhalten. Und dann brach mein Mut zusammen, und bevor du kamst, hätte ich beim Geräusch einer Maus geschrien. Wenn ich nicht gepfiffen hätte, hätte ich geweint.“

„Aber warum allein und zu dieser Stunde?“

„Ich konnte tagsüber nicht aussteigen. Und es war am sichersten, alleine zu kommen. Sie sehen, er ist in mich verliebt, und als er hörte, dass ich nach Douvecourt komme, vergaß er seine Vorsicht und schlug vor, mich hier zu treffen. Er sagte, er würde eine lange Reise unternehmen und sich verabschieden. Wenn er mich alleine gefunden hätte – nun, er hätte sich verabschiedet. Wenn jemand bei mir gewesen wäre, hätte er es verdächtigt, und er durfte *mich nicht verdächtigen* . Herr Blenkiron sagt, das wäre für seinen großen Plan fatal. Er glaubt, dass ich wie meine Tanten bin und dass ich ihn für einen Apostel des Friedens halte, der mit seinen eigenen Methoden gegen die Dummheit und Bosheit aller Regierungen arbeitet. Er redet bitterer über Deutschland als über England. Er hatte mir erzählt, dass er sich bei seiner Mission verkleiden und viele Rollen übernehmen musste, und natürlich habe ich ihm applaudiert. Oh, ich hatte einen schwierigen Herbst.“

„Mary“, rief ich, „sag mir, dass du ihn hasst.“

„Nein“, sagte sie leise. „Ich hasse ihn nicht. Das hebe ich für später auf. Ich fürchte ihn verzweifelt. Eines Tages, wenn wir ihn völlig gebrochen haben, werde ich ihn hassen und alle Ähnlichkeit mit ihm aus meinem Gedächtnis vertreiben wie ein unreines Ding. Aber bis dahin werde ich meine Energie nicht mit Hass verschwenden. Wir wollen jedes Atom unserer Kraft aufsparen, um ihn zu besiegen.“

Sie hatte ihre Fassung wiedergefunden und ich schaltete mein Licht ein, um sie anzusehen. Sie trug die Außenuniform einer Krankenschwester und ich dachte, ihre Augen schienen müde zu sein. Das unschätzbare Geschenk, das plötzlich zu mir gekommen war, hatte jede Erinnerung an meinen eigenen Auftrag verdrängt. Ich betrachtete Ivery nur als einen Möchtegern-Liebhaber von Mary und vergaß den Fabrikanten aus Lille, der sein Haus für die Rebhuhnjagd gemietet hatte. „Und du, Dick“, fragte sie; „Gehört es zu den Pflichten eines Generals, nachts leeren Häusern Besuche abzustatten?“

„Ich bin gekommen, um nach Spuren von M. Bommaerts zu suchen. Auch ich bin aus einem anderen Blickwinkel auf seine Spur gekommen, aber diese Geschichte muss warten.“

„Haben Sie bemerkt, dass er heute hier war?"

Sie zeigte auf etwas Zigarettenasche, das auf der Tischkante verschüttet war, und auf eine Stelle auf der Oberfläche, die vom Staub befreit war. „An einem Ort wie diesem würde sich der Staub in ein paar Stunden wieder legen, und das ist ziemlich sauber. Ich sollte sagen, dass er gleich nach dem Mittagessen hier war."

"Großartiger Scott!" Ich weinte: „Was für eine gründliche Rasur! Ich bin in diesem Moment in der Stimmung, ihn sofort zu erschießen. Sie sagen, Sie hätten ihn in Paris gesehen und sein Versteck gekannt. Sicherlich hatten Sie einen guten Fall, um ihm das Halsband anlegen zu lassen."

Sie schüttelte den Kopf. „Herr Blenkiron – er ist auch in Paris – wollte nichts davon hören. Er habe die Sache noch nicht ganz kapiert, sagt er. Wir haben einen Ihrer Namen identifiziert, sind uns aber immer noch nicht sicher, was Chelius betrifft."

„Ah, Chelius! Ja ich sehe. Wir müssen die ganze Angelegenheit abschließen, bevor wir zuschlagen. Hat der alte Blenkiron Glück gehabt?"

„Deine Vermutung bezüglich der ‚Tiefatmend'-Werbung war sehr klug, Dick. Es war wahr, und es könnte uns Chelius bescheren. Ich muss Herrn Blenkiron überlassen, Ihnen zu sagen, wie. Aber das Problem ist folgendes. Wir wissen etwas über die Taten von jemandem, der vielleicht Chelius ist, können ihn aber nicht mit Ivery in Verbindung bringen. Wir wissen, dass Ivery Bommaerts ist, und unsere Hoffnung ist es, Bommaerts mit Chelius zu verbinden. Deshalb bin ich hierher gekommen. Ich habe auf amateurhafte Weise versucht, in diesen Schreibtisch einzubrechen. Es ist ein schlechtes Stück falsches Imperium und verdient es, zerschlagen zu werden."

Ich konnte sehen, dass Mary begierig darauf war, mich wieder auf das Wesentliche zu konzentrieren, und mit einiger Mühe kletterte ich von den jubelnden Höhen herunter. Der Rausch der Sache lastete auf mir – die Winternacht, der Lichtkreis in diesem trostlosen Raum, das plötzliche Zusammentreffen zweier Seelen vom Ende der Welt, die Verwirklichung meiner kühnsten Hoffnungen, die Vergoldung und Verherrlichung all dessen Zukunft. Aber sie hatte immer doppelt so viel Weisheit wie ich, und wir befanden uns mitten in einem Feldzug, der zum Träumen keinen Zweck hatte. Ich richtete meine Aufmerksamkeit auf den Schreibtisch.

Es war ein flacher Tisch mit Schubladen und hinten ein Halbkreis weiterer Schubladen mit einem zentralen Schrank. Ich habe es nach oben gekippt und die meisten Schubladen rutschten heraus und enthielten nichts außer Staub. Zwei davon habe ich mit meinem Messer aufgebrochen und darin befanden sich leere Zigarrenschachteln. Nur der Schrank blieb übrig, und der schien verschlossen zu sein. Ich steckte einen Schlüssel aus meiner Tasche in das Schlüsselloch, aber das Ding ließ sich nicht bewegen.

„Es ist nicht gut", sagte ich. „Er würde nichts, was er schätzte, an einem Ort wie diesem zurücklassen. So ein Kerl geht kein Risiko ein. Wenn er etwas verbergen wollte, gibt es in diesem Schloss hundert Löcher, die den besten Detektiv vor ein Rätsel stellen würden."

„Kannst du es nicht öffnen?" Sie fragte. „Ich habe eine Vorliebe für diesen Tisch. Er saß heute Nachmittag hier und kommt vielleicht zurück."

Ich löste das Problem, indem ich den Schreibtisch hochdrehte und mein Knie durch die Schranktür steckte. Daraus fiel ein kleiner dunkelgrüner Aktenkoffer.

„Das wird langsam ernst", sagte Mary. „Ist es verschlossen?"

Das stimmte, aber ich nahm mein Messer, schnitt das Schloss auf und verschüttete den Inhalt auf dem Tisch. Es gab ein paar Papiere, ein oder zwei Zeitungen und eine kleine Tasche, die mit einer schwarzen Kordel zugebunden war. Das letzte öffnete ich, während Mary mir über die Schulter schaute. Es enthielt ein feines gelbliches Pulver.

„Treten Sie zurück", sagte ich barsch. „Um Gottes willen, treten Sie zurück und atmen Sie nicht."

Mit zitternden Händen band ich die Tasche wieder zu, rollte sie in eine Zeitung und steckte sie in meine Tasche. Denn ich erinnerte mich an einen Tag in der Nähe von Peronne, als in der Nacht ein Boche-Flugzeug vorbeigekommen war und kleine Taschen wie diese abgeworfen hatte. Glücklicherweise wurden sie alle eingesammelt, und die Männer, die sie fanden, waren klug und brachten sie zum nächsten Labor. Es stellte sich heraus, dass sie voller Milzbrandkeime waren....

Ich erinnerte mich, wie Eaucourt Sainte-Anne an der Kreuzung von einem Dutzend Straßen stand, auf denen den ganzen Tag lang Truppen zu und von den Linien fuhren. Von einem solchen Aussichtspunkt aus könnte ein Feind die Gesundheit einer Armee zerstören ...

Ich erinnerte mich an die Frau, die ich in der nebligen Dämmerung im Hof dieses Hauses gesehen hatte, und ich wusste jetzt, warum sie eine Gasmaske getragen hatte.

Diese Entdeckung versetzte mich in einen schrecklichen Schock. Ich wurde krachend von meiner überheblichen Gefühlswelt in etwas Irdisches und Teuflisches gestürzt. Ich war ziemlich gut an den Schmutz von Boche gewöhnt, aber dies kam mir als ein zu düsteres Stück des absolut Verdammten vor. Ich wollte Ivery an der Kehle packen und das Zeug in seinen Körper pressen und zusehen, wie er langsam in den Horror verfiel, den er für ehrliche Männer geschaffen hatte.

„Lass uns diesen höllischen Ort verlassen", sagte ich.

Aber Mary hörte nicht zu. Sie hatte eine der Zeitungen in die Hand genommen und freute sich darüber. Ich schaute und sah, dass eine Werbung für Weissmanns „Tiefenatmungs"-System geöffnet war.

„Oh, schau, Dick", rief sie atemlos.

In der Schriftspalte waren unter bestimmten Wörtern mit einem Rotstift kleine Punkte angebracht.

„Es ist es", flüsterte sie, „es ist die Chiffre – ich bin mir fast sicher, dass es die Chiffre ist!"

„Nun, er würde es wahrscheinlich wissen, wenn es jemand wüsste."

„Aber sehen Sie nicht, dass es die Chiffre ist, die Chelius verwendet – der Mann in der Schweiz? Oh, ich kann es jetzt nicht erklären, denn es ist sehr lang, aber ich glaube – ich glaube – ich habe herausgefunden, was wir alle wollten. Chelius..."

„Whisht!" Ich sagte. "Was ist das?"

Von draußen war ein seltsames Geräusch zu hören, als ob in der stillen Nacht plötzlich ein Wind aufgekommen wäre.

„Es ist nur ein Auto auf der Hauptstraße", sagte Mary.

„Wie bist du reingekommen?" Ich fragte.

„Am kaputten Fenster im Nebenzimmer. Eines Morgens bin ich mit dem Fahrrad hierher gefahren, bin umhergelaufen und habe den kaputten Verschluss gefunden."

„Vielleicht ist es absichtlich offen gelassen. Vielleicht besucht M. Bommaerts auf diese Weise sein Landhaus ... Lasst uns verschwinden, Mary, denn auf diesem Ort liegt ein Fluch. Es verdient Feuer vom Himmel."

Ich steckte den Inhalt des Aktenkoffers in meine Taschen. „Ich werde dich zurückfahren", sagte ich. „Ich habe da draußen ein Auto."

„Dann musst du mein Fahrrad und meinen Diener auch mitnehmen. Er ist ein alter Freund von Ihnen – ein gewisser Andrew Amos."

„Wie um alles in der Welt ist Andrew hierhergekommen?"

„Er ist einer von uns", sagte Mary und lachte über meine Überraschung. „Ein äußerst nützliches Mitglied unserer Gruppe, derzeit als *Krankenpfleger* im

Lady Manorwater's Hospital in Douvecourt verkleidet. Er lernt Französisch und ..."

"Stille!" Ich flüsterte. „Da ist jemand im Nebenzimmer."

Ich schob sie hinter einen Möbelstapel, während mein Blick auf den Lichtspalt unter der Tür gerichtet war. Der Griff drehte sich und die Schatten huschten vor einer großen elektrischen Lampe, wie man sie in Ställen hat. Ich konnte den Träger nicht sehen, aber ich vermutete, dass es die alte Frau war.

Hinter ihr stand ein Mann. Auf dem Parkett war ein zügiger Schritt zu hören, und eine Gestalt huschte an ihr vorbei. Es trug das Horizontblau eines französischen Offiziers, sehr elegant, mit französischen Reitstiefeln, die die Form des Beins zeigen, und einem hübschen, mit Pelz gefütterten Pelisse. Ich hätte ihn einen jungen Mann genannt, nicht älter als fünfunddreißig. Das Gesicht war braun und glatt rasiert, die Augen strahlend und herrschaftlich ... Doch er täuschte mich nicht. Ich hatte Sir Walter gegenüber nicht untätig geprahlt, als ich sagte, dass es einen Mann am Leben gäbe, den ich nie wieder verwechseln dürfe.

Ich hatte meine Hand an meiner Pistole, als ich Mary bedeutete, weiter in die Dunkelheit zurückzutreten. Einen Moment lang wollte ich schießen. Ich hatte eine perfekte Note und hätte ihm mit absoluter Sicherheit eine Kugel durch den Kopf jagen können. Ich glaube, wenn ich allein gewesen wäre, hätte ich vielleicht geschossen. Vielleicht nicht. Jedenfalls konnte ich es jetzt nicht tun. Es kam mir vor, als würde man einem sitzenden Kaninchen einen Korb geben. Obwohl er mein schlimmster Feind war, war ich gezwungen, ihm eine Chance zu geben, während meine nüchternen Sinne mich die ganze Zeit über einen Narren nannten.

Ich trat ins Licht.

„Hallo, Mr. Ivery", sagte ich. „Das ist ein seltsamer Ort, um sich wieder zu treffen!"

In seiner Verwunderung wich er einen Schritt zurück, während sein hungriger Blick mein Gesicht erfasste. Es gab keinen Fehler bei der Anerkennung. Ich sah etwas in ihm, das ich schon einmal gesehen hatte, und das war Angst. Das Licht ging aus und er sprang zur Tür.

Ich habe im Dunkeln geschossen, aber der Schuss muss zu hoch gewesen sein. Im selben Moment hörte ich, wie er auf dem glatten Parkett ausrutschte und das Klirren von Glas, als das zerbrochene Fenster aufschwang. Hastig überlegte ich, dass sein Wagen am Grabenende der Terrasse stehen musste und dass er daher, um dorthin zu gelangen, genau an diesem Raum vorbeifahren musste. Ich ergriff den beschädigten Sekretär, benutzte ihn als

Ramme und stürmte auf das Fenster in meiner Nähe. Die Scheiben und Fensterläden gingen krachend zu Boden, denn ich hatte das Ding aus seinem morschen Rahmen getrieben. In der nächsten Sekunde befand ich mich im mondbeschienenen Schnee.

Ich schoss auf ihn, als er über die Terrasse ging, und wieder ging ich daneben. Mit einer Pistole war ich nie in Bestform. Dennoch glaubte ich, ihn erwischt zu haben, denn der Wagen, der unten wartete, musste am Graben zurückkommen, um zur Landstraße zu gelangen. Aber ich hatte die großen geschlossenen Parktore vergessen. Irgendwie mussten sie geöffnet worden sein, denn sobald das Auto ansprang, fuhr es direkt auf die Grand Avenue zu. Danach versuchte ich es mit ein paar Fernschüssen, und einer musste entweder Ivery oder seinen Chauffeur beschädigt haben, denn ein Schmerzensschrei ertönte zurück.

Ich drehte mich zutiefst betrübt um und stellte fest, dass Mary neben mir stand. Sie brach vor Lachen über.

„Warst du jemals ein Kinoschauspieler, Dick? Die letzten zwei Minuten waren eine wirklich hochklassige Leistung. „Mit Mary Lamington.“ Wie lautet der Jargon?“

„Ich hätte ihn erwischen können, als er das erste Mal hereinkam“, sagte ich reumütig.

„Ich weiß“, sagte sie mit ernsterem Ton. „Nur konnten Sie das natürlich nicht... Außerdem will Mr. Blenkiron es nicht – noch nicht.“

Sie legte ihre Hand auf meinen Arm. „Mach dir darüber keine Sorgen. Es stand nicht geschrieben, dass es so passieren sollte. Es wäre zu einfach gewesen. Wir haben noch einen langen Weg vor uns, bevor wir den Wildvögeln die Flügel stutzen.“

„Schau“, rief ich. „Das Feuer vom Himmel!“

Rote Flammenzungen schossen aus den Nebengebäuden am anderen Ende, dem Ort, an dem ich die Frau zum ersten Mal gesehen hatte. Es musste ein vereinbarter Plan umgesetzt worden sein, und Ivery vernichtete alle Spuren seines berüchtigten gelben Pulvers. Selbst jetzt würde sich die *Concierge* mit ihrem ganzen Hab und Gut in irgendeinen Zufluchtsort im Dorf verstecken.

In der noch trockenen Nacht stiegen die Flammen auf, denn der Ort musste für ein schnelles Abbrennen vorbereitet worden sein. Als ich Mary um den Wassergraben herumführte, konnte ich sehen, dass ein Teil des Hauptgebäudes Feuer gefangen hatte. Der Weiler war erwacht, und bevor wir die Ecke der Landstraße erreichten, eilten schläfrige britische Soldaten auf den Ort des Geschehens zu, und der Bürgermeister der Stadt versammelte die Feuerwehr. Ich wusste, dass Ivery seine Pläne gut durchdacht hatte und dass sie keine Chance hatten – dass das Schloss von Eaucourt Sainte-Anne lange vor Tagesanbruch ein Haufen Asche sein würde und dass in ein oder zwei Tagen die Anwälte der alten Marquise eingreifen würden Biarritz würde mit der Versicherungsgesellschaft streiten.

An der Ecke stand Amos neben zwei Fahrrädern, solide wie ein geschnitztes Bild. Er erkannte mich mit einem zahnlückenhaften Grinsen.

„Es ist eine heiße Nacht, General, aber die Hausbrände brennen weiter. Ich habe seit Dicksons Mühle in Gawly keinen so fröhlichen Lowe mehr gesehen.“

Wir packten mitsamt Fahrrädern mein Auto, während Amos auf dem schmalen Sitz neben Hamilton saß. Er erkannte einen Landsmann und bedankte sich im breitesten dorischen Stil für den Aufschwung. „Denn“, sagte er, „ich bin nicht gerade das, was man als geübten Handlanger mit einem Velociped bezeichnen würde, und meine Füße sind verdorben, weil ich im Schnee stehe.“

Für mich vergingen die Meilen bis Douvecourt wie in einem glückseligen Moment. Ich wickelte Mary in einen Pelzteppich, und danach sprachen wir kein Wort mehr. Ich war plötzlich in einen großen Besitz gelangt und war von der Freude darüber überwältigt.

KAPITEL XIV
Herr Blenkiron spricht über Liebe und Krieg

Drei Tage später erhielt ich den Befehl, mich zum Sonderdienst in Paris zu melden. Sie kamen nicht zu früh, denn jede Stunde Verspätung ärgerte mich. Jeder Gedanke in meinem Kopf war auf das Spiel gerichtet, das wir gegen Ivery spielten. Er war der große Feind, im Vergleich zu dem der gewöhnliche Boche in den Schützengräben unschuldig und freundlich war. Ich hatte fast das Interesse an meiner Division verloren, denn ich wusste, dass die eigentliche Kampffront für mich nicht in der Picardie lag und dass meine Aufgabe nicht so einfach war wie das Halten einer Linie. Außerdem sehnte ich mich danach, bei der gleichen Arbeit wie Mary zu sein.

Ich erinnere mich, wie ich am Morgen nach der Nacht im Schloss in Quartieren aufwachte und das Gefühl hatte, außerordentlich reich geworden zu sein. Ich fühlte mich auch sehr demütig und der ganzen Welt gegenüber sehr freundlich – sogar gegenüber dem Boche, obwohl ich nicht sagen kann, dass ich ihn jemals besonders heftig gehasst hätte. Unter Journalisten und Politikern im eigenen Land findet man mehr Hass als unter kämpfenden Männern. Ich wollte zum Nachdenken ruhig und allein sein, und da das unmöglich war, ging ich meiner Arbeit in glücklicher Geistesabwesenheit nach. Ich versuchte, nicht nach vorne zu blicken, sondern nur in der Gegenwart zu leben, und erinnerte mich daran, dass Krieg herrschte, dass verzweifelte und gefährliche Geschäfte vor mir lagen und dass meine Hoffnungen an einem dünnen Faden hingen. Dennoch musste ich manchmal meinen Fantasien freien Lauf lassen und in köstlichen Träumen schwelgen.

Aber es gab einen Gedanken, der mich immer wieder auf harten Boden zurückbrachte, und das war Ivery. Ich glaube nicht, dass ich irgendjemanden auf der Welt außer ihm gehasst habe. Es war seine Beziehung zu Maria, die mich schmerzte. Er hatte trotz seiner krötenhaften Vergangenheit die Unverschämtheit, mit diesem sauberen und strahlenden Mädchen zu schlafen. Ich hatte das Gefühl, dass er und ich als tödliche Gegenspieler dastanden, und der Gedanke gefiel mir, denn er half mir, eine gewisse ehrliche Abscheu in meinen Job zu bringen. Außerdem wollte ich gewinnen. Zweimal war ich gescheitert, aber beim dritten Mal sollte es mir gelingen. Es war, als würde man mit einer Waffe gezielt schießen – der erste war zu kurz, der zweite zu weit, und ich schwor mir, dass der dritte genau ins Schwarze treffen würde.

Ich wurde ins Hauptquartier gerufen, wo ich eine halbe Stunde mit dem größten britischen Befehlshaber sprach. Ich kann noch immer sein geduldiges, freundliches Gesicht und diesen ruhigen Blick sehen, den kein

Zufall des Schicksals aus der Fassung bringen konnte. Er vertrat die größte Ansicht, denn er war sowohl Staatsmann als auch Soldat und wusste, dass die ganze Welt ein einziges Schlachtfeld war und jeder Mann und jede Frau unter den kämpfenden Nationen an der Front stand. Die menschliche Natur ist so widersprüchlich, dass dieses Gespräch in mir den Wunsch weckte, für einen Moment dort zu bleiben, wo ich war. Ich wollte weiter unter diesem Mann dienen. Plötzlich wurde mir klar, wie sehr ich meine Arbeit liebte, und als ich an diesem Abend in mein Quartier zurückkam und sah, wie meine Männer von einem Marsch auf die Straße kamen, hätte ich wie ein Hund heulen können, als ich sie verlassen hätte. Auch wenn ich es sage, wer das nicht sollte: Es gab keine bessere Division in der Armee.

Ein paar Tage später holte ich Mary eines Morgens in Amiens ab. Ich mochte den Ort schon immer, denn nach dem Schmutz der Somme war es ein Trost, dorthin zu gehen, um ein Bad zu nehmen und eine ordentliche Mahlzeit zu sich zu nehmen, und es gab die edelste Kirche, die je von Menschenhand für Gott gebaut wurde. Es war ein klarer Morgen, als wir den Boulevard neben dem Bahnhof verließen; und die Luft roch nach gewaschenen Straßen und frischem Kaffee, und Frauen gingen auf den Markt, und die kleinen Straßenbahnen fuhren klappernd vorbei, genau wie in jeder anderen Stadt, weit weg vom Lärm der Waffen. Es gab nur sehr wenig Khaki oder Horizontblau, und ich erinnere mich, wie ich darüber nachdachte, wie vollständig Amiens aus dem Kriegsgebiet herausgekommen war. Zwei Monate später war es eine andere Geschichte.

Bis zum Ende werde ich diesen Tag als einen der glücklichsten in meinem Leben bezeichnen. Der Frühling lag in der Luft, obwohl die Bäume und Felder noch immer ihre Winterfärbung hatten. Tausend gute, frische Düfte kamen aus der Erde, und die Lerchen waren fleißig an den neuen Furchen. Ich erinnere mich, dass wir eine kleine Schlucht hinaufliefen, wo sich ein Bach zu Teichen zwischen Sanddünen ausbreitete und die Bäume am Straßenrand voller Mistelzweige waren. Auf der Hochebene jenseits des Somme-Tals schien die Sonne wie im April. In Beauvais haben wir in einem Gasthaus schlecht zu Mittag gegessen – schlecht, was das Essen angeht, aber es gab einen ausgezeichneten Burgunder für zwei Francs die Flasche. Dann glitten wir durch kleine, flachbrüstige Ortschaften hinunter zur Seine und kamen am späten Nachmittag durch den Wald von St. Germains. Die weiten Grünflächen zwischen den Bäumen versetzen meine Fantasie in die göttliche ländliche Landschaft Englands, in der Mary und ich eines Tages unser Zuhause finden würden. Sie war die ganze Reise über in Hochstimmung gewesen, aber als ich von den Cotswolds sprach, wurde ihr Gesicht ernst.

„Lass uns nicht darüber reden, Dick", sagte sie. „Es ist ein zu glückliches Ding und ich habe das Gefühl, als würde es verdorren, wenn wir es berühren würden. Ich lasse mich nicht an Frieden und Heimat denken, denn es macht mir zu viel Heimweh ... Ich denke, wir werden eines Tages dort ankommen, du und ich ... aber es ist ein langer Weg zu den Köstlichen Bergen, und Faithful, Weißt du, man muss zuerst sterben ... Es gibt einen Preis, der bezahlt werden muss."

Die Worte ernüchterten mich.

„Wer ist unser Gläubiger?" Ich fragte.

"Ich weiß nicht. Aber er war der Beste unter den Pilgern."

Dann, als hätte sich ein Schleier gelüftet, änderte sich ihre Stimmung, und als wir durch die Vororte von Paris kamen und die Champs-Élysées entlanggingen, war sie in Urlaubslaune. Die Lichter funkelten in der blauen Januardämmerung und der warme Hauch der Stadt begrüßte uns. Ich wusste wenig über den Ort, denn ich hatte ihn nur einmal während eines viertägigen Paris-Urlaubs besucht, doch damals schien er mir die bewohnbarste aller Städte zu sein, und jetzt, als ich mit Maria an meiner Seite vom Schlachtfeld kam, es war wie das glückliche Ende eines Traums.

Ich ließ sie im Haus ihrer Cousine in der Nähe der Rue St. Honoré zurück und ließ mich gemäß den Anweisungen im Hôtel Louis Quinze nieder. Dort nahm ich ein heißes Bad und schlüpfte in die Zivilkleidung, die mir aus London zugesandt worden war. Sie gaben mir das Gefühl, dass ich mich für immer und für immer von meiner Abteilung verabschiedet hatte. Blenkiron hatte ein Privatzimmer, in dem wir speisen sollten; und einen wundervolleren Haufen Bücher und Zigarrenkisten habe ich noch nie gesehen, denn er hatte keine Ahnung von Ordnung. Ich konnte ihn im angrenzenden Schlafzimmer auf seiner Toilette grunzen hören und bemerkte, dass der Tisch für drei gedeckt war. Ich ging nach unten, um eine Zeitung zu holen, und traf unterwegs auf Launcelot Wake.

Er war kein Soldat mehr in einem Arbeitsbataillon. Unter seinem Mantel waren Abendkleider zu sehen. „Hallo Wake, bist du auch in diesem Push?"

„Das nehme ich an", sagte er, und seine Art war nicht freundlich. „Jedenfalls wurde ich hierherbeordert. Meine Aufgabe ist es, zu tun, was mir gesagt wird."

„Kommen Sie zum Essen?" Ich fragte.

"NEIN. Ich esse mit ein paar Freunden im Crillon."

Dann sah er mir ins Gesicht und seine Augen waren heiß, als ich mich zum ersten Mal an sie erinnerte. „Ich habe gehört, dass ich dir gratulieren muss, Hannay", und er streckte eine schlaffe Hand aus.

Ich habe noch nie mehr Feindseligkeit bei einem Menschen gespürt.

„Gefällt es dir nicht?" Ich sagte, denn ich wusste, was er meinte.

„Wie um alles in der Welt kann es mir gefallen?" er weinte wütend. „Mein Gott, Mann, du wirst ihre Seele ermorden. Du bist ein gewöhnlicher, dummer, erfolgreicher Kerl und sie – sie ist das Kostbarste, was Gott je geschaffen hat. Man kann nie auch nur einen Bruchteil ihrer Kostbarkeit begreifen, aber man wird ihr schon die Flügel stutzen. Sie kann jetzt nie mehr fliegen ..."

Er schüttete mir dieses hysterische Zeug am Fuß der Treppe aus, während er gerade die Ohren einer älteren französischen Witwe mit einem Pudel hörte. Ich hatte keinen Impuls, wütend zu sein, denn ich war viel zu glücklich.

„Nicht, Wake", sagte ich. „Wir sind alle zu nah beieinander, um uns zu streiten. Mir passen die schwarzen Mary-Schuhe nicht. Du kannst mich nicht zu niedrig oder sie zu hoch setzen. Aber ich habe zumindest den Sinn, es zu wissen. Du konntest nicht wollen, dass ich bescheidener bin, als ich mich fühlte."

Er zuckte mit den Schultern, als er auf die Straße ging. „Deine höllische Großmut würde jedem Mann die Laune brechen."

Ich ging nach oben und fand Blenkiron, gewaschen und rasiert, und bewunderte ein Paar helle Lackschuhe.

„Warum, Dick, ich habe es wirklich satt, dich zu sehen. Ich hatte Angst, dass du zum Ruhm aufsteigen würdest, denn ich habe in den Zeitungen schreckliche Dinge über deine Kämpfe gelesen. Die Kriegsberichterstatter machen mir Sorgen, deshalb kann ich nicht frühstücken."

Er mixte Cocktails und stieß sein Glas auf meins an. „Auf die junge Dame. Ich habe versucht, ihr ein hübsches kleines Sonett zu schreiben, aber die verdammten Reime passten nicht. Ich habe dir eine Menge Dinge zu sagen, wenn wir mit dem Abendessen fertig sind."

Mary kam herein, ihre Wangen strahlten vom Wetter, und Blenkiron war sofort beschämt. Aber sie hatte eine Möglichkeit, seiner Schüchternheit zu begegnen, denn als er eine verlegene Rede mit guten Wünschen begann, legte sie ihre Arme um seinen Hals und küsste ihn. Seltsamerweise beruhigte ihn das völlig.

Es war angenehm, wieder aus Leinen und Porzellan zu essen, es war angenehm, das gütige Gesicht des alten Blenkiron zu sehen und die Art, wie er sein Essen verzehrte, aber es war köstlich für mich, mit Mary am Tisch zu sitzen und zu essen. Ich hatte das Gefühl, dass sie wirklich mir gehörte und nicht wie eine Elfe, die bei einem Wort verschwinden würde. Für Blenkiron wirkte sie wie eine liebevolle, aber schelmische Tochter, während die verzweifelt raffinierten Manieren, die ihn quälten, wenn es um Frauen ging, zu so etwas wie seinem alltäglichen Selbst milderten. Sie unterhielten sich hauptsächlich, und ich erinnere mich, dass er aus einem geheimnisvollen Versteck eine große Schachtel Pralinen holte, die man in Paris nicht mehr kaufen konnte, und die beiden aßen sie wie verwöhnte Kinder. Ich wollte nicht reden, denn es war pures Glück für mich, dabei zuzusehen. Ich liebte es, sie zu beobachten, als die Dienerschaft gegangen war, wie sie die Ellenbogen auf den Tisch gestützt hatte wie ein Schuljunge, ihr krauses goldenes Haar ein wenig zerzaust, wie sie mit Begeisterung Walnüsse knackte, wie ein Kind, das man für Nachtisch und Geld aus dem Kinderzimmer verlassen darf das Beste daraus zu machen.

Mit seiner ersten Zigarre machte sich Blenkiron an die Arbeit.

„Sie möchten etwas über die Personalarbeit erfahren, mit der wir zu Hause beschäftigt waren. Dank dir ist es jetzt fertig, Dick. Wir kamen nicht so schnell voran, bis Sie anfingen, die Presse auf Ihrem Krankenbett zu belästigen und uns den Hinweis auf die „Tiefatmen"-Werbung hinterließen."

„Dann war da etwas drin?" Ich fragte.

„Da war die schwarze Hölle drin. Es gab keinen Gussiter, aber es gab ein mächtiges, feines kleines Syndikat von Gaunern mit dem alten Mann Gresson an der Spitze. Als Erstes machte ich mich daran, die Chiffre zu besorgen. Es hat einiges an Sucharbeit gedauert, aber es gibt keine Chiffre auf der Erde, man kann sie nicht irgendwie finden, wenn man weiß, dass sie da ist, und in diesem Fall haben uns die Rückmeldungen in den deutschen Zeitungen sehr geholfen. Es war schlimm, als wir es lasen, und es erklärte die verdammten Lecks in wichtigen Themen, mit denen wir es zu tun hatten. Zuerst dachte ich daran, die Sache am Laufen zu halten und Gussiter in eine Aktiengesellschaft mit John S. Blenkiron als Präsident umzuwandeln. Aber das ging nicht, denn beim ersten Anzeichen einer Manipulation ihrer Kommunikation geriet die ganze Gruppe in Aufruhr und sendete SOS-Signale aus. Also haben wir die Blumen liebevoll gepflückt."

„Gresson auch?" Ich fragte.

Er nickte. „Ich schätze, Ihr Seemannsgefährte liegt jetzt unter dem Rasen. Wir hatten genug Beweise gesammelt, um ihn zehnmal aufzuhängen ... Aber das war das Geringste. Denn deine kleine alte Chiffre, Dick, hat uns eine Nachricht über Ivery gegeben.

Ich fragte wie, und Blenkiron erzählte mir die Geschichte. Er verfügte über rund ein Dutzend Kreuzpeile, die bewiesen, dass die Organisation des „Tiefatmenden"-Spiels ihren Sitz in der Schweiz hatte. Er verdächtigte Ivery von Anfang an, aber der Mann war aus seinem Blickfeld verschwunden, also begann er von der anderen Seite aus zu arbeiten, und anstatt zu versuchen, das Schweizer Geschäft von Ivery abzuleiten, versuchte er, Ivery vom Schweizer Geschäft abzuleiten. Er ging nach Bern und machte sich mehrere Wochen lang in der Öffentlichkeit auffällig lächerlich. Er nannte sich dort einen Agenten der amerikanischen Propaganda, belegte einige Werbeflächen in der Presse und kündigte seine Mission in großem Stil an, was zur Folge hatte, dass die Schweizer Regierung damit drohte, ihn aus dem Land zu verweisen, wenn er diesen Betrag manipulierte mit ihrer Neutralität. Außerdem schrieb er in den Genfer Zeitungen, für deren Druck er Geld bezahlte, viel Unsinn, in dem er erklärte, er sei ein Pazifist und wolle Deutschland durch „inspirierende Werbung für rein gesinnte Kriegsziele" zum Frieden bekehren. All dies entsprach seinem englischen Ruf und er wollte sich zum Köder für Ivery machen.

Aber Ivery ließ sich nicht von der Idee leiten, und obwohl er ein Dutzend Agenten hatte, die im Stillen für ihn arbeiteten, konnte er den Namen Chelius nie hören. Er meinte, das sei ein sehr privater und besonderer Name unter den Wildvögeln. Allerdings erfuhr er viel über die Schweizer Seite des „Tiefatmen"-Geschäfts. Das war aufwändig und hat viel Geld gekostet. Seine besten Leute waren ein Mädchen, das sich als *Schaufensterpuppe* in einer Hutmacherei in Lyon ausgab, und eine *Concierge* in einem großen Hotel in St. Moritz. Seine wichtigste Entdeckung war, dass es in den aus der Schweiz gesendeten Antwortnachrichten eine zweite Chiffre gab, die sich von der Chiffre unterschied, die die Gussiter-Gruppe in England verwendete. Er bekam diese Chiffre, aber obwohl er sie lesen konnte, konnte er nichts daraus machen. Er kam zu dem Schluss, dass es sich um ein sehr geheimes Kommunikationsmittel zwischen dem inneren Kreis der Wildvögel handelte und dass Ivery im Hintergrund stehen musste ... Aber er war noch weit davon entfernt, etwas Wichtiges herauszufinden.

Dann änderte sich die ganze Situation, denn Mary nahm Kontakt zu Ivery auf. Ich muss sagen, sie benahm sich wie ein schamloses Luder, denn sie schrieb ihm immer wieder an eine Adresse, die er ihr einmal in Paris gegeben hatte, und plötzlich bekam sie eine Antwort. Sie war selbst in Paris, half beim Betrieb einer der Eisenbahnkantinen und wohnte bei ihren französischen Cousins, den de Mezières. Eines Tages kam er, um sie zu besuchen. Das zeigte die Kühnheit und Klugheit des Mannes, denn die gesamte Geheimpolizei Frankreichs war hinter ihm her und kam nie in Sicht- oder Hörweite. Doch hierher kam er am Nachmittag ganz offen, um mit einem englischen Mädchen Tee zu trinken. Es zeigte etwas anderes, was mich zum Lästern brachte. Ein Mann, der in seinem Beruf so entschlossen und zielstrebig war, muss ziemlich verliebt gewesen sein, um ein solches Risiko einzugehen.

Er kam, und er nannte sich Capitaine Bommaerts, mit einem Transportjob im Stab der französischen GQG. Er gehörte auch zu Recht zum Stab. Mary sagte, als sie diesen Namen hörte, wäre sie fast hingefallen. Er war ganz offen zu ihr und sie zu ihm. Sie sind beide Friedensstifter und bereit, für ein großes Ideal die Gesetze jedes Landes zu brechen. Gott weiß, was sie miteinander geredet haben. Mary sagte, sie würde bis zu ihrem Tod erröten, wenn sie daran denken würde, und ich vermutete, dass es ihrerseits eine Mischung aus Launcelot Wake in seiner pedantischsten Form und schulmädchenhafter Albernheit war.

Er kam wieder, und sie trafen sich oft, ohne dass die anständige Madame de Mezières es wusste. Sie spazierten zusammen durch den Bois de Boulogne, und einmal fuhr sie mit klopfendem Herzen mit ihm zum Mittagessen nach Auteuil. Er sprach von seinem Haus in der Picardie, und es gab Momente, wie ich vermutete, in denen er zum erklärten Liebhaber wurde, der mit hoydenischer Schüchternheit zurückgewiesen wurde. Plötzlich wurde das Tempo zu heiß, und nach einigen qualvollen Auseinandersetzungen mit Bullivant am Ferngespräch ging sie nach Douvecourt in das Krankenhaus von Lady Manorwater. Sie ging dorthin, um ihm zu entkommen, aber hauptsächlich, glaube ich, um einen Blick auf das Schloss von Eaucourt Sainte-Anne zu werfen – wohlgemerkt, am ganzen Körper zitternd.

Ich musste nur an Maria denken, um zu wissen, was Jeanne d'Arc war. Kein jemals geborener Mensch hätte so etwas tun können. Es war keine Rücksichtslosigkeit. Es war purer berechnender Mut.

Dann nahm Blenkiron die Geschichte auf. Der Zeitung zufolge war der Weihnachtsabend im Schloss von enormer Bedeutung, denn Bommaerts hatte in der Anzeige die ganz besondere zweite Chiffre der Wildvögel hervorgehoben. Das bewies, dass Ivery im Hintergrund des Schweizer Geschäfts stand. Aber Blenkiron sorgte doppelt dafür.

„Ich dachte, es sei an der Zeit", sagte er, „für wertvolle Noos viel zu bezahlen, also verkaufte ich dem Feind ein sehr hübsches Gerät." Wenn du dich jemals mit Chiffren und illegaler Korrespondenz beschäftigt hättest, Dick, wüsstest du, dass die einzige Art von Dokument, auf die du nicht mit unsichtbarer Tinte schreiben kannst, beschichtetes Papier ist, wie sie in den Wochenzeitungen zum Abdrucken von Fotos von Hauptdarstellerinnen verwendet werden und die Herrenhäuser Englands. Alles, was nass ist und damit in Berührung kommt, lässt die Oberfläche ein wenig wellen, und mit einem Mikroskop kann man erkennen, ob jemand daran herumgespielt hat. Nun, wir hatten das Glück, herauszufinden, wie wir diese kleine Schwierigkeit überwinden können – wie man mit einer Feder auf glasiertem Papier schreibt, sodass der netteste Analytiker es nicht erkennen kann, und wie man auch die Schrift erkennt. Ich beschloss, diese Erfindung zu opfern, mein Brot ins Wasser zu werfen und im Gegenzug eine große Bäckerei zu kaufen ... Ich ließ sie an den Feind verkaufen. Der Auftrag erforderte eine sorgfältige Abwicklung, aber der zehnte Mann von mir – er war ein österreichischer Jude – machte den Deal und kassierte fünfzigtausend Dollar. Dann habe ich mich zurückgehalten, um zuzusehen, wie mein Freund das Gerät benutzen würde, und ich habe nicht lange gewartet."

Er holte ein gefaltetes Blatt *L'Illustration aus seiner Tasche* . Über eine Fotogravurplatte liefen mit großer, ausgestreckter Hand einige Worte, als wären sie mit einem Pinsel geschrieben.

„Als ich sie gestern bekam", sagte er, „war die Seite ein unscheinbares Bild von General Pétain, der Militärmedaillen überreichte." Es gab keinen Kratzer oder eine Welle auf der Oberfläche. Aber ich habe mich damit beschäftigt, und siehe da!"

Er nannte zwei Namen. Die Schrift bestand aus einer Reihe von Schlüsselwörtern, die wir nicht kannten, aber zwei Namen stachen hervor, die ich zu gut kannte. Es waren „Bommaerts" und „Chelius".

"Mein Gott!" Ich weinte: „Das ist unheimlich." Es zeigt nur, dass, wenn man lange genug kaut –"

„Dick", sagte Mary, „das darfst du nicht noch einmal sagen. Bestenfalls ist es eine hässliche Metapher, und Sie machen daraus eine Plattitüde."

„Wer ist Ivery überhaupt?" Ich fragte. „Wissen Sie mehr über ihn, als wir im Sommer wussten? Mary, was hat Bommaerts vorgetäuscht?"

"Ein Engländer." Mary sprach im sachlichsten Ton, als wäre es völlig normal, von einem Spion geliebt zu werden, und das linderte meinen Ärger eher. „Als er mich bat, ihn zu heiraten, schlug er vor, mich in ein Landhaus in Devonshire mitzunehmen. Ich glaube auch eher, dass er einen Platz in Schottland hatte. Aber natürlich ist er ein Deutscher."

„Ja", sagte Blenkiron langsam, „ich habe seine Akte gelesen und es ist keine schöne Geschichte. Es hat einiges an Arbeit gekostet, aber ich habe jetzt alle Verbindungen getestet ... Er ist ein Boche und ein großer Adliger in seinem eigenen Staat. Haben Sie jemals vom Grafen von Schwabing gehört?"

Ich schüttelte den Kopf.

„Ich glaube, ich habe Onkel Charlie von ihm sprechen hören", sagte Mary und runzelte die Brauen. „Er jagte früher mit den Pytchley."

„Das ist der Mann. Aber er hat die Pytchley in den letzten acht Jahren nicht belästigt. Es gab eine Zeit, da war er am deutschen Hof das Letzte, was an Klugheit zu bieten hatte – Gardeoffizier, aus einer alten Familie, reich, verdammt klug – mit allem Drum und Dran. Kaiser mochte ihn, und es ist leicht zu verstehen, warum. Ich schätze, ein Mann, der so viele Persönlichkeiten hatte wie der Graf, war nach dem Abendessen eine amüsante Gesellschaft. Vor allem unter den Deutschen, die meiner Erfahrung nach nicht in der leichteren Art glänzen. Jedenfalls war er Williams weißhaariger Junge, und es gab keine Mutter mit einer Tochter, die es nicht auf Otto von Schwabing abgesehen hatte. Er war in London und New York ungefähr genauso beliebt – und auch in Paris. Frag Sir Walter nach ihm, Dick. Er sagt, er hätte doppelt so viel Verstand wie Kuhlmann und bessere Manieren als der Österreicher, über den er immer geredet hatte … Nun, eines Tages kam es zu einem gewaltigen Gerichtsskandal, und die Welt des Grafen brach zusammen. Es war eine ziemlich abscheuliche Geschichte, und ich glaube nicht, dass Schwabing so tief darin steckte wie einige andere. Das Problem war jedoch, dass diese anderen um jeden Preis geschützt werden mussten und Schwabing zum Sündenbock gemacht wurde. Sein Name erschien in den Zeitungen und er musste gehen.

„Wie hieß der Fall?“ Ich fragte.

Blenkiron erwähnte einen Namen, und ich wusste, warum mir das Wort Schwabing bekannt vorkam. Ich hatte die Geschichte vor langer Zeit in Rhodesien gelesen.

„Es war ein Knaller“, fuhr Blenkiron fort. „Er wurde aus der Garde, aus den Clubs, aus dem Land vertrieben … Nun, wie hätten Sie sich gefühlt, Dick, wenn Sie der Graf gewesen wären? Dein Leben, deine Arbeit und dein Glück wurden durchgestrichen, und das alles, um einen räudigen Prinzen zu retten. „Höllisch bitter“, sagst du. Sehnst du dich nach einer Chance, es den Leuten zu zeigen, die dich überlistet haben? Sie würden nicht ruhen, bis William schluchzend auf den Knien lag und Sie um Verzeihung bat, und Sie dachten nicht daran, sie zu gewähren? So würde man sich fühlen, aber das war nicht die Art des Grafen, und es ist auch nicht die Art der Deutschen. Er ging ins Exil, weil er die Menschheit hasste und sein Herz voller Gift und Schlangen war, aber er wollte unbedingt zurück. Und ich sage Ihnen warum. Das liegt daran, dass seine Art Deutsch kein anderes Zuhause auf dieser Erde hat. Oh ja, ich weiß, dass es in unserem kleinen Land haufenweise gute alte Germanen gibt, die sich dort niederlassen und sich in gute Amerikaner verwandeln. Man kann viel mit ihnen anfangen, wenn man sie jung erwischt, ihnen die Unabhängigkeitserklärung beibringt und sie dazu bringt, unsere Sonntagszeitungen zu studieren. Aber man kann nicht leugnen, dass alle Deutschen etwas Komisches an sich haben, bevor man sie zivilisiert hat. Sie sind ein kindisches Volk, ein verdammt kindisches Volk, sonst würden sie nicht alle niederen und unanständigen Berufe auf der Welt besetzen. Aber diese Pecooliarität, die beim arbeitenden Boche nur oberflächlich ist, steckt dem Granden in den Knochen. Ihre deutsche Aristokratie kann sich mit keinem anderen Oberen Zehntausend gleichberechtigt vereinen. Sie prahlen und bluffen mit der Welt, aber sie wissen ganz genau, dass die Welt über sie lacht. Sie sind wie ein Chef aus Salt Creek Gully, der seinen Stapel gemacht, einen Anzug gekauft und auf eine Abendparty in Newport gegangen ist. Sie wissen nicht, wohin sie ihre Hände legen sollen oder wie sie ihre Füße ruhig halten sollen ... Ihr kupferbackener englischer Adliger muss sich ständig anstrengen, um sie als Gleichberechtigte zu behandeln, anstatt sie in die Dienstbotenhalle zu schicken. Ihre feinen Befestigungen sind nur das Highlight, das den ewigen Jay zum Vorschein bringt. Sie können keine Gentlemen sein, weil sie sich ihrer selbst nicht sicher sind. Die Welt lacht über sie, und sie wissen es, und es macht sie höllisch wütend ... Deshalb muss sich ein Graf, wenn er aus dem Vaterland vertrieben wird, irgendwie zurückschleichen oder für den Rest seiner Zeit ein umherziehender Jude sein.“

Blenkiron zündete sich eine weitere Zigarre an und fixierte mich mit seinem ruhigen, nachdenklichen Blick.

„Acht Jahre lang hat der Mann mit Leib und Seele für die Männer geschuftet, die ihn erniedrigt haben. Er hat seine Wiederherstellung verdient und ich vermute mal, dass er sie in der Tasche hat . Wenn Verdienste belohnt würden, sollte er mit Eisernen Kreuzen und Roten Adlern ausgezeichnet werden ... Er hatte von Anfang an ein ziemlich gutes Blatt. Er kannte andere Länder und war ein Meister der Sprachen. Darüber hinaus hatte er eine ungewöhnliche Gabe, eine Rolle zu spielen. Das ist wirklich genial, Dick, egal, wie sehr es uns zu schaffen macht. Das Beste von allem war, dass er über eine erstklassige Ausstattung an Köpfchen verfügte. Ich kann nicht behaupten, dass es mir jemals besser ergangen ist, und ich bin im Laufe meiner Zeit auf ein paar kluge Bürger gestoßen ... Und jetzt wird er siegen, es sei denn, wir sind sehr beschäftigt.“

Es klopfte an der Tür und die solide Gestalt von Andrew Amos zeigte sich.

„Es ist Zeit, dass Sie zu Hause sind, Miss Mary. Es war halb zwölf, als ich die Treppe hinaufkam. Es beginnt zu regnen, deshalb habe ich einen Regenschirm mitgebracht.“

„Ein Wort“, sagte ich. „Wie alt ist der Mann?“

„Gerade sechsunddreißig geworden“, antwortete Blenkiron.

Ich drehte mich zu Mary um, die nickte. „Jünger als du, Dick“, sagte sie böse, als sie ihren großen Jaeger-Mantel anzog.

„Ich bringe dich nach Hause“, sagte ich.

"Nicht erlaubt. Du hast für einen Tag genug von meiner Gesellschaft. Andrew hat heute Abend Begleitdienst.“

Blenkiron sah ihr nach, als sich die Tür schloss.

„Ich denke, du hast das beste Mädchen der Welt.“

„Das denke ich auch", sagte ich grimmig, denn meine Abneigung gegen den Mann, der mit Mary geschlafen hatte, erstickte mich regelrecht.

„Sie können sehen, warum. Hier ist dieser Degenerierte, der aus seiner miesen Klasse kommt, ganz verwöhnt und gestreichelt und gesättigt mit den einfachen Freuden des Lebens. Er hat nichts von Frauen gesehen, außer den bösen und überfütterten Exemplaren seines eigenen Landes. Ich hasse es, unhöflich gegenüber Weibchen zu sein, aber ich habe die deutsche Variante immer für ungewöhnlich gehalten, so wie Kühe. Er hat verzweifelte Jahre voller Intrigen und Gefahren hinter sich und Umgang mit Schurken aller Art. Denken Sie daran, er ist ein großer Mann und ein Dichter, mit einem Gehirn und einer Vorstellungskraft, die jede Stufe meistert, ohne den Gang zu wechseln. Plötzlich trifft er auf etwas, das so frisch und lieblich ist wie eine Frühlingsblume, und das auch über Verstand und den härtesten Mut verfügt und dennoch voller Jugend und Fröhlichkeit ist. Es ist eine neue Erfahrung für ihn, eine Art Offenbarung, und er ist groß genug, sie so zu schätzen, wie sie geschätzt werden sollte ... Nein, Dick, ich kann verstehen, dass du wütend wirst, aber ich denke, es ist eine Ehre für den Mann. "

„Es ist trotzdem sein blinder Fleck", sagte ich.

„Sein blinder Fleck", wiederholte Blenkiron feierlich, „und, bitte Gott, wir werden uns daran erinnern."

Am nächsten Morgen karrte mich Blenkiron bei miserablem, schlampigem Wetter durch Paris. Wir stiegen fünf Stufen zu einer Wohnung weiter oben in Montmartre hinauf, wo mich ein dicker Mann mit Brille und langsamer Stimme ansprach und mir verschiedene Dinge erzählte, die mich zutiefst beunruhigten. Dann ging ich in ein Zimmer am Boulevard St. Germain, zu dem ein kleiner Schrank führte, wo mir Papiere und Karten und einige Zahlen auf einem Blatt Papier gezeigt wurden, die mich dazu brachten, die Augen zu öffnen. Wir aßen in einem bescheidenen Café etwas versteckt hinter dem Palais Royal zu Mittag, und unsere Begleiter waren zwei Elsässer, die besser Deutsch sprachen als ein Boche und keine Namen hatten, sondern nur Nummern. Am Nachmittag ging ich zu einem niedrigen Gebäude neben dem Invalidendom und sah viele Generäle, darunter mehr als einen, dessen Gesichtszüge in beiden Hemisphären bekannt waren. Ich erzählte ihnen alles über mich, wurde wie ein Sträfling verhört und alle Einzelheiten über mein Aussehen und meine Redeweise in einem Buch niedergeschrieben. Das sollte mir im Bedarfsfall den Weg in die riesige Armee derer ebnen, die im Untergrund arbeiten und ihren Chef kennen, sich aber nicht kennen.

Der Regen ließ vor Einbruch der Dunkelheit nach, und Blenkiron und ich gingen durch die zitronenfarbene Dämmerung, die man in einem französischen Winter hat, zurück zum Hotel. Wir kamen an einer Kompanie amerikanischer Soldaten vorbei, und Blenkiron musste stehen bleiben und zusehen. Ich konnte sehen, dass er steif vor Stolz war, obwohl er es nicht zeigen wollte.

„Was hältst du von diesem Haufen?" er hat gefragt.

„Erstklassiges Zeug", sagte ich.

„Den Männern geht es gut", sagte er kritisch. „Aber einige der Offiziersjungen sind etwas aufgedunsen. Sie wollen eine Strafe nach unten."

„Sie werden es früh genug bekommen, ehrliche Leute. In diesem Krieg hält man sein Gewicht nicht lange."

„Sagen Sie mal, Dick", sagte er schüchtern, „was halten Sie wirklich von unseren Amerikanern?" Sie haben viele davon gesehen und ich würde mich über Ihre Meinung freuen." Sein Tonfall war der eines schüchternen Autors, der nach einer Meinung zu seinem ersten Buch fragt.

„Ich werde dir sagen, was ich denke. Sie bauen eine großartige Armee der Mittelklasse auf, und das ist die beeindruckendste Kampfmaschine der Welt. Diese Art von Krieg will nicht so sehr den Berserker, sondern vielmehr den ruhigen Kerl mit einem geschulten Verstand und viel, wofür es zu kämpfen gibt. In den Reihen der Amerikaner tummeln sich alle möglichen Typen, vom Kuhhirten bis zum College-Jungen, aber vor allem gibt es anständige Jungs, die gute Aussichten auf ein Leben haben und kämpfen, weil sie sich dazu verpflichtet fühlen, und nicht, weil es ihnen gefällt. Es war die gleiche Aktie, die Ihren Bürgerkrieg überstanden hat. Wir haben auch eine Abteilung der Mittelschicht – Schottische Territorialisten, hauptsächlich Angestellte und Verkäufer sowie Ingenieure und Bauernsöhne. Als ich ihnen zum ersten Mal auffiel, war mein einziger Kritikpunkt, dass die Offiziere nicht viel besser waren als die Männer. Es stimmt immer noch, aber die Männer sind superexzellent und folglich auch die Offiziere. Diese Division erhält im Boche-Kalender Bestnoten für ihre schiere Kampfbereitschaft ... Und, bitte Gott, so wird Ihre amerikanische Armee aussehen. Sie können die alte Idee eines von Herzögen befehligten Scallawag-Regiments ausmerzen. Das war vielleicht richtig, damals, als man mit einem Banner in die Schlacht stürmte, aber mit hochexplosiven Sprengstoffen und ein paar Millionen Mann auf jeder Seite und einer Kampffront von fünfhundert Meilen hat das nichts zu tun. Der Held dieses Krieges ist der einfache Mann aus der Mittelschicht, der in seine Heimat zurückkehren will und all seinen Verstand und Mut einsetzen wird, um die Arbeit bald zu Ende zu bringen."

„Das klingt ungefähr richtig", sagte Blenkiron nachdenklich. „Es freut mich einigermaßen, denn Sie haben vielleicht erraten, dass ich die britische Armee ziemlich respektiere. Welchen Teil davon legen Sie oben an?"

„Alles ist gut. Die Franzosen sind scharfsinnige Richter und geben den Schotten und den Australiern den ersten Platz. Ich persönlich denke, das Rückgrat der Armee sind die altmodischen englischen County-Regimenter, die kaum jemals in die Zeitungen kommen. Ich weiß zwar nicht, ob ich mich entscheiden müsste, aber ich würde die Südafrikaner nehmen. Es gibt nur eine Brigade von ihnen, aber in der Schlacht sind sie eine wahre Freude. Aber dann wirst du sagen, dass ich Vorurteile habe.“

„Nun“, sagte Blenkiron gedehnt, du bist sowieso ein mächtiges Imperium. Ich habe es auf und ab bereist und kann mir nicht vorstellen, wie die einstigen Eliten auf Ihrer kleinen Insel dazu kamen, es zusammenzustellen. Aber ich verrate dir ein Geheimnis, Dick. Ich habe heute Morgen in einer Zeitung gelesen, dass zwischen Amerikanern und den Männern der britischen Dominions eine natürliche Affinität besteht. Glauben Sie mir, das gibt es nicht – zumindest nicht bei diesem Amerikaner. Ich verstehe sie kein bisschen. Wenn ich Ihre schlanken, großen Australier mit der Sonne im Hintergrund sehe, blicke ich auf Männer von einem anderen Planeten. Außer dir und Peter konnte ich mir einen Südafrikaner nie vorstellen. Die Kanadier leben hinter uns, aber wenn Sie in Ihren Bemerkungen einen Kanadier mit einem Amis verwechseln, bekommen Sie einen Schlag ins Auge ... Aber die meisten von uns Amerikanern haben Ihr altes Land im Griff. Sie werden feststellen, dass wir anderen Teilen Ihres Imperiums großen Respekt entgegenbringen, aber über England sagen wir alles, was wir wollen. Sehen Sie, wir kennen sie so gut und mögen sie so gut, dass wir mit ihr frei sein können.

„Es ist so“, schloss er, als wir das Hotel erreichten, „es ist wie bei vielen Jungs, die sich auf der Welt gut verstehen und ein bisschen eifersüchtig und distanziert miteinander umgehen.“ Aber bei dem alten Mann, der sie immer mit einem Hickorystock aufgewärmt hat, fühlen sie sich alle wohl, auch wenn sie ihn in ihrer Eile manchmal einen Standpatzer nennen.“

An diesem Abend unterhielten wir uns beim Abendessen über solide Geschäfte – Blenkiron und ich und ein junger französischer Oberst aus der III. Me- Abteilung des GQG. Ich erinnere mich, dass es Blenkiron sehr gekränkt war, von dem Franzosen als Geschäftsmann bezeichnet zu werden, der dachte, er mache ihm ein Kompliment .

„Hör auf damit“, sagte er. „Es ist ein Wort, das bei mir schlecht geworden ist. Es gibt nur zwei Arten von Männern: diejenigen, die Verstand haben, und diejenigen, die keinen Verstand haben. Ein großer Prozentsatz von uns Amerikanern verdient seinen Lebensunterhalt mit dem Handel, aber wir glauben nicht, dass ein Mann, nur weil er im Geschäft ist oder viel Geld verdient hat, in jedem Job von Natur aus gut ist. Wir haben einen Universitätsprofessor zu unserem Präsidenten ernannt und tun, was er uns sagt, wie kleine Jungs, obwohl er nicht mehr verdient, als einige von uns unseren Betriebsleitern bezahlen. Ihr Engländer habt das Geschäft im Kopf und denkt, dass jemand ein Meister im Umgang mit eurer Regierung ist, wenn er zufällig an irgendeiner flachen Rampe eurer Börse einen Stapel gemacht hat. Es macht mich müde. Sie sind die beste Wirtschaftsnation der Welt, aber um Himmels willen, fangen Sie nicht an, darüber zu reden, sonst verlieren Sie Ihre Macht. Und verwechseln Sie kein echtes Geschäft mit dem gewöhnlichen Geschenk, Geld einzustreichen. Jeder vernünftige Mann könnte Geld verdienen, wenn er wollte, aber er will vielleicht nicht. Möglicherweise möchte er lieber den Spaß an der Arbeit haben und die Plünderungen anderer überlassen. Ich denke, das größte Geschäft auf der Welt ist heute die Arbeit hinter Ihren Linien und die Art und Weise, wie Sie Ihre Armee ernähren, versorgen und transportieren. Es übertrifft die Steel Corporation und die Standard Oil völlig. Aber der Mann an der Spitze des Ganzen verdient nicht mehr als tausend Dollar im Monat ... Deine Nation wird den Mammon anbeten, Dick. Schneide es aus. Es gibt nur einen Unterschied in der Menschlichkeit – Sinn oder Unsinn, und höchstwahrscheinlich werden Sie bei dem Mann, der mit dem Verkauf von Anleihen eine Milliarde verdient, nicht mehr Sinn finden als bei seinem Bruder Tim, der in einer Hütte lebt und Maiskolben verkauft. Ich spreche nicht aus sündhafter Eifersucht, denn es gab einen Tag, da galt ich als Eisenbahnkönig, und ich gab mit einem größeren Haufen auf, als Könige normalerweise in den Ruhestand gehen. Aber ich habe nicht den Verstand des alten Peter, der noch nie ein Bankkonto hatte ... Und der Verstand gewinnt in diesem Krieg.“

Der Oberst, der gut Englisch sprach, stellte eine Frage zu einer Rede, die ein Politiker gehalten hatte.

„Es gibt nicht den ganzen Sinn, den ich gerne an der Spitze sehen würde“, sagte Blenkiron. „Sie sind gut darin, sanfte Worte zu sagen. Das wäre egal, aber sie denken klare Gedanken. Was hältst du von der Situation, Dick?“

„Ich denke, es ist das Schlimmste seit First Ypern“, sagte ich. „Alle sind verrückt, aber Gott weiß warum.“

„Gott weiß warum“, wiederholte Blenkiron. „Ich denke, es ist eine einfache Berechnung, und man kann sie genauso wenig leugnen wie ein mathematisches Gesetz. Russland wird ausgezählt. Der Boche wird viele Monate lang kein Essen von ihr bekommen, aber er kann mehr Männer bekommen, und die hat er. Er kämpft nur auf einem Bein und konnte Truppen und Waffen nach Westen bringen, sodass er jetzt auf dem Papier genauso stark ist wie die Alliierten. Und er ist in Wirklichkeit stärker. Er hat bessere Linien im Rücken, kämpft auf den Innenlinien und kann sich schnell auf jeden Teil unserer Front konzentrieren. Ich bin kein Soldat, aber das ist so, Dick?"

Der Franzose lächelte und schüttelte den Kopf. „Trotzdem werden sie nicht bestehen. Das konnten sie nicht, als sie 1914 bei zwei zu eins standen, und das werden sie auch heute nicht tun. Wenn wir Alliierten im letzten Jahr, als wir viel mehr Männer hatten, nicht durchbrechen konnten, wie sollen die Deutschen dann mit nur gleicher Anzahl Erfolg haben?"

Blenkiron schien nicht überzeugt zu sein. "Das sagen alle. Ich habe letzte Woche mit einem General über die bevorstehende Offensive gesprochen, und er sagte, er bete darum, dass sie sich beeilen, denn er rechnete damit, dass Fritz den Schrecken seines Lebens bekommen würde. Es ist vielleicht ein guter Geist, aber ich glaube nicht, dass es den Fakten entspricht. Wir haben zwei mächtige, große Armeen hervorragender Kämpfer, aber da wir zwei Kommandos haben, müssen wir uns zwangsläufig wie ein Glockengeläut bewegen. Der Hunne hat eine Armee und vierzig Jahre strenge Tradition, und darüber hinaus gibt er dieses Mal alles. Er wird unsere Front zerschlagen, bevor Amerika sich aufstellt, oder er wird bei dem Versuch umkommen ... Warum glauben Sie, dass der ganze Friedenslärm in Deutschland nachgelassen hat und genau die Männer, die im Sommer über Demokratie geredet haben, jetzt kampfbereit sind? zu Ende? Ich werde Ihnen sagen. Das liegt daran, dass der alte Ludendorff ihnen in diesem Frühjahr den vollständigen Sieg versprochen hat, wenn sie genug Männer ausgeben, und der Boche ein guter Spieler ist und darauf aus ist, es zu riskieren. Diesmal haben wir es nicht mit einem lokalen Angriff zu tun. Wir stellen uns einer großen Nation entgegen, die kahlköpfig auf Sieg oder Zerstörung aus ist. Wenn wir kaputt sind, muss Amerika einen neuen Feldzug alleine führen, wenn es dazu bereit ist, und die Boche hat Zeit, Russland zu ihrem Nährboden zu machen und unsere Blockade zu umgehen. Damit dauert der Krieg weitere fünf Jahre, vielleicht sogar zehn. Werden wir freien und unabhängigen Völker so viel ertragen? ... Ich sage Ihnen, wir sind kurz davor, vor Ostern aufzuhören."

Er drehte sich zu mir um und ich nickte zustimmend.

„Das ist mehr oder weniger meine Ansicht", sagte ich. „Wir sollten durchhalten, aber wir werden es an unseren Zähnen und Nägeln tun. In den nächsten sechs Monaten werden wir ohne Spielraum kämpfen."

„Aber, meine Freunde, Sie haben es zu ernst ausgedrückt", rief der Franzose. „Wir könnten ein oder zwei Meilen an Boden verlieren – ja. Eine ernsthafte Gefahr ist jedoch nicht möglich. In Verdun hatten sie bessere Chancen und scheiterten. Warum sollten sie jetzt Erfolg haben?"

„Weil sie alles aufs Spiel setzen", antwortete Blenkiron. „Es ist der letzte verzweifelte Kampf eines verwundeten Tieres, und in diesen Kämpfen kommt der Jäger manchmal um. Dick hat recht. Wir haben eine Verschwendungsspanne und jedes zusätzliche Gramm Gewicht wird es zeigen. Der Kampf findet auf dem Feld statt, und er findet auch in jeder Ecke jedes alliierten Landes statt. Deshalb müssen wir uns innerhalb der nächsten zwei Monate mit den Wild Birds abfinden."

Der französische Oberst – sein Name war de Vallière – lächelte bei diesem Namen, und Blenkiron beantwortete meine unausgesprochene Frage.

„Ich werde einen Teil deiner Neugier befriedigen, Dick, denn ich habe beträchtliche Stücke der Menagerie zusammengestellt. Deutschland verfügt außerhalb seiner Grenzen über eine gute Spionagearmee. Hin und wieder schießen wir einen Schuss ab, aber die anderen arbeiten weiter wie die Biber und richten gewaltigen Schaden an. Sie sind wunderbar organisiert, aber sie stützen sich nicht auf so gutes menschliches Material wie wir, und ich schätze, sie zahlen im Ergebnis nicht mehr als zehn Cent für einen Dollar Mühe. Aber da sind sie. Sie sind die Geheimdienstoffiziere und ihre Aufgabe besteht lediglich darin, Nachrichten weiterzuleiten. Das sind die Vögel im Käfig, die – wie hat dein Freund sie genannt?"

„ *Die Stubenvögel* ", sagte ich.

„Ja, aber nicht alle Vögel sind in Käfigen. Es gibt ein paar außerhalb der Bars und sie sammeln keine Noos. Sie *tun* Dinge. Wenn etwas Verzweifeltes passiert, werden sie mit der Arbeit beauftragt und haben die Macht zu handeln, ohne auf Anweisungen von zu Hause warten zu müssen. Ich habe nachgeforscht, bis mein Gehirn erschöpft war, und ich habe nicht mehr als ein halbes Dutzend herausgefunden, von denen ich mit Sicherheit sagen kann, dass sie in dem Geschäft tätig sind. Da ist dein Kumpel, der portugiesische Jude Dick. Eine andere ist eine Frau in Genua, eine Art Prinzessin, die mit einem griechischen Finanzier verheiratet ist. Der eine ist Herausgeber einer pro-alliierten Landeszeitung in Argentinien. In Colorado gilt man als Baptistenpfarrer. Einer war ein Polizeispion in der Regierung des Zaren und ist jetzt ein brandheißer Revolutionär im Kaukasus. Und der Größte ist natürlich Moxon Ivery, der in glücklicheren Zeiten der Graf von Schwabing war. Es gibt nicht mehr als hundert Menschen auf der Welt, die von ihrer Existenz wissen, und diese Hundert nennen sie die Wildvögel."

„Arbeiten sie zusammen?" Ich fragte.

"Ja. Jeder von ihnen hat seine eigenen Aufgaben zu erledigen, aber sie neigen dazu, sich für ein großes Stück Teufelei zusammenzuschließen. Vor einem Jahr vor der Schlacht an der Aisne gab es in Frankreich vier davon, und sie hätten die französische Armee beinahe ausgerottet. Stimmt das, Colonel?"

Der Soldat nickte grimmig. „Sie haben unsere müden Truppen verführt und viele Politiker gekauft. Beinahe wäre es ihnen gelungen, aber nicht ganz. Die Nation ist wieder bei Verstand und urteilt und erschießt die Komplizen nach Belieben. Aber die Schulleiter haben wir nie erwischt."

„Das hörst du, Dick", sagte Blenkiron. „Sind Sie überzeugt, dass das keine Laune eines melodramatischen alten Amis ist? Ich erzähle dir mehr. Sie wissen, wie Ivery das U-Boot-Geschäft von England aus betreute. Außerdem waren es die Wildvögel, die Russland zerstörten. Es war Ivery, der die Bolschewisten dafür bezahlte, die Armee zu betrügen, und die Bolschewisten nahmen sein Geld für ihre eigenen Zwecke, weil sie dachten, sie spielten ein hinterhältiges Spiel, während er die ganze Zeit wie Satan grinste, weil sie seines spielten. Es war Ivery oder ein anderer aus der Gruppe, der die Brigaden, die in Caporetto durchbrachen, mit Drogen versorgte. Wenn ich anfangen würde, Ihnen die Geschichte ihrer Taten zu erzählen, würden Sie nicht zu Bett gehen, und wenn Sie es täten, würden Sie nicht schlafen ... Da ist nur das dran. Jede fertige subtile Teufelei, die die Boche seit August 1914 unter den Alliierten angerichtet hat, war das Werk der Wild Birds und wurde mehr oder weniger von Ivery organisiert. Für Ludendorff sind sie ein halbes Dutzend Armeekorps wert. Sie sind die mächtigsten Gifthändler, die die Welt je gesehen hat, und sie haben höllische Nerven ..."

„Ich weiß es nicht", unterbrach ich. „Ivery hat seine Schwäche. Ich habe ihn in der U-Bahn-Station gesehen."

„Vielleicht, aber er hat die Nerven, die man braucht. Und jetzt stelle ich mir eher vor, dass er in seiner Herde pfeift."

Blenkiron konsultierte ein Notizbuch. „Pavia – das ist der Argentinier – startete letzten Monat für Europa. Er wurde von einem Küstendampfer in Westindien umgeladen und wir haben ihn vorübergehend aus den Augen verloren, aber er hat sein Jagdrevier verlassen. Was bedeutet das Ihrer Meinung nach?"

„Das bedeutet", fuhr Blenkiron feierlich fort, „dass Ivery glaubt, das Spiel sei fast vorbei." Das Stück bereitet sich auf den großen Höhepunkt vor ... Und dieser Höhepunkt wird für die Alliierten zum Verhängnis werden, wenn wir nicht weitermachen."

„Richtig", sagte ich. "Dafür bin ich hier. Was ist los?"

„Die Wild Birds dürfen niemals nach Hause gehen, und der Mann, den sie Ivery, Bommaerts oder Chelius nennen, muss sterben. Es ist ein kaltblütiger Vorschlag, aber er oder die Welt muss zerbrechen. Aber bevor er diese Erde verlässt, werden wir zwangsläufig über einige seiner Pläne erfahren, und das bedeutet, dass wir nicht einfach mit einer Pistole auf ihn schießen können.

Außerdem müssen wir ihn zuerst finden. Wir gehen davon aus, dass er sich in der Schweiz aufhält, aber das ist ein Staat mit einer recht abwechslungsreichen Landschaft, in der man einen Mann verlieren kann ... Dennoch denke ich, dass wir ihn finden werden. Aber es ist die Art von Geschäft, die man so sorgfältig planen muss wie eine Schlacht. Ich kehre mit meinem alten Stunt nach Bern zurück, um die Show zu leiten, und ich gebe die Befehle. Du bist ein gehorsames Kind, Dick, deshalb rechne ich nicht damit, dass es Ärger geben wird."

Dann tat Blenkiron etwas Unheilvolles. Er zog einen kleinen Tisch heran und begann, Patience-Karten auszulegen. Seitdem sein Zwölffingerdarm geheilt war, schien er diese Angewohnheit aufgegeben zu haben, und als er sie wieder annahm, konnte ich erkennen, dass er unruhig war. Ich kann mir diese Szene vorstellen, als wäre sie gestern gewesen – der französische Oberst in einem Sessel, der eine Zigarette in einer langen Bernsteinspitze raucht, und Blenkiron, der adrett auf der Kante eines gelben Seidenhockers sitzt, seine Karten austeilt und schuldbewusst zu mir schaut.

„Sie werden Peter als Gesellschaft haben", sagte er. „Peter ist ein trauriger Mann, aber er hat ein großes Herz und er hat mir bereits sehr nützlich gewesen. Sie werden ihn sehr bald nach England verlegen. Die Behörden haben Angst vor ihm, denn er neigt dazu, wild zu reden, da ihn sein Gesundheitszustand den Briten gegenüber verärgert hat. Aber es gibt eine Menge Bürokratie auf der Welt und die Befehle für seine Rückführung lassen auf sich warten." Der Sprecher zwinkerte sehr langsam und bedächtig mit dem linken Auge.

Ich fragte, ob ich mit Peter zusammen sein dürfe, und war über die Aussicht sehr erfreut.

"Warum ja. Sie und Peter sind die Sicherheit für den Deal. Aber das große Spiel liegt nicht auf deiner Seite."

Ich ahnte, dass etwas kommen würde, etwas Beunruhigendes und Unangenehmes.

„Ist Mary dabei?" Ich fragte.

Er nickte und schien sich für eine Erklärung zusammenzureißen.

„Sehen Sie hier, Dick. Unsere Hauptaufgabe besteht darin, Ivery zurück auf alliierten Boden zu bringen, wo wir mit ihm fertig werden können. Und es gibt nur einen Magneten, der ihn zurückholen kann. Das werden Sie nicht leugnen."

Ich spürte, wie mein Gesicht sehr rot wurde und dieser hässliche Hammer begann in meiner Stirn zu schlagen. Zwei ernste, geduldige Augen trafen meinen Blick.

„Ich will verdammt sein, wenn ich es zulasse!" Ich weinte. „Ich habe ein gewisses Mitspracherecht bei der Sache. Ich werde nicht zulassen, dass Mary einen Lockvogel macht. Es ist zu höllisch erniedrigend."

„Es ist nicht schön, aber Krieg ist nicht schön, und nichts, was wir tun, ist schön. Als ich jung und unschuldig war, wäre ich errötet wie eine Rose, wenn ich mir vorstellte, was ich in den letzten drei Jahren getan habe. Aber hast du einen anderen Weg, Dick? Ich bin nicht stolz und werde den Plan verwerfen, wenn du mir einen anderen zeigen kannst , Dick, das sieht dir nicht ähnlich", und er grinste reumütig. „Sie sind ein gutes Argument für das Zölibat – jedenfalls in Kriegszeiten. Was singt der Dichter?—

„„Weiße Hände klammern sich an den Zügel und
ziehen den Sporen von der Ferse des Stiefels.'"

Ich war so wütend wie die Sünde, aber ich hatte die ganze Zeit das Gefühl, dass ich keinen Grund hatte. Blenkiron beendete sein Patience-Spiel, wodurch die Karten über den Teppich flogen, und setzte sich rittlings auf den Kaminvorleger.

„Du wirst nie ein Piker sein. Was ist schon schlimm, wenn man es nicht auf die andere Seite der Hölle trägt? Was nützt es, über Ihr Land zu jammern, wenn Sie etwas zurückhalten wollen, wenn es danach verlangt? Was nützt es, den Krieg zu gewinnen, wenn man nicht jeden Cent, den man hat, aufs Spiel setzt? Du wirst mich denken lassen, dass du wie die Buben in deinen englischen Romanen bist, die ihre Hand hineinwerfen und sagen, dass es an Gott liegt, und das „durchhalten" nennen ... Nein, Dick, so ein Idiot. Ich verdiene keinen Segen. Du darfst nichts zurückhalten, wenn du deine Seele retten willst.

„Außerdem", fuhr er fort, „was für ein Mädchen das ist! Sie kann nicht erschrecken und sie kann nicht beschmutzen. Sie ist glühend jung und unschuldig, und sie würde nicht mehr Schaden ertragen als sauberer Stahl aus einem Dreckhaufen."

Ich wusste, dass ich schwer im Unrecht war, aber mein Stolz war vollkommen rau.

„Ich werde nicht zustimmen, bis ich mit Mary gesprochen habe."

„Aber Miss Mary hat zugestimmt", sagte er sanft. „Sie hat den Plan gemacht."

Am nächsten Tag fuhr ich Mary bei strahlend blauem Wetter, das vielleicht Mai war, nach Fontainebleau. Wir aßen im Gasthaus an der Brücke zu Mittag und gingen in den Wald. Ich hatte nicht viel geschlafen, denn ich wurde von etwas gequält, das ich für eine Sorge um sie hielt, in Wirklichkeit aber Eifersucht auf Ivery war. Ich glaube nicht, dass es mir etwas ausgemacht hätte, wenn sie ihr Leben riskiert hätte, denn das war Teil des Spiels, in dem wir uns beide befanden, aber ich scherzte bei dem Gedanken, dass Ivery wieder in ihre Nähe kommen könnte. Ich sagte mir, es sei ehrenhafter Stolz, aber tief in mir wusste ich, dass es Eifersucht war.

Ich fragte sie, ob sie Blenkirons Plan akzeptiert hätte, und sie warf mir einen schelmischen Blick zu.

„Ich wusste, ich sollte eine Szene mit dir haben, Dick. Ich habe es Herrn Blenkiron gesagt... Natürlich habe ich zugestimmt. Ich habe nicht einmal große Angst davor. Ich bin ein Mitglied des Teams, wissen Sie, und ich muss meiner Form gerecht werden. Ich kann nicht die Arbeit eines Mannes erledigen, also ein Grund mehr, warum ich das in Angriff nehmen sollte, was ich tun kann.“

„Aber“, stammelte ich, „es ist so eine … so eine erniedrigende Angelegenheit für ein Kind wie dich.“ Ich kann es nicht ertragen... Es macht mich heiß, daran zu denken.“

Ihre Antwort war fröhliches Lachen.

„Du bist ein alter Osmane, Dick. Sie haben Cape Turk noch nicht umrundet, und ich glaube nicht, dass Sie Seraglio Point erreicht haben. Frauen sind nicht die zerbrechlichen Dinge, die Männer früher für sie hielten. Das waren sie nie, und der Krieg hat sie zu Peitschenleinen gemacht. Gott segne dich, meine Liebe, wir sind jetzt das härtere Geschlecht. Wir mussten warten und durchhalten, und wir wurden so auf dem Amboss der Geduld geschlagen, dass wir alle unsere Megrims verloren haben.“

Sie legte ihre Hände auf meine Schultern und sah mir in die Augen.

„Schau mich an, Dick, sieh dir deinen künftigen Heiligen an. Ich werde nächsten August neunzehn Jahre alt. Vor dem Krieg hätte ich nur meine Haare hochstecken sollen. Ich hätte die Art von zitternder Debütantin sein sollen, die rot wird, wenn man sie anspricht, und oh! Ich hätte so dumme, dumme Dinge über das Leben denken sollen ... Nun, in den letzten zwei Jahren war ich dem Leben nahe und dem Tod. Ich habe Sterbende gepflegt. Ich habe Seelen im Todeskampf und im Triumph gesehen. England hat mir erlaubt, ihm zu dienen, wie es seinen Söhnen erlaubt. Oh, ich bin jetzt eine robuste junge Frau, und tatsächlich glaube ich, dass Frauen immer robuster waren als Männer ... Dick, lieber Dick, wir sind Liebende, aber wir sind auch Kameraden – immer Kameraden, und Kameraden vertrauen einander .“

Ich hatte außer Reue nichts zu sagen, denn ich hatte meine Lektion. Ich war in meinen Gedanken der Ernsthaftigkeit unserer Aufgabe entglitten, und Mary hatte mich wieder darauf zurückgeführt. Ich erinnere mich, dass wir bei unserem Spaziergang durch den Wald an einen Ort kamen, an dem es keine Anzeichen von Krieg gab. An anderen Orten waren Männer damit beschäftigt, Bäume zu fällen, und es gab Flugabwehrgeschütze und hin und wieder einen Transportwagen, aber hier gab es nur ein flaches, grasbewachsenes Tal, und in der Ferne blühten wie Pflaumen im Abenddunst die Dächer eines alten Gebäudes Wohnhaus inmitten von Gärten.

Mary klammerte sich an meinen Arm, während wir den Frieden genossen.

„Das ist es, was am Ende des Weges auf uns wartet, Dick", sagte sie leise.

Und als sie dann hinschaute, spürte ich, wie ihr Körper zitterte. Sie erinnerte sich wieder an die seltsame Fantasie, die sie vor drei Tagen in den Wäldern von St. Germains gehabt hatte.

„Irgendwo wartet es auf uns und wir werden es mit Sicherheit finden ... Aber zuerst müssen wir durch das Tal des Schattens gehen ... Und da muss das Opfer gebracht werden ... die Besten von uns."

KAPITEL XV
St. Anton

Zehn Tage später sprach der Portier Joseph Zimmer aus Arosa, gekleidet in die harten und formlosen Hosen seiner Klasse, aber mit einem alten samtenen Schießrock, den ihm ein ehemaliger deutscher Meister hinterlassen hatte, die gutturale Sprache der Bündner, und zwar mit all seinen eigenen Mit seinen Habseligkeiten in einem riesigen Rucksack kam er aus dem kleinen Bahnhof von St. Anton und blinzelte im frostigen Sonnenschein. Er blickte auf das kleine alte Dorf am vereisten See hinab, beschäftigte sich aber mit dem neuen Dorf aus Hotels und Villen, das in den letzten zehn Jahren südlich des Bahnhofs entstanden war. Er erkundigte sich zögernd bei den Bahnhofsleuten, und ein Taxifahrer draußen führte ihn schließlich zu dem Ort, den er suchte – dem Cottage der Witwe Summermatter, wo ein englischer *Praktikant*, ein gewisser Peter Pienaar, wohnte.

Der Portier Joseph Zimmer hatte eine lange und umständliche Reise hinter sich. Vierzehn Tage zuvor hatte er die Uniform eines britischen Generalmajors getragen. Als solcher war er Insasse eines teuren Pariser Hotels gewesen, bis er eines Morgens in grauer Tweedkleidung und hinkend den Paris-Mediterranean Express mit einer Fahrkarte für ein Genesungsheim für Offiziere in Cannes genommen hatte. Danach war er auf der sozialen Skala zurückgegangen. In Dijon war er noch Engländer gewesen, aber in Pontarlier war er ein amerikanischer Bagger schweizerischer Abstammung geworden und kehrte zurück, um den Nachlass seines Vaters aufzulösen. In Bern hinkte er übermäßig, und in Zürich, in einem kleinen Hotel in einer Seitenstraße, wurde er offen gesagt zum Bauern. Denn er traf dort einen Freund, von dem er Kleidung mit diesem seltsamen, üblen Geruch erwarb, der viel stärker war als der Harris-Tweed, der die Kleidung der meisten Schweizer Führer und aller Schweizer Träger kennzeichnet. Er erhielt auch einen neuen Namen und eine alte Tante, die ihn wenig später mit offenen Armen empfing und ihren Freunden erklärte, dass er der Sohn ihres Bruders aus Arosa sei, der sich vor drei Wintern beim Holzfällen am Bein verletzt hatte und aus der Schule entlassen worden sei erheben.

Ein freundlicher Schweizer Herr hatte zufällig von dem verdienten Joseph gehört und war daran interessiert, ihm eine Anstellung zu verschaffen. Der besagte Philanthrop machte die aus Deutschland zurückgekehrten französischen und britischen Gefangenen zu einem Hobby und hatte einen Offizier im Sinn, einen mürrischen Südafrikaner mit einem schlechten Bein, der einen Diener brauchte. Er schien ein schlecht gelaunter alter Kerl zu sein, der allein untergebracht werden musste, und da er Deutsch konnte, wäre er bei einem Schweizer glücklicher. Joseph feilschte etwas um den Lohn, aber auf Anraten seiner Tante nahm er den Job an, und zwar mit einem sehr vollständigen Satz Papiere und einem Vorrat an vorgefertigten Erinnerungen (er brauchte einige Zeit, um die Namen der Gipfel und Pässe auswendig zu lernen). den er durchquert hatte) machte sich auf den Weg nach St. Anton, nachdem er zuvor einen ungeheuer schlecht geschriebenen Brief abgeschickt hatte, in dem er seine Ankunft ankündigte. Er konnte kaum lesen und schreiben, war aber gut in Karten, die er sorgfältig studiert hatte, und stellte mit Befriedigung fest, dass das Tal von St. Anton einen einfachen Zugang nach Italien ermöglichte.

Als er nach Süden fuhr, hätten die Gedanken dieses Gepäckträgers seine Mitreisenden im stickigen dritten Klasse-Wagen überrascht. Er dachte an ein Gespräch, das er einige Tage zuvor in einem Café in Dijon mit einem jungen Engländer geführt hatte, der nach Modane unterwegs war ...

Wir waren zufällig bei diesem seltsamen Hin und Her aneinandergeraten, als wir alle zu unterschiedlichen Zeiten an verschiedene Orte gingen und uns nichts nach dem anderen fragten. Wake hatte mich ziemlich beschämt begrüßt und ein gemeinsames Abendessen vorgeschlagen.

Ich bin nicht gut darin, Entschuldigungen anzunehmen, und Wake hat mich mehr in Verlegenheit gebracht als sie ihn. „Manchmal bin ich ein bisschen ein Idiot“, sagte er. „Du weißt, dass ich ein besserer Kerl bin, als ich in dieser Nacht wirkte, Hannay.“

Ich murmelte etwas darüber, dass man nicht schlecht reden sollte – die herkömmliche Redensart. Was mich beunruhigte, war, dass der Mann litt. Man konnte es in seinen Augen sehen. Aber an diesem Abend kam ich Wake näher als je zuvor, und er und ich wurden wahre Freunde, denn er legte seine Seele vor mir offen. Das war sein Problem, dass er seine Seele bloßlegen konnte, denn gewöhnliche gesunde Menschen analysieren ihre Gefühle nicht. Wake tat es, und ich glaube, es brachte ihm Erleichterung.

„Glaube nicht, dass ich jemals dein Rivale war. Ich hätte Mary genauso wenig einen Heiratsantrag gemacht, wie ich eine ihrer Tanten geheiratet hätte. Sie war so selbstsicher und so glücklich in ihrer Unbefangenheit, dass sie mir Angst einjagte. Mein Typ Mann ist nicht für die Ehe geeignet, denn Frauen müssen im Mittelpunkt des Lebens stehen und wir müssen immer daneben stehen und zusehen. Es ist eine verdammte Sache, Linkshänder zu sein.“

„Das Problem an dir, mein Lieber“, sagte ich, „ist, dass du zu schwer zufriedenzustellen bist.“

„Das ist eine Möglichkeit, es auszudrücken. Ich sollte es härter formulieren. Ich hasse mehr als ich liebe. Wir Menschenfreunde und Pazifisten haben alle den Hass als Triebfeder. Seltsam, nicht wahr, für Leute, die Bruderliebe predigen? Aber es ist die Wahrheit. Wir sind voller Hass auf alles, was nicht unseren Vorstellungen entspricht, alles, was uns als Damen auf die Nerven geht. Leute wie Sie sind so sehr in ihre Sache verliebt, dass sie weder Zeit noch Lust haben, das zu verabscheuen, was ihnen im Weg steht. Wir haben keinen Grund – nur Negatives, und das bedeutet Hass und Selbstquälerei und eine bestialische Gelbsucht der Seele."

Dann wusste ich, dass Wakes Schuld nicht spiritueller Stolz war, wie ich es in Biggleswick diagnostiziert hatte. Der Mann wurde vor Demut erniedrigt.

„Ich sehe mehr als andere Menschen", fuhr er fort, „und ich fühle mehr." Das ist der Fluch, der auf mir lastet. Du bist ein glücklicher Mann und erledigst Dinge, weil du immer nur eine Seite eines Falles siehst, eine Sache nach der anderen. Wie würde es Ihnen gefallen, wenn tausend Saiten ständig an Ihnen zerren würden, wenn Sie sehen würden, dass jeder Gang das Opfer schöner und begehrenswerter Dinge oder sogar die Zerstörung dessen bedeutet, was Sie als unersetzlich kennen? Ich bin der Stoff, aus dem Dichter gemacht sind, aber ich habe nicht die Begabung des Dichters, also taumele ich linkshändig und kampfbeinig durch die Welt ... Nehmen Sie den Krieg. Für mich wäre es schlimmer zu kämpfen, als für einen anderen Mann wegzulaufen. Aus tiefstem Herzen glaube ich, dass es nicht hätte passieren müssen und dass jeder Krieg eine schreckliche Ungerechtigkeit ist. Und doch hat Glaube sehr wenig mit Tugend zu tun. Ich bin kein so guter Mann wie du, Hannay, der dir in deinem Leben noch nie etwas ausgedacht hat. Meine Zeit im Labour-Bataillon hat mich etwas gelehrt. Ich wusste, dass ich trotz all meiner großen Ambitionen kein so wahrhaftiger Mann war wie die Leute, deren Gerede aus dummen Flüchen bestand und denen der Fluch eines Kesselflickers völlig egal war."

Ich erinnere mich, dass ich ihn mit einem plötzlichen Verständnis ansah. "Ich denke ich kennne dich. Du bist der Typ, der nicht für sein Land kämpft, weil er nicht sicher sein kann, ob es ganz im Recht ist. Aber er würde freudig für sie sterben, egal ob richtig oder falsch."

Sein Gesicht entspannte sich zu einem langsamen Lächeln. „Komisch, dass du das sagst. Ich denke, es kommt der Wahrheit ziemlich nahe. Männer wie ich haben keine Angst vor dem Sterben, aber ihnen fehlt der Mut zum Leben. Jeder Mann sollte in einem Dienst wie Ihnen glücklich sein, wenn er Befehlen gehorcht. Ich kam in keinem Dienst weiter. Mir fehlt der Hauch der Verehrung. Ich kann Dinge nicht schlucken, nur weil man es mir sagt. Meine Sorte redet immer von „Service", aber wir haben nicht das Temperament, um zu dienen. Ich würde alles geben, um ein gewöhnliches Rädchen im Getriebe zu sein, und nicht ein verwirrter Außenseiter, der Fehler an der Maschinerie findet ... Nehmen Sie einen großen, gewalttätigen, eigenmächtigen Kerl wie Sie. Du kannst dich versenken, bis du nur noch ein Name und eine Nummer bist. Ich könnte es nicht, wenn ich es versuchen würde. Ich bin mir auch nicht sicher, ob ich das möchte. Ich klammere mich an die Kleinigkeiten, die mir gehören."

„Ich wünschte, ich hätte dich vor einem Jahr in meinem Bataillon gehabt", sagte ich.

„Nein, das tust du nicht. Ich wäre nur lästig gewesen. Ich bin seit Oxford ein Fabianer, aber du bist ein besserer Sozialist als ich. Ich bin ein ranziger Individualist."

„Aber Sie müssen sich wegen des Krieges besser fühlen?" Ich fragte.

„Nicht ein bisschen davon. Ich sehne mich immer noch nach den Köpfen der Politiker, die es geschafft haben und es weiterführen. Aber ich möchte meinem Land helfen. Ehrlich gesagt, Hannay, ich liebe den alten Ort. Mehr, denke ich, als ich mich selbst liebe, und das sagt eine teuflische Menge aus. Ohne zu kämpfen – was für mich eine Sünde gegen den Heiligen Geist wäre – werde ich mein Bestes geben. Aber Sie werden sich erinnern, dass ich Teamarbeit nicht gewohnt bin. Wenn ich ein eifersüchtiger Spieler bin, schlagen Sie mich über den Kopf."

Seine Stimme war fast wehmütig und ich mochte ihn enorm.

„Blenkiron wird dafür sorgen", sagte ich. „Wir werden dir die Zügel brechen, Wake, und dann wirst du ein glücklicher Mann sein. Du konzentrierst dich auf das Spiel und vergisst dich selbst. Das ist das Heilmittel gegen Jibber."

Als ich nach St. Anton reiste, dachte ich viel über diesen Vortrag nach. Er hatte völlig recht mit Mary, die ihn nie geheiratet hätte. Ein Mann mit solch einer kantigen Seele könnte nicht in die eines anderen passen. Und dann dachte ich, dass das Wichtigste an Mary einfach ihre heitere Gewissheit war. Ihre Augen hatten diesen ruhigen, glücklichen Ausdruck, den ich nur in einem anderen menschlichen Gesicht gesehen hatte, und das war Peters ... Aber ich fragte mich, ob Peters Augen immer noch dieselben waren.

Ich fand das Häuschen, ein kleines hölzernes Ding, das auf seiner Anhöhe stehen geblieben war, als die großen Hotels um es herum wuchsen. Es hatte vorne einen Zaun, aber dahinter war es zum Hang hin offen. Am Tor stand eine gebeugte alte Frau mit einem Gesicht wie ein Pippin. Mein Make-up muss gut gewesen sein, denn sie akzeptierte mich, bevor ich mich vorstellte.

„Gott sei Dank, dass du gekommen bist", rief sie. „Der arme Leutnant brauchte einen Mann, der ihm Gesellschaft leistete. Er schläft jetzt, wie immer am Nachmittag, denn sein Bein ermüdet ihn in der Nacht ... Aber er ist tapfer wie ein Soldat ... Komm, ich werde dir das Haus zeigen, denn ihr beide werdet es sein jetzt alleine."

Mit sanften Schritten führte sie mich ins Haus und zeigte mit warnendem Finger auf das kleine Schlafzimmer, in dem Peter schlief. Ich fand eine Küche mit einem großen Herd und einem rauen Dielenboden, auf dem einige schlecht getrocknete Häute lagen. Dahinter befand sich eine Art Speisekammer mit einem Bett für mich. Sie zeigte mir die Töpfe und Pfannen zum Kochen und die Vorräte, die sie angelegt hatte, und wo ich Wasser und Brennstoff finden konnte. „Ich werde mich täglich um das Marketing kümmern", sagte sie, „und wenn Sie mich brauchen, meine Wohnung liegt eine halbe Meile die Straße hinauf hinter der neuen Kirche. Gott sei mit dir, junger Mann, und sei gütig zu dem Verwundeten."

Als die Witwe Summermatter gegangen war, setzte ich mich in Peters Sessel und machte eine Bestandsaufnahme des Ortes. Es war ruhig und einfach und gemütlich, und durch das Fenster schimmerte der Schnee auf den Diamanthügeln. Auf dem Tisch neben dem Ofen lagen Peters geliebte Besitztümer – sein Beutel aus Hirschleder und die Pfeife, die Jannie Grobelaar in St. Helena für ihn geschnitzt hatte, eine Feldstreichholzschachtel aus Aluminium, die ich ihm geschenkt hatte, und eine billige großgedruckte Bibel wie Padres Geschenk für wohlgesonnene Gefreite und eine alte, ramponierte *Pilgerreise* mit bunten Bildern. Die Illustration, die ich aufgeschlagen habe, zeigte Faithful, wie er aus dem Feuer von Vanity Fair in den Himmel aufsteigt wie eine Waldschnepfe, die gerade aufgescheucht wurde. Alles im Raum war außerordentlich ordentlich, und ich wusste, dass das Peter war und nicht die Witwe Summermatter. An einem Haken hinter der Tür hing sein vielfach geflickter Mantel, und aus einer Tasche ragte ein Bündel meiner eigenen Briefe. In einer Ecke stand etwas, das ich vergessen hatte – ein Behindertenstuhl.

Der Anblick von Peters schlichten kleinen Besonderheiten löste in mir ein feierliches Gefühl aus. Ich fragte mich, ob seine Augen jetzt wie die von Mary sein würden, denn ich konnte mir nicht vorstellen, wie das Leben für ihn als Krüppel aussehen würde. Ganz leise öffnete ich die Schlafzimmertür und schlüpfte hinein.

Er lag auf einem Feldbett, eine dieser gestreiften Schweizer Decken um die Ohren gezogen, und schlief. Es war zweifellos der alte Peter. Er hatte die Gabe eines Jägers, gleichmäßig durch die Nase zu atmen, und die weiße Narbe auf dem tiefen Braun seiner Stirn war das, woran ich mich immer erinnerte. Die einzige Veränderung, seit ich ihn das letzte Mal gesehen habe, war, dass er seinen Bart wieder wachsen ließ und er war grau.

Als ich ihn ansah, strömten die Erinnerungen an alles, was wir gemeinsam durchgemacht hatten, in mir hoch, und ich hätte vor Freude weinen können, neben ihm zu sein. Frauen, segne ihre Herzen! kann nie wissen, was lange Kameradschaft für Männer bedeutet; Es ist etwas, das nicht in ihrem Leben ist – etwas, das nur zu dieser wilden, ungezähmten Welt gehört, der wir entsagen, wenn wir unsere Partner finden. Sogar Mary verstand nur einen Bruchteil davon. Ich hatte gerade ihre Liebe gewonnen, was das Größte war, was mir je passiert ist, aber wenn sie in diesem Moment eingetreten wäre, hätte ich kaum den Kopf gedreht. Ich war wieder im alten Leben und dachte nicht an das Neue.

Plötzlich sah ich, dass Peter wach war und mich ansah.

„Dick", sagte er flüsternd, „Dick, mein alter Freund."

Die Decke wurde weggeworfen und seine langen, schlanken Arme streckten sich mir entgegen. Ich ergriff seine Hände und eine Weile sprachen wir nicht miteinander. Dann sah ich, wie schrecklich er sich verändert hatte. Sein linkes Bein war geschrumpft und ähnelte vom Knie abwärts einem Rohrstiel. Als er wach war, zeigte sein Gesicht die Linien des harten Leidens und er schien um einen halben Fuß kleiner zu sein. Aber seine Augen waren immer noch wie die von Mary. Tatsächlich schienen sie geduldiger und friedvoller zu sein als damals, als er neben mir auf dem Bockwagen saß und über die Jagdwiese spähte.

Ich hob ihn hoch – er war nicht schwerer als Mary – und trug ihn zu seinem Stuhl neben dem Ofen. Dann kochte ich Wasser auf und machte Tee, wie wir es schon so oft zusammen gemacht hatten.

„Peter, alter Mann", sagte ich, „wir sind wieder auf einer Wanderung, und das ist ein sehr gemütliches kleines *Rondavel*." Wir hatten viele gute Garne, aber dieses wird das Beste sein. Wie steht es mit Ihrer Gesundheit?"

„Gut, ich bin wieder ein starker Mann, aber langsam wie eine Nilpferdkuh. Ich war manchmal einsam, aber das ist jetzt alles. Erzähl mir von den großen Schlachten."

Aber ich war hungrig nach Neuigkeiten über ihn und behielt ihn bei seinem eigenen Fall. Er hatte keine Beschwerden über seine Behandlung, außer dass er die Deutschen nicht mochte. Die Ärzte im Krankenhaus seien klug gewesen, sagte er, und hätten ihr Bestes für ihn getan, aber Nerven, Sehnen und kleine Knochen seien so zerstört worden, dass sie sein Bein nicht reparieren konnten, und Peter habe die gleiche Abneigung gegen Amputationen wie die Buren. Ein Arzt war im Damaraland gewesen und hatte ihm von diesen verkohlten, sonnigen Orten erzählt und ihm Heimweh bereitet. Aber er kehrte immer wieder zu seiner Abneigung gegen die Deutschen zurück. Er hatte gesehen, wie sie unsere Soldaten wie brutale Tiere zusammentrieben, und der Kommandant hatte ein Gesicht wie Stumm und ein Kinn, das herausragte und zuschlagen wollte. Eine Ausnahme machte er für den großen Flieger Lensch, der ihn abgeschossen hatte.

„Er ist ein weißer Mann", sagte er. „Er besuchte mich im Krankenhaus und erzählte mir eine Menge Dinge. Ich denke, er hat dafür gesorgt, dass sie mich gut behandelt haben. Er ist ein großer Mann, Dick, der zwei von mir abgeben würde, und er hat ein rundes, fröhliches Gesicht und blasse Augen wie Frickie Celliers, der einem Bauern aus zweihundert Metern Entfernung eine Kugel durch den Kopf jagen könnte. Er sagte, es täte ihm leid, dass ich lahm sei, denn er hoffe, noch mehr Streit mit mir zu haben. Eine Wahrsagerin hatte gesagt, dass ich ihn töten würde, aber er vermutete, dass sie das Ding falsch verstanden hatte. Ich hoffe, dass er diesen Krieg übersteht, denn er ist ein guter Mann, obwohl er Deutscher ist ... Aber die anderen! Sie sind wie die Narren in der Bibel: dick und hässlich, wenn sie Glück haben, und stolz und bösartig, wenn ihnen das Glück ausgeht. Sie sind kein Volk, mit dem man glücklich sein kann."

Dann erzählte er mir, dass er sich mit einem Spiel vergnügt habe, um seine Stimmung aufrechtzuerhalten. Er war stolz darauf, ein Bure zu sein, und sprach kühl über die Briten. Er hatte, wie ich vermutete, auch viele Dinge mitgeteilt, die geeignet waren, zu täuschen. So verließ er Deutschland mit guten Noten und hielt sich in der Schweiz auf Anraten von Blenkiron, der ihn getroffen hatte, sobald er die Grenze überschritten hatte, von den anderen britischen Verwundeten fern. Ich nahm an, dass es Blenkiron war, der ihn nach St. Anton geschickt hatte, und als er dort als verärgerter Bure lebte, hatte er viel mit Deutschen zu tun. Sie hatten ihn über unseren Flugdienst aufgeklärt, und Peter hatte ihnen viele geniale Lügen erzählt und im Gegenzug Merkwürdiges gehört.

„Sie arbeiten hart, Dick", sagte er. "Vergiss das nie. Der Deutsche ist ein harter Feind, und wenn wir ihn mit einer Maschine schlagen, schwitzt er, bis er eine neue erfunden hat. Sie haben großartige Piloten, aber nie so viele gute wie wir, und ich glaube nicht, dass sie uns im normalen Kampf jemals schlagen können. Aber du musst auf Lensch aufpassen, denn ich fürchte ihn. Er hat, wie ich höre, eine neue Maschine mit tollen Motoren und einer kurzen Spannweite, aber die Flügel sind so gewölbt, dass er schnell steigen kann. Das wird eine Überraschung für uns sein. Sie werden sagen, dass wir es bald besser machen werden. Das werden wir tun, aber wenn es zu einer Zeit eingesetzt würde, in der wir hart arbeiteten, könnte es den kleinen Unterschied ausmachen, der dazu führt, dass Schlachten verloren gehen."

„Sie meinen damit", sagte ich, „dass, wenn wir einen großen Angriff vorbereitet hätten und alle Boche-Flugzeuge von unserer Front zurückgedrängt hätten, Lensch und sein Zirkus vielleicht trotz uns rüberkommen und die Gaffel zerstören könnten?"

„Ja", sagte er feierlich. „Oder wenn wir angegriffen würden und eine Schwachstelle hätten, könnte Lensch den Deutschen zeigen, wo sie durchkommen müssen. Ich glaube nicht, dass wir noch lange angreifen werden; Aber ich bin mir ziemlich sicher, dass Deutschland jeden Mann gegen uns aufbringen wird. Das ist das Gerede meiner Freunde, und es ist kein Bluff."

An diesem Abend kochte ich unser bescheidenes Abendessen, und wir rauchten unsere Pfeifen bei offener Ofentür und dem angenehmen Geruch von Holzrauch in unserer Nase. Ich erzählte ihm von all meinen Taten und von den Wild Birds und Ivery und der Arbeit, mit der wir beschäftigt waren. Blenkirons Anweisungen lauteten, dass wir beide bescheiden leben und unsere Augen und Ohren offen halten sollten, denn wir waren außerhalb des Verdachts – der streitsüchtige, lahme Bure und sein lüsterner Diener aus Arosa. Irgendwo an diesem Ort trafen sich unsere Feinde, und dorthin kam Chelius auf seinen dunklen Botengängen.

Peter nickte weise mit dem Kopf. „Ich glaube, ich habe den Ort erraten. Die Tochter der alten Frau hat meinen Stuhl manchmal ins Dorf gezogen, und ich habe in billigen Gasthäusern gesessen und mit Dienern gesprochen. Dort gibt es eine Süßwasserpfanne, alles ist jetzt mit Schnee bedeckt, und daneben steht ein großes Haus, das sie Pink Chalet nennen. Ich weiß nicht viel darüber, außer dass darin reiche Leute leben, denn die anderen Häuser kenne ich und sie sind harmlos. Auch die großen Hotels, die zu kalt und zu öffentlich sind, als dass sich Fremde dort treffen könnten."

Ich brachte Peter ins Bett und es war mir eine Freude, mich um ihn zu kümmern, ihm sein Stärkungsmittel zu geben und die Wärmflasche vorzubereiten, die seine Neuralgie linderte. Sein Verhalten war wie das eines fügsamen Kindes, und er verlor nie sein sonniges Temperament, obwohl ich sehen konnte, wie ihm sein Bein die Hölle heiß machte. Sie hatten es mit einer Massage versucht und aufgegeben, und es blieb ihm nichts anderes übrig, als durchzuhalten, bis die Natur und seine zähe Konstitution die gequälten Nerven wieder betäubten. Ich zog mein Bett aus der Speisekammer und schlief mit ihm im Zimmer, und als ich nachts aufwachte, wie man es zum ersten Mal an einem fremden Ort tut, konnte ich an seinem Atem erkennen, dass er wach war und litt.

Am nächsten Tag konnte man einen Badestuhl gesehen haben, in dem ein ergrauter Krüppel saß und der von einem hinkenden Bauern geschoben wurde, den langen Hügel zum Dorf hinabstieg. Es war klares, frostiges Wetter, das die Wangen kribbeln ließ, und ich fühlte mich so voller Tatendrang, dass ich mich kaum an mein Wildbein erinnern konnte. Das Tal war im Osten von einer großen Fels- und Gletschermasse abgeschlossen, die zu einem Berg gehörte, dessen Spitze nicht zu sehen war. Doch im Süden, über den verschneiten Tannenwäldern, erhob sich ein höchst zarter Spitzengipfel mit einer nadelförmigen Spitze. Ich betrachtete es mit

Interesse, denn dahinter lag das Tal, das zum Staub-Pass führte, und dahinter lag Italien – und Maria.

Das alte Dorf St. Anton hatte eine lange, schmale Straße, die im rechten Winkel zu einer Brücke führte, die den Fluss überspannte, der aus dem See floss. Von da an stieg die Straße steil an, aber am anderen Ende der Straße verlief sie ebenerdig am Ufer , gesäumt von baufälligen Pensionen, die jetzt von der Außenwelt abgeschottet waren, und ein paar Villen in Gartenstücken. Am anderen Ende, kurz bevor er in einen Kiefernwald überging, ragte ein Felsvorsprung in den See hinein und ließ einen großen Raum zwischen der Straße und dem Wasser frei. Hier befand sich das Gelände eines größeren Wohnhauses – schneebedeckte Lorbeeren und Rhododendren mit ein oder zwei größeren Bäumen – und direkt am Ufer stand das Haus selbst, das Pink Chalet genannt.

Ich rollte Peter auf dem knisternden Schnee der Autobahn am Eingang vorbei. Durch die Lücken zwischen den Bäumen sah die Vorderseite neu aus, aber der hintere Teil schien schon etwas älter zu sein, denn ich konnte hohe Mauern sehen, die von wenigen Fenstern unterbrochen waren und über dem Wasser hingen. Der Ort war nicht mehr eine Hütte als ein Bergfried, aber ich vermute, dass der Name zu Ehren einer hölzernen Galerie über der Eingangstür vergeben wurde. Das Ganze war in einem hässlichen Rosa gewaschen. Es gab Nebengebäude – Garagen oder Ställe zwischen den Bäumen – und am Eingang waren relativ neue Spuren eines Autos zu sehen.

Auf dem Rückweg tranken wir in einem Café ein sehr schlechtes Bier und freundeten uns mit der Frau an, die es aufbewahrte. Peter musste ihr seine Geschichte erzählen, und ich machte mich auf den Weg zu meiner Tante in Zürich, und am Ende hörten wir ihre Beschwerden. Sie war eine echte Schweizerin, wütend auf alle Kriegführenden, die ihr den Lebensunterhalt verdorben hatten, und sie hasste Deutschland am meisten, fürchtete es aber auch am meisten. Kaffee, Tee, Treibstoff, Brot, sogar Milch und Käse waren schwer zu bekommen und kosteten ein Lösegeld. Es würde Jahre dauern, bis sich das Land erholte, und es würde keine Touristen mehr geben, denn es gab nur noch wenig Geld auf der Welt. Ich stellte eine Frage zum Pink Chalet und mir wurde gesagt, dass es einem gewissen Schweigler gehörte, einem Professor aus Bern, einem alten Mann, der im Sommer manchmal für ein paar Tage kam. Es wurde oft vermietet, aber nicht jetzt. Auf die Frage, ob es bewohnt sei, bemerkte sie, dass einige Freunde der Schweiglers – reiche Leute aus Basel – über den Winter dort gewesen seien. „Sie kommen und gehen in großen Autos", sagte sie bitter, „und sie bringen ihr Essen aus den Städten mit. Sie geben an diesem armen Ort kein Geld aus."

Plötzlich verfielen Peter und ich in einen Alltag, als hätten wir den Haushalt schon immer zusammen geführt. Morgens ging er auf seinem Stuhl ins Ausland, nachmittags humpelte ich bei meinen eigenen Besorgungen herum. Wir traten in den Hintergrund und nahmen seine Farbe an, und ein weniger auffälliges Paar wurde nie verdächtig. Einmal in der Woche stattete uns ein junger Schweizer Offizier, dessen Aufgabe es war, britische Verwundete zu versorgen, einen eiligen Besuch ab. Ich bekam Briefe von meiner Tante aus Zürich, manchmal mit dem Poststempel von Arosa, und ab und zu enthielten diese Briefe seltsam formulierte Ratschläge oder Anweisungen von dem, den meine Tante „den freundlichen Gönner" nannte. Generell wurde mir gesagt, ich solle geduldig sein. Manchmal erfuhr ich von der Gesundheit „meiner kleinen Cousine auf der anderen Seite der Berge". Einmal wurde mir aufgetragen, einen Freund des Gönners zu erwarten, den weisen Arzt, von dem er oft gesprochen hatte, aber obwohl ich danach zwei Tage lang das Pink Chalet bewachte, erschien kein Arzt.

Meine Nachforschungen waren ein fruchtloses Geschäft. Ich ging nachmittags immer ins Dorf, saß in einem abgelegenen Café und redete langsam Deutsch mit Bauern und Hotelträgern, aber es gab wenig zu lernen. Ich wusste alles, was es über das Pink Chalet zu hören gab, und das war nichts. Ein junger Mann, der Ski fuhr, blieb drei Nächte und verbrachte seine Tage auf den Alpen oberhalb der Tannenwälder. Berichten zufolge soll eine vierköpfige Gruppe, darunter zwei Frauen, eine Nacht dort verbracht haben – allesamt Verzweigungen der reichen Basler Familie. Ich betrachtete das Haus vom See aus, der eigentlich in Eisbahnen hätte gefegt werden sollen, aber mangels Besuchern lag ein Haufen verwehter Schnee da. Die hohen alten Mauern des hinteren Teils wurden direkt vom Wasser aus errichtet. Ich erinnere mich, dass ich eine Abkürzung durch das Gelände zur Hauptstraße versuchte und von einem lächelnden deutschen Diener „Guten Tag" begrüßt wurde. Auf die eine oder andere Weise kam ich zu dem Schluss, dass sich im Ort ziemlich viele Diener aufhielten – zu viele für die seltenen Gäste. Aber darüber hinaus habe ich nichts entdeckt.

Nicht, dass ich mich gelangweilt hätte, denn ich hatte immer Peter, an den ich mich wenden konnte. Er dachte viel über Südafrika nach und es gefiel ihm am besten, mit mir jedes Detail unserer alten Expeditionen durchzugehen. Sie gehörten zu einem Leben, an das er ohne Schmerzen denken konnte, während ihm der Krieg zu nah und bitter war. Er liebte es, nach Einbruch der Dunkelheit ins Freie zu humpeln und seine alten Freunde, die Sterne, zu betrachten. Er nannte sie mit den Worten, die sie in der Steppe verwenden, und beim ersten Morgenstern nannte er den *Voorlooper* – den kleinen Jungen, der die Ochsen aufspannt – ein Name, den ich seit zwanzig Jahren nicht mehr gehört hatte. An den langen Abenden haben wir so manches tolle Garn gesponnen, aber ich bin immer mit schmerzendem Herzen ins Bett gegangen. Die Sehnsucht in seinen Augen war zu dringend, er sehnte sich nicht nach alten Zeiten oder fernen Ländern, sondern nach der Gesundheit und Kraft, die einst sein Stolz gewesen war.

Eines Abends erzählte ich ihm von Mary.

„Sie wird eine glückliche *Mysie sein* “, sagte er, „aber Sie müssen sehr klug mit ihr umgehen, denn Frauen sind seltsame Tiere und Sie und ich kennen ihre Sitten nicht. Mir wird erzählt, dass englische Frauen nicht wie unsere Frauen kochen und Kleidung herstellen, was soll sie also tun? Ich bezweifle, dass eine müßige Frau wie ein mit Mehl gefüttertes Pferd sein wird.“

Es hatte keinen Sinn, ihm zu erklären, was für ein Mädchen Mary war, denn das war eine Welt, die völlig außerhalb seines Horizonts lag. Aber ich konnte sehen, dass er sich bei meinen Nachrichten einsamer denn je fühlte. Also erzählte ich ihm von dem Haus, das ich nach Kriegsende in England haben wollte – ein altes Haus in einem grünen Hügelland, mit Feldern, auf denen man jeden *Morgen vier Rinder tragen konnte* , Furchen mit klarem Wasser und Obstgärten mit Pflaumen und Äpfel. „Und du wirst die ganze Zeit bei uns bleiben“, sagte ich. „Du wirst deine eigenen Zimmer haben und deinen eigenen Jungen, der sich um dich kümmert, und du wirst mir bei der Landwirtschaft helfen, und wir werden zusammen Fische fangen und die Wildenten schießen, wenn sie abends aus den Pfannen kommen. Ich habe eine bessere Landschaft gefunden als Houtbosch, wo Sie und ich einen Bauernhof errichten wollten. Es ist ein gesegneter und glücklicher Ort, England.“

Er schüttelte den Kopf. „Du bist ein freundlicher Mann, Dick, aber dein hübsches *Mädchen* will nicht, dass ein hässlicher alter Kerl wie ich in ihrem Haus herumhumpelt ... Ich glaube nicht, dass ich nach Afrika zurückgehe, denn dort würde ich traurig sein Sonne. Ich werde einen kleinen Ort in England finden und eines Tages werde ich dich besuchen, alter Freund.“

In dieser Nacht schien ihn sein Stoizismus zum ersten Mal zu verlassen. Er schwieg lange Zeit und ging früh zu Bett, wobei ich bezeugen kann, dass er nicht geschlafen hat. Aber er muss nachts viel nachgedacht haben, denn am Morgen hatte er sich wieder zusammengetan und war so fröhlich wie ein Sandjunge.

Ich beobachtete seine Philosophie mit Erstaunen. Es überstieg bei weitem alles, was ich mir hätte vorstellen können. Er war so gebrechlich und so arm, denn er hatte nie etwas anderes auf der Welt gehabt als seine körperliche Fitness, und die hatte er jetzt verloren. Und denken Sie daran, er hatte es nach einigen Monaten strahlenden Glücks verloren, denn in der Luft hatte er das Element gefunden, für das er geboren worden war. Manchmal erinnerte er an jene Tage, als er in den Wolken lebte und eine neue Art des

Kampfes erfand, und seine Stimme wurde immer heiser. Ich konnte sehen, dass es ihm vor Sehnsucht nach ihrer Rückkehr schmerzte. Und doch hatte er nie ein Wort der Beschwerde. Das war das Ritual, das er sich gesetzt hatte, sein Ehrenpunkt, und er blickte der Zukunft mit dem gleichen Mut entgegen, mit dem er ein wildes Tier oder Lensch selbst angegriffen hatte. Nur brauchte es eine weitaus größere Standhaftigkeit.

Eine andere Sache war, dass er die Religion gefunden hatte. Ich bezweifle, dass das die richtige Art ist, es auszudrücken, denn er hatte es schon immer gehabt. Männer, die in der Wildnis leben, wissen, dass sie in den Händen Gottes sind. Aber seine alte Art war ein zerschlissenes Ding gewesen, eher wie heidnischer Aberglaube, obwohl es ihn immer bescheiden gehalten hatte. Aber jetzt hatte er es sich zur Aufgabe gemacht, die Bibel zu lesen und in seinen einsamen Nächten nachzudenken, und er hatte ein eigenes Glaubensbekenntnis entwickelt. Ich wage zu behaupten, dass es grob genug war, ich bin mir sicher, dass es unorthodox war; Aber wenn der Beweis der Religion darin besteht, dass sie einem Mann in schlechten Tagen eine Stütze gibt, dann war dies bei Peter der Fall. Er stöberte in der Bibel und im *Pilgerweg herum* – beide waren in seinen Augen gleichermaßen inspiriert – und fand Texte, die er auf seine eigene Weise interpretierte, um seinem Fall gerecht zu werden. Er nahm alles ganz wörtlich. Was sich vor dreitausend Jahren in Palästina abspielte, könnte, soweit er wollte, auch nebenan geschehen sein. Ich ärgerte ihn immer und sagte ihm, er sei wie der Kaiser, sehr gut darin, die Bibel seinen Zwecken anzupassen, aber seine Aufrichtigkeit sei so vollkommen, dass er nur lächelte. Ich erinnere mich, dass er eines Abends, als er über seine Zeit als Flieger nachgedacht hatte, im Thessalonicherbrief eine Passage über die Toten fand, die aufstanden, um ihrem Herrn in der Luft zu begegnen, und das erheiterte ihn sehr. Ich konnte sehen, dass Peter davon ausging, dass seine Zeit hier nicht mehr lange dauern würde, und er dachte gern daran, dass er nach seiner Entlassung wieder die alte Verzückung finden würde.

Als ich einmal etwas über seine Geduld sagte, sagte er, er müsse versuchen, Herrn Standfast gerecht zu werden. Er hatte sich darauf festgelegt, dieser Figur zu folgen, obwohl er Mr. Valiant-for-Wahrheit vorgezogen hätte, wenn er sich für gut genug gehalten hätte. Er pflegte auf seine seltsame Art über Mr. Standfast zu sprechen, als wäre er ein Freund von uns beiden, wie Blenkiron ... Ich sage Ihnen, der Anblick von Peter, der so klaglos und sanft und weise war, hat mich zutiefst demütigt . Der Allmächtige selbst hätte ihn nicht zum Idioten machen können, und er wäre nie auf die Idee gekommen, zu predigen. Nur einmal gab er mir einen Rat. Ich hatte schon immer eine Vorliebe für Abkürzungen und wurde aufgrund der langen Untätigkeit etwas unruhig. Eines Tages, als ich meine Gefühle zu dieser Angelegenheit zum Ausdruck brachte, stand Petrus auf und las aus dem *Pilgerweg vor* : „Einige haben sich auch gewünscht, dass der nächste Weg zum Haus ihres Vaters hier wäre, damit sie sich nicht mehr mit Hügeln oder Bergen herumschlagen müssten vorbei, aber der Weg ist der Weg, und es gibt ein Ende."

Trotzdem wurde ich ziemlich unruhig, als wir im März ankamen und nichts passierte. Blenkiron hatte gesagt, wir kämpften gegen die Zeit, und nun vergingen die Wochen. Seine Briefe kamen gelegentlich, immer in Form von Mitteilungen meiner Tante. Einer erzählte mir, dass ich bald arbeitslos sein würde, da Peters Rückführung fast abgeschlossen sei und er jeden Tag seinen Abschiebebefehl erhalten könne. Eine andere erzählte von meiner kleinen Cousine jenseits der Hügel und sagte, sie hoffe, bald zu einem Ort namens Santa Chiara im Val Saluzzana zu gehen. Ich holte eilig die Karte heraus, maß die Entfernung von dort nach St. Anton und brütete über die beiden Straßen dorthin – die kurze am Staub-Pass und die lange am Marjolana. Diese Briefe ließen mich glauben, dass sich die Dinge einem Höhepunkt näherten, aber es kamen immer noch keine Anweisungen. Ich hatte in meinen eigenen Nachrichten nichts zu berichten, ich hatte im Pink Chalet nichts als untätige Diener entdeckt, ich war mir nicht einmal sicher, ob das Pink Chalet nicht eine harmlose Villa war, und ich war nicht näher als tausend Meilen an Chelius herangekommen . Mein Wunsch, Peters Stoizismus nachzuahmen, hinderte mich nicht daran, gelegentlich verunsichert und mutlos zu werden.

Das Einzige, was ich tun konnte, war, mich fit zu halten, denn ich hatte das Gefühl, dass ich bald meine ganze Körperkraft brauchen würde. Tagsüber musste ich so tun, als wäre ich lahm, also machte ich nachts Sport. Ich schlief nachmittags, wenn Peter seine Siesta hatte, und dann gegen zehn Uhr abends, nachdem ich ihn zu Bett gebracht hatte, schlüpfte ich aus der Tür und machte eine vier- oder fünfstündige Wanderung. Wunderbar waren diese mitternächtlichen Wanderungen. Ich kämpfte mich durch die schneebedeckten Kiefern hinauf zu den Kämmen, wo der Schnee in großen Kränzen und Bögen lag, bis ich auf einem Hügelkamm stand, zu meinen Füßen eine gefrorene Welt und über mir eine Schar glitzernder Sterne. Einmal in einer Vollmondnacht erreichte ich den Gletscher am Talschluss, kletterte die Moräne hinauf bis zu dem Ort, an dem das Eis begann, und spähte ängstlich in die geisterhaften Gletscherspalten. In solchen Stunden hatte ich die Erde für mich allein, denn außer dem Rutschen einer Schneelast von den Bäumen oder dem Knacken und Rascheln war kein Geräusch zu hören, das mich daran erinnerte, dass ein Gletscher ein fließender Fluss war. Der Krieg schien sehr weit weg zu sein, und ich spürte die Kleinheit unserer menschlichen Kämpfe, bis ich an Peter dachte, der sich von einer Seite zur anderen drehte, um in der Hütte weit unter mir Entspannung zu finden. Dann wurde mir klar, dass der Geist des Menschen das Größte in dieser weiten Welt war ... Ich kam gegen drei oder vier zurück, nahm ein Bad im Wasser, das sich in meiner Abwesenheit erwärmt hatte, und kroch fast beschämt ins Bett zwei gesunde Beine zu haben, während ein besserer Mann einen Meter entfernt nur eines hatte.

Seltsamerweise schien es zu dieser Zeit im Pink Chalet mehr Leben zu geben als am Tag. Einmal, als ich lange nach Mitternacht über den See stapfte, sah ich Lichter am Seeufer in Fenstern, die für gewöhnlich leer und mit Fensterläden verschlossen waren. Mehrmals bin ich über das Gelände gelaufen, als der Mond dunkel war. Bei einer solchen Gelegenheit fuhr ein tolles Auto ohne Licht die Auffahrt entlang, und ich hörte leise Stimmen an der Tür. Ein anderes Mal rannte ein Mann hastig an mir vorbei und betrat das Haus durch eine kleine Tür auf der Ostseite, die ich vorher nicht bemerkt hatte ... Langsam begann in mir die Überzeugung zu wachsen, dass wir uns nicht geirrt hatten, als wir diesen Ort markiert hatten , dass in ihm Dinge vorgingen, deren Entdeckung uns ein großes Anliegen war. Aber ich war verwirrt, mir einen Weg auszudenken. Ich würde vielleicht hineinstoßen, aber soweit ich wusste, würde es Blenkirons Pläne durchkreuzen, denn er hatte mir keine Anweisungen zum Einbruch gegeben. Das alles verunsicherte mich mehr denn je. Ich fing an, wach zu liegen und überlegte, wie ich Zugang finden könnte Feuer im Ort anzünden und die Türen für eifrige Nachbarn öffnen lassen ...

Und dann bekam ich plötzlich Anweisungen in einem Brief von Blenkiron.

Es befand sich in einem Paket warmer Socken, das von meiner netten Tante kam. Aber der Brief für mich war nicht von ihr. Es war in Blenkirons großer, ausgestreckter Handschrift und der Stil war ganz sein eigener. Er sagte mir, dass er seine Arbeit fast erledigt habe. Er hatte sich auf Chelius konzentriert, den Vogel, den er erwartet hatte, und dieser Vogel würde aus dem Grund, den ich kannte, bald über die Berge nach Süden fliegen.

„Wir haben einen gewaltigen Schritt vor uns", schrieb er, „und bitte Gott, dass du in der nächsten Woche einiges erreichen wirst." Es läuft besser, als ich je gehofft hatte." Aber es musste noch etwas getan werden. Er hatte einen Landsmann geschlagen, einen gewissen Clarence Donne, einen Journalisten aus Kansas City, den er in das Geschäft aufgenommen hatte. Er beschrieb ihn als „Knaller" und empfahl ihm meine Wertschätzung. Er war auf dem Weg nach St. Anton, denn im Pink Chalet war ein Spiel im Gange, von dem er mir etwas mitteilen wollte. Ich sollte ihn am nächsten Abend um Viertel nach neun an der kleinen Tür am östlichen Ende des Hauses treffen. „Bei der Liebe von Mike, Dick", schloss er, „seien Sie pünktlich und tun Sie alles, was Clarence Ihnen sagt, als ob er ich wäre." Es ist eine sehr komplexe Angelegenheit, aber Sie und er haben genug Sand, um durchzukommen . Mach dir keine Sorgen um deinen kleinen Cousin. Sie ist jetzt in Sicherheit und arbeitslos."

Mein erstes Gefühl war eine große Erleichterung, besonders bei den letzten Worten. Ich las den Brief ein Dutzend Mal, um sicherzugehen, dass ich die Bedeutung verstand. Der Verdacht kam mir in den Sinn, dass es sich um eine Fälschung handeln könnte, vor allem weil Peter, der in den anderen Schreiben eine große Rolle gespielt hatte, nicht erwähnt wurde. Aber warum sollte Peter erwähnt werden, wenn er in diesem Stück nicht dabei war? Die Signatur hat mich überzeugt. Normalerweise zeichnete sich Blenkiron voll und ganz mit einem feinen kommerziellen Schwung aus. Aber als ich an der Front war, hatte er sich angewöhnt, aus seinem Nachnamen für mich eine Art Hieroglyphe zu machen und in Klammern JS dahinter zu setzen. So wurde dieser Brief unterzeichnet und es war der sichere Beweis, dass alles in Ordnung war.

Ich verbrachte diesen und den nächsten Tag in wilder Stimmung. Peter erkannte, was los war, obwohl ich es ihm nicht sagte, aus Angst, ihn neidisch zu machen. Ich musste besonders freundlich zu ihm sein, denn ich konnte sehen, dass er sich danach sehnte, im Geschäft mitzuwirken. Tatsächlich fragte er schüchtern, ob ich ihn nicht unterbringen könne, und ich musste darüber lügen und sagen, es sei nur eine weitere meiner ziellosen Umrundungen des Pink Chalet gewesen.

„Versuchen Sie, etwas zu finden, wo ich helfen kann", flehte er. „Ich bin immer noch ziemlich stark, obwohl ich lahm bin, und ich kann ein bisschen schießen."

Ich erklärte, dass er rechtzeitig eingesetzt werden würde, dass Blenkiron versprochen hatte, dass er eingesetzt werden würde, aber ich konnte mir beim besten Willen nicht vorstellen, wie.

Um neun Uhr am verabredeten Abend befand ich mich auf dem See gegenüber dem Haus, dicht unter dem Ufer, und machte mich auf den Weg zum Treffpunkt. Es war eine kohlschwarze Nacht, denn obwohl die Luft klar war, leuchteten die Sterne kaum und der Mond war noch nicht aufgegangen. In der Vorahnung, dass ich vielleicht noch lange nichts zu essen bekommen würde, hatte ich ein paar Tafeln Schokolade mitgebracht, und meine Pistole und meine Taschenlampe steckten in meiner Tasche. Es war bitterkalt, aber das Wetter störte mich nicht mehr, und ich trug nur meinen Anzug und keinen Mantel.

Das Haus war wie ein Grab der Stille. Es gab nirgends einen Lichtstrahl und keinen dieser Rauch- und Essensgerüche, die auf Behausung hindeuten. Es war eine unheimliche Aufgabe, das steile Ufer östlich des Grundstücks hinaufzuklettern, bis zu dem Punkt, an dem die Ebene des Gartens begann, und das in einer so großen Dunkelheit, dass ich mich wie ein Blinder durchtasten musste.

Ich fand die kleine Tür, indem ich am Rand des Gebäudes entlang tastete. Dann betrat ich ein angrenzendes Lorbeerbüschel, um meinen Begleiter zu bedienen. Er war vor mir da.

„Sagen Sie", hörte ich eine satte Stimme aus dem Mittleren Westen flüstern, „sind Sie Joseph Zimmer?" Ich rufe keine Namen, aber ich schätze, du bist der Typ, den ich hier treffen soll."

„Herr Donne?" Ich flüsterte zurück.

„Das Gleiche", antwortete er. "Shake."

Ich ergriff eine behandschuhte Hand und zog mich zur Tür.

KAPITEL XVI
I Auf einem harten Bett liegen

Der Journalist aus Kansas City war ein Mann der Tat. Er verschwendete keine Worte, um sich vorzustellen oder seinen Wahlkampfplan darzulegen. „Sie müssen mir folgen, Herr, und dürfen keinen Zentimeter von meinen Spuren abweichen. Der erklärende Teil kommt später. Heute Abend gibt es in dieser Hütte ein großes Geschäft." Er schloss die kleine Tür kaum hörbar auf, streifte die Schneekruste von seinen Stiefeln und ging vor mir in einen Kellergang, der schwarz war. Die Tür schwang sanft hinter uns, und nach dem scharfen Geräusch draußen roch die Luft stickig wie im Inneren eines Safes.

Eine Hand griff nach hinten, um sicherzustellen, dass ich folgte. Wir befanden uns offenbar in einem mit Platten versehenen Durchgang unter der Hauptebene des Hauses. Meine genagelten Stiefel rutschten auf dem Boden aus, und ich stützte mich auf der Wand ab, die aus unbehauenem Stein zu bestehen schien. Herr Donne bewegte sich sanft und sicher, denn er war besser für den Job geeignet als ich, und seine leitende Hand kam ständig zurück, um sicherzustellen, dass ich mich aufhielt.

Ich erinnere mich, dass ich mich genauso gefühlt habe wie damals, als ich in jener Augustnacht die Felsspalte des Coolin erkundet hatte – das gleiche Gefühl, dass etwas Seltsames passieren würde, die gleiche Rücksichtslosigkeit und Zufriedenheit. Wir bewegten uns mit äußerster Vorsicht einen Fuß nach dem anderen und kamen an eine Rechtskurve. Zwei flache Stufen führten uns zu einem weiteren Durchgang, und dann stießen meine tastenden Hände gegen eine blinde Wand. Der Amerikaner war neben mir und sein Mund war dicht an meinem Ohr.

„Jetzt muss ich kriechen", flüsterte er. „Sie führen, Herr, während ich meinen Mantel ablege. Acht Fuß auf dem Bauch und dann aufrecht."

Ich schlängelte mich durch einen niedrigen Tunnel, der breit genug war, um drei Männer nebeneinander aufzunehmen, aber nicht zwei Fuß hoch. Auf halbem Weg fühlte ich mich erstickt, denn ich mochte keine Löcher, und ich hatte einen Moment lang Angst, was wir auf dieser Kellerpilgerfahrt erreichen wollten. Plötzlich roch ich freie Luft und ging auf die Knie.

„Richtig, Herr?" kam ein Flüstern von hinten. Mein Begleiter schien zu warten, bis ich fertig war, bevor er mir folgte.

„Richtig", antwortete ich und stand ganz vorsichtig auf.

Dann geschah etwas hinter mir. Es gab ein Erschüttern und einen Stoß, als wäre die Decke des Tunnels eingestürzt. Ich drehte mich scharf um und tastete nach dem Mund. Ich steckte mein Bein hinein und fand einen Block.

„Donne", sagte ich so laut ich es wagte, „bist du verletzt? Wo bist du?"

Aber es kam keine Antwort.

Schon damals dachte ich nur an einen Unfall. Etwas war fehlgeschlagen, und ich wurde in den Kellern eines unfreundlichen Hauses abgeschnitten, weg von dem Mann, der die Straße kannte und einen Plan im Kopf hatte. Ich war weniger verängstigt als vielmehr verärgert. Ich wandte mich vom Tunneleingang ab und tappte in die Dunkelheit vor mir. Ich könnte genauso gut die Art Gefängnis in Augenschein nehmen, in das ich gestolpert war.

Ich machte drei Schritte – nicht mehr. Meine Füße schienen sich plötzlich von mir zu lösen und nach oben zu fliegen. Es geschah so plötzlich, dass ich schwer und tot wie ein Baumstamm umfiel und mein Kopf so krachend auf dem Boden aufschlug, dass ich für einen Moment das Bewusstsein verlor. Ich spürte, dass etwas auf mich fiel und ein unerträglicher Druck auf meiner Brust verspürte. Ich rang nach Luft und stellte fest, dass meine Arme und Beine sowie mein ganzer Körper in einer Art Holzschraubstock festgeklemmt waren. Ich hatte eine Gehirnerschütterung und konnte nichts anderes tun, als nach Luft zu schnappen und meine Übelkeit zu unterdrücken. Der Schnitt an meinem Hinterkopf blutete stark und das half mir, wieder klar zu kommen, aber ich lag ein oder zwei Minuten lang unfähig, nachzudenken. Ich schließe die Augen fest, wie es ein Mann tut, der mit einer Ohnmacht zu kämpfen hat.

Als ich sie öffnete, war Licht. Es kam von der linken Seite des Raumes, der breite Schein einer starken elektrischen Taschenlampe. Ich habe es dumm angeschaut, aber es hat mir den nötigen Anstoß gegeben, den Thread wieder aufzunehmen. Ich erinnerte mich jetzt an den Tunnel und den Journalisten aus Kansas. Dann sah ich hinter dem Licht ein Gesicht, das meine flackernden Sinne aus dem Sumpf holte.

Ich sah den schweren Ulster und die Mütze, die mir draußen in den dunklen Lorbeerbäumen aufgefallen, obwohl ich sie nicht gesehen hatte. Sie gehörten dem Journalisten Clarence Donne, dem vertrauenswürdigen Abgesandten von Blenkiron. Aber jetzt sah ich sein Gesicht, und es war das Gesicht, mit dem ich Bullivant geprahlt hatte, das ich auf Erden nie wieder verwechseln würde. Ich habe es jetzt nicht falsch verstanden, und ich erinnere mich, dass ich eine leichte Befriedigung verspürte, dass ich mein Wort gehalten hatte. Ich hatte mich nicht geirrt, denn ich hatte bis zu diesem Moment noch keine Gelegenheit gehabt, es mir anzusehen. Ich sah mit scharfer Klarheit den gemeinsamen Nenner all seiner Verkleidungen – den jungen Mann, der in der Villa am Meer lispelte, den beleibten Philanthropen von Biggleswick, das breiige, von Panik geplagte Geschöpf der U-Bahn-Station, den gepflegten französischen Stabsoffizier des Schlosses in der Picardie. ... Ich sah mehr, denn ich sah es jenseits der Notwendigkeit einer Verkleidung. Ich schaute auf von Schwabing, den Verbannten, der mehr für Deutschland getan hatte als jeder andere Heerführer ... Marys Worte kamen mir wieder in den Sinn – „der gefährlichste Mann der Welt" ... Ich hatte keine Angst, oder gebrochenes Herz wegen des Scheiterns oder wütend – noch nicht, denn ich war zu benommen und ehrfürchtig. Ich sah ihn an, als würde man eine Naturkatastrophe betrachten, die einen Kontinent zerstört hatte.

Das Gesicht lächelte.

„Ich freue mich, Ihnen endlich Gastfreundschaft anbieten zu können", hieß es.

Ich zog meinen Verstand noch weiter aus dem Schlamm heraus, um mich um ihn zu kümmern. Die Querstange auf meiner Brust drückte weniger stark und ich atmete besser. Aber als ich versuchte zu sprechen, kamen mir die Worte nicht.

„Wir sind alte Freunde", fuhr er fort. „Wir kennen uns seit vier Jahren recht gut, was eine lange Zeit im Krieg ist. Ich interessiere mich für Sie, denn Sie verfügen über eine Art grobe Intelligenz, und Sie haben mich gezwungen, Sie ernst zu nehmen. Wenn Sie schlauer wären, würden Sie sich über das Kompliment freuen. Aber du warst dumm genug zu glauben, du könntest mich schlagen, und dafür musst du bestraft werden. Oh nein, schmeicheln Sie sich nicht, dass Sie jemals gefährlich waren. Du warst nur lästig und anmaßend wie eine Mücke, die man aus dem Ärmel schlägt."

Er lehnte an der Seite einer schweren geschlossenen Tür. Er zündete sich eine Zigarre aus einer kleinen goldenen Zunderbüchse an und betrachtete mich mit amüsierten Augen.

„Sie werden Zeit zum Nachdenken haben, deshalb schlage ich vor, Sie ein wenig aufzuklären. Sie sind ein Beobachter kleiner Dinge. Also? Haben Sie jemals eine Katze mit einer Maus gesehen? Die Maus rennt umher, versteckt sich, manövriert und denkt, sie spiele ihr eigenes Spiel. Aber die Katze kann jederzeit ihre Pfote ausstrecken und dem ein Ende setzen. Sie sind die Maus, mein armer General – denn ich glaube, Sie sind einer dieser lustigen Amateure, die die Engländer Generäle nennen. Ich hätte dir in den letzten neun Monaten jederzeit mit einem Nicken das Handwerk legen können."

Meine Übelkeit hatte aufgehört und ich konnte verstehen, was er sagte, obwohl ich immer noch nicht in der Lage war, zu antworten.

„Lassen Sie es mich erklären", fuhr er fort. „Ich habe mit Vergnügen Ihr Spiel in Biggleswick beobachtet. Meine Augen folgten dir, als du nach Clyde gingst und bei deinen dummen Verdrehungen in Schottland. Ich habe dir einen Strick gegeben, weil du vergeblich warst und ich mich um wichtigere Dinge kümmern musste. Ich habe Ihnen erlaubt, sich an Ihrer britischen Front mit kindischen Ermittlungen zu amüsieren und in Paris den Narren zu spielen. Ich habe jeden Schritt Ihres Kurses in der Schweiz verfolgt und Ihrem idiotischen Yankee-Freund dabei geholfen, gegen mich selbst zu planen. Während du dachtest, du würdest dein Netz um mich spannen, habe ich meins um dich gezogen. Ich versichere Ihnen, es war eine bezaubernde Entspannung vom ernsten Geschäft."

Ich wusste, dass der Mann log. Ein Teil stimmte, denn er hatte Blenkiron offensichtlich getäuscht; aber ich erinnerte mich an die hastige Flucht von Biggleswick und Eaucourt Sainte-Anne, als das Spiel eindeutig gegen ihn ausging. Er hatte mich seiner Gnade ausgeliefert und ließ seine Eitelkeit an mir aus. Dadurch wurde er in meinen Augen kleiner und meine erste Ehrfurcht begann zu vergehen.

„Ich schätze Groll nie, wissen Sie", sagte er. „In meinem Geschäft ist es albern, wütend zu sein, weil es Energie verschwendet. Aber ich dulde keine Unverschämtheit, mein lieber General. Und mein Land hat die Angewohnheit, seinen Feinden Gerechtigkeit widerfahren zu lassen. Es könnte Sie interessieren zu wissen, dass das Ende nicht mehr fern ist. Deutschland hat einer neidischen Welt in Waffen gegenübergestanden und steht kurz davor, sich für seinen großen Mut zu rechtfertigen. Sie hat die schwerfällige Organisation ihrer Gegner Stück für Stück aufgelöst. Wo ist Russland heute, die Dampfwalze, die uns vernichten sollte? Wo ist das arme, hinterlistige Rumänien? Wo ist die Stärke Italiens, das einst Wunder für das tun sollte, was es Freiheit nannte? Kaputt, alle. Ich habe meinen Teil zu dieser Arbeit beigetragen und jetzt ist die Notwendigkeit vorbei. Mein Land ist im Begriff, sich mit freien Händen gegen Ihr bewaffnetes Gesindel im Westen zu wenden und es in den Atlantik zu treiben. Dann werden wir uns mit den zerlumpten Überresten Frankreichs und der Handvoll lautstarker Amerikaner befassen. Bis zum Mittsommer wird es Frieden geben, diktiert vom siegreichen Deutschland."

„Bei Gott, das wird es nicht!" Endlich hatte ich meine Stimme gefunden.

„Bei Gott, das wird es", sagte er freundlich. „Es ist das, was man eine mathematische Gewissheit nennt. Sie werden zweifellos tapfer sterben, wie die wilden Stämme, die Ihr Imperium einst eroberte. Aber wir haben die größere Disziplin und den stärkeren Geist und das größere Gehirn. Dummheit wird am Ende immer bestraft, und du bist eine dumme Rasse. Glauben Sie nicht, dass Ihre Verwandten auf der anderen Seite des Atlantiks

Sie retten werden. Sie sind ein kaufmännisches Volk und keineswegs selbstsicher. Wenn sie ein wenig getobt haben, werden sie zur Vernunft kommen und einen Weg finden, ihr Gesicht zu wahren. Ihr komischer Präsident wird ein oder zwei Reden halten und uns eine feierliche Notiz schreiben, und wir werden mit der ernsten Rhetorik antworten, die er liebt, und dann werden wir uns küssen und Freunde sein. Du weißt in deinem Herzen, dass es so sein wird."

Eine große Apathie schien mich zu befallen. Diese Prahlerei machte mich nicht wütend, und ich hatte keine Lust mehr, ihm zu widersprechen. Es mag die Folge des Sturzes gewesen sein, aber mein Verstand hatte aufgehört zu arbeiten. Ich hörte seine Stimme, als ob man beiläufig dem Ticken einer Uhr lauscht.

„Ich werde dir mehr erzählen", sagte er. „Dies ist der Abend des 18. März. Ihre Generäle in Frankreich erwarten einen Angriff, wissen aber nicht, wo dieser stattfinden wird. Manche denken, es könnte in der Champagne oder an der Aisne liegen, manche in Ypern, manche in St. Quentin. Nun, mein lieber General, Sie allein werde ich in unser Vertrauen ziehen. Am Morgen des 21., in drei Tagen, greifen wir den rechten Flügel der britischen Armee an. In zwei Tagen werden wir in Amiens sein. Beim dritten haben wir einen Keil bis zum Meer getrieben. Dann werden wir in etwa einer Woche Ihre Armee von rechts zusammengerollt haben und bald in Boulogne und Calais sein. Danach fällt Paris und dann der Frieden."

Ich habe keine Antwort gegeben. Das Wort „Amiens" erinnerte mich an Mary, und ich versuchte, mich an den Tag im Januar zu erinnern, als sie und ich von dieser schönen Stadt nach Süden gefahren waren.

„Warum erzähle ich dir diese Dinge? Ihre Intelligenz, denn Sie sind nicht ganz dumm, wird die Antwort geliefert haben. Es liegt daran, dass Ihr Leben vorbei ist. Wie Ihr Shakespeare sagt, ist der Rest Schweigen ... Nein, ich werde Sie nicht töten. Das wäre grob, und ich hasse Grobheiten. Ich mache jetzt eine kleine Reise, und wenn ich in vierundzwanzig Stunden zurückkomme, wirst du mein Begleiter sein. Sie werden Deutschland besuchen, mein lieber General."

Das weckte meine Aufmerksamkeit, und er bemerkte es, denn er fuhr mit Begeisterung fort.

„Sie haben von der *Untergrundbahn gehört*? NEIN? Und Sie prahlen mit einem Geheimdienst! Dennoch wird Ihre Unwissenheit vom gesamten Generalstab geteilt. Es ist eine kleine eigene Organisation. Dadurch können wir unwillige und gefährliche Menschen innerhalb unserer Grenzen aufnehmen, damit wir nach Belieben damit umgehen können. Einige kamen aus England und viele aus Frankreich. Ich glaube, dass sie offiziell als „vermisst" gelten, aber sie sind auf keinem Schlachtfeld vom Weg abgekommen. Sie wurden von zu Hause aus, in Hotels, Büros oder sogar auf belebten Straßen versammelt. Ich möchte Ihnen nicht verheimlichen, dass der Service unserer U-Bahn von England und Frankreich aus etwas unregelmäßig ist. Aber aus der Schweiz ist es glatt wie eine Fernleitung. Es gibt unbewachte Stellen an der Grenze, und wir haben unsere Agenten unter den Grenzwächtern, und wir haben keine Schwierigkeiten mit den Pässen. Es ist ein hübsches Gerät, und Sie werden bald das Privileg haben, seine Funktionsweise zu beobachten ... In Deutschland kann ich Ihnen keinen Trost versprechen, aber ich glaube nicht, dass Ihr Leben langweilig sein wird."

Als er diese Worte sprach, verwandelte sich sein weltmännisches Lächeln in ein schelmisches Grinsen. Trotz meiner Benommenheit spürte ich das Gift und zitterte.

„Wenn ich zurückkomme, werde ich einen anderen Begleiter haben." Seine Stimme war wieder honigsüß. „Es gibt eine hübsche Dame, die mich nach Italien locken sollte. Es war so? Nun, ich bin auf den Köder hereingefallen. Ich habe vereinbart, dass sie mich noch heute Abend in einem Berggasthaus auf der italienischen Seite treffen soll. Ich habe auch dafür gesorgt, dass sie allein bleibt. Sie ist ein unschuldiges Kind, und ich glaube nicht, dass sie mehr als ein Werkzeug in den ungeschickten Händen Ihrer Freunde war. Sie wird mit mir kommen, wenn ich sie darum bitte, und wir werden eine fröhliche Party im Underground Express veranstalten."

Meine Apathie verschwand und alle Nerven in mir lebten bei den Worten.

„Du bist scheiße!" Ich weinte. „Sie verabscheut deinen Anblick. Sie würde dich nicht mit der Spitze einer Lastkahnstange anfassen."

Er schnippte die Asche von seiner Zigarre. „Ich glaube, Sie irren sich. Ich bin sehr überzeugend und übe bei einer Frau nicht gerne Zwang aus. Aber ob sie will oder nicht, sie wird mit mir kommen. Ich habe hart gearbeitet und habe Anspruch auf mein Vergnügen, und ich habe mein Herz an diese kleine Dame gehängt."

Es war etwas in seinem Ton, grob, anzüglich, sicher, halb verächtlich, das mein Blut zum Kochen brachte. Er hatte mich ziemlich erwischt, und der Hammer schlug heftig in meine Stirn. Ich hätte vor lauter Wut weinen können, und es erforderte meine ganze Kraft, den Mund zu halten. Aber ich war entschlossen, seinen Triumph nicht noch zu verstärken.

Er schaute auf seine Uhr. „Die Zeit vergeht", sagte er. „Ich muss zu meiner bezaubernden Aufgabe aufbrechen. Ich werde der Dame Ihre Erinnerungen übermitteln. Verzeihen Sie mir, dass ich bis zu meiner Rückkehr keine Vorkehrungen für Ihr Wohlbefinden getroffen habe. Ihre Konstitution ist so gesund, dass sie auch unter einem Fastentag nicht leiden wird. Um Sie zu beruhigen, kann ich Ihnen sagen, dass eine Flucht unmöglich ist. Dieser Mechanismus hat sich schon zu oft bewährt, und wenn Ihr Euch davon lösen würdet, würden sich meine Diener um Euch kümmern. Aber ich muss ein Wort der Vorsicht sagen. Wenn Sie daran manipulieren oder sich zu sehr abmühen, verhält es sich seltsam. Der Boden unter Ihnen bedeckt einen Schacht, der zum darunter liegenden See führt. Wenn Sie eine bestimmte Quelle in Betrieb nehmen, werden Sie möglicherweise weit unter dem Eis ins Wasser geschossen, wo Ihr Körper bis zur Quelle verrotten wird ... Das ist natürlich eine Alternative, die Ihnen offen steht, wenn es Ihnen egal ist auf meine Rückkehr warten."

Er zündete sich eine neue Zigarre an, wedelte mit der Hand und verschwand durch die Tür. Als es sich hinter ihm schloss, verstummte das Geräusch seiner Schritte sofort. Die Mauern müssen so dick gewesen sein wie die eines Gefängnisses.

Ich glaube, ich war das, was die Leute in Büchern „fassungslos" nennen. Die Beleuchtung war in den letzten Minuten so blendend gewesen, dass mein Gehirn damit nicht klarkam. Ich erinnere mich noch genau daran, dass ich nicht an das schreckliche Scheitern unseres Plans dachte oder an die deutschen Pläne, die mir unverschämt aufgetischt worden waren, als ob jemand der Welt tot wäre. Ich sah ein einziges Bild – ein Gasthaus in einem verschneiten Tal (ich sah darin einen kleinen Ort wie Peters Hütte), ein einsames Mädchen, diesen lächelnden Teufel, der mich verlassen hatte, und dann den unbekannten Schrecken der U-Bahn. Ich glaube, mein Mut ließ für eine Weile nach, und ich weinte vor Schwäche und Wut. Der Hammer in meiner Stirn war stehen geblieben, denn er schlug nur, wenn ich wütend war. Jetzt, wo ich gefangen lag, war mir die Männlichkeit aus den Fugen geglitten, und wenn Ivery noch in der Tür gestanden hätte, hätte ich wohl um Gnade geweint. Ich hätte ihm mein gesamtes Wissen angeboten, wenn er versprochen hätte, Mary in Ruhe zu lassen.

Zum Glück war er nicht da und es gab keinen Zeugen meiner Feigheit. Glücklicherweise ist es genauso schwierig, lange ein Feigling zu sein wie ein Held. Es war Blenkirons Satz über Mary, der mich zusammenführte: „Sie kann nicht erschrecken und sie kann nicht beschmutzen." Nein, beim Himmel, das konnte sie nicht. Ich konnte meiner Frau weitaus mehr vertrauen als mir selbst. Mir war immer noch schlecht vor Angst, aber ich fühlte mich selbst angezogen. Ich war erledigt, aber Ivery wollte keinen Triumph aus mir herausholen. Entweder würde ich unter das Eis gehen, oder ich würde eine Chance finden, mir eine Kugel durch den Kopf zu jagen, bevor ich die Grenze überquere. Wenn ich nichts anderes tun könnte, könnte ich anständig sterben ... Und dann lachte ich und wusste, dass ich das

Schlimmste überwunden hatte. Was mich zum Lachen brachte, war der Gedanke an Peter. Noch vor einer Stunde hatte ich Mitleid mit ihm gehabt, weil er nur ein Bein hatte, aber jetzt war er in der lebendigen, atmenden Welt unterwegs und hatte Jahre vor sich, und ich lag in der Tiefe, gliederlos und leblos, mit meiner Nummer oben.

Ich begann über das kalte Wasser unter dem Eis nachzudenken, wohin ich gehen könnte, wenn ich wollte. Ich hätte nicht gedacht, dass ich diesen Weg nehmen würde, denn die Chancen eines Menschen sind erst dann vertan, wenn er völlig tot ist, aber ich war froh, dass es diesen Weg gab ... Und dann schaute ich auf die Wand vor mir, und, sehr weit oben sah ich ein kleines quadratisches Fenster.

Als ich dieses verfluchte Haus betrat, waren die Sterne bereits verdunkelt, aber der Nebel musste sich verzogen haben. Ich sah meinen alten Freund Orion, den Stern des Jägers, durch die Gitterstäbe schauen. Und das brachte mich plötzlich zum Nachdenken.

Peter und ich hatten sie nachts beobachtet und kannten den Ort aller Hauptsternbilder im Zusammenhang mit dem St.-Anton-Tal. Ich glaubte, dass ich mich in einem Zimmer auf der Seeseite des Pink Chalet befände: Das müsste ich sein, wenn Ivery die Wahrheit gesagt hätte. Aber wenn dem so wäre, könnte ich Orion von seinem Fenster aus unmöglich sehen ... Eine andere Schlussfolgerung gab es nicht, ich musste in einem Raum auf der Ostseite des Hauses sein, und Ivery hatte gelegen. Er hatte bereits gelogen, als er prahlte, er habe mich in England und an der Front überlistet. Er könnte über Mary lügen ... Nein, ich habe diese Hoffnung verworfen. Diese Worte von ihm hatten wahrhaftig geklungen.

Ich dachte eine Minute nach und kam zu dem Schluss, dass er gelogen hatte, um mich zu terrorisieren und mich zum Schweigen zu bringen; Daher hatte dieses höllische Gerät wahrscheinlich seine Schwachstelle. Ich dachte auch, dass ich ziemlich stark war, wahrscheinlich viel stärker, als ich es mir vorgestellt hatte, denn er hatte mich noch nie nackt gesehen. Da es stockdunkel war, konnte ich nicht erraten, wie das Ding funktionierte, aber ich konnte die starren Querstangen an meiner Brust und meinen Beinen und die Seitenstangen spüren, die meine Arme an meinen Seiten festhielten ... Ich holte tief Luft und versuchte, meine Ellbogen auseinanderzudrücken. Nichts bewegte sich, und ich konnte die Stangen an meinen Beinen auch nicht den kleinsten Bruchteil anheben.

Wieder versuchte ich es und noch einmal. Die Seitenstange zu meiner Rechten schien weniger steif zu sein als die anderen. Es gelang mir, meine rechte Hand über die Höhe meines Oberschenkels zu heben, und dann gelang es mir, sie mit Mühe an der Querlatte festzuhalten, was mir eine kleine Hebelwirkung verschaffte. Mit gewaltiger Kraftanstrengung stieß ich meinen rechten Ellbogen und meine Schulter gegen die Seitenstange. Es schien leicht nachzugeben ... Ich nahm meine ganze Kraft zusammen und versuchte es noch einmal. Es gab ein Knacken und dann ein Splittern, die massive Stange rutschte schlaff nach hinten, und mein rechter Arm konnte sich seitlich frei bewegen, obwohl die Querstange mich daran hinderte, sie anzuheben.

Mit einiger Mühe gelang es mir, an die Tasche meines Mantels zu gelangen, in der sich meine Taschenlampe und meine Pistole befanden. Mit enormer Mühe und nicht geringen Schmerzen zog ich ersteres heraus und schaltete es ein, indem ich den Riegel gegen die Querstange zog. Dann sah ich mein Gefängnishaus.

Es war eine kleine quadratische Kammer, sehr hoch, mit der massiven Tür zu meiner Linken, durch die Ivery gegangen war. Die dunklen Balken meines Regals waren schlicht und ich konnte ungefähr erkennen, wie das Ding verwaltet worden war. Eine Feder hatte den Boden hochgekippt und das Gerüst von seinem Platz in der rechten Wand fallen lassen. Es wurde, wie ich bemerkte, durch eine Anordnung im Boden direkt vor der Tür festgeklemmt. Wenn ich diesen Haken loswerden könnte, wäre es ein Leichtes, mich zu befreien, denn für einen Mann meiner Stärke wäre das Gewicht nicht übermäßig schwer.

Meine Stärke war zu mir zurückgekehrt, und ich lebte nur im Augenblick und erstickte jede Hoffnung auf Flucht. Meine erste Aufgabe bestand darin, den Verschluss zu zerstören, der das Gestell festhielt, und meine einzige Waffe war dabei meine Pistole. Es gelang mir, die kleine elektrische Taschenlampe in der Ecke der Querlatte einzuklemmen, wo sie den Boden zur Tür hin beleuchtete. Dann war es eine Höllensache, die Pistole aus meiner Tasche zu ziehen. Handgelenk und Finger verkrampften sich ständig und ich hatte Angst, dass ich es irgendwo fallen lassen könnte, wo ich es nicht mehr zurückholen konnte.

Ich zwang mich dazu, ruhig über die Frage nach der Klammer nachzudenken, denn eine Pistolenkugel ist eine Kleinigkeit, und ich konnte es mir nicht leisten, sie zu verfehlen. Ich überlegte es aufgrund meiner Kenntnisse der Mechanik und kam zu dem Schluss, dass der Schwerpunkt ein gewisser heller Metallfleck war, den ich gerade noch unter den Querstangen erkennen konnte. Es war hell und musste daher kürzlich repariert worden sein, und das war ein weiterer Grund, es für wichtig zu halten. Die Frage war, wie ich sie treffen sollte, denn ich schaffte es nicht, die Pistole mit meinem Auge in Einklang zu bringen. Lassen Sie jemanden diese Art des Schießens ausprobieren, mit einem gebeugten Arm über einer Stange, wenn Sie flach liegen und unter der Stange auf das Ziel blicken, und er wird die Schwierigkeiten verstehen. Ich hatte sechs Schüsse in meinem Revolver, und ich muss auf jeden Fall zwei oder drei Distanzschüsse abfeuern. Ich darf nicht alle meine Patronen erschöpfen, denn ich muss eine Kugel für jeden Diener übrig haben, der zum Ausspionieren kommt, und ich wollte eine für mich selbst übrig haben. Aber ich glaubte nicht, dass außerhalb des Raumes Schüsse zu hören wären; Die Wände waren zu dick.

Ich hielt mein Handgelenk steif über die Querlatte und feuerte. Die Kugel befand sich einen Zentimeter rechts vom blanken Stahlstück. Ich bewegte mich um einen Bruchteil und feuerte erneut. Ich hatte es links gestreift. Mit schmerzenden Augen, die auf das Ziel gerichtet waren, versuchte ich es ein drittes Mal. Ich sah, wie etwas auseinander sprang, und plötzlich löste sich das gesamte Gerüst, unter dem ich lag, und löste sich. Ich blieb ganz cool und steckte die Pistole wieder in meine Tasche und nahm die Taschenlampe in die Hand, bevor ich mich bewegte. Das Schicksal hatte es getan war nett, denn ich war frei. Ich drehte mich auf den Kopf, machte einen Buckel und kroch ohne große Mühe unter dem Gerät hervor.

Ich erlaubte mir nicht, an eine endgültige Flucht zu denken, denn das würde mich nur aufrütteln, und ein Schritt nach dem anderen genügte. Ich erinnere mich, dass ich meine Kleidung abgestaubt habe und festgestellt habe, dass die Schnittwunde an meinem Hinterkopf nicht mehr blutete. Ich holte meinen Hut zurück, der bei meinem Sturz in die Ecke gerollt war ... Dann richtete ich meine Aufmerksamkeit auf den nächsten Schritt.

Der Tunnel war unmöglich und der einzige Weg war die Tür. Wenn ich darüber nachgedacht hätte, hätte ich gewusst, dass die Chance, aus einem solchen Haus herauszukommen, tausend zu eins wäre. Die Pistolenschüsse waren durch die höhlenartigen Wände gedämpft worden, aber der Ort war, wie ich wusste, voller Bediensteter, und selbst wenn ich an der unmittelbaren Tür vorbeikam, würde ich in irgendeinem Gang festgehalten. Aber ich hatte mich so gut im Griff, dass ich die Tür in Angriff nahm, als hätte ich versucht, in Rhodesien einen neuen Schacht zu bohren.

Sie hatte weder einen Griff noch, soweit ich sehen konnte, ein Schlüsselloch ... Aber als ich meine Taschenlampe auf den Boden richtete, bemerkte ich, dass von der Klammer, die ich zerbrochen hatte, ein im Boden versenkter Messingstab zu einer solchen führte der Türpfosten. Offensichtlich funktionierte das Ding über eine Feder und war mit dem Mechanismus des Gestells verbunden.

Ein wilder Gedanke kam mir in den Sinn und brachte mich auf die Beine. Ich drückte die Tür auf und sie schwang langsam auf. Die Kugel, die mich befreite, hatte die Feder freigegeben, die sie kontrollierte.

Dann begann ich zum ersten Mal entgegen all meinen Diskretionsmaximen zu hoffen. Ich nahm meinen Hut ab und spürte, wie meine Stirn brannte, so dass ich ihn einen Moment lang an die kühle Wand lehnte ... Vielleicht hielt mein Glück noch an. Mit einem Ansturm kamen Gedanken an Mary und Blenkiron und Peter und alles, wofür wir gearbeitet hatten, und ich war verrückt nach dem Sieg.

Ich hatte keine Ahnung vom Inneren des Hauses oder davon, wo sich die Haupttür zur Außenwelt befand. Meine Taschenlampe zeigte mir einen langen Durchgang mit so etwas wie einer Tür am anderen Ende, aber ich schaltete sie aus, weil ich mich jetzt nicht traute, sie zu benutzen. Der Ort war tödlich still. Während ich lauschte, schien es, als würde sich in weiter Ferne eine Tür öffnen, und dann herrschte wieder Stille.

Ich tastete mich den Gang entlang, bis ich die Tür auf der anderen Seite in meinen Händen hatte. Ich hoffte, dass es sich auf den Flur öffnen ließe, wo ich durch ein Fenster oder einen Balkon fliehen konnte, denn ich ging davon aus, dass die Außentür verschlossen sein würde. Ich lauschte, aber von innen kam kein Ton. Es hatte keinen Sinn, länger zu verweilen, also drehte ich ganz heimlich den Griff und öffnete ihn einen Spaltbreit.

Es knarrte und ich wartete mit klopfendem Herzen auf die Entdeckung, denn drinnen sah ich den Lichtschein. Aber es gab keine Bewegung, also musste es leer sein. Ich steckte meinen Kopf hinein und folgte dann mit meinem Körper.

Es war ein großer Raum, in dem Holzscheite im Ofen brannten und auf dem Boden dicke Teppiche lagen. Es war mit Büchern ausgelegt und auf einem Tisch in der Mitte brannte eine Leselampe. Auf dem Tisch standen mehrere Versandkartons und ein kleiner Stapel Papiere. Eine Minute zuvor war noch ein Mann hier gewesen, denn auf dem Rand des Tintenfasses brannte eine halbgerauchte Zigarre.

In diesem Moment konnte ich meinen Verstand und meine ganze Selbstbeherrschung wieder vollständig nutzen. Darüber hinaus kehrte etwas von der alten Sorglosigkeit zurück, die mir zuvor gute Dienste geleistet hatte. Ivery war gegangen, aber dies war sein Heiligtum. So wie ich auf den Dächern von Erzerum gebrannt hatte, um an Stumms Papiere zu kommen, so wurde mir nun klar, dass ich mir diesen Stapel um jeden Preis ansehen musste.

Ich ging zum Tisch und nahm das oberste Blatt Papier. Es war ein kleiner, maschinengeschriebener blauer Zettel mit kursiver Schrift und in einer Ecke ein seltsamer, komplizierter Stempel in roter Tinte. Darauf habe ich gelesen:

„ Die Wildvögel müssen heimkehren. ”

Im selben Moment hörte ich Schritte und die Tür öffnete sich auf der anderen Seite, ich trat zurück zum Ofen und fingerte an der Pistole in meiner Tasche.

Ein Mann trat ein, ein Mann mit der Haltung eines Gelehrten, einem ungepflegten Bart und großen, schläfrigen, dunklen Augen. Als er mich sah, richtete er sich auf und sein ganzer Körper spannte sich an. Es war der portugiesische Jude, dessen Rücken ich zuletzt an der Schmiedetür in Skye gesehen hatte und der Gott sei Dank mein Gesicht nie gesehen hatte.

Ich hörte auf, an meiner Pistole herumzufummeln, denn ich hatte eine Eingebung. Bevor er ein Wort sagen konnte, stieg ich als Erster ein.

„ Die Vögelein schweigen im Walde ", sagte ich.

Sein Gesicht verzog sich zu einem angenehmen Lächeln und er antwortete:

„ Warte nur, bald ruhest du auch. "

„Ach", sagte er auf Deutsch und streckte die Hand aus, „du bist diesen Weg gegangen, als wir dachten, du würdest an Modane vorbeigehen. Ich heiße Sie willkommen, denn ich kenne Ihre Heldentaten. Du bist Conradi, der in Italien so edel gehandelt hat?"

Ich verbeugte mich. „Ja, ich bin Conradi", sagte ich.

Kapitel XVII:
Der Schwalbensattel

Er zeigte auf den Zettel auf dem Tisch.

„Haben Sie die Befehle gesehen?"

Ich nickte.

„Der lange Arbeitstag ist vorbei. Sie müssen sich freuen, denn ich glaube, Sie waren am schwersten dabei. Eines Tages wirst du mir davon erzählen?"

Das Gesicht des Mannes war ehrlich und freundlich, eher wie das des Ingenieurs Gaudian, den ich zwei Jahre zuvor in Deutschland kennengelernt hatte. Aber seine Augen faszinierten mich, denn es waren die Augen des Träumers und Fanatikers, der sein Leben lang nicht von seiner Suche ablassen würde. Ich dachte, dass Ivery bei seinem Kollegen eine gute Wahl getroffen hatte.

„Meine Aufgabe ist noch nicht erledigt", sagte ich. „Ich bin hergekommen, um Chelius zu sehen."

„Er wird morgen Abend zurück sein."

"Zu spät. Ich muss ihn sofort sehen. Er ist nach Italien gegangen, und ich muss ihn überholen."

„Du kennst deine Pflicht am besten", sagte er ernst.

„Aber du musst mir helfen. Ich muss ihn in Santa Chiara fangen, denn es geht um Leben und Tod. Ist ein Auto zu haben?"

„Da ist meins. Aber es gibt keinen Chauffeur. Chelius hat ihn mitgenommen."

„Ich kann selbst fahren und kenne die Straße. Aber ich habe keinen Pass, um die Grenze zu überqueren."

„Das ist leicht zu beschaffen", sagte er lächelnd.

In einem Bücherregal befand sich ein Regal mit Scheinbüchern. Er schloss dies auf und brachte einen kleinen Schrank zum Vorschein, aus dem er einen Versandkarton aus Blech nahm. Aus einigen Papieren wählte er eines aus, das bereits unterschrieben zu sein schien.

"Name?" er hat gefragt.

„Nennen Sie mich Hans Gruber aus Brieg", sagte ich. „Ich reise, um meinen Meister abzuholen, der im Holzhandel tätig ist."

„Und deine Rückkehr?"

„Ich werde auf meinem alten Weg zurückkommen", sagte ich geheimnisvoll; und wenn er wusste, was ich meinte, dann war es mehr als ich selbst.

Er füllte die Arbeit aus und reichte sie mir. „Das führt Sie durch die Grenzposten. Und nun zum Auto. Die Diener werden im Bett sein, denn sie haben sich auf eine lange Reise vorbereitet, aber ich selbst werde es dir zeigen. An Bord ist genug Benzin, um Sie nach Rom zu bringen."

Er führte mich durch den Flur, schloss die Haustür auf und wir überquerten den verschneiten Rasen zur Garage. Der Ort war leer, bis auf ein großes Auto, das die Spuren trug, dass es aus dem schlammigen Tiefland kam. Zu meiner Freude sah ich, dass es ein Daimler war, ein Typ, den ich kannte. Ich zündete die Lampen an, startete den Motor und ließ ihn auf die Straße laufen.

„Du wirst einen Mantel wollen", sagte er.

„Ich trage sie nie."

"Essen?"

„Ich habe etwas Schokolade. Ich werde in Santa Chiara frühstücken."

„Nun, Gott sei mit dir!"

Eine Minute später raste ich am Seeufer entlang in Richtung St. Anton.

Ich hielt an der Hütte auf dem Hügel an. Peter war noch nicht im Bett. Ich fand ihn am Feuer sitzend und versuchend zu lesen, aber ich sah an seinem Gesicht, dass er sehnsüchtig auf mein Kommen gewartet hatte.

„Wir sind in der Suppe, alter Mann", sagte ich, als ich die Tür schloss. In einem Dutzend Sätzen erzählte ich ihm von den Ereignissen der Nacht, von Iverys Plan und meinem verzweifelten Auftrag.

„Du wolltest einen Anteil", rief ich. „Nun, jetzt hängt alles von dir ab. Ich mache mich nach Ivery auf den Weg, und Gott weiß, was passieren wird. In der Zwischenzeit müssen Sie sich an Blenkiron wenden und ihm erzählen, was ich Ihnen gesagt habe. Er muss die Nachricht irgendwie zum Hauptquartier durchbringen. Er muss die Wildvögel fangen, bevor sie verschwinden. Ich weiß nicht wie, aber er muss. Sag ihm, es liegt ganz bei ihm und dir, denn ich bin da raus. Ich muss Mary retten, und wenn Gott will, werde ich mich mit Ivery abfinden. Aber die große Aufgabe liegt bei Blenkiron – und bei Ihnen. Irgendwie ist ihm ein schlechter Durchbruch gelungen, und der Feind ist ihm zuvorgekommen. Er muss Blut schwitzen, um sich zu versöhnen. Mein Gott, Peter, es ist der feierlichste Moment unseres Lebens. Ich sehe kein Licht, aber wir dürfen keine Chancen auslassen. Ich überlasse alles dir."

Ich sprach wie ein Mann im Fieber, denn nach dem, was ich durchgemacht hatte, war ich nicht mehr ganz bei Verstand. Meine Kühle im Pink Chalet war einer wahnsinnigen Unruhe gewichen. Ich kann Peter noch vor mir sehen, wie er im Ring des Lampenlichts steht, sich auf die Rückenlehne eines Stuhls stützt, die Brauen runzelt und sich, wie er es immer in Momenten der Aufregung tut, sanft an der Spitze seines linken Ohrs kratzt. Sein Gesicht war glücklich.

„Keine Angst, Dick", sagte er. „Es wird alles gut werden. *Wir haben einen Plan gemacht.* "

Und dann war ich, immer noch von einem Dämon der Unruhe besessen, wieder unterwegs und steuerte den Pass an, der nach Italien führte.

Der Nebel war vom Himmel verschwunden und die Sterne leuchteten hell. Der Mond, jetzt am Ende seines ersten Viertels, ging in einer Berglücke unter, als ich den niedrigen Sattel vom St. Anton-Tal zum größeren Staubthal hinaufstieg. Es herrschte Frost und der harte Schnee knisterte unter meinen Rädern, aber es lag auch das Gefühl in der Luft, das einem Sturm vorausgeht. Ich fragte mich, ob ich in den hohen Hügeln auf Schnee stoßen würde. Im ganzen Land herrschte tiefer Frieden. In den Dörfern, durch die ich kam, gab es kein Licht, keine Menschenseele auf der Straße.

Im Staubthal mündete ich in die Hauptstraße und bog nach links das immer enger werdende Talbett hinauf. Die Straße war in einem edlen Zustand, und das Auto lief einwandfrei, als ich durch Wälder aus schneebedeckten Kiefern in ein Land hinaufstieg, wo die Berge dicht aneinander wuchsen und die Straße sich um die Ecken großer Felsen schlängelte oder gefährlich an einer tiefen Schlucht entlangführte nur eine Reihe von Holzpfosten schützten es vor dem Nichts. Stellenweise stand der Schnee in Mauern auf beiden Seiten, wo die Straße durch Menschenarbeit offen gehalten wurde. An anderen Stellen war es dünn, und im trüben Licht hätte man meinen können, man laufe durch offenes Wiesenland.

Langsam wurde mein Kopf klarer und ich konnte mich um mein Problem kümmern. Ich verbannte die Situation, die ich hinter mir gelassen hatte, aus meinem Kopf. Blenkiron muss damit so gut es geht klarkommen. Es lag an ihm, sich um die Wildvögel zu kümmern, meine Aufgabe war Ivery allein. Irgendwann am frühen Morgen würde er Santa Chiara erreichen und dort Maria finden. Darüber hinaus konnte meine Fantasie nichts vorhersagen. Sie würde allein sein – da konnte ich seiner Klugheit vertrauen; Er würde versuchen, sie zu zwingen, mit ihm zu kommen, oder er könnte sie mit einer Lügengeschichte überreden. Nun, bitte Gott, ich sollte am Ende des Interviews einsteigen, und bei dem Gedanken daran verfluchte ich die steilen Steigungen, die ich erklomm, und sehnte mich nach etwas Magie, um den

Daimler über den Gipfel zu heben und ihn den Hang hinunter rasen zu lassen Italien.

Ich glaube, es war ungefähr halb vier, als ich die Lichter des Grenzpostens sah. Die Luft schien milder als in den Tälern und auf meiner rechten Wange hüpfte sanft Schnee. Ein paar schläfrige Schweizer Wachposten mit ihren Gewehren in der Hand stolperten heraus, als ich ankam.

Sie nahmen meinen Ausweis mit in die Hütte und ließen mich eine Viertelstunde lang bangen, während sie ihn untersuchten. Die Aufführung wurde fünfzig Meter weiter am italienischen Posten wiederholt, wo die Wachposten zu meiner Beunruhigung zu Gesprächen neigten. Ich spielte die Rolle des mürrischen Dieners, antwortete einsilbig und tat so, als wäre ich äußerst dumm.

„Du kommst gerade noch rechtzeitig, Freund", sagte einer auf Deutsch. „Das Wetter wird schlechter und bald wird der Pass geschlossen sein. Puh, es ist so kalt wie letzten Winter auf dem Tonale. Erinnerst du dich, Giuseppe?"

Aber am Ende ließen sie mich weitermachen. Eine Weile tastete ich mich behutsam voran, denn auf dem Gipfel hatte die Straße viele Kurven und der Schnee war für die Augen verwirrend. Plötzlich kam es zu einem starken Abfall und ich ließ den Daimler los. Es wurde kälter und ich zitterte ein wenig; Der Schnee verwandelte sich um den glühenden Lichtbogen der Scheinwerfer in einen nassen weißen Nebel. und immer fiel die Straße ab, bald in langen Kurven, bald in kurzen, steilen Gefällen, bis mir bewusst wurde, dass sich nach Süden eine Schlucht öffnete. Da ich lange in der Wildnis gelebt habe, habe ich eine Art Gespür für Landschaften ohne das Zeugnis der Augen, und ich wusste, wo die Schlucht schmaler oder breiter wurde, obwohl es schwarze Dunkelheit war.

Trotz meiner Unruhe musste ich langsam fahren, denn nach dem ersten Ansturm bergab wurde mir klar, dass ich das Auto zerstören und alles ruinieren könnte, wenn ich nicht vorsichtig war. Der Straßenbelag am Südhang der Berge war um tausend Prozent schlechter als am anderen. Ich geriet ins Schleudern und rutschte zur Seite, und einmal streifte ich den Rand der Schlucht. Es war weitaus ärgerlicher als der Aufstieg, denn damals war es ein geradliniges Manöver gewesen, bei dem der Daimler sein Möglichstes tat, während ich ihn jetzt aus Mangel an Geschick zurückhalten musste. Ich halte den Abstieg vom Gipfel des Staub für eine der anstrengendsten Stunden, die ich je verbracht habe.

Plötzlich floh ich aus dem schlechten Wetter in ein anderes Klima. Der Himmel über mir war klar und ich sah, dass die Morgendämmerung sehr nahe war. Die ersten Kiefernwälder begannen, und schließlich kam ein gerader Abhang, an dem ich das Auto abstellen konnte. Ich fing an, meine Stimmung, die sehr getrübt war, wieder zu finden und abzuschätzen, wie weit ich noch zurücklegen musste ... Und dann, ohne Vorwarnung, entstand eine neue Welt um mich herum. Aus der blauen Dämmerung erhoben sich weiße Formen wie Geister, Gipfel, Nadeln und Kuppeln aus Eis, deren Basis neblig im Schatten verschwand, aber die Spitzen glühten, bis sie wie Juwelen leuchteten. So einen Anblick hatte ich noch nie gesehen, und das Staunen darüber vertrieb für einen Moment die Angst in meinem Herzen. Mehr noch, es gab mir einen ernsthaften Sieg. Ich befand mich wieder einmal in klarer Luft, und in diesem Diamantenäther müssen die üblen Wesen, die die Dunkelheit liebten, sicherlich besiegt werden ...

Und dann sah ich eine Meile weiter das kleine quadratische Gebäude mit dem roten Dach, von dem ich wusste, dass es das Gasthaus von Santa Chiara war.

Hier traf mich das Unglück. Ich war inzwischen nachlässig geworden und blickte mehr auf das Haus als auf die Straße. Irgendwann war der Hang abgerutscht – es musste noch frisch gewesen sein, denn die Straße war gut in Schuss – und ich bemerkte den Erdrutsch erst, als ich darauf war. Ich schleuderte nach rechts, nahm eine zu weite Kurve und bevor ich mich versah, war das Auto über der anderen Kante. Ich trat auf die Bremse, musste aber die Straße ganz verlassen, um nicht abzubiegen. Ich rutschte eine steile Böschung hinunter auf eine Wiese, wo ich wegen meiner Sünden mit einem Glas auf einen umgestürzten Baumstamm stieß, der mich aus meinem Sitz riss und mir fast den Arm brach. Bevor ich das Auto untersuchte, wusste ich, was passiert war. Die Vorderachse war verbogen und das Vorderrad war stark verbogen.

Ich hatte keine Zeit, meine Dummheit zu verfluchen. Ich kletterte zurück zur Straße und rannte mit Höchstgeschwindigkeit die Straße hinunter. Ich war todsteif, denn Iverys Streckung war nicht gut für die Gelenke, aber ich merkte, dass es nur eine Belastung für mein Tempo war, nicht aber ein Leiden an sich. Meine ganze Aufmerksamkeit war auf das Haus vor mir gerichtet und darauf, was dort passieren könnte.

An der Tür des Gasthauses stand ein Mann, der, als er meine Gestalt erblickte, auf mich zukam. Ich sah, dass es Launcelot Wake war, und der Anblick gab mir Hoffnung.

Aber sein Gesicht machte mir Angst. Er war abgespannt und abgezehrt wie jemand, der niemals schläft, und seine Augen waren glühende Kohlen.

„Hannay", rief er, „um Himmels willen, was bedeutet das?"

"Wo ist Mary?" Ich schnappte nach Luft und erinnere mich, dass ich mich an einem Revers seines Mantels festhielt.

Er zog mich zu der niedrigen Steinmauer am Straßenrand.

„Ich weiß es nicht", sagte er heiser. „Wir haben Ihren Befehl erhalten, heute Morgen hierher zu kommen. Wir waren in Chiavagno, wo uns Blenkiron sagte, wir sollten warten. Aber letzte Nacht ist Mary verschwunden ... Ich fand heraus, dass sie eine Kutsche gemietet hatte und vorausgefahren war. Ich folgte ihr sofort und kam vor einer Stunde hierher und stellte fest, dass sie verschwunden war ... Die Frau, die das Haus verwaltet, ist weg und es sind nur noch zwei alte Diener übrig. Sie erzählen mir, dass Mary spät hierherkam und dass sehr früh am Morgen ein geschlossener Wagen mit einem Mann darin über den Staub fuhr. Es heißt, er habe darum gebeten, die junge Dame zu sehen, und sie hätten eine Zeit lang miteinander gesprochen, und dann sei sie mit ihm im Auto das Tal hinuntergefahren ... Ich muss auf dem Weg nach oben daran vorbeigekommen sein ... Es gab einen schwarzen Teufel, dem ich nicht folgen kann. Wer war der Mann? Wer war der Mann?"

Er sah aus, als wollte er mich erdrosseln.

„Das kann ich dir sagen", sagte ich. „Es war Ivery."

Er starrte eine Sekunde lang, als ob er es nicht verstand. Dann sprang er auf und fluchte wie ein Soldat. „Du hast es vermasselt, wie ich erwartet hatte. Ich wusste, dass deine höllischen Feinheiten nichts Gutes bringen würden." Und er übergab mich, Blenkiron, die britische Armee, Ivery und alle anderen dem Teufel.

Ich war nicht mehr wütend. „Setz dich, Mann", sagte ich, „und hör mir zu." Ich erzählte ihm, was im Pink Chalet passiert war. Er hörte mir zu, den Kopf in die Hände gestützt. Zum Fluchen war das Ding zu schade.

„Die U-Bahn!" er stöhnte. „Der Gedanke daran macht mich wahnsinnig. Warum bist du so ruhig, Hannay? Sie ist in den Händen des klügsten Teufels der Welt, und Sie nehmen es ruhig hin. Du solltest ein rasender Wahnsinniger sein."

„Das würde ich tun, wenn es einen Zweck hätte, aber ich habe letzte Nacht in dieser Höhle von Ivery's geschwärmt. Wir müssen uns zusammenreißen, Wake. Zunächst einmal vertraue ich Maria auf die andere Seite der Ewigkeit. Sie ging aus freien Stücken mit ihm. Ich weiß nicht warum, aber sie muss einen Grund gehabt haben, und der war auf jeden Fall gut, denn sie ist viel schlauer als du oder ich ... Wir müssen ihr irgendwie folgen. Ivery ist auf dem Weg nach Deutschland, aber seine Route führt am Pink Chalet vorbei, denn er hofft, mich dort abzuholen. Er ging das Tal hinunter; deshalb geht er über die Marjolane in die Schweiz. Das ist eine lange Strecke, die ihn den größten Teil des Tages in Anspruch nehmen wird. Warum er sich für diesen Weg entschieden hat, weiß ich nicht, aber da ist es. Wir müssen zum Staub zurück."

„Wie bist du gekommen?" er hat gefragt.

„Das ist unser verdammtes Glück. Ich kam in einem erstklassigen Sechszylinder-Daimler, der jetzt als Wrack eine Meile weiter oben auf einer Wiese liegt. Wir müssen dafür sorgen."

„Wir können es nicht tun. Es würde zu lange dauern. Außerdem gilt es, die Grenze zu überschreiten."

Ich erinnerte mich reumütig daran, dass ich von dem portugiesischen Juden vielleicht einen Rückpass bekommen hätte, wenn ich damals an etwas anderes gedacht hätte, als nach Santa Chiara zu kommen.

„Dann müssen wir einen Bogen um den Hügel machen und den Wachen ausweichen. Es hat keinen Sinn, Schwierigkeiten zu machen, Wake. Wir haben es ziemlich schwer, aber wir müssen es bis zum Umfallen weiter versuchen. Sonst werde ich deinen Rat befolgen und verrückt werden."

„Und wenn Sie nach St. Anton zurückkehren, werden Sie feststellen, dass das Haus verschlossen ist und die Reisenden Stunden zuvor mit der U-Bahn verschwunden sind."

"Sehr wahrscheinlich. Aber Mann, es gibt immer den Schimmer einer Chance. Es nützt nichts, die Hand wegzuwerfen, bis das Spiel vorbei ist."

„Lassen Sie Ihre sprichwörtliche Philosophie fallen, Herr Martin Tupper, und schauen Sie dort nach."

Er hatte einen Fuß auf der Wand und starrte auf eine Spalte in der Schneegrenze auf der anderen Seite des Tals. Die Schulter eines hohen Gipfels fiel steil zu einer Art Kerbe ab und erhob sich in einer langen, anmutigen Schneekurve wieder. Alles unterhalb der Kerbe lag immer noch im tiefen Schatten, aber aus der Konfiguration der Hänge schloss ich, dass ein Nebengletscher von dort zum Hauptgletscher am Flussufer verlief.

„Das ist der Colle delle Rondini", sagte er, „der Schwalbensattel. Sie führt direkt zum Staubthal bei Grünewald. An einem guten Tag habe ich es in sieben Stunden geschafft, aber es ist kein Pass für den Winter. Das wurde natürlich schon gemacht, aber nicht oft ... Aber wenn das Wetter mitspielte, könnte es auch jetzt noch gehen, und das würde uns am Abend nach St. Anton bringen. Ich frage mich" – und er musterte mich mit prüfendem Blick – „Ich frage mich, ob Sie dazu in der Lage sind."

Meine Steifheit war verschwunden und ich brannte darauf, meine Unruhe einer körperlichen Anstrengung zu unterziehen.

„Wenn du es kannst, kann ich es", sagte ich.

"NEIN. Da liegst du falsch. Du bist ein kräftiger Kerl, aber kein Bergsteiger, und das Eis des Colle delle Rondini erfordert Kenntnisse. Es wäre verrückt, es mit einem Neuling zu riskieren, wenn es einen anderen Weg gäbe. Aber ich werde verdammt sein, wenn ich welche sehe, und ich werde es riskieren. Wir können im Gasthaus ein Seil und Äxte besorgen. Bist du bereit?"

"Du hast Recht. Sieben Stunden, sagen Sie. Wir müssen es in sechs schaffen."

„Du wirst bescheidener sein, wenn du aufs Eis gehst", sagte er grimmig. „Wir sollten besser frühstücken, denn der Herr weiß, wann wir wieder Essen sehen werden."

Wir verließen das Gasthaus um fünf Minuten vor neun, bei wolkenlosem Himmel und einem starken Nordwestwind, den wir auch im tief eingeschnittenen Tal spürten. Wake ging mit langen, langsamen Schritten, die meine Geduld auf die Probe stellten. Ich wollte mich beeilen, aber er befahl mir, im Gleichschritt zu bleiben. „Sie nehmen Ihre Befehle von mir entgegen, denn ich habe diesen Job schon einmal gemacht. Denken Sie an Disziplin in den Reihen."

Wir überquerten die Flussschlucht über eine Bretterbrücke und arbeiteten uns das rechte Ufer hinauf, vorbei an der Moräne, bis zur Gletscherzunge. Es ging schlecht voran, denn der Schnee verbarg die Felsbrocken und ich stolperte oft in Löchern. Wake lockerte seinen Schritt nie, aber ab und zu blieb er stehen, um die Luft zu schnüffeln.

Ich bemerkte, dass das Wetter gut aussah, und er war anderer Meinung. „Es ist zu klar. Am Col wird es einen heftigen Sturm geben und am Nachmittag wird es höchstwahrscheinlich schneien." Er zeigte auf eine dicke gelbe Wolke, die sich über dem nächsten Gipfel auszuwölben begann. Danach dachte ich, er würde seine Schritte verlängern.

„Zum Glück habe ich diese Stiefel in Chiavagno neu besohlen und festnageln lassen", war die einzige weitere Bemerkung, die er machte, bis wir die *Seracs* des Hauptgletschers passiert hatten und den kleineren Eisstrom vom Colle delle Rondini hinaufstiegen.

Um halb zehn waren wir in der Nähe seines Gipfels, und ich konnte deutlich das Band aus reinem Eis zwischen schwarzen Felsen sehen, das zu steil war, als dass Schnee darauf hätte liegen können, und das den Weg zum Gipfel darstellte. Der Himmel war bewölkt und hässlich Luftschlangen schwebten auf den hohen Hängen. Wir banden das Seil am Fuße des *Bergschrunds fest*, der aufgrund des Winterschnees leicht zu passieren war. Wake führte natürlich, und bald erreichten wir den Eisbruch.

Zu meiner Zeit war ich viel auf Felsen geklettert und hatte mir vorgenommen, eine Saison in den Alpen zu verbringen, um mich auf den großen Gipfeln zu testen. Wenn ich jemals dorthin gehe, werde ich die ehrlichen Felstürme rund um Chamonix besteigen, denn mit Schneebergen werde ich nichts zu tun haben. An diesem Tag auf dem Colle delle Rondini wurde mir das Eis ziemlich übel. Ich glaube, es hätte mir gefallen, wenn ich es in Urlaubsstimmung, in aller Ruhe und in guter Stimmung gemacht hätte. Aber mit krankem Herzen und dem verzweifelten Drang, sich zu beeilen, dieses Couloir hinaufzukriechen, war der schlimmste Albtraum. Die Stelle war so steil wie eine Wand aus glattem, schwarzem Eis, das hart wie Granit wirkte. Wake übernahm den Stufenschnitt, und ich bewunderte ihn enorm. Er schien nicht viel Kraft aufzuwenden, aber jede Stufe hatte sauber die richtige Größe und den richtigen Abstand. In diesem Job war er der wahre Profi. Ich war dankbar, dass Blenkiron nicht bei uns war, denn das Ding hätte einem Eichhörnchen Schwindelgefühle bereitet. Die Eissplitter glitten zwischen meinen Beinen hindurch und ich konnte ihnen zusehen, bis sie knapp über dem *Bergschrund auftauchten* .

Das Eis lag im Schatten und es war bitterkalt. Als wir hinaufkrochen, hatte ich nicht die Möglichkeit, mich mit der Axt aufzuwärmen, und während ich auf einem Bein stand und auf den nächsten Schritt wartete, wurde ich sehr taub. Schlimmer noch, meine Beine begannen sich zu verkrampfen. Ich war in einem guten Zustand, aber die Zeit unter Iverys Streckbank hatte meinen Gliedmaßen Schaden zugefügt. Die Muskeln in meinen Waden verrutschten und bildeten schmerzende Klumpen, bis ich vor Schmerzen fast aufgeschrien hätte. Ich hatte Todesangst, ich könnte ausrutschen, und jedes Mal, wenn ich mich bewegte, rief ich Wake zu, um ihn zu warnen. Er sah, was geschah, und befestigte die Spitzhacke seiner Axt im Eis, bevor ich mich bewegen durfte. Er sprach oft, um mich aufzuheitern, und seine Stimme hatte nichts von seiner Härte. Er war wie einige schlecht gelaunte Generäle, die ich kannte, sehr sanft im Kampf.

Am Ende begann es zu schneien, ein weicher Pulverschnee, der wie die Überschwemmung eines Sturms aussah, der jenseits des Kamms tobte. Kurz danach rief Wake, dass wir in fünf Minuten am Gipfel sein würden. Er blickte auf seine Armbanduhr. „Auch eine wirklich schöne Zeit. Nur fünfundzwanzig Minuten hinter meiner Bestzeit. Es ist noch nicht ein Uhr.

Als nächstes wusste ich, dass ich flach auf einer Schneedecke lag, um meine verkrampften Beine zu lindern, während Wake mir ins Ohr schrie, dass uns etwas Schlimmes bevorstand. Ich war mir eines heftigen Schneesturms bewusst, dachte aber an nichts anderes als an die gesegnete Linderung der Schmerzen. Ich lag einige Minuten auf dem Rücken, die Beine steif in der Luft und die Zehen nach innen gedreht, während meine Muskeln an ihren richtigen Platz fielen.

Es war sicherlich kein Ort zum Verweilen. Wir blickten in eine Mulde aus treibendem Nebel, der manchmal zur Seite wirbelte und weit unten einen schwarzen Felsknöchel sichtbar machte. Wir aßen etwas Schokolade, während Wake mir ins Ohr schrie, dass wir jetzt weniger Stufen schneiden müssten. Er tat sein Bestes, um mich aufzuheitern, konnte aber seine Besorgnis nicht verbergen. Unsere Gesichter waren mit Eis überzogen wie eine Hochzeitstorte und der stechende Wind war wie ein Schleudertrauma auf unseren Augenlidern.

Der erste Teil war einfach und führte über einen Hang mit festem Schnee, wo keine Schritte nötig waren. Dann kam wieder Eis, und wir mussten es unter dem frischen Oberflächenschnee einschneiden. Dies war so mühsam, dass Wake sich zu den Felsen auf der rechten Seite des Couloirs begab, wo es Schutz vor der Hauptkraft der Explosion gab. Ich fand es einfacher, denn ich wusste etwas über Steine, aber es war schon schwierig genug, da jeder Griff und Tritt verglast war. Bald darauf wurden wir wieder zum Eis zurückgetrieben und bahnten uns mühsam einen Weg durch eine Schlucht, deren Seiten sich verengten. Dort war der Wind schrecklich, denn die Enge bildete eine Art Trichter, und wir sanken hinab, an die Wand gelehnt und kaum in der Lage zu atmen, während der Tornado an unseren Körpern zerrte, als wollte er uns wie Grasbüschel in den Abgrund treiben .

Danach wurde die Schlucht breiter und wir hatten einen leichteren Hang, bis wir uns plötzlich auf einer großen Felszunge befanden, um die herum der Schnee wie Schaum in einem Strudel wehte. Als wir anhielten, um Luft zu holen, rief Wake mir ins Ohr, dass dies der Schwarze Stein sei.

"Das was?" Ich schrie.

„Der Schwarzstein. Die Schweizer nennen den Pass Schwarzsteinthor. Man kann es vom Grünewald aus sehen.“

Ich nehme an, jeder Mensch hat einen Anflug von Aberglaube. Diesen Namen an diesem wilden Ort zu hören, gab mir plötzlich Zuversicht. Ich schien alles, was ich tat, als Teil eines großen, vorherbestimmten Plans zu sehen. Sicherlich war es nicht umsonst, dass in dieser letzten Phase das Wort auftauchte, das der Schlüssel zu meinem ersten Abenteuer in dem langen Kampf gewesen war. Ich spürte neue Kraft in meinen Beinen und mehr Kraft in meiner Lunge. „Ein gutes Omen“, rief ich. „Wach auf, alter Mann, wir werden siegen.“

„Das Schlimmste steht uns noch bevor“, sagte er.

Er hatte recht. Diese Felszunge hinab in den unteren Schneebereich des Couloirs zu bringen, war eine Aufgabe, die uns ziemlich an die Grenzen unserer Kräfte brachte. Ich kann immer noch den säuerlichen, trostlosen Geruch von nassem Fels und Eis und den harten Nervenschmerz spüren, der meine Stirn quälte. Die Kaffern pflegten zu sagen, dass es auf dem hohen Berg Teufel gab, und dieser Ort wurde mit Sicherheit den Mächten der Luft überlassen, die nicht an Menschenleben dachten. Ich schien in der Welt zu sein, die seit der Ewigkeit bestand, bevor man vom Menschen träumte. Es gab darin keine Gnade, und die Elemente stellten ihre unsterbliche Stärke gegen zwei Zwerge, die ihr Heiligtum entweiht hatten. Ich sehnte mich nach Wärme, nach dem Schein eines Feuers, nach einem Baum oder Grashalm oder nach irgendetwas, das die behütete Heimeligkeit der Sterblichkeit bedeutete. Damals wusste ich, was die Griechen mit Panik meinten, denn die Apathie der Natur fürchtete mich. Aber der Schrecken spendete mir auch eine Art Trost. Ivery und seine Taten schienen weniger beeindruckend zu sein. Wenn ich nur aus dieser kalten Hölle herauskomme, könnte ich ihm mit neuem Selbstvertrauen begegnen.

Wake führte, denn er kannte den Weg und der Weg wollte ihn kennen. Andernfalls hätte er als Letzter am Seil sein sollen, denn das ist der Platz des besseren Mannes bei einem Abstieg. Danach erlebte ich einige schreckliche Momente, in denen das Seil straffer wurde, weil es mir nicht helfen konnte. Wir liefen im Zickzack den Fels hinunter, manchmal bis zum Eis der angrenzenden Rinnen, manchmal über den äußeren Grat des Schwarzen Steins, manchmal schlängelten wir uns durch kleine Risse und über böse Kesselplatten. Der Schnee lag nicht darauf, aber auf dem Felsen knisterte dünnes Eis oder es sickerte Eiswasser aus. Oft war es nur der Gnade Gottes zu verdanken, dass ich nicht kopfüber fiel und Wake aus seinem Griff zum *Bergschrund* weit unten zog. Ich bin mehr als einmal ausgerutscht, habe mich aber jedes Mal wie durch ein Wunder wieder erholt. Erschwerend kam hinzu, dass Wake ermüdend war. Ich spürte, wie er am Seil zog, und seine Bewegungen waren nicht mehr so präzise wie am Morgen. Er war der Bergsteiger und ich der Anfänger. Wenn er nachgab, würden wir das Tal nie erreichen.

Der Kerl war die ganze Zeit über durch und durch entschlossen. Als wir den Fuß des Zahns erreichten und zusammengekauert saßen, das Gesicht vom Wind abgewandt, sah ich, dass er kurz vor der Ohnmacht stand. Was ihn diese Bemühungen an der Lösung gekostet haben müssen, können Sie sich vorstellen, aber er scheiterte nicht, bis das Schlimmste überstanden war. Seine Lippen waren farblos und er würgte vor Übelkeit vor Müdigkeit. Ich fand eine Flasche Brandy in seiner Tasche und ein Schluck davon erweckte ihn wieder zum Leben.

„Ich bin komplett raus", sagte er. „Der Weg ist jetzt einfacher und ich kann dich über den Rest informieren … Du solltest mich besser verlassen. Ich werde nur eine Belastung sein. Ich komme, wenn es mir besser geht."

„Nein, das tust du nicht, du alter Idiot. Du hast mich über diesen höllischen Eisberg gebracht und ich werde dich nach Hause begleiten."

Ich rieb seine Arme und Beine und ließ ihn etwas Schokolade schlucken. Aber als er auf die Beine kam, war er so schlau wie ein alter Mann. Glücklicherweise hatten wir einen einfachen Weg über ein Schneegefälle, das wir auf sehr unorthodoxe Weise bewältigten. Die schnelle Bewegung erfrischte ihn ein wenig und er konnte mit seiner Axt die Bremse betätigen, um zu verhindern, dass wir in den *Bergschrund stürzten* . Wir überquerten es über eine Schneebrücke und starteten auf den *Seracs* des Schwarzstein-Gletschers.

Ich bin kein Bergsteiger – zumindest nicht der Schnee- und Eisbergsteiger – , aber ich habe eine große körperliche Kraft und wollte jetzt alles. Denn diese *Seracs* waren eine Erfindung des Teufels. Dieses Labyrinth in einem blendenden Schneesturm zu durchqueren, mit einem ohnmächtigen Begleiter, der zu schwach war, um über die engste Gletscherspalte zu springen, und der am Seil hing wie Blei, wenn sich die Gelegenheit bot, es zu benutzen, war mehr, als ich schaffen konnte. Außerdem verstärkte jetzt jeder Schritt, der uns dem Tal näher brachte, meine Eile, und das Wandern in diesem Labyrinth aus geronnenem Eis war wie der Albtraum, wenn man auf den Schienen steht, wenn der Express kommt, und zu schwach ist, um auf den Bahnsteig zu klettern. Sobald es möglich war, verließ ich den Gletscher und begab mich auf den Berghang, und obwohl das nach meinem Dafürhalten mühsam genug war, ermöglichte es es mir doch, einen geraden Kurs zu steuern. Wake sprach nie ein Wort. Als ich ihn ansah, war sein Gesicht aschfahl unter dem Sturm, der seine Wangen hätte glühen lassen sollen, und er hielt die Augen halb geschlossen. Er schwankte bis an die Grenzen seiner Belastbarkeit ...

Nach und nach waren wir auf der Moräne und nachdem wir durch ein Dutzend kleiner Gletscherbäche geplätschert waren, gelangten wir zu einem Pfad, der den Hang hinaufführte. Wake nickte schwach, als ich fragte, ob das richtig sei. Dann sah ich zu meiner Freude eine knorrige Kiefer.

Ich löste das Seil und Wake fiel wie ein Baumstamm auf den Boden. „Verlass mich", stöhnte er. „Ich bin ziemlich fertig. Ich komme später vorbei." Und er schloss die Augen.

Meine Uhr sagte mir, dass es nach fünf Uhr war.

„Geh auf meinen Rücken", sagte ich. „Ich werde dich nicht verlassen, bis ich ein Häuschen gefunden habe. Du bist ein Held. Du hast mich in einem Schneesturm über diese verdammten Berge gebracht, und das hätte kein anderer Mann in England getan. Aufstehen."

Er gehorchte, denn er war zu weit gegangen, um zu widersprechen. Ich band seine Handgelenke mit einem Taschentuch unter meinem Kinn zusammen, denn ich wollte, dass meine Arme seine Beine hochhielten. Das Seil und die Äxte habe ich in einem Versteck unter der Kiefer gelassen. Dann trottete ich den Weg zur nächsten Wohnung hinunter.

Meine Kraft fühlte sich unerschöpflich an und das Quecksilber in meinen Knochen trieb mich vorwärts. Es schneite immer noch, aber der Wind ließ nach, und nach dem Inferno des Passes war es wie im Sommer. Die Straße schlängelte sich über den Schiefer des Hügels und dann in etwas, das im Frühling Hochlandwiesen gewesen sein musste. Dann rannte es zwischen Bäumen hindurch, und weit unter mir rechts konnte ich das Rauschen des Gletscherflusses in seiner Schlucht hören. Bald erschienen kleine leere Hütten und raue umzäunte Koppeln, und bald darauf kam ich auf einem Felsvorsprung über dem Bach heraus und roch den Holzrauch einer menschlichen Behausung.

Ich fand in der Hütte einen Bauern mittleren Alters, der im Sommer von Beruf ein Führer und im Winter ein Holzfäller war.

„Ich habe meinen Herrn von Santa Chiara über das Schwarzsteinthor gebracht", sagte ich. Er ist sehr müde und muss schlafen."

Ich setzte Wake auf einen Stuhl und sein Kopf nickte auf seiner Brust. Aber seine Farbe war besser.

„Sie und Ihr Herr sind Narren", sagte der Mann schroff, aber nicht unfreundlich. „Er muss schlafen, sonst bekommt er Fieber. Das Schwarzsteinthor bei diesem Teufelswetter! Ist er Engländer?"

„Ja", sagte ich, „wie alle Verrückten." Aber er ist ein guter Herr und ein mutiger Bergsteiger."

Wir zogen Wake seine Rot-Kreuz-Uniform aus, die jetzt nur noch aus durchnässten Lumpen besteht, und legten ihn zwischen Decken mit einer riesigen Steingutflasche mit heißem Wasser zu seinen Füßen. Die Frau des Holzfällers kochte Milch, und wir gaben ihm etwas Weinbrand dazu und ließen ihn trinken. Ich war ganz beruhigt, was ihn betrifft, da ich diesen Zustand schon einmal gesehen hatte. Am Morgen wäre er steif wie ein Schürhaken, erholte sich aber.

„Jetzt fahre ich nach St. Anton", sagte ich. „Ich muss heute Abend dort sein."

„Du bist der Robuste", lachte der Mann. „Ich zeige Ihnen den schnellen Weg nach Grünewald, wo die Eisenbahn ist. Mit etwas Glück erwischst du vielleicht den letzten Zug."

Ich gab ihm im Namen meines Herrn fünfzig Franken, erfuhr von ihm den Weg für die Straße und machte mich auf den Weg, um einen Schluck Ziegenmilch zu trinken und mein letztes Stück Schokolade zu essen. Ich war immer noch zu einer mechanischen Tätigkeit gezwungen und lief jeden Zentimeter der drei Meilen bis zum Staubthal, ohne das Gefühl zu haben, müde zu sein. Ich war zwanzig Minuten zu früh für den Zug und als ich auf einer Bank am Bahnsteig saß, ließ meine Energie plötzlich nach. Das passiert nach einer großen Anstrengung. Ich sehnte mich danach zu schlafen, und als der Zug ankam, kroch ich in einen Waggon wie ein Mann mit einem Schlaganfall. In meinen Gliedern schien keine Kraft mehr zu sein. Mir wurde klar, dass ich müde Beine hatte, was bei Pferden manchmal vorkommt, bei Männern jedoch nicht oft.

Die ganze Fahrt über lag ich wie ein Baumstamm in einer Art Koma, und nur mit Mühe erkannte ich mein Ziel und stolperte aus dem Zug. Doch kaum hatte ich den Bahnhof St. Anton verlassen, bekam ich wieder Luft. Seit gestern war viel Schnee gefallen, aber jetzt hatte es aufgehört, der Himmel war klar und der Mond ritt. Der Anblick des vertrauten Ortes brachte all meine Ängste zurück. Der Tag auf dem Col of the Swallows war aus meiner Erinnerung verschwunden, und ich sah nur noch das Gasthaus in Santa Chiara und hörte Wakes heisere Stimme, die von Maria sprach. Die Lichter des Dorfes unten funkelten, und auf der rechten Seite sah ich die Baumgruppe, in der sich das Pink Chalet befand.

Ich nahm eine Abkürzung über die Felder und mied die kleine Stadt. Ich rannte hart und stolperte oft, denn obwohl ich meine geistige Energie wiedererlangt hatte, waren meine Beine immer noch unsicher. Die Bahnhofsuhr hatte mir gesagt, dass es fast halb neun war.

Bald war ich auf der Hauptstraße und dann vor den Toren des Chalets. Ich hörte wie in einem Traum drei schrille Pfiffe. Dann überholte mich ein großes Auto in Richtung St. Anton. Eine Sekunde lang hätte ich es begrüßt, aber es war an mir vorbei und weg. Aber ich war davon überzeugt, dass mein Geschäft im Haus lag, denn ich dachte, ich wäre da und ich wäre das, worauf es ankommt.

Ich marschierte die Auffahrt hinauf, ohne irgendeinen Plan im Kopf, nur blind auf das Schicksal los. Ich erinnerte mich dunkel daran, dass ich noch drei Patronen in meinem Revolver hatte.

Die Haustür stand offen und ich trat ein und schlich auf Zehenspitzen den Flur hinunter zu dem Zimmer, in dem ich den portugiesischen Juden gefunden hatte. Niemand hat mich daran gehindert, aber es lag nicht daran, dass es an Dienern mangelte. Ich hatte den Eindruck, dass sich in der Dunkelheit Menschen in meiner Nähe befanden , und ich glaubte, leises Deutsch zu hören. Vor mir war jemand, vielleicht der Sprecher, denn ich konnte vorsichtige Schritte hören. Es war sehr dunkel, aber ein Lichtstrahl kam von unterhalb der Zimmertür. Dann hörte ich hinter mir die Flurtür klappern und das Geräusch eines Schlüssels, der sich im Schloss drehte. Ich war direkt in eine Falle getappt und jeglicher Rückzug war abgeschnitten.

Mein Geist begann klarer zu arbeiten, auch wenn meine Absicht noch unklar war. Ich wollte Ivery erreichen und glaubte, dass er irgendwo vor mir war. Und dann dachte ich an die Tür, die aus der Kammer führte, in der ich eingesperrt war. Wenn ich auf diese Weise eintreten könnte, hätte ich den Vorteil der Überraschung.

Ich tastete auf der rechten Seite des Gangs herum und fand einen Griff. Es öffnete sich zu etwas, das wie ein Esszimmer aussah, denn es roch leicht nach Essen. Wieder hatte ich den Eindruck von Menschen in der Nähe, die mich aus unbekannten Gründen nicht belästigten. Am anderen Ende fand ich eine weitere Tür, die zu einem zweiten Raum führte, der vermutlich an die Bibliothek angrenzte. Dahinter muss wiederum der Durchgang von der Kammer mit dem Gestell liegen. Der ganze Ort war still wie eine Muschel.

Ich hatte richtig geraten. Ich stand in dem Gang, in dem ich in der Nacht zuvor gestanden hatte. Vor mir befand sich die Bibliothek, und da war der gleiche Lichtstreifen zu sehen. Ganz sanft drehte ich den Griff und öffnete ihn einen Spalt ...

Das erste, was mir ins Auge fiel, war das Profil von Ivery. Er blickte zum Schreibtisch, wo jemand saß.

KAPITEL XVIII
Die U-Bahn

Dies ist die Geschichte, die ich später von Mary hörte ...

Sie war mit dem neuen angloamerikanischen Krankenhaus in Mailand, als sie Blenkirons Brief erhielt. Santa Chiara war immer der vereinbarte Ort gewesen, und in dieser Nachricht wurde Santa Chiara ausdrücklich erwähnt und ein Datum für ihre Anwesenheit dort festgelegt. Das verwirrte sie ein wenig, denn sie hatte noch kein Wort von Ivery erhalten, an den sie über die Umwegadresse in Frankreich, die Bommaerts ihr gegeben hatte, zweimal geschrieben hatte. Sie glaubte nicht, dass er unter normalen Umständen nach Italien kommen würde, und sie wunderte sich über Blenkirons Gewissheit über das Datum.

Am nächsten Morgen kam ein Brief von Ivery, in dem er eifrig auf ein Treffen drängte. Es war das erste von mehreren, voller seltsamer Gespräche über eine bevorstehende Krise, in denen sich die Vorahnungen des Propheten mit der Fürsorge eines Liebhabers vermischten.

„Der Sturm bricht gleich los", schrieb er, „und ich kann nicht nur an mein eigenes Schicksal denken. Ich muss Ihnen etwas sagen, das Sie selbst von entscheidender Bedeutung ist. Sie sagen, Sie sind in der Lombardei. Das Chiavagno-Tal ist leicht zu erreichen und an seinem Ende liegt das Gasthaus Santa Chiara, zu dem ich am Morgen des 19. März komme. Treffen Sie mich dort, wenn auch nur für eine halbe Stunde, ich flehe Sie an. Wir haben bereits Hoffnungen und Zuversichten geteilt, und ich möchte nun mit Ihnen ein Wissen teilen, über das ich als einziger in Europa verfüge. Sie haben das Herz eines Löwen, Mylady, und sind dessen würdig, was ich Ihnen bringen kann."

Wake wurde von der *Croce Rossa* -Einheit, mit der er in Vicenza zusammenarbeitete, gerufen, und der von Blenkiron arrangierte Plan wurde getreu ausgeführt. Am Morgen des 18. trafen sie vier Offiziere der Alpini in der rauen Kleidung der Bergbauern in Chiavagno. Es wurde vereinbart, dass die Wirtin von Santa Chiara dem Sohn ihrer Schwester einen Besuch abstatten sollte und das Gasthaus, das jetzt in der verschlossenen Stille des Winters herrscht, unter der Obhut zweier alter Diener verlässt. Er hatte die Stunde, zu der Ivery am 19. eintreffen sollte, auf Mittag festgelegt, und an diesem Morgen würde Mary das Tal hinauffahren, während Wake und die Alpini unauffällig andere Wege wählten, um vor Mittag in der Nähe des Ortes zu sein.

Doch am Abend des 18. erhielt Maria im Hotel der Vier Könige in Chiavagno eine weitere Nachricht. Es war von mir und sagte ihr, dass ich um Mitternacht den Staub überqueren würde und vor Tagesanbruch im

Gasthaus sein würde. Es flehte sie an, mich dort zu treffen, mich allein ohne die anderen zu treffen, denn ich hatte ihr das zu sagen, was gesagt werden musste, bevor Ivery kam. Ich habe den Brief gesehen. Es war in einer Handschrift geschrieben, die ich von meiner eigenen Handschrift nicht unterscheiden konnte . Es war nicht genau das, was ich selbst geschrieben hätte, aber es enthielt Sätze, die nach Marys Meinung nur von mir stammen konnten. Oh, ich gebe zu, es war schlau gemacht, vor allem das Liebesspiel, das genau die Art von Stottern war, die ich erreicht hätte, wenn ich versucht hätte, meine Gefühle zu Papier zu bringen. Jedenfalls hatte Mary keinen Zweifel an seiner Echtheit. Sie schlüpfte nach dem Abendessen davon, mietete eine Kutsche mit zwei kaputten Schrauben und machte sich auf den Weg ins Tal. Sie hinterließ eine Nachricht für Wake, in der er ihn aufforderte, dem Plan zu folgen – eine Nachricht, die er nie erhielt, denn seine Angst, als er feststellte, dass sie gegangen war, trieb ihn dazu, sie sofort zu verfolgen.

Gegen zwei Uhr morgens des 19. kam sie nach einer langsamen und eisigen Reise im Gasthaus an, weckte die alten Diener, machte sich eine Tasse Schokolade aus ihrem Teekorb und setzte sich, um auf mein Kommen zu warten.

Sie hat mir diese Zeit des Wartens beschrieben. Eine selbstgemachte Kerze in einem hohen Kerzenständer aus Steingut erhellte den kleinen *Salle-à-Manger*, der als einziger Raum genutzt wurde. Die Welt war sehr ruhig, der Schnee dämpfte die Straßen und es war kalt mit der durchdringenden Kälte der frühen Morgenstunden einer Märznacht. Sie hat mir erzählt, dass der Geschmack von Schokolade und der Geruch von verbranntem Talg ihr immer den seltsamen Ort und das Flattern des Herzens zurückbringen werden, mit dem sie gewartet hat. Denn sie stand am Vorabend der Krise aller unserer Arbeiten, sie war sehr jung, und die Jugend hat eine schnelle Fantasie, die sich nicht bremsen lässt. Außerdem war ich es, der kam, und abgesehen von dem Gekritzel der Nacht zuvor hatten wir seit vielen Wochen keine Kommunikation gehabt ... Sie versuchte, ihren Geist abzulenken, indem sie Gedichte wiederholte, und das, was ihr in den Sinn kam, war Keats' „Nightingale", ein für die Zeit und den Ort seltsames Gedicht.

Unter den Möbeln des Zimmers befand sich ein langer Korbstuhl, und sie legte sich darauf, ihren Pelzumhang umhüllt. Im Gasthaus waren Bewegungsgeräusche zu hören. Die alte Frau, die sie mit dem Duft der Intrigen ihrer Art hereingelassen hatte, war strahlender geworden, als sie hörte, dass ein weiterer Gast kommen würde. Schöne Frauen reisen nicht umsonst um Mitternacht. Sie war auch wach und erwartungsvoll.

Dann hörte man ganz plötzlich draußen das Geräusch eines Autos, das langsamer wurde. Sie sprang vor Aufregung zitternd auf. Es war wieder wie im Schloss der Picardie – der düstere Raum und ein Freund, der aus der

Nacht kam. Sie hörte, wie sich die Haustür öffnete und einen Schritt in der kleinen Halle …

Sie sah Ivery an … Als er eintrat, zog er seinen Fahrermantel aus und verneigte sich ernst. Er trug einen grünen Jagdanzug, der in der Dämmerung wie Khaki wirkte, und da er ungefähr so groß wie ich war, wurde sie für einen Moment in die Irre geführt. Dann sah sie sein Gesicht und ihr Herz blieb stehen.

"Du!" Sie weinte. Sie war wieder auf den Korbstuhl zurückgesunken.

„Ich bin gekommen, wie ich versprochen habe", sagte er, „aber etwas früher. Du wirst mir meinen Eifer verzeihen, bei dir zu sein."

Sie achtete nicht auf seine Worte, denn ihr Geist war fieberhaft beschäftigt. Mein Brief war gefälscht und dieser Mann hatte unsere Pläne entdeckt. Sie war allein mit ihm, denn es würde Stunden dauern, bis ihre Freunde aus Chiavagno kamen. Er hatte das Spiel in seinen Händen, und von unserem ganzen Bündnis blieb nur sie übrig, um sich ihm entgegenzustellen. Marys Mut war nahezu vollkommen, und im Moment dachte sie nicht an sich selbst oder ihr eigenes Schicksal. Das kam später. Sie war von tiefer Enttäuschung über unser Scheitern erfüllt. Alle unsere Bemühungen waren in den Wind geschlagen, und der Feind hatte mit schmählicher Leichtigkeit gesiegt. Ihre Nervosität verschwand vor dem heftigen Bedauern, und ihr Gehirn machte sich kühl und geschäftig an die Arbeit.

Es war ein neuer Ivery, der ihr entgegentrat, ein Mann mit Kraft und Zielstrebigkeit in jeder Hinsicht und dem stillen Selbstvertrauen der Macht. Er sprach mit ernster Höflichkeit.

„Die Zeit des Scheins ist vorbei", sagte er. „Wir haben miteinander eingezäunt. Ich habe dir nur die halbe Wahrheit gesagt und du hast mich immer auf Distanz gehalten. Aber tief in Ihrem Herzen wussten Sie, meine liebste Dame, dass zwischen uns eines Tages die volle Wahrheit herrschen muss, und dieser Tag ist gekommen. Ich habe dir oft gesagt, dass ich dich liebe. Ich komme jetzt nicht dazu, diese Erklärung zu wiederholen. Ich komme, um Sie zu bitten, sich mir anzuvertrauen und Ihr Schicksal mit meinem zu verbinden, denn ich kann Ihnen das Glück versprechen, das Sie verdienen."

Er zog einen Stuhl heran und setzte sich neben sie. Ich kann nicht alles niederschreiben, was er sagte, denn als Mary den Sinn der Sache begriff, war sie mit ihren eigenen Gedanken beschäftigt und hörte nicht zu. Aber ich entnehme ihr, dass er sehr aufrichtig war und mit seinen Worten an geistiger und moralischer Statur zu wachsen schien. Er erzählte ihr, wer er war und was seine Arbeit gewesen war. Er vertrat die gleichen Ziele wie sie: einen Hass auf den Krieg und eine Leidenschaft dafür, die Welt wieder in Anstand zu bringen. Doch nun zeichnete er eine andere Moral. Er war ein Deutscher: Nur durch Deutschland konnten Frieden und Erneuerung kommen. Sein Land wurde von seinen Fehlern befreit, und die wunderbare deutsche Disziplin sollte sich vor den Augen von Göttern und Menschen bewähren. Er erzählte ihr, was er mir im Zimmer im Pink Chalet erzählt hatte, allerdings mit einer anderen Färbung. Deutschland war weder rachsüchtig noch prahlerisch, sondern nur geduldig und barmherzig. Gott war im Begriff, ihr die Macht zu geben, über das Schicksal der Welt zu entscheiden, und es lag an ihm und seinesgleichen, zu erkennen, dass die Entscheidung eine segensreiche Entscheidung war. Die größere Aufgabe seines Volkes begann erst jetzt.

Das war der Kern seines Vortrags. Sie schien zuzuhören, aber ihre Gedanken waren weit weg. Sie muss ihn zwei Stunden, drei Stunden, vier Stunden aufhalten. Wenn nicht, muss sie neben ihm bleiben. Sie war die Einzige unserer Kompanie, die noch Kontakt zum Feind hatte ...

„Ich gehe jetzt nach Deutschland", sagte er. „Ich möchte, dass du mit mir kommst – dass du meine Frau wirst."

Er wartete auf eine Antwort und bekam sie in Form einer erschrockenen Frage.

"Nach Deutschland? Wie?"

„Es ist einfach", sagte er lächelnd. „Das Auto, das draußen wartet, ist die erste Stufe eines Reisesystems, das wir perfektioniert haben." Dann erzählte er ihr von der U-Bahn – nicht so, wie er es mir erzählt hatte, um Angst zu machen, sondern als Beweis für Macht und Voraussicht.

Seine Art war perfekt. Er war respektvoll, hingebungsvoll und rücksichtsvoll gegenüber allen Dingen. Er war der Bittsteller, nicht der Meister. Er bot ihr Macht und Stolz an, eine glänzende Karriere, denn er hatte sein Land gut verdient, die Hingabe eines treuen Liebhabers. Er würde sie zum Haus seiner Mutter bringen, wo sie wie eine Prinzessin empfangen würde. Ich zweifle nicht daran, dass er es ernst meinte, denn er hatte viele Launen, und der Wüstling, den er mir im Pink Chalet offenbart hatte, hatte dem ehrenwerten Herrn Platz gemacht. Er konnte alle Rollen gut spielen, weil er in allen an sich glauben konnte.

Dann sprach er von der Gefahr, nicht um ihren Mut zu schmälern, sondern um seine eigene Rücksichtnahme zu betonen. Die Welt, in der sie gelebt hatte, zerfiel, und er allein konnte ihr Zuflucht bieten. Sie spürte den Stahlhandschuh durch die Textur des Samthandschuhs.

Die ganze Zeit hatte sie wütend nachgedacht, das Kinn auf die alte Art in der Hand... Sie könnte sich weigern zu gehen. Er konnte sie zweifellos dazu zwingen, denn von den alten Dienern war keine Hilfe zu bekommen. Aber es könnte schwierig sein, eine unwillige Frau über die ersten Etappen der U-Bahn zu tragen. Es könnte Chancen geben ... Angenommen, er würde ihre Weigerung akzeptieren und sie verlassen. Dann wäre er tatsächlich für immer verschwunden und unser Spiel wäre mit einem Fiasko zu Ende gegangen. Der große Gegner Englands würde jubelnd nach Hause gehen und seine Garben mitnehmen.

Zu diesem Zeitpunkt hatte sie keine persönliche Angst vor ihm. Das menschliche Herz ist so seltsam, dass sie sich hauptsächlich mit unserer Mission und nicht mit ihrem eigenen Schicksal beschäftigte. Völlig zu scheitern schien zu bitter. Angenommen, sie ging mit ihm. Sie mussten noch aus Italien herauskommen und die Schweiz durchqueren. Wenn sie bei ihm wäre, wäre sie eine Abgesandte der Alliierten im Lager des Feindes. Sie fragte sich, was sie tun könnte, und sagte sich: „Nichts." Sie fühlte sich wie ein kleiner Vogel in einer sehr großen Falle, und ihr Hauptgefühl war das ihrer eigenen Ohnmacht. Aber sie hatte Blenkirons Evangelium kennengelernt und wusste, dass der Himmel den Mutigen erstaunliche Chancen bietet. Und noch während sie ihre Entscheidung traf, war sie sich eines dunklen Schattens bewusst, der in ihrem Hinterkopf lauerte, dem Schatten der Angst, von der sie wusste, dass sie sie erwartete. Denn sie ging mit einem Mann ins Unbekannte, den sie hasste, einem Mann, der behauptete, ihr Liebhaber zu sein.

Es war das Mutigste, von dem ich je gehört habe, und ich habe mein Leben unter tapferen Männern verbracht.

„Ich werde mit dir kommen", sagte sie. „Aber du darfst bitte nicht mit mir reden. Ich bin müde und unruhig und möchte, dass Frieden zum Nachdenken kommt."

Als sie sich erhob, überkam sie Schwäche und sie schwankte, bis sein Arm sie erwischte. „Ich wünschte, ich könnte dich ein wenig ausruhen lassen", sagte er zärtlich, „aber die Zeit drängt. Das Auto läuft reibungslos und man kann dort schlafen."

Er rief einen der Diener herbei, dem er Maria übergab. „Wir fahren in zehn Minuten los", sagte er und ging hinaus, um nach dem Auto zu sehen.

Marys erste Handlung im Schlafzimmer, in das sie gebracht wurde, bestand darin, ihre Augen zu baden und ihr Haar zu bürsten. Sie hatte das vage Gefühl, dass sie einen klaren Kopf bewahren musste. Ihre zweite Aufgabe bestand darin, Wake einen Zettel zu schreiben, in dem sie ihm erzählte, was passiert war, und ihn dem Diener mit einem Trinkgeld zu geben.

„Der Herr wird morgen früh kommen", sagte sie. „Sie müssen es ihm sofort geben, denn es geht um das Schicksal Ihres Landes." Die Frau grinste und versprach es. Es war nicht das erste Mal, dass sie Besorgungen für hübsche Damen erledigte.

Ivery setzte sie mit großer Fürsorge in den großen geschlossenen Wagen und machte es ihr mit Teppichen bequem. Dann ging er für eine Sekunde zum Gasthaus zurück, und sie sah eine leichte Bewegung im *Salle-à-Manger* . Er kam zurück, sprach mit dem Fahrer auf Deutsch und setzte sich neben ihn.

Aber zuerst gab er Mary Wake ihre Nachricht. „Ich glaube, du hast das hinter dir gelassen", sagte er. Er hatte es nicht geöffnet.

Allein im Auto schlief Mary. Sie sah die Gestalten von Ivery und dem Chauffeur auf dem Vordersitz dunkel vor den Scheinwerfern, und dann lösten sie sich in Träume auf. Sie hatte eine größere Belastung durchgemacht, als sie ahnen konnte, und war in den tiefen Schlaf müder Nerven versunken.

Als sie aufwachte, war es Tageslicht. Sie befanden sich noch in Italien, wie ihr der erste Blick verriet, sie konnten also nicht den Staub-Weg genommen haben. Sie schienen mitten in den Ausläufern zu liegen, denn es schneite kaum, aber hin und wieder erhaschte sie in den Seitentälern einen Blick auf die hohen Gipfel. Sie versuchte intensiv darüber nachzudenken, was es bedeuten könnte, und dann fiel ihr die Marjolana ein. Wake hatte sich Mühe gegeben, ihr die Topographie der Alpen beizubringen, und sie hatte die Tatsache begriffen, dass es zwei offene Pässe gab. Aber die Marjolana bedeutete einen großen Rundgang, und sie würden erst am Abend in der Schweiz sein. Sie würden im Dunkeln ankommen und im Dunkeln wieder herauskommen, und es gäbe keine Chance auf Hilfe. Sie fühlte sich sehr einsam und sehr schwach.

Im Laufe des Morgens wuchs ihre Angst. Je aussichtsloser ihre Chance, Ivery zu besiegen, wurde, desto eindringlicher kroch der dunkle Schatten über ihren Geist. Sie versuchte, sich zu beruhigen, indem sie sich die Show vom Fenster aus ansah. Das Auto schlängelte sich durch kleine Dörfer, vorbei an Weinbergen und Pinienwäldern und dem Blau der Seen und über die Schluchten von Gebirgsbächen. Es schien keine Probleme mit Pässen zu geben. Die Posten an den Kontrollen winkten beruhigend ab, als ihnen eine Karte gezeigt wurde, die der Chauffeur zwischen den Zähnen hielt. An einer Stelle kam es zu einer längeren Pause, und sie konnte hören, wie Ivery mit zwei Offizieren der Bersaglieri, denen er Zigarren schenkte, Italienisch sprach. Es waren frische, aufrechte Jungen, und einen Moment lang hatte sie die Idee, die Tür aufzureißen und sie zu bitten, sie zu retten. Aber das wäre sinnlos gewesen, denn Ivery verfügte offensichtlich über ein umfassendes Zertifikat. Sie fragte sich, welche Rolle er jetzt spielte.

Die Marjolana-Route war aus einem bestimmten Grund ausgewählt worden. In einer Stadt traf Ivery einen Zivilbeamten und sprach mit ihm, und mehr als einmal wurde das Auto langsamer, und jemand tauchte vom Wegrand auf, sagte ein Wort und verschwand. Sie half beim letzten Zusammenfassen der Fäden eines großen Plans, bevor die Wildvögel in ihr Nest zurückkehrten. Meistens schienen diese Konferenzen auf Italienisch stattzufinden, aber ein- oder zweimal konnte sie anhand der Lippenbewegungen erkennen, dass Deutsch gesprochen wurde und dass dieser raue Bauer oder dieser Bürger mit dem schwarzen Hut nicht italienischer Abstammung war.

Am frühen Morgen, kurz nachdem sie aufgewacht war, hatte Ivery das Auto angehalten und ihr einen gut gefüllten Lunchkorb angeboten. Sie konnte nichts essen und sah zu, wie er neben dem Fahrer Sandwiches frühstückte. Am Nachmittag bat er sie um Erlaubnis, bei ihr sitzen zu dürfen. Der Wagen hielt an einem einsamen Ort, und der Chauffeur holte einen Teekorb hervor. Ivery machte Tee, denn sie schien zu lustlos, um sich zu bewegen, und trank eine Tasse mit ihm. Danach blieb er neben ihr.

„In einer halben Stunde werden wir Italien verlassen", sagte er. Das Auto fuhr ein langes Tal hinauf zu der seltsamen Mulde zwischen schneebedeckten Sätteln, dem Kamm der Marjolana. Er zeigte ihr den Ort auf einer Straßenkarte. Als die Höhe zunahm und die Luft kälter wurde, wickelte er die Decken enger um sie und entschuldigte sich für das Fehlen eines Fußwärmers. „In Kürze", sagte er, „werden wir in dem Land sein, in dem jeder noch so kleine Wunsch Gesetz sein wird."

Sie döste wieder ein und verpasste so den Grenzposten. Als sie aufwachte, glitt das Auto die langen Kurven des Weißtals hinunter, bevor es sich zu der Schlucht verengt, durch die es in den Grünewald mündet.

„Wir sind jetzt in der Schweiz", hörte sie seine Stimme sagen. Es mag zwar schick gewesen sein, aber ihr kam es so vor, als sei eine neue Note darin enthalten. Er sprach zu ihr mit der Gewissheit, sie zu besitzen. Sie befanden sich außerhalb des Landes der Alliierten und in einem Land, in dem sein Netz weit verbreitet war.

„Wo machen wir heute Abend Halt?" sie fragte schüchtern.

„Ich fürchte, wir können nicht aufhören. Auch heute Abend musst du dich mit dem Auto abfinden. Unterwegs habe ich eine kleine Besorgung zu erledigen, die uns ein paar Minuten aufhalten wird, und dann geht es weiter. Morgen, meine Schönste, wird die Müdigkeit ein Ende haben."

Der Besessenheitsklang in seiner Stimme war jetzt nicht mehr zu übersehen. Marys Herz begann schnell und wild zu schlagen. Die Falle war ihr zugefallen, und sie erkannte die Torheit ihres Mutes. Es hatte sie gefesselt und geknebelt in die Hände von jemandem gebracht, den sie mit jedem Augenblick tiefer verabscheute, dessen Nähe ihr weniger willkommen war als die einer Schlange. Sie musste sich fest auf die Lippe beißen, um nicht zu schreien.

Das Wetter hatte sich geändert und es schneite stark, derselbe Sturm, der uns auf dem Col of the Swallows begrüßt hatte. Das Tempo war jetzt langsamer und Ivery wurde unruhig. Er schaute häufig auf die Uhr und schnappte sich das Sprechrohr, um mit dem Fahrer zu sprechen. Maria fing das Wort „St. Anton" auf.

„Gehen wir über St. Anton?" Sie fand die Stimme, um zu fragen.

„Ja", sagte er kurz.

Das Wort gab ihr den leisesten Funken Hoffnung, denn sie wusste, dass Peter und ich in St. Anton gelebt hatten. Sie versuchte, aus dem verschwommenen Fenster zu schauen, konnte aber nichts erkennen, außer dass die Dämmerung hereinbrach. Sie bettelte um die Straßenkarte und sah, dass sie sich, soweit sie erkennen konnte, noch im weiten Grünewaldtal befanden und dass sie, um nach St. Anton zu gelangen, vom Staubthal aus den Tiefpass überqueren mussten. Der Schnee lag immer noch dicht und das Auto kroch.

Dann spürte sie den Anstieg, als sie zum Pass hinaufstiegen. Hier ging es schlecht voran, ganz anders als bei dem trockenen Frost, bei dem ich in der Nacht zuvor dieselbe Straße zurückgelegt hatte. Darüber hinaus schien es merkwürdige Hindernisse zu geben. Irgendein unvorsichtiger Holzkarren hatte Baumstämme auf die Straße fallen lassen, und mehr als einmal mussten sowohl Ivery als auch der Chauffeur aussteigen, um sie wegzuräumen. An einer Stelle hatte es einen kleinen Erdrutsch gegeben, der nur wenig Platz zum Passieren ließ, und Mary musste zu Fuß hinabsteigen und überqueren, während der Fahrer das Auto alleine übernahm. Iverys Temperament schien sauer zu werden. Zur Erleichterung des Mädchens nahm er wieder den Außensitz ein, wo er ständig mit dem Chauffeur stritt.

An der Passhöhe steht ein Gasthof, die gemütliche Herberge des Herrn Kronig, wohlbekannt bei allen, die die kleineren Gipfel des Staubthals erklimmen. Mitten auf dem Weg stand ein Mann mit einer Laterne.

„Die Straße ist durch Schneefall blockiert", rief er. „Sie klären es jetzt. In einer halben Stunde ist es fertig."

Ivery sprang von seinem Sitz auf und stürmte ins Hotel. Seine Aufgabe bestand darin, die Räumung zu beschleunigen, und Herr Kronig selbst begleitete ihn zum Ort der Katastrophe. Mary saß still da, denn sie war plötzlich von einer Idee besessen. Sie vertrieb es als Dummheit von sich, aber es kam immer wieder zurück. Warum waren diese Baumstämme auf der

Straße verstreut worden? Warum wurde ein einfacher Pass nach mäßigem Schneefall plötzlich gesperrt?

Ein Mann kam aus dem Hof des Gasthauses und sprach mit dem Chauffeur. Es schien ein Erfrischungsangebot zu sein, denn dieser verließ seinen Platz und verschwand im Inneren. Er war einige Zeit weg und kam zitternd und murrend über das Wetter zurück, den Kragen seines Mantels um die Ohren hochgeschlagen. In der Veranda war eine Laterne aufgehängt worden, und als er vorbeikam, sah Mary den Mann. Sie hatte während der langen Fahrt untätig seinen Hinterkopf beobachtet und festgestellt, dass es sich um eine runde Kugel handelte, ohne Nackenansatz, wie es im Vaterland üblich ist. Jetzt konnte sie seinen Hals wegen des Mantelkragens nicht erkennen, aber sie hätte schwören können, dass der Kopf eine andere Form hatte. Der Mann schien stark unter der Kälte zu leiden, denn er knöpfte den Kragen um sein Kinn zu und zog die Mütze weit über die Brauen.

Ivery kam zurück, gefolgt von einer schleppenden Reihe Männer mit Spaten und Laternen. Er warf sich auf den Vordersitz und nickte dem Fahrer zu, er solle starten. Der Mann hatte seinen Motor bereits laufen lassen, um keine Zeit zu verlieren. Er holperte über die groben Trümmer des Schneefalls und ließ dann den Wagen förmlich brummen. Ivery war auf Geschwindigkeit bedacht, aber er wollte nicht, dass ihm das Genick gebrochen wurde, und schrie, er solle aufpassen. Der Fahrer nickte und bremste ab, hatte aber bald wieder Fahrt aufgenommen.

Wenn Ivery unruhig war, ging es Mary noch schlimmer. Sie schien plötzlich auf die Spur ihrer Freunde gekommen zu sein. Im St.-Anton-Tal hatte es aufgehört zu schneien, und sie ließ das Fenster herunter, um Luft zu schnappen, denn sie würgte vor Spannung. Das Auto raste am Bahnhof vorbei, den Hügel an Peters Hütte hinunter, durch das Dorf und am Seeufer entlang zum Pink Chalet.

Ivery hielt es am Tor auf. „Sehen Sie zu, dass Sie Benzin tanken", sagte er zu dem Mann. „Bitten Sie Gustav, den Daimler zu holen und in einer halben Stunde bereit zu sein, ihm zu folgen."

Er sprach durch das offene Fenster mit Maria.

„Ich werde dich nur eine sehr kurze Zeit behalten. Ich denke, Sie sollten besser im Auto warten, denn das ist bequemer als ein abgebautes Haus. Ein Diener wird dir Essen und weitere Decken für die Nachtreise bringen."

Dann verschwand er die dunkle Allee hinauf.

Marys erster Gedanke war, sich davonzumachen und ins Dorf zurückzukehren und dort jemanden zu finden, der mich kannte oder sie dorthin bringen konnte, wo Peter lebte. Aber der Fahrer würde sie daran hindern, denn er war auf der Hut zurückgelassen worden. Sie blickte besorgt auf seinen Rücken, denn er allein stand zwischen ihr und der Freiheit.

Dieser Herr schien auf sein eigenes Geschäft bedacht zu sein. Sobald Iverys Schritte schwächer geworden waren, hatte er das Auto rückwärts in den Eingang gefahren und es so gedreht, dass es in Richtung St. Anton zeigte. Dann begann es sich ganz langsam zu bewegen.

Im selben Moment ertönte dreimal ein schriller Pfiff. Die Tür auf der rechten Seite hatte sich geöffnet und jemand, der im Schatten gewartet hatte, kletterte unter Schmerzen hinein. Mary sah, dass es ein kleiner Mann war und dass er ein Krüppel war. Sie streckte eine Hand aus, um ihm zu helfen, und er ließ sich neben ihr auf die Kissen fallen. Das Auto nahm Fahrt auf.

Bevor ihr klar wurde, was geschah, hatte der Neuankömmling ihre Hand genommen und tätschelte sie.

Ungefähr zwei Minuten später betrat ich das Tor des Pink Chalet.

KAPITEL XIX
Der Käfig der Wildvögel

„Warum, Mr. Ivery, kommen Sie gleich rein“, sagte die Stimme am Tisch. Vor mir befand sich ein Fliegengitter, das sich vom Kamin erstreckte, um den Luftzug von der Tür fernzuhalten, durch die ich eingetreten war. Es war höher als mein Kopf, aber es hatte Risse, durch die ich den Raum beobachten konnte. Ich fand einen kleinen Tisch, auf den ich mich zurücklehnen konnte, denn ich war vor Müdigkeit am Boden.

Blenkiron saß am Schreibtisch und vor ihm lagen kleine Reihen Geduldskarten. Im Ofen glimmte noch Holzasche, und an seinem rechten Ellenbogen stand eine Lampe, die die beiden Figuren beleuchtete. Die Bücherregale und Schränke lagen im Zwielicht.

„Ich habe schon eine ganze Weile gehofft, dich zu sehen.“ Blenkiron war damit beschäftigt, die kleinen Kartenhaufen zu ordnen, und sein Gesicht war von einem gastfreundlichen Lächeln umhüllt. Ich erinnere mich, dass ich mich gefragt habe, warum er den Gastgeber des wahren Hausherrn spielen sollte.

Ivery stand aufrecht vor ihm. Er war jetzt, da er alle Verkleidungen abgelegt hatte und an der Schwelle seines Triumphs stand, eine ziemlich prächtige Gestalt. Trotz des Nebels, in dem mein Gehirn arbeitete, wurde mir aufgezwungen, dass hier ein Mann war, der geboren wurde, um eine große Rolle zu spielen. Er hatte einen Wangenknochen wie ein römischer König auf einer Münze und verächtliche Augen, die an Meisterschaft gewöhnt waren. Er war jünger als ich, verwechseln Sie ihn, und jetzt sah er so aus.

Er hielt den Blick auf den Sprecher gerichtet, während ein Lächeln um seinen Mund spielte, ein sehr hässliches Lächeln.

„Also“, sagte er. „Wir haben auch die alte Krähe gefangen. Auf ein solches Glück hatte ich kaum gehofft, und um die Wahrheit zu sagen, hatte ich mir auch keine großen Sorgen um Sie gemacht. Aber jetzt werden wir Sie in die Tasche packen. Und was für eine Menge Ungeziefer muss man auf dem Rasen ausbreiten!“ Er warf den Kopf zurück und lachte.

„Mr. Ivery –“, begann Blenkiron, wurde jedoch unterbrochen.

„Lass diesen Namen fallen. All das ist Vergangenheit, Gott sei Dank! Ich bin der Graf von Schwabing, ein Offizier der kaiserlichen Garde. Ich bin nicht die geringste Waffe, die Deutschland eingesetzt hat, um seine Feinde zu brechen.“

„Das sagst du nicht“, sagte Blenkiron gedehnt, während er immer noch mit seinen Patience-Karten herumspielte.

Der Moment des Mannes war gekommen und er wollte kein Jota seines Triumphs verpassen. Seine Gestalt schien sich zu vergrößern, seine Augen leuchteten, seine Stimme klang voller Stolz. Es war ein Melodrama der besten Art, und er ließ es förmlich auf der Zunge liegen. Ich glaube nicht, dass ich es ihm gönnte, denn ich betastete etwas in meiner Tasche. Er hatte zwar gewonnen, aber er würde seinen Sieg nicht lange genießen, denn bald würde ich ihn erschießen. Ich hatte mein Auge genau auf die Stelle über seinem rechten Ohr gerichtet, wo ich meine Kugel hinschießen wollte ... Denn mir war völlig klar, dass die einzige Möglichkeit, Maria zu beschützen, darin bestand, ihn zu töten. Ich fürchtete die ganzen siebzig Millionen Deutschlands weniger als diesen Mann. Das war die einzige Idee, die trotz der immensen Müdigkeit, die auf mir lastete, standhaft blieb.

„Ich habe wenig Zeit, die ich mit dir verschwenden kann“, sagte er, der zuvor Ivery genannt wurde. „Aber ich werde mir einen Moment Zeit nehmen, um Ihnen ein paar Wahrheiten zu sagen. Dein kindisches Spiel hatte nie eine Chance. Ich habe mit dir in England gespielt und spiele seitdem mit dir. Sie haben nie etwas unternommen, aber ich habe stillschweigend dagegen gewirkt. Mann, du hast mir dein Vertrauen geschenkt. Der amerikanische Mr. Donne ...“

„Was ist mit Clarence?“ fragte Blenkiron. Sein Gesicht schien eine Studie purer Verwirrung zu sein.

„Ich war dieser interessante Journalist.“

„Jetzt denke ich mal darüber nach!“ sagte Blenkiron mit trauriger, sanfter Stimme. „Ich dachte, ich wäre bei Clarence in Sicherheit. Er hat mir einen Brief vom alten Joe Hooper mitgebracht, und er kannte alle Jungs unten in Emporia.“

Ivery lachte. „Du hast mir nie Gerechtigkeit widerfahren lassen, fürchte ich; aber ich denke, du wirst es jetzt tun. Ihre Bande ist in meinen Händen hilflos. General Hannay ...“ Und ich wünschte, ich könnte Ihnen eine Vorstellung von der Verachtung geben, mit der er das Wort „General“ aussprach.

„Ja – Dick?“ sagte Blenkiron aufmerksam.

„Er ist seit vierundzwanzig Stunden mein Gefangener. Und die hübsche Miss Mary auch. Sie alle gehen ein Stück mit mir in mein eigenes Land. Sie werden nicht erraten, wie. Wir nennen sie die U-Bahn, und Sie werden das Privileg haben, ihre Funktionsweise zu studieren ... Ich hatte mir keine großen Sorgen um Sie gemacht, denn ich hatte keine besondere Abneigung gegen Sie. Du bist nur ein tollpatschiger Narr, was du in deinem Land leichte Frucht nennst.“

„Ich danke dir, Graf“, sagte Blenkiron feierlich.

„Aber da du hier bist, wirst du dich den anderen anschließen... Ein letztes Wort. Unfähige wie dich zu besiegen ist nichts. Es gibt noch etwas viel Größeres. Mein Land hat gesiegt. Sie und Ihre Freunde werden von den Wagenrädern eines Triumphs gezogen, wie ihn Rom noch nie erlebt hat. Dringt das in deinen dicken Schädel ein? Deutschland hat gesiegt, und in zwei Tagen wird die ganze Erde vor ihrer Größe verstummt sein.“

Während ich Blenkiron beobachtete, schien sich ein grauer Schatten der Hoffnungslosigkeit auf seinem Gesicht niederzulassen. Sein großer Körper sackte in seinem Stuhl zusammen, sein Blick senkte sich und seine linke Hand schlurfte schlaff zwischen seinen Geduldskarten hin und her. Ich konnte meinen Verstand nicht auf Trab bringen, aber seine erstaunlichen Fehler machten mir große Sorgen. Er war blindlings in die Grube gegangen, die seine Feinde für ihn gegraben hatten. Peter muss es nicht geschafft haben, meine Nachricht an ihn weiterzuleiten, und er wusste nichts von der Arbeit der letzten Nacht oder meiner verrückten Reise nach Italien. Wir hatten alle Mist gebaut, der ganze elende Haufen von uns, Peter und Blenkiron und ich ... Ich hatte das Gefühl im Hinterkopf, dass da etwas war, was ich nicht verstehen konnte, was die Katastrophe nicht konnte ganz so einfach sein, wie es schien. Aber ich hatte keine Kraft zum Nachdenken, da die unverschämte Gestalt von Ivery den Raum dominierte ... Gott sei Dank hatte ich eine Kugel auf ihn gewartet. Das war der einzige Fixpunkt im Chaos meines Geistes. Zum ersten Mal in meinem Leben war ich fest entschlossen, einen bestimmten Mann zu töten, und dieser Vorsatz gab mir einen schrecklichen Trost.

Plötzlich ertönte Iverys Stimme scharf. „Nimm deine Hand aus deiner Tasche. Du Narr, du wirst von drei Punkten in den Wänden abgedeckt. Eine Bewegung und meine Männer werden ein Sieb aus dir machen. Andere vor Ihnen haben auf diesem Stuhl gesessen, und ich bin es gewohnt, Vorsichtsmaßnahmen zu treffen. Schnell. Beide Hände auf dem Tisch.“

Es gab keinen Zweifel an der Niederlage von Blenkiron. Er war fertig und draußen, und mir blieb die einzige Karte übrig. Er stützte sich müde auf seine Arme und breitete die Handflächen aus.

„Ich schätze, du hast eine starke Hand, Graf“, sagte er, und seine Stimme war ausdruckslos vor Verzweiflung.

„Ich habe einen Royal Straight Flush“, war die Antwort.

Und dann kam plötzlich eine Veränderung. Blenkiron hob den Kopf und seine schläfrigen, nachdenklichen Augen blickten Ivery direkt an.

„Ich rufe dich an“, sagte er.

Ich habe meinen Ohren nicht getraut. Ivery auch nicht.

„Die Stunde des Bluffs ist vorbei", sagte er.

„Trotzdem rufe ich dich an."

In diesem Moment spürte ich, wie sich jemand hinter mir durch die Tür zwängte und seinen Platz an meiner Seite einnahm. Das Licht war so schwach, dass ich nur eine kleine, quadratische Gestalt sah, aber eine vertraute Stimme flüsterte mir ins Ohr. „Ich bin es – Andra Amos. Mann, das ist ein toller Trick. Ich bin hier, um das Ende zu sehen."

Kein Gefangener, der auf die Entscheidung der Jury wartete, kein Kommandant, der die Nachricht von einer großen Schlacht erwartete, hing jemals in verzweifelterer Spannung als ich in den nächsten Sekunden. Ich hatte meine Müdigkeit vergessen; Mein Rücken brauchte keine Unterstützung mehr. Ich starrte auf den Spalt im Bildschirm und meine Ohren saugten gierig jede einzelne Silbe auf.

Blenkiron saß jetzt kerzengerade da, das Kinn in den Händen. In seinem hageren Gesicht war kein Anflug von Melancholie zu erkennen.

„Ich sage, ich rufe Sie an, Herr Graf von Schwabing. Ich werde Sie über einige Kleinigkeiten aufklären. Da Sie keine Waffen tragen, muss ich Sie nicht davor warnen, mit einer Waffe herumzuspielen. Sie haben recht, wenn Sie sagen, dass es in diesen Mauern drei Stellen gibt, von denen aus man schießen kann. Nun, zu Ihrer Information kann ich Ihnen sagen, dass es in allen drei Waffen gibt, aber sie decken *Sie* in diesem Moment. Also solltest du besser brav sein."

Ivery sprang stramm wie ein Ladestock. „Karl", rief er. „Gustav!"

Wie von Geisterhand standen Gestalten zu beiden Seiten von ihm, wie die Wärter eines Verbrechers. Es waren nicht die eleganten deutschen Lakaien, die ich im Chalet gesehen hatte. Eines, das ich nicht erkannte. Der andere war mein Diener, Geordie Hamilton.

Er warf ihnen einen kurzen Blick zu, blickte sich um wie ein gejagtes Tier und beruhigte sich dann. Der Mann hatte seinen eigenen Mut.

„Ich muss dir etwas sagen", sagte Blenkiron gedehnt. „Es war ein harter Kampf, aber ich schätze, das heiße Ende des Pokers liegt bei Ihnen. Ich gratuliere Ihnen zu Clarence Donne. Du hast mich in dieser Angelegenheit gut getäuscht, und nur der Gnade Gottes ist es zu verdanken, dass du nicht gewonnen hast. Sehen Sie, es gab nur einen von uns, der Sie erkennen konnte, ganz gleich, wie Sie Ihr Gesicht verzogen, und das war Dick Hannay. Ich gebe dir gute Noten für Clarence ... Im Übrigen habe ich dich völlig geschlagen."

Er sah ihn fest an. „Du glaubst es nicht. Nun, ich gebe Ihnen den Beweis. Ich schaue mir Ihre Underground Railway schon eine ganze Weile an. Ich hatte meine Männer im Einsatz und ich schätze, die meisten Linien sind jetzt wegen Reparaturarbeiten geschlossen. Alle bis auf die Fernleitung nach Frankreich. Dass ich offen halte, denn bald wird es etwas Verkehr darauf geben.“

Dabei sah ich, wie Iverys Augenlider zitterten. Trotz all seiner Selbstbeherrschung brach er.

„Ich gebe zu, wir haben es ganz gut hinbekommen, abgesehen davon, dass du mich wegen Clarence getäuscht hast. Aber Sie haben bei General Hannay einen großen Haken gemacht, Graf. Ihr persönliches Gespräch mit ihm war ein schlechtes Geschäft. Du dachtest, du hättest ihn in Sicherheit, aber das war ein zu großes Risiko, das du bei einem Mann wie Dick eingehen konntest, es sei denn, du hast ihn kalt gesehen, bevor du ihn verlassen hast ... Er ist von diesem Ort weggekommen, und heute früh kannte ich alles über ihn wusste. Danach war es einfach. Ich habe das Telegramm erhalten, das Sie heute Morgen im Namen von Clarence Donne geschickt haben, und es hat mich zum Lachen gebracht. Noch vor Mittag hatte ich das ganze Outfit in der Hand. Ihre Diener sind mit der U-Bahn nach Frankreich gefahren. Ehrlich – nun ja, das mit Ehrlich tut mir leid.“

Ich kannte jetzt den Namen des portugiesischen Juden.

„Er war kein schlechter Mensch“, sagte Blenkiron bedauernd, „und er war absolut ehrlich. Ich konnte ihn nicht dazu bringen, auf die Vernunft zu hören, und er spielte mit Schusswaffen. Also musste ich schießen.“

"Tot?" fragte Ivery scharf.

„Ja-ja. Ich vermisse es nicht, und es war er oder ich. Er liegt jetzt unter dem Eis – wohin Sie Dick Hannay schicken wollten. Er war nicht dein Typ, Graf, und ich schätze, er hat eine Chance, in den Himmel zu kommen. Wenn ich kein hartgesottener Presbyterianer wäre, würde ich ein Gebet für seine Seele sprechen.“

Ich sah nur Ivery an. Sein Gesicht war sehr blass geworden und seine Augen wanderten umher. Ich bin mir sicher, dass sein Gehirn blitzschnell arbeitete, aber er war eine Ratte in einer Stahlfalle und die Federn hielten ihn fest. Wenn ich jemals einen Mann durch die Hölle gehen sah, dann jetzt. Sein Pappschloss war um seine Ohren herum zusammengebrochen, und er war schwindelig, als es herunterfiel. Der Mann war voller Stolz, und jeder stolze Nerv in ihm blieb am Boden zerstört.

„So viel zum normalen Geschäft“, sagte Blenkiron. „Da geht es um eine bestimmte Dame. Du hast dich ihr gegenüber nicht allzu nett benommen,

Graf, aber ich werde dir keinen Vorwurf machen. Haben Sie vielleicht einen Pfiff gehört, als Sie hierher kamen? NEIN! Es klang wie Gabriels Trumpf. Peter muss etwas Lungenkraft hineingesteckt haben. Nun, das war das Signal, dass Miss Mary in Ihrem Auto sicher war ... aber in unserer Obhut. Verstehst du?"

Er hat. Der Hauch einer Röte erschien in seinen Wangen.

„Sie fragen nach General Hannay? Ich bin mir nicht ganz sicher, wo Dick im Moment ist, aber ich vermute, dass er in Italien ist."

Ich trat den Bildschirm beiseite, wodurch Amos fast auf sein Gesicht fiel.

„Ich bin zurück", sagte ich, zog einen Sessel heran und ließ mich hineinfallen.

Ich glaube, mein Anblick war für Ivery der letzte Tropfen, der das Fass zum Überlaufen brachte. Ich war eine ziemlich wilde Gestalt, grau vor Müdigkeit, durchnässt, schmutzig, mit der Kleidung des Portiers Joseph Zimmer in Lumpen von den scharfen Felsen des Schwarzsteinthors. Als sein Blick den meinen traf, zitterten sie, und ich sah Entsetzen darin. Er wusste, dass er sich in der Gegenwart eines Todfeindes befand.

„Nun, Dick", sagte Blenkiron mit strahlendem Gesicht, „das ist eine gewaltige Gelegenheit." Wie bist du in der Schöpfung hierher gekommen?"

„Ich bin gelaufen", sagte ich. Ich wollte nicht sprechen müssen, denn ich war zu müde. Ich wollte Iverys Gesicht sehen.

Blenkiron nahm seine Patience-Karten, steckte sie in ein kleines Lederetui und steckte es in die Tasche.

„Ich muss dir noch etwas sagen. Die Wildvögel wurden nach Hause gerufen, aber sie werden es nie schaffen. Wir haben sie versammelt – Pavia, Hofgaard und Conradi. Ehrlich ist tot. Und du wirst dich den anderen in unserem Käfig anschließen."

Als ich meinen Freund ansah, schien seine Gestalt an Präsenz zu gewinnen. Er saß kerzengerade auf seinem Stuhl, mit einem Gesicht wie ein hängender Richter, und seine nicht mehr schläfrigen Augen hielten Ivery fest wie in einem Schraubstock. Er hatte auch seinen gedehnten Ton und die Redewendungen seiner gewöhnlichen Sprache aufgegeben, und seine Stimme klang hart und massiv wie das Aufeinanderprallen von Granitblöcken.

„Sie sind jetzt an der Bar, Graf von Schwabing. Sie haben jahrelang Ihr Bestes gegeben, um den Anstand des Lebens zu bekämpfen. Sie haben Ihr Land gut verdient, daran zweifle ich nicht. Aber was hat Ihr Land von der

Welt verdient? Eines Tages muss Deutschland schwere Zahlungen leisten, und Sie sind die erste Rate."

„Ich appelliere an das Schweizer Recht. Ich stehe auf Schweizer Boden und fordere meine Übergabe an die Schweizer Behörden." Ivery sprach mit trockenen Lippen und der Schweiß stand ihm auf der Stirn.

„Oh, nein, nein", sagte Blenkiron beruhigend. „Die Schweizer sind ein nettes Volk, und ich möchte die Sorgen eines armen kleinen neutralen Staates nur ungern vergrößern ... Die ganze Zeit über waren beide Seiten in diesem Spiel außerhalb des Gesetzes, und das wird auch weiterhin so bleiben." Wir haben uns an die Regeln gehalten, und das müssen Sie auch tun ... Jahrelang haben Sie die Schwachen und Unwissenden ermordet, entführt und verführt, aber wir werden Ihre Moral nicht beurteilen. Das überlassen wir dem Allmächtigen, wenn Sie Jordanien durchqueren. Wir werden unsere Hände von Ihnen waschen, sobald wir können. Sie fahren mit der U-Bahn nach Frankreich und werden dort der französischen Regierung übergeben. Soweit ich weiß, haben sie genug gegen dich, um dich zwölf Monate lang jede Stunde des Tages zu erschießen."

Ich glaube, er hatte damit gerechnet, von uns auf der Stelle verurteilt und zu Ehrlich unter das Eis geschickt zu werden. Jedenfalls erschien ein Funke Hoffnung in seinen Augen. Ich vermute, dass er einen Weg sah, den französischen Behörden zu entgehen, wenn er einmal die Chance bekam, seinen wundersamen Verstand einzusetzen. Jedenfalls verneigte er sich mit einer Art Selbstbeherrschung und bat um Erlaubnis zum Rauchen. Wie gesagt, der Mann hatte seinen eigenen Mut.

„Blenkiron", rief ich, „wir werden nichts dergleichen tun."

Er neigte seinen Kopf ernst zu mir. „Was ist deine Meinung, Dick?"

„Wir müssen die Strafe an das Verbrechen anpassen", sagte ich. Ich war so müde, dass ich meine Sätze mühsam bilden musste, als würde ich eine halbverstandene Fremdsprache sprechen.

"Bedeutung?"

„Ich meine, wenn man ihn den Franzosen ausliefert, wird er ihnen entweder irgendwie entkommen oder anständig erschossen werden, was viel zu schade für ihn ist. Dieser Mann und seinesgleichen haben Millionen ehrlicher Menschen ins Grab geschickt. Er hat dagesessen und sein Netz gesponnen wie eine große Spinne, und für jeden Faden wurde ein Ozean aus Blut vergossen. Es ist seine Art, die den Krieg gemacht hat, nicht der tapfere, dumme, kämpfende Boche. Es sind seine Artgenossen, die für all die verklumpte Bestie verantwortlich sind ... Und er war noch nie in Sichtweite einer Muschel. Ich bin dafür, ihn an die vorderste Front zu stellen. Nein, ich meine nicht die Sache mit Uriah dem Hethiter. Ich möchte, dass er eine sportliche Chance hat, genau wie andere Männer. Aber, bei Gott, er wird erfahren, was das Ergebnis der Fäden ist, die er so fröhlich gezogen hat ... Er sagte mir, in zwei Tagen würde Deutschland unsere Armeen in die Hölle zerschmettern. Er prahlte damit, dass er die Hauptverantwortung dafür tragen würde. Nun, er soll da sein und die Zertrümmerung sehen."

„Ich denke, das ist gerecht", sagte Blenkiron.

Iverys Augen waren jetzt auf mich gerichtet, fasziniert und verängstigt wie die eines Vogels vor einer Klapperschlange. Ich sah erneut die formlosen Gesichtszüge des Mannes in der U-Bahn-Station, den Rest schrumpfender Sterblichkeit hinter seiner Verkleidung. Es schien, als würde er etwas aus seiner Tasche in Richtung Mund schieben, aber Geordie Hamilton packte ihn am Handgelenk.

„Würden Sie anbieten?" sagte die empörte Stimme meines Dieners. „Sirr, der Gefangene scheint zu versuchen, sich selbst zu überwältigen. Soll ich ihn durchsuchen?"

Danach stand er mit jedem Arm im Griff eines Wärters.

„Herr Ivery", sagte ich, „gestern Abend, als ich in Ihrer Macht war, haben Sie Ihrer Eitelkeit nachgegeben, indem Sie sich an mir erfreut haben. Das habe ich erwartet, denn Ihre Klasse bringt keine Gentlemen hervor. Wir behandeln unsere Gefangenen unterschiedlich, aber es ist fair, dass Sie Ihr Schicksal kennen. Sie gehen nach Frankreich, und ich werde dafür sorgen, dass Sie an die britische Front gebracht werden. Dort erfahren Sie mit meiner alten Abteilung etwas über die Bedeutung des Krieges. Seien Sie sich darüber im Klaren, dass Sie auf keinen Fall entkommen können. Männer werden abkommandiert, um Sie Tag und Nacht zu überwachen und dafür zu sorgen, dass Sie die volle Härte des Schlachtfeldes aushalten. Sie werden die gleiche Erfahrung machen wie andere Menschen, nicht mehr und nicht weniger. Ich glaube an einen gerechten Gott und weiß, dass Sie früher oder später den Tod finden werden – den Tod durch die Hand Ihres eigenen Volkes – einen ehrenvollen Tod, der weit über Ihre Verdienste hinausgeht. Aber bevor es soweit ist, werden Sie die Hölle verstanden haben, zu der Sie ehrliche Männer verdammt haben."

In Momenten großer Müdigkeit, wie auch in Momenten großer Krisen, übernimmt der Geist die Führung und kann unabhängig vom Willen einen Weg einschlagen. Es war nicht ich selbst, der sprach, sondern eine unpersönliche Stimme, die ich nicht kannte, eine Stimme, in deren Tonfall eine seltsame Autorität klang. Ich erkannte die eisige Endgültigkeit dessen, und sein Körper schien zu verwelken und zu sinken. Nur der Halt der Wärter verhinderte, dass er stürzte.

Auch ich war am Ende meiner Ausdauer. Ich hatte vage das Gefühl, dass sich der Raum bis auf Blenkiron und Amos geleert hatte und dass ersterer versuchte, mich dazu zu bringen, Brandy aus dem Becher einer Flasche zu trinken. Ich rappelte mich auf, mit der Absicht, zu Maria zu gehen, aber meine Beine wollten mich nicht tragen ... Wie in einem Traum hörte ich, wie Amos einem Allmächtigen dankte, an den er offiziell nicht glaubte. „Was hat der alte Mann in der Bibel gesagt? Nun lass deinen Diener in Frieden gehen. So fühle ich mich." Und dann überfiel mich der Schlaf wie ein bewaffneter Mann, und auf dem Stuhl neben der sterbenden Holzesche schlief ich vor Schmerzen in meinen Gliedern, der Anspannung meiner Nerven und der Verwirrung meines Gehirns ein.

KAPITEL XX
Der Sturm bricht im Westen los

Am folgenden Abend – es war der 20. März – machte ich mich nach Einbruch der Dunkelheit auf den Weg nach Frankreich. Ich fuhr Iverys großes geschlossenes Auto, und darin saß sein Besitzer, gefesselt und geknebelt, so wie andere vor ihm gesessen hatten, um denselben Auftrag zu erledigen. Geordie Hamilton und Amos waren seine Begleiter. Aus dem, was Blenkiron selbst herausgefunden hatte, und aus den im Pink Chalet beschlagnahmten Papieren wusste ich alle Einzelheiten über die Straße und ihre mysteriösen Etappen. Es war wie die Reise eines verrückten Traums. In einer Seitenstraße einer Kleinstadt tauschte ich mit einer namenlosen Person Passwörter aus und bekam Anweisungen. In einem Gasthaus am Wegesrand teilte mir zu einer bestimmten Stunde eine Stimme mit dickem Deutsch mit, dass diese Brücke oder dieser Bahnübergang geräumt sei. In einem Weiler inmitten von Kiefernwäldern kletterte ein unbekannter Mann neben mich und führte mich an einem Wachposten vorbei. Die Maschine lief reibungslos wie ein Uhrwerk, bis ich im Morgengrauen eines Frühlingsmorgens durch kleine Obstgärten, die gerade zu blühen begannen, in ein breites Tal fiel und wusste, dass ich in Frankreich war. Danach begannen Blenkirons eigene Vorbereitungen, und bald trank ich Kaffee mit einem jungen Leutnant der Chasseurs und hatte Ivery den Knebel aus dem Mund genommen. Die Blauröcke blickten neugierig auf den Mann im grünen Ulster, dessen Gesicht die Farbe von Lehm hatte und der sich mit zitternder Hand eine Zigarette nach der anderen anzündete.

Der Leutnant rief einen Divisionsgeneral an, der alles über uns wusste. In seinem Hauptquartier erklärte ich ihm mein Vorhaben, und er telegrafierte an ein Armeehauptquartier und bat um eine Erlaubnis, die erteilt wurde. Nicht umsonst hatte ich im Januar in Paris einige große Persönlichkeiten gesehen und Blenkiron hatte mir vorausgeschickt, um den Weg zu bereiten. Hier übergab ich Ivery und seine Wache, denn ich wollte, dass sie unter französischer Aufsicht nach Amiens weiterzogen, wohlwissend, dass die Männer dieser großen Armee es nicht gewohnt sind, preiszugeben, was sie einst besaßen.

Es war ein Morgen mit klarem Frühlingssonnenlicht, als wir in dieser kleinen Stadt mit dem roten Dach zwischen Weinbergen frühstückten und zu unseren Füßen ein leuchtender Fluss floss. Der Divisionsgeneral war ein algerischer Veteran mit einer Bürste aus ergrautem Haar, dessen Blick immer wieder zu einer Karte an der Wand wanderte, auf der Nadeln und gespannte Fäden ein Spinnennetz bildeten.

„Irgendwelche Neuigkeiten aus dem Norden?" Ich fragte.

„Noch nicht“, sagte er. „Aber der Angriff kommt bald. Es wird gegen unsere Armee in der Champagne sein.“ Mit schlankem Finger wies er auf die feindlichen Dispositionen hin.

„Warum nicht gegen die Briten?“ Ich fragte. Mit Messer und Gabel habe ich einen rechten Winkel geformt und eine Salzschale in die Mitte gestellt. „Das ist die deutsche Konzentration. Sie können eine solche Masse annehmen, dass wir nicht wissen, auf welche Seite des Winkels sie treffen werden, bis der Schlag fällt.“

„Es ist wahr“, antwortete er. „Aber bedenken Sie. Wenn der Feind in Richtung Somme angreifen würde, würde er über viele Meilen eines alten Schlachtfeldes kämpfen, auf dem alles noch Wüste ist und von dem ihr Briten jeden Meter kennt. In der Champagne könnte er mit einem Sprung in ungebrochenes Land vordringen. Es ist ein langer und schwieriger Weg nach Amiens, aber nicht so lang nach Chilons. Das ist die Ansicht von Pétain. Überzeugt es Sie?“

„Die Begründung ist gut. Dennoch wird er Amiens angreifen, und ich denke, er wird heute damit beginnen.“

Er lachte und zuckte mit den Schultern. „ *Nous verrons* . Sie sind hartnäckig, mein General, wie alle Ihre hervorragenden Landsleute.“

Doch als ich sein Hauptquartier verließ, überreichte ihm ein Adjutant eine Nachricht auf einem rosa Zettel. Er las es und drehte sich mit ernstem Gesicht zu mir um.

„Du hast ein *Gespür* , mein Freund. Ich bin froh, dass wir nicht gewettet haben. Heute Morgen im Morgengrauen kommt es zu heftigen Kämpfen rund um St. Quentin. Sei getröstet, denn sie werden nicht vorübergehen. Ihr *Maréchal* wird sie halten.“

Das war die erste Nachricht, die ich von der Schlacht erhielt.

In Dijon traf ich planmäßig die anderen. Ich habe gerade erst den Pariser Zug erreicht, und Blenkirons große Handgelenke haben mich in den Waggons gezogen, als dieser schon in Bewegung war. Da saß Peter, eine fügsame Gestalt in einer sorgfältig geflickten alten RFC-Uniform. Wake las einen Stapel französischer Zeitungen, und in einer Ecke schlief Mary, die Füße auf dem Sitz, tief und fest.

Wir redeten nicht viel, denn das Leben der vergangenen Tage war so hektisch gewesen, dass wir keine Lust hatten, uns daran zu erinnern. Auf Blenkirons Gesicht lag ein Ausdruck der Zufriedenheit, und als er auf die sonnige Frühlingslandschaft blickte, summte er seine einzige Melodie. Sogar Wake hatte seine Unruhe verloren. Er trug eine große Schildpatt-Lesebrille, und als er von seiner Zeitung aufsah und meinen Blick auffing, lächelte er. Mary schlief wie ein Kind, leicht gerötet, ihr Atem bewegte kaum den Kragen des Mantels, der über ihrem Hals gefaltet war. Ich erinnere mich, wie ich mit einer Art Ehrfurcht die Rundungen ihres jungen Gesichts und die langen Wimpern betrachtete, die so sanft auf ihrer Wange lagen, und mich fragte, wie ich die Angst der letzten Monate ertragen hatte. Wake hob den Kopf von seiner Lektüre, warf einen Blick auf Mary und dann auf mich, und seine Augen waren freundlich, fast liebevoll. Er schien zwischen den Hügeln seinen Seelenfrieden gefunden zu haben.

Nur Peter war nicht im Bilde. Er war eine seltsame, trostlose Gestalt, wenn er sich hin und her bewegte, um sein Bein zu entspannen, oder wenn er gleichgültig aus dem Fenster blickte. Er hatte seinen Bart noch einmal rasiert, aber das machte ihn nicht jünger, denn sein Gesicht war zu faltig und seine Augen zu alt, um sich zu verändern. Als ich mit ihm sprach, blickte er zu Mary und hob warnend den Finger.

„Ich gehe zurück nach England", flüsterte er. „Dein kleiner *Schatz* wird sich um mich kümmern, bis ich mich eingelebt habe. Wir haben gestern in meiner Hütte darüber gesprochen. Ich werde eine Unterkunft finden und geduldig sein, bis der Krieg vorbei ist. Und du, Dick?"

„Oh, ich trete wieder meiner Abteilung bei. Gott sei Dank ist dieser Job vorbei. Ich habe jetzt einen leichten *Trund* und kann mich auf den unkomplizierten Soldatendienst konzentrieren. Es macht mir nichts aus, Ihnen zu sagen, dass ich froh sein werde, wenn Sie, Mary und Blenkiron zu Hause in Sicherheit sind. Was ist mit dir, Wake?"

„Ich gehe zurück zu meinem Labour-Bataillon", sagte er fröhlich. „Genau wie du habe ich ein leichteres Gemüt."

Ich schüttelte den Kopf. "Das werden wir sehen. Ich mag solche sündige Verschwendung nicht. Wir haben ein bisschen gemeinsam Wahlkampf gemacht und ich kenne Ihre Qualität."

Tagebuch zurück, das einen Tag alt war .

Mary war plötzlich aufgewacht und saß aufrecht mit den Fäusten in den Augen wie ein kleines Kind. Ihre Hand flog zu ihrem Haar und ihr Blick musterte uns, als wollte sie sehen, dass wir alle da waren. Als sie uns vier zählte, schien sie erleichtert zu sein.

„Ich denke, Sie fühlen sich erfrischt, Miss Mary", sagte Blenkiron. „Es ist gut zu glauben, dass wir jetzt alle in Frieden schlafen können. Schon bald werden Sie in England sein und der Frühling beginnt, und, Gott sei Dank, wird es der Beginn einer besseren Welt sein. Unsere Arbeit ist sowieso vorbei."

„Das frage ich mich", sagte das Mädchen ernst. „Ich glaube nicht, dass es in diesem Krieg eine Entlastung gibt. Dick, hast du Neuigkeiten von der Schlacht? Das war der Tag."

„Es hat begonnen", sagte ich und erzählte ihnen das Wenige, was ich vom französischen General gelernt hatte. „Ich habe mir den Ruf eines Propheten erworben, denn er dachte, der Angriff würde in der Champagne kommen. Es ist richtig St. Quentin, aber ich weiß nicht, was passiert ist. Wir werden es in Paris hören."

Mary war mit einer erschrockenen Miene aufgewacht, als würde sie sich an ihren alten Instinkt erinnern, dass unsere Arbeit nicht ohne Opfer beendet werden würde und dass Opfer die Besten von uns opfern würden. Der Gedanke kam mir immer wieder mit unbehaglicher Beharrlichkeit in den Sinn. Aber bald schien sie ihre Angst zu vergessen. Als wir an diesem Nachmittag durch das schöne Land Frankreich reisten, war sie in Urlaubsstimmung und zwang uns alle, auf ihr Niveau zu kommen. Es war ruhiges, helles Wetter, die langen Kurven des Ackerlandes begannen sich grün zu färben, die Kätzchen bildeten einen blauen Nebel auf den Weiden an den Wasserläufen, und in den Obstgärten an den Dörfern mit ihren roten Dächern war die Blüte im Begriff zu brechen. In einer solchen Szene war es schwierig, den Geist nüchtern und grau zu halten, und der Schleier des Krieges verschwand von uns. Mary umschmeichelte und kümmerte sich um Peter wie eine ältere Schwester um einen zarten kleinen Jungen. Sie ließ ihn sein krankes Bein der Länge nach auf dem Sitz ausstrecken, und als sie für uns Tee kochte, war es ein protestierender Peter, der den letzten Zuckerkeks aß. Tatsächlich waren wir fast eine fröhliche Gesellschaft, denn Blenkiron erzählte Geschichten aus alten Jagd- und Ingenieurtagen im Westen, und Peter und ich waren getrieben, sie zu krönen, und Mary stellte provokante Fragen, und Wake hörte mit amüsiertem Interesse zu. Es war gut, dass wir die Kutsche für uns alleine hatten, denn seltsamere Kutschen wurden nie zusammengebaut. Mary war wie immer ordentlich und fachmännisch gekleidet; Blenkiron sah großartig aus in einem Anzug aus rostrotem Tweed mit einem hellblauen Hemd und Kragen und gut polierten braunen Schuhen; aber Peter und Wake trugen Uniformen, die schon weitaus bessere Tage gesehen hatten, und ich trug immer noch die Stiefel und die formlosen und zerlumpten Kleider von Joseph Zimmer, dem Träger aus Arosa.

Wir schienen den Krieg vergessen zu haben, aber das taten wir nicht, denn er war im Hintergrund unseres aller Bewusstseins. Irgendwo im Norden tobte ein verzweifelter Kampf, und sein Ausgang war der wahre Test für unseren Erfolg oder Misserfolg. Mary zeigte es, indem sie mich aufforderte, an jeder Haltestelle nach Neuigkeiten zu fragen. Ich fragte Gendarmen und *Genehmigungsbeamte* , erfuhr aber nichts. Niemand hatte jemals von der Schlacht gehört. Das Ergebnis war, dass wir in der letzten Stunde alle schwiegen, und als wir gegen sieben Uhr in Paris ankamen, ging mein erster Auftrag zum Bücherstand.

Ich kaufte einen Stapel Abendzeitungen, die wir in den Taxis, die uns zu unserem Hotel brachten, zu lesen versuchten. Tatsächlich sorgte die Ankündigung für große Schlagzeilen. Der Feind hatte in großer Stärke südlich von Arras bis zur Oise angegriffen; aber überall in unserem Kampfgebiet war er zurückgeschlagen und festgehalten worden. Die Leitartikel waren selbstbewusst, die Anmerkungen der verschiedenen Militärkritiker fast prahlerisch. Endlich waren die Deutschen zu einer Offensive gezwungen, und die Alliierten hatten die ersehnte Gelegenheit, ihre überlegene Kampfkraft unter Beweis zu stellen. Es war, wie alle sagten, der Beginn der letzten Phase des Krieges.

Ich gestehe, dass mir beim Lesen das Herz in die Hose ging. Wenn die Zivilisten so übermütig gewesen wären, wären dann nicht auch die Generäle in die gleiche Falle getappt? Blenkiron allein war unbeeindruckt. Mary sagte nichts, aber sie saß mit dem Kinn in den Händen da, was für sie ein sicheres Zeichen tiefer Besorgnis war.

Am nächsten Morgen konnten uns die Zeitungen kaum mehr verraten. Der Hauptangriff erfolgte auf beiden Seiten von St. Quentin, und obwohl die Briten Boden verloren hatten, war nur die Außenpostenlinie verschwunden. Der Nebel hatte den Feind begünstigt, und sein Bombardement war gewaltig, vor allem die Gasgranaten. Jede Zeitschrift fügte den alten alten Kommentar hinzu – dass er für seine Kühnheit teuer bezahlt habe und die Verluste die der Verteidigung bei weitem überstiegen.

Wake erschien beim Frühstück in seiner Privatuniform. Er wollte seinen Bahnbefehl holen und sofort losfahren, aber als ich hörte, dass Amiens sein Ziel sei, befahl ich ihm, am Nachmittag zu bleiben und mit mir zu reisen. Ich war jetzt selbst in Uniform und hatte mich um die Ausrüstung gekümmert. Ich arrangierte, dass Blenkiron, Mary und Peter nach Boulogne weiterreisen und dort übernachten sollten, während Wake und ich in Amiens abgesetzt würden, um auf Anweisungen zu warten.

Ich habe einen anstrengenden Morgen verbracht. Noch einmal besuchte ich mit Blenkiron das kleine Kabinett am Boulevard St. Germain und berichtete ausführlich über unsere Arbeit der letzten zwei Monate. Wieder einmal saß ich in dem niedrigen Gebäude neben dem Invalidendom und unterhielt mich mit Stabsoffizieren. Aber einige der Männer, die ich beim ersten Besuch gesehen hatte, waren nicht da. Die Chefs der französischen Armee waren nach Norden gegangen.

Wir sorgten für den Umgang mit den Wildvögeln, die nun sicher in Frankreich waren, und der Kurs, den ich mit Ivery vorgeschlagen hatte, wurde genehmigt. Er und seine Wache waren auf dem Weg nach Amiens, und ich würde sie morgen dort treffen. Die großen Männer waren uns gegenüber sehr höflich, so höflich, dass meine Kenntnisse der französischen Grammatik nachließen und ich als Antwort nur noch stottern konnte. Das Telegramm, das Blenkiron in der Nacht des 18. verschickte und das mir im Pink Chalet mitgeteilt wurde, hatte Wunder bei der Klärung der Situation bewirkt.

Aber als ich sie nach der Schlacht fragte, konnten sie mir wenig sagen. Es war ein sehr schwerer Angriff mit enormer Stärke, aber die britische Linie war stark und die Reserven wurden als ausreichend angesehen. Pétain und Foch waren nach Norden gegangen, um sich mit Haig zu beraten. Die Situation in der Champagne war noch unklar, aber einige französische Reserven zogen bereits von dort in den Somme-Sektor. Eines haben sie mir gezeigt: die britischen Dispositionen. Als ich mir den Plan ansah, sah ich, dass sich meine alte Division mitten im Kampfgeschehen befand.

"Wohin gehst du jetzt?" Ich wurde gefragt.

„Nach Amiens und dann, bitte Gott, an die Front", sagte ich.

„Viel Glück für dich. Sie gönnen Körper und Geist nicht viel Ruhe, mein General."

Danach ging ich zur *Mission Anglaise* , aber sie hatten nichts außer Haigs *Kommuniqué* und einer telefonischen Nachricht vom Hauptquartier, dass der kritische Sektor wahrscheinlich der zwischen St. Quentin und der Oise sein würde. Der nördliche Pfeiler unserer Verteidigung südlich von Arras, um den sie sich Sorgen gemacht hatten, stand wie ein Fels da. Das freute mich, denn mein altes Bataillon der Lennox Highlanders war dort.

Als wir den Place de la Concorde überquerten, trafen wir auf einen meiner Bekannten, einen britischen Stabsoffizier, der sich gerade auf den Rückweg vom Pariser Urlaub zum Hauptquartier machte. Er hatte ein längeres Gesicht als die Leute im Invalidendom.

„Es gefällt mir nicht, das sage ich dir", sagte er. „Es ist dieser Nebel, der mir Sorgen macht. Ich bin vor zehn Tagen die ganze Strecke von Arras bis zur Oise gefahren. Es war wunderschön gelegen, das Cleverste, was Sie je gesehen haben. Die Außenpostenlinie bestand größtenteils aus einer Kette von Klumpen – Schanzen mit Maschinengewehren, wissen Sie –, die so angeordnet waren, dass sie Flankenfeuer auf den vorrückenden Feind richteten. Aber Nebel würde bei diesem Plan den Teufel spielen lassen, denn der Feind hätte den Ort für Flankenfeuer bereits hinter sich, bevor wir es merkten ... Oh, ich weiß, wir waren gut gewarnt und hatten das Kampfgebiet rechtzeitig besetzt, aber der Außenposten Die Linie sollte lange genug durchhalten, um alles in geordneter Reihenfolge hinter sich zu bringen, und ich kann mir nicht vorstellen, wie große Teile davon im ersten Ansturm verschwunden sein müssen ... Wohlgemerkt, wir haben auf alles gesetzt diese Kampfzone. Es ist verdammt gut, aber wenn es weg ist ..." Er warf die Hände hoch.

„Haben wir gute Reserven?" Ich fragte.

Er zuckte mit den Schultern.

„Haben wir Stellungen hinter der Kampfzone vorbereitet?"

„Mir ist nichts aufgefallen", sagte er trocken und verschwand, bevor ich mehr aus ihm herausbekommen konnte.

„Du siehst verunsichert aus, Dick", sagte Blenkiron, als wir zum Hotel gingen.

„Ich scheine die Nadel erwischt zu haben. Es ist albern, aber ich fühle mich bei dieser Show schlechter als jemals zuvor seit Kriegsbeginn. Schauen Sie sich diese Stadt hier an. Die Zeitungen nehmen es locker hin und die Leute laufen umher, als ob nichts geschehen wäre. Nicht einmal die Soldaten machen sich Sorgen. Sie nennen mich vielleicht einen Idioten, wenn ich es so ernst nehme, aber ich habe das tiefe Gefühl, dass uns der blutigste und dunkelste Kampf unseres Lebens bevorsteht und dass Paris bald die Boche-Waffen hören wird, so wie sie es damals getan hat 1914."

„Du bist ein fröhlicher alter Jeremiah. Nun, ich bin froh, dass Miss Mary bald in England sein wird. Mir scheint, sie hat recht und unser Spiel ist noch nicht ganz zu Ende. Ich beneide dich ein wenig, denn in der Kampflinie wartet ein Platz auf dich."

„Man muss nach Hause kommen und dafür sorgen, dass die Leute dort klar denken. Das ist das schwache Glied in unserer Kette und es liegt eine Menge Arbeit vor Ihnen."

„Vielleicht", sagte er geistesabwesend, während sein Blick auf die Spitze der Vendome-Säule gerichtet war.

Der Zug war an diesem Nachmittag voll mit Beamten, die aus dem Urlaub zurückgerufen wurden, und Blenkiron und ich brauchten den gesamten Einkauf, um einen Wagen für unsere kleine Gruppe zu reservieren. Im letzten Moment öffnete ich die Tür, um einen herzlichen und aufgeregten Kapitän des RFC hereinzulassen, in dem ich meinen Freund und Wohltäter Archie Roylance erkannte.

„Gerade als ich mich schön sauber machte und es mir bequem machte, kam ein Draht und sagte mir, ich solle mich zurückziehen, mitten in einem neuen Kampf. Es ist ein grausamer Krieg, Sir." Der gequälte junge Mann wischte sich die Stirn, grinste Blenkiron fröhlich an, blickte Peter kritisch an, erblickte dann Mary und wurde sich seines Aussehens sofort bewusst. Er glättete sein Haar, rückte seine Krawatte zurecht und wurde verzweifelt ruhig.

Ich stellte ihn Peter vor und er vergaß sofort die Existenz von Mary. Wenn Peter Eitelkeit gehabt hätte, wäre er durch das offene Interesse und die Bewunderung in den Augen des Jungen geschmeichelt gewesen. „Ich freue mich außerordentlich, Sie wieder wohlbehalten wiederzusehen, Sir. Ich habe immer gehofft, dass ich die Chance hätte, Sie kennenzulernen. Wir wollen dich jetzt unbedingt an der Front haben. Lensch wird ein bisschen munter.

Dann fiel sein Blick auf Peters verdorrtes Bein und er sah, dass er einen Fehler gemacht hatte. Er errötete scharlachrot und sah entschuldigend aus. Aber sie waren nicht nötig, denn es machte Peter froh, jemanden zu treffen, der von der Möglichkeit sprach, dass er erneut kämpfen würde. Bald waren die beiden tief in die technischen Details vertieft, in die entsetzlichen technischen Details des Fliegers. Es hatte keinen Sinn, ihren Reden zuzuhören, denn man konnte nichts daraus machen, aber es stärkte Petrus wie Wein. Archie gab ihm eine detaillierte Beschreibung von Lenschs neuesten Machenschaften und seinen neuen Methoden. Auch er hatte das Gerücht gehört, das Peter mir in St. Anton erzählt hatte, von einem neuen Boche-Flugzeug mit mächtigen Triebwerken und stämmigen Flügeln, die geschickt gebogen waren und deren Aufstieg ein Teufelswerk war; aber über der Grenze waren noch keine Exemplare aufgetaucht. Sie sprachen über Bali und Rhys Davids und Bishop und McCudden und all die Helden, die seit der Somme ihre Sporen gewonnen hatten, und über die neuen britischen Marken, von denen Peter die meisten noch nie gesehen hatte und die ihm erklärt werden mussten.

Draußen hatte sich mit der Dämmerung ein Dunst über die Wiesen gelegt. Ich habe Blenkiron darauf hingewiesen.

„Da ist der Nebel, der uns zu schaffen macht. Dieses Märzwetter ist genau wie Oktober, morgens und abends neblig. Ich wünschte zum Himmel, wir könnten den guten alten, durchnässten Frühlingsregen haben.“

Archie sprach über die Shark-Gladas-Maschine.

„Ich bin immer dabei geblieben, denn es ist auf seine Art ein Wunder, aber es hat mir ziemlich das Herz gebrochen. Der General hier kennt seine kleinen Tricks. Nicht wahr, Sir? Wenn es wirklich spannend wird, neigt der Motor dazu, die Arbeit aufzugeben und eine Pause einzulegen.“

„Das ganze Fabrikat sollte öffentlich verbrannt werden“, sagte ich mit düsteren Erinnerungen.

„So weit würde ich nicht gehen, Sir. Der alte Gladas hat überraschende Vorzüge. An ihrem Tag gibt es nichts Besseres als sie, was Geschwindigkeit und Kletterkraft angeht, und sie lenkt so gut wie ein Rennkutter. Das Problem an ihr ist, dass sie zu kompliziert ist. Sie ist wie manche andere Autorasse – man muss ein technisches Genie sein, um sie zu verstehen … Wenn man sie nur ein wenig einfacher und sicherer machen würde, gäbe es auf diesem Gebiet keine Konkurrenz für sie. Ich bin so ziemlich der einzige Mann, der Geduld mit ihr hat und ihre Vorzüge kennt, aber sie hat mich oft fast umgebracht. Dennoch, wenn mir ein großer Kampf gegen einen Kerl wie Lensch bevorsteht, bei dem es um Hals oder nichts geht, wäre ich am Ende, wenn ich mich nicht für die Gladas entscheiden würde.“

Archie lachte entschuldigend. „Das Thema ist für mich in unserem Schlamassel verboten. Ich bin der einzige Champion des alten Dings, und sie ist wie eine Stute, die ich früher gejagt habe und die mich so sehr liebte, dass sie ständig versuchte, mir den Arm abzubeißen. Aber ich wünschte, ich könnte ihr ein faires Verfahren bei einem der großen Piloten verschaffen. Ich selbst bin schließlich erst in der zweiten Klasse.“

Wir liefen nördlich von St. Just, als über dem Rattern des Zuges ein seltsames, dumpfes Geräusch zu hören war. Es kam aus dem Osten und ähnelte dem leisen Grollen eines Steppengewitters oder dem gleichmäßigen Rollen gedämpfter Trommeln.

„Hört auf die Waffen!“ rief Archie. „Meine Tante, irgendwo ist ein ordentliches Bombardement im Gange.“

Ich hatte drei Jahre lang ab und zu Waffen gehört. Ich war bei den großen Vorbereitungen vor Loos, an der Somme und in Arras dabei gewesen und hatte gelernt, den Artilleriedonner als etwas Natürliches und Unvermeidliches wie Regen oder Sonnenschein zu akzeptieren. Aber dieses Geräusch hat mich mit seiner Unheimlichkeit erschreckt, ich weiß nicht warum. Vielleicht war es das Unerwartete, denn ich war mir sicher, dass man in dieser Gegend seit der Marne nicht mehr die Schüsse gehört hatte. Der Lärm musste sich durch das Oise-Tal bewegen, und ich nahm an, dass es irgendwo in der Nähe von Chauny oder La Fere heftige Kämpfe gab. Das bedeutete, dass der Feind an einer riesigen Front stark vordrang, denn hier war eindeutig eine große Anstrengung auf seinem äußersten linken Flügel zu verzeichnen. Es sei denn, es war unser Gegenangriff. Aber irgendwie habe ich das nicht geglaubt.

Ich ließ das Fenster herunter und steckte meinen Kopf in die Nacht. Der Nebel war bis zum Rand der Strecke gekrochen, ein hauchdünner Nebel, durch den Häuser, Bäume und Vieh im Mondlicht zu sehen waren. Das Geräusch hielt an – kein Murmeln, sondern ein gleichmäßiger, grollender Strom, so solide wie der Schall einer Trompete. Als wir uns Amiens näherten, ließen wir es bald hinter uns, denn im gesamten Somme-Tal gibt es eine merkwürdige Konfiguration, die den Schall überdeckt. Die Landbevölkerung nennt es das „Stille Land", und während der ersten Phase der Somme-Schlacht konnte ein Mann in Amiens die 22 Meilen entfernten Kanonen bei Albert nicht hören.

Als ich mich wieder hinsetzte, stellte ich fest, dass die Gesellschaft verstummt war, sogar der geschwätzige Archie. Marys Blick traf meinen, und im gleichgültigen Licht des französischen Eisenbahnwaggons konnte ich Aufregung in ihnen sehen – ich wusste, dass es Aufregung war, keine Angst. Sie hatte noch nie zuvor den Lärm eines großen Sperrfeuers gehört. Blenkiron war unruhig und Peter war in seinen eigenen Gedanken versunken. Ich wurde sehr deprimiert, denn bald würde ich mich von meinen besten Freunden und dem Mädchen, das ich liebte, trennen müssen. Aber mit der Depression vermischte sich eine seltsame Erwartung, die fast angenehm war. Die Waffen hatten mir meinen Beruf zurückgebracht , ich bewegte mich auf ihren Donner zu und Gott allein wusste das Ende davon. Der glückliche Traum, den ich von den Cotswolds und einem Zuhause mit Mary an meiner Seite geträumt hatte, schien plötzlich in unendliche Ferne gefallen zu sein. Ich hatte wieder einmal das Gefühl, am Rande des Lebens zu stehen.

Den letzten Teil der Reise habe ich zurückgeworfen, um mein Wissen über die Landschaft zu vertiefen. Ich sah wieder den betroffenen Gürtel von Serre bis Combles, wo wir im Sommer 17 gekämpft hatten. Beim Vormarsch im folgenden Frühjahr war ich nicht dabei gewesen, aber ich war in Cambrai gewesen und kannte das gesamte Unterland von Lagnicourt bis St. Quentin. Ich schloss die Augen und versuchte, es mir vorzustellen und die Straßen zu sehen, die bis zur Linie führten, und fragte mich, an welchen Stellen der große Druck entstanden war. In Paris hatte man mir gesagt, dass die Briten bis zur Oise im Süden stünden und dass die Bombardierungen, die wir gehört hatten, auf unsere Adresse gerichtet sein müssten. Mit Passchendaele und Cambrai im Kopf und einer Ahnung von den Schwierigkeiten, die wir immer hatten, Einberufungen zu bekommen, war ich verwirrt darüber, wo wir die Truppen hätten finden können, um die neue Front zu bemannen. Wir müssen auf dieser langen Linie unheilig dünn sein. Und gegen dieses schreckliche Bombardement! Und die Massen und die neuen Taktiken, mit denen Ivery geprahlt hatte!

Als wir in die schmuddelige Höhle des Bahnhofs von Amiens liefen, schien ich eine neue Aufregung zu spüren. Ich habe es eher in der Luft gespürt als auf einen besonderen Vorfall geschlossen, außer dass der Bahnsteig sehr überfüllt mit Zivilisten war, die meisten von ihnen mit einer zusätzlichen Menge Gepäck. Ich fragte mich, ob der Ort in der Nacht zuvor bombardiert worden war.

„Wir werden uns noch nicht verabschieden", sagte ich den anderen. „Der Zug fährt erst in einer halben Stunde ab. Ich mache mich auf den Weg, um Neuigkeiten zu erfahren."

In Begleitung von Archie machte ich mich auf die Suche nach einem RTO meines Bekannten. Auf meine Fragen antwortete er fröhlich.

„Oh, es geht uns hervorragend, Sir. Ich habe heute Nachmittag von einem Mann im Operations-Team gehört, dass das Hauptquartier vollkommen zufrieden sei. Wir haben viele Hunnen getötet und nur ein paar Kilometer Boden verloren ... Du gehst zu deiner Division? Nun ja, es liegt oben in der Peronne, oder war es letzte Nacht. Cheyne und Dunthorpe kamen aus dem Urlaub zurück und versuchten, ein Auto zu stehlen, um dorthin zu gelangen ... Oh, ich habe gerade einen Riesenspaß. Diese heruntergekommenen Zivilisten sind aufgewühlt und viele versuchen, sich zu vertreiben. Die Idioten sagen, dass die Hunnen in einer Woche in Amiens sein werden. Wie lautet der Satz? „ *Pourvu que les Civils tienent.* „Ich fürchte, ich muss weitermachen, Sir."

Ich schickte Archie mit diesen Nachrichtenfetzen zurück und wollte gerade zum Haus eines der Pressebeamten rennen, der, wie ich dachte, der Erkenntnis im Weg stehen würde, als ich am Bahnhofseingang auf Laidlaw traf. Er war BGGS in dem Korps gewesen, zu dem meine alte Brigade gehörte, und gehörte nun zum Stab einer Armee. Er ging gerade auf ein Auto zu, als ich ihn am Arm packte, und er sah mich mit einem sehr kranken Gesicht an.

„Mein Gott, Hannay! Woher bist du gekommen? Die Nachrichten, sagen Sie?" Er senkte seine Stimme und zog mich in eine stille Ecke. „Die Nachrichten sind höllisch."

„Sie sagten mir, wir hielten fest", bemerkte ich.

„Verdammt noch mal! Die Boche ist auf breiter Front sauber durch. Er hat uns heute bei Maismy und Essigny gebrochen. Ja, die Kampfzone. Er schleudert eine Abteilung nach der anderen wie Hammerschläge. Was könnte man sonst noch erwarten?" Und er umklammerte heftig meinen Arm. „Wie in Gottes Namen könnten elf Divisionen eine Front von vierzig Meilen halten? Und gegen vier zu eins in Zahlen? Es ist kein Krieg, es ist nackter Wahnsinn."

Ich wusste jetzt, dass das Schlimmste kommen würde, und es schockierte mich nicht, denn ich hatte gewusst, dass es kommen würde. Laidlaws Nerven waren ziemlich schlecht, denn sein Gesicht war blass und seine Augen leuchteten wie bei einem Mann mit Fieber.

„Reserven!“ und er lachte bitterlich. „Wir haben drei Infanteriedivisionen und zwei Kavalleriedivisionen. Sie sind schon vor langer Zeit in der Mühle. Die Franzosen kommen zu unserer Rechten, aber sie haben noch einen gewaltigen Weg vor sich. Darum geht es mir hier unten. Und wir bekommen Hilfe von Horne und Plumer. Aber das alles dauert Tage, und in der Zwischenzeit laufen wir zurück, so wie wir es in Mons getan haben. Und auch um diese Tageszeit... Oh ja, die ganze Reihe zieht sich zurück. Teile davon waren ziemlich bequem, aber sie mussten zurück oder in die Tasche gesteckt werden. Ich wünschte zum Himmel, ich wüsste, wo unsere richtigen Abteilungen geblieben sind. Soweit ich weiß, sind sie inzwischen in Compiègne. Der Boche war heute Morgen über dem Kanal, und zu diesem Zeitpunkt ist er höchstwahrscheinlich auf der anderen Seite der Somme.“

Daraufhin rief ich aus. „Willst du mir sagen, dass wir Peronne verlieren werden?“

„Peronne!“ er weinte. „Wir werden Glück haben, Amiens nicht zu verlieren! ... Und obendrein habe ich noch eine Art verdammtes Fieber. In einer Stunde werde ich toben.“

Er rannte davon, aber ich hielt ihn fest.

„Was ist mit meinem alten Grundstück?“ Ich fragte.

„Oh, verdammt gut, aber sie sind völlig in Stücke geschossen. Jede Abteilung hat gut abgeschnitten. Es ist ein Wunder, dass sie nicht alle scheiterten, und es wäre ein flammendes Wunder, wenn sie eine Linie finden, auf der sie stehen können. Westwater hat ein gebrochenes Bein. Er wurde heute Abend gestürzt und Sie finden ihn im Krankenhaus. Fraser wurde getötet und Lefroy ist ein Gefangener – das war zumindest meine letzte Nachricht. Ich weiß nicht, wer die Brigaden hat, aber Masterton macht mit der Division weiter ... Sie sollten so schnell wie möglich an die Reihe kommen und ihn ablösen. Siehe den Armeekommandanten. Er wird morgen früh für ein Pow-Wow in Amiens sein.“

Laidlaw legte sich müde in seinem Auto zurück und verschwand in der Nacht, während ich zum Zug eilte.

Die anderen waren zum Podium hinabgestiegen und hatten sich um Archie gruppiert, der optimistischen Unsinn erzählte. Ich brachte sie in die Kutsche und schloss die Tür.

„Es ist ziemlich schlimm“, sagte ich. „Die Front ist an mehreren Stellen durchbohrt und wir sind zurück an der Haute Somme. Ich fürchte, dabei wird es nicht bleiben. Ich verabschiede mich, sobald ich meine Bestellungen erhalten kann. Wach auf, du wirst mit mir kommen, denn jeder Mann wird gesucht. Blenkiron, du wirst Mary und Peter sicher nach England bringen.

Wir kommen gerade noch rechtzeitig, denn morgen wird es vielleicht nicht einfach, aus Amiens rauszukommen."

Ich kann immer noch die besorgten Gesichter in diesem schlecht beleuchteten Abteil sehen. Wir verabschiedeten uns nach britischer Art ohne viel zu tun. Ich erinnere mich, dass der alte Peter meine Hand ergriff, als würde er sie nie wieder loslassen, und dass Marys Gesicht ganz blass geworden war. Wenn ich noch eine Sekunde gezögert hätte, hätte ich heulen sollen, denn Marias Lippen zitterten und Peter hatte Augen wie ein verwundeter Hirsch. „Gott segne dich", sagte ich heiser, und als ich wegging, hörte ich Peters Stimme, die ein wenig brüchig war: „Gott segne dich, mein alter Freund."

Ich verbrachte einige anstrengende Stunden damit, nach Westwater zu suchen. Er war nicht in der großen Räumungsstation, aber ich brachte ihn schließlich in das neue Krankenhaus, das gerade im Ursulinenkloster in Betrieb genommen worden war. Er war der gediegenste kleine Mann, im gewöhnlichen Leben eher trocken und dogmatisch, mit der Kunst, einen scharf anzusprechen, was ihn nicht gerade beliebt machte. Jetzt lag er ganz steif und ruhig im Krankenhausbett und seine blauen Augen waren ernst und mitleiderregend wie die eines kranken Hundes.

„Mit mir ist nicht viel los", antwortete er auf meine Frage. „Eine Granate fiel neben mich und beschädigte meinen Fuß. Sie sagen, sie müssen es abschneiden ... Jetzt, wo du hier bist, bin ich beruhigter, Hannay. Natürlich übernehmen Sie Masterton. Er ist ein guter Mann, aber seinem Job nicht ganz gewachsen. Armer Fraser – Sie haben von Fraser gehört. Er war gleich zu Beginn erledigt. Ja, eine Muschel. Und Lefroy. Wenn er lebt und nicht allzu schwer getroffen ist, hat der Hunne einen lästigen Gefangenen."

Er war zu krank, um zu reden, aber er ließ mich nicht gehen.

„Die Aufteilung war in Ordnung. Glauben Sie niemandem, der sagt, wir hätten nicht wie Helden gekämpft. Unsere Außenpostenlinie hielt den Hunnen sechs Stunden lang stand, und nur etwa ein Dutzend Männer kamen zurück. Wir hätten in der Kampfzone durchhalten können, wenn nicht beide Flanken umgedreht worden wären. Sie durchquerten Crabbes linke Seite und kamen die Verey-Schlucht hinunter, und eine große Welle raste über Shropshire Wood ... Wir kämpften uns Meter für Meter durch und rührten uns nicht, bis wir die Plessis-Mülldeponie in unserem Rücken lodernd erblickten. Dann war es Zeit zu gehen... Wir haben nicht mehr viele Bataillonskommandanten übrig. Watson, Endicot, Crawshay ..." Er stammelte eine Liste der tapferen Kerle, die gegangen waren.

„Komm schnell zurück, Hannay. Sie wollen dich. Ich bin nicht glücklich über Masterton. Er ist zu jung für den Job." Und dann vertrieb mich eine

Krankenschwester, und ich ließ ihn mit der seltsamen, gezwungenen Stimme großer Schwäche sprechen.

Am Fuß der Treppe stand Maria.

„Ich habe gesehen, wie du reingegangen bist", sagte sie, „also habe ich auf dich gewartet."

„Oh mein Lieber", rief ich, „du hättest inzwischen in Boulogne sein sollen. Welcher Wahnsinn hat dich hierher geführt?"

„Sie kennen mich hier und haben mich eingestellt. Du konntest nicht erwarten, dass ich zurückbleibe. Du hast selbst gesagt, dass jeder gesucht wird, und ich bin in einem Dienst wie du. Bitte sei nicht böse, Dick."

Ich war nicht wütend, ich war nicht einmal besonders besorgt. Das Ganze schien seit der Erschaffung der Welt vom Schicksal geplant worden zu sein. Das Spiel, an dem wir beteiligt waren, war noch nicht zu Ende und es war richtig, dass wir es gemeinsam durchspielen sollten. Mit diesem Gefühl ging auch die Überzeugung vom endgültigen Sieg einher. Irgendwie oder irgendwann sollten wir das Ende unserer Pilgerreise erreichen. Aber ich erinnerte mich an Marias Vorahnungen über das erforderliche Opfer. *Die Besten von uns* . Das hat mich ausgeschlossen, aber was ist mit ihr?

Ich fing sie in meinen Armen auf. „Auf Wiedersehen, mein Allerliebster. Machen Sie sich um mich keine Sorgen, denn ich habe einen sanften Job und kann mich um meine Haut kümmern. Aber oh! Pass auf dich auf, denn du bist die ganze Welt für mich."

Sie küsste mich ernst wie ein weises Kind.

„Ich habe keine Angst um dich", sagte sie. „Sie werden in der Bresche stehen, und ich weiß – ich weiß, dass Sie gewinnen werden. Denken Sie daran, dass es hier jemanden gibt, dessen Herz so voller Stolz auf seinen Mann ist, dass es keinen Platz für Angst hat."

Als ich aus der Klostertür hinausging, hatte ich das Gefühl, dass mir wieder einmal meine Befehle gegeben worden waren.

Es überraschte mich nicht, dass ich, als ich mein Zimmer in einem der oberen Stockwerke des Hôtel de France suchte, Blenkiron im Flur fand. Er war in bester Stimmung.

„Du kannst mich nicht aus der Show heraushalten, Dick", sagte er, „also brauchst du nicht anfangen zu streiten. Das ist die einzige einmalige Chance seines Lebens für John S. Blenkiron. Unser kleiner Kampf in Erzerum war nur ein Nebeneffekt, aber das hier ist ein echtes Armageddon der Extraklasse. Ich schätze, ich werde einen Weg finden, mich nützlich zu machen."

Ich hatte keinen Zweifel, dass er das tun würde, und ich war froh, dass er zurückgeblieben war. Aber ich hatte das Gefühl, dass es für Peter schwierig war, in einer solchen Zeit allein nach England zurückzukehren, wie nutzloses Treibgut, das von einer Flut angespült wurde.

„Sie brauchen sich keine Sorgen zu machen", sagte Blenkiron. „Peter reist auf dieser Reise nicht nach England. Soweit ich weiß, hat er es an der östlichen Hinterseite aus dieser Gemeinde verdrängt. Er unterhielt sich mit Sir Archibald Roylance, und bald darauf erschienen andere Herren des Royal Flying Corps, und das Ergebnis war, dass sich Sir Archibald an Peters Griff klammerte und ging, ohne sich zu verabschieden. Meiner Vermutung nach ist er zu irgendeinem Flugplatz gegangen, um mit seinen alten Freunden ein paar Worte zu wechseln. Oder er könnte auf die Idee kommen, mit dem Flugzeug nach England zurückzukehren und noch einmal zu flattern, bevor er seine Flügel einfaltet. Jedenfalls sah Peter wie ein mächtig glücklicher Mann aus. Das letzte Mal, dass ich sah, dass er mit einer Gruppe junger Burschen in einem Wagen des Flying Corps seine Pfeife rauchte und direkt nach Deutschland fuhr."

KAPITEL XXI
Wie ein Verbannter zu seinem eigenen Volk zurückkehrte

Am nächsten Morgen traf ich den Armeekommandanten auf dem Weg nach Doullens.

„Die Abteilung übernehmen?" er sagte. "Sicherlich. Ich fürchte, davon ist nicht mehr viel übrig. Ich werde Carr sagen, dass er zum Hauptquartier des Korps durchdringen soll, wenn er sie finden kann. Sie müssen die Überreste pflegen, denn sie können noch nicht herausgezogen werden – nicht für ein oder zwei Tage. Gott segne mich, Hannay, es gibt Teile unserer Linie, die wir mit einem Mann und einem Jungen halten. Du musst durchhalten, bis die Franzosen die Macht übernehmen. Wir hängen nicht an unseren Augenlidern, sondern an unseren Wimpern."

„Was ist mit den Positionen, auf die man zurückgreifen kann, Sir?" Ich fragte.

„Wir geben unser Bestes, aber wir haben nicht genug Männer, um sie vorzubereiten." Er öffnete eine Karte. „Da graben wir eine Linie – und da. Wenn wir dieses Stück zwei Tage lang halten können, werden wir eine faire Linie am Fluss haben. Aber vielleicht haben wir keine Zeit."

Dann erzählte ich ihm von Blenkiron, von dem er natürlich gehört hatte. „Er war einer der größten Ingenieure in den USA und hat ein ausgeprägtes Gespür für das Land. Er wird es irgendwie schaffen, wenn du ihm bei der Arbeit helfen lässt."

„Genau der Kerl", sagte er und schrieb einen Befehl. „Bring das zu Jacks und er wird eine vorübergehende Provision ausmachen. Ihr Mann kann irgendwo in Amiens eine Uniform finden."

Danach ging ich zum Detaillager und stellte fest, dass Ivery pünktlich angekommen war.

„Der Gefangene hat sich keine Mühe gemacht, Sir", berichtete Hamilton. „Aber er ist ein bisschen mürrisch. Sie sagen, dass es den Gairmans gut geht, und ich habe ihm gesagt, dass er stolz auf seine Leute sein soll. Aber er war nicht besonders zufrieden."

Drei Tage hatten in Ivery eine Veränderung bewirkt. Dieses einst so kühle und fähige Gesicht war jetzt geschärft wie das eines gejagten Tieres. Er wurde von seiner Fantasie gejagt, und ich konnte mir vorstellen, wie sehr es ihn quälte. Er, der immer an der Spitze der Maschine gestanden hatte, war jetzt nur noch ein Rädchen darin. Er war nie in seinem Leben etwas anderes als mächtig gewesen; jetzt war er machtlos. Er befand sich in einer harten, unbekannten Welt, im Griff von etwas, das er fürchtete und das er nicht verstand, unter der Obhut von Männern, die seiner Überzeugungskraft in keiner Weise zugänglich waren. Es war, als würde ein stolzer und tyrannischer Manager plötzlich gezwungen, in einem Marinekommando zu arbeiten, und noch schlimmer, denn da war die nagende körperliche Angst vor dem, was kommen würde.

Er hat einen Appell an mich gerichtet.

„Foltern die Engländer ihre Gefangenen?" er hat gefragt. „Du hast mich geschlagen. Es gehört mir und ich flehe um Gnade. Ich werde auf die Knie gehen, wenn du möchtest. Ich habe keine Angst vor dem Tod – auf meine Art."

„Nur wenige Menschen haben Angst vor dem Tod – auf ihre Art."

„Warum erniedrigst du mich? Ich bin ein Gentleman."

„Nicht so, wie wir die Sache definieren", sagte ich.

Ihm fiel die Kinnlade herunter. „Was wirst du mit mir machen?" er zitterte.

„Du warst Soldat", sagte ich. „Sie werden einige Kämpfe erleben – aus den Reihen. Es wird keine Brutalität geben, Sie werden bewaffnet sein, wenn Sie sich verteidigen wollen, Sie werden die gleichen Überlebenschancen haben wie die Männer um Sie herum. Sie haben vielleicht gehört, dass es Ihren Landsleuten gut geht. Es ist sogar möglich, dass sie den Kampf gewinnen. Was war Ihre Prognose für mich? Amiens in zwei Tagen, Abbeville in drei. Nun ja, Sie sind ein wenig hinter der geplanten Zeit zurück, aber es geht Ihnen trotzdem gut. Sie sagten mir, dass Sie der Hauptarchitekt von all dem waren und dass Ihnen die Chance gegeben wird, es zu sehen, vielleicht daran teilzuhaben – von der anderen Seite. Spricht es nicht Ihren Sinn für Gerechtigkeit an?"

Er stöhnte und wandte sich ab. Ich hatte nicht mehr Mitleid mit ihm als mit einer schwarzen Mamba, die meinen Freund getötet hatte und nun an einem gespaltenen Baum gefangen war. Merkwürdigerweise auch Wake nicht. Wenn wir Ivery direkt auf St. Anton erschossen hätten, hätte Wake uns sicher als Mörder bezeichnet. Jetzt war er vollkommen einverstanden. Sein leidenschaftlicher Hass auf den Krieg ließ ihn frohlocken, dass ein Haupterfinder des Krieges dazu gebracht werden sollte, an seinen Schrecken teilzuhaben.

„Er hat heute Morgen versucht, mich zu überreden", sagte er mir. „Behauptete, er sei auf meiner Seite und sagte das, was ich letztes Jahr immer gesagt habe. Es hat mich bei manchen meiner früheren Auftritte ziemlich beschämt, als ich hörte, wie dieser Schurke sie nachahmte ... Übrigens, Hannay, was wirst du mit mir machen?"

„Sie kommen in meinen Stab. Du bist ein beherzter Kerl und ich kann nicht ohne dich auskommen."

„Denken Sie daran, dass ich nicht kämpfen werde."

„Sie werden nicht dazu aufgefordert. Wir versuchen, die Flut einzudämmen, die ins Meer rollen will. Sie wissen, wie sich die Boche im besetzten Land und die Mary in Amiens verhalten."

Bei dieser Nachricht schloss er den Mund.

„Trotzdem –", begann er.

„Trotzdem", sagte ich. „Ich bitte Sie nicht, eines Ihrer gesegneten Prinzipien aufzugeben. Du musst keinen Schuss abfeuern. Aber ich möchte einen Mann, der Befehle für mich ausführt, denn wir haben keine Schlange mehr, nur noch viele Kleckse wie Quecksilber. Ich möchte einen klugen und mutigen Mann für den Job, und ich weiß, dass Sie keine Angst haben."

„Nein", sagte er. „Ich glaube nicht – viel. Also. Ich bin zufrieden!"

Ich fuhr mit Blenkiron in einem Auto zum Korpshauptquartier und machte mich am Nachmittag selbst auf den Weg. Ich kannte jeden Zentimeter des Landes – die Erhebung des Hügels östlich von Amiens, die römische Straße, die pfeilgerade nach St. Quentin verlief, die sumpfigen Lagunen der Somme und den breiten Landstreifen, der durch die Schlacht zwischen Dompierre und Peronne verwüstet wurde . Ich war dadurch im Januar nach Amiens gekommen, denn ich war bis zu meiner Abreise nach Paris an der Grenze gewesen, und damals war es ein friedlicher Ort gewesen, mit Bauern, die ihre Felder bestellten, und neuen Gebäuden, die auf dem alten Schlachtfeld errichtet wurden und Tischler, die an den Dächern der Häuser beschäftigt waren, und kaum ein Transportwagen auf der Straße, der an den Krieg erinnerte. Jetzt war die Hauptroute verstopft wie die Albert-Route, als die Somme-Schlacht begann – Truppen marschierten auf und Truppen zogen ab, letztere in der letzten Phase der Erschöpfung; ein unaufhörlicher Verkehr von Krankenwagen auf der einen Seite und Munitionswagen auf der anderen Seite; geschäftige Dienstwagen, die versuchen, sich einen Weg durch die Masse zu bahnen; Reihen von Kanonenpferden, Reste der Kavallerie und hier und da blaue französische Uniformen. Alles, was ich zuvor gesehen hatte; aber eines war mir neu. Kleine Landkarren mit traurigen Frauen und verwirrten Kindern darin und Haufen von Haushaltsgegenständen krochen nach Westen oder standen wartend vor den Dorftoren. Neben diesen herumgetrampelten alten Männern und Jungen, meist in ihrer Sonntagskleidung, als würden sie zur Kirche gehen. Ich hatte diesen Anblick noch nie zuvor gesehen, denn ich hatte noch nie gesehen, wie die britische Armee zurückfiel. Der Damm, der das Wasser aufhielt, war gebrochen und die Bewohner des Tals versuchten, ihre erbärmlichen kleinen Schätze zu retten. Und über allem, Pferd und Mensch, Karren und Schubkarre, Straße und Ackerbau, lag der weiße Märzenstaub, der Himmel war blau wie Juni, kleine Vögel waren in den Gehölzen geschäftig, und in den Ecken verlassener Gärten konnte ich einen Blick auf die Erde erhaschen erste Veilchen.

Als wir schließlich eine Anhöhe erreichten, kamen wir in den vollen Lärmbereich der Kanonen. Auch das war für mich neu, denn es war kein gewöhnliches Bombardement. Der Klang hatte etwas Besonderes, etwas Rauhes, Zerstreutes, Intermittierendes, das ich noch nie zuvor gehört hatte. Es war das Zeichen eines offenen Krieges und einer bewegenden Schlacht.

In Peronne, aus dem die neu zurückgekehrten Einwohner ein zweites Mal geflohen waren, schien die Schlacht vor der Tür zu stehen. Dort hatte ich Neuigkeiten aus meiner Abteilung. Es lag weiter südlich in Richtung St. Christ. Wir tappten über schlechte Straßen zu dem Ort, an dem man sein Hauptquartier vermutete, während der Lärm der Waffen immer lauter wurde. Es stellte sich heraus, dass es sich um Angehörige einer anderen Division handelte, die damit beschäftigt war, sich auf die Überquerung des Flusses vorzubereiten. Dann brach die Dunkelheit herein, und während Flugzeuge nach Westen in den Sonnenuntergang flogen, gab es im Osten einen röteren Sonnenuntergang, wo die unaufhörlichen Blitze der Schüsse blass vor dem wütenden Schein brennender Mülldeponien waren. Der Anblick des Haubenabzeichens eines schottischen Füsiliers ließ mich innehalten, und es stellte sich heraus, dass der Mann zu meiner Division gehörte. Eine halbe Stunde später übernahm ich das sehr erleichterte Masterton in den Ruinen einer ehemaligen Zuckerrübenfabrik.

Zu meiner Überraschung fand ich dort Lefroy. Die Boche hatten ihn genau acht Stunden lang gefangen gehalten. Während dieser Zeit war er so daran interessiert gewesen, zu beobachten, wie der Feind mit einem Angriff umging, dass er die Misere seiner Position vergessen hatte. Mit blasphemischer Bewunderung beschrieb er das endlose Rad, mit dem sich Nachschub und Reservetruppen nach oben bewegen, die Stille, die Sanftheit, die perfekte Disziplin. Dann wurde ihm klar, dass er ein Gefangener und unverwundet war und verrückt geworden war. Da er ein bekannter Schwergewichtsboxer war, hatte er seine beiden Wachen in einen Graben geschleudert, war den darauffolgenden Schüssen ausgewichen und hatte Schutz im Windschatten eines brennenden Munitionsdepots gefunden, wo seine Verfolger zögerten, ihm zu folgen. Dann hatte er eine bange Stunde damit verbracht, eine Außenpostenlinie zu durchbrechen, von der er glaubte, sie sei Boche. Erst als er den Austausch von Flüchen im Dundee-Akzent mithörte, wurde ihm klar, dass es unser eigenes war ... Es war ein Trost, Lefroy zurück zu haben, denn er war sowohl tapfer als auch einfallsreich. Aber ich stellte fest, dass ich eine Unterteilung nur auf dem Papier hatte. Es ging um die Stärke einer Brigade, der Brigadebataillone und der Bataillonskompanien.

Es ist hier nicht der Ort, die Geschichte der folgenden Woche zu schreiben. Ich könnte es nicht schreiben, selbst wenn ich wollte, denn ich weiß es nicht. Irgendwo gab es einen Plan, den man in den Geschichtsbüchern findet, aber bei mir herrschte blankes Chaos. Befehle kamen, aber lange bevor sie eintrafen, hatte sich die Situation geändert, und ich konnte ihnen genauso wenig gehorchen wie zum Mond fliegen. Oftmals hatte ich den Kontakt zu den Divisionen auf beiden Flanken verloren. Der Geheimdienst kam unregelmäßig aus dem Nichts, und die meiste Zeit kamen wir ohne ihn weiter. Ich habe gehört, dass wir den Franzosen unterstanden – zuerst soll es Foch gewesen sein, dann Fayolle, die ich in Paris kennengelernt hatte. Aber das Oberkommando schien eine Million Meilen entfernt zu sein, und wir waren auf unseren Mutterwitz angewiesen. Mein Problem bestand darin, so langsam wie möglich nachzugeben und gleichzeitig nicht zu lange zu zögern, denn wir mussten uns zurückziehen, wobei die Boche jeden Morgen brandneue Divisionen schickten. Es war eine Art Krieg, der weit von den alten Grabenkämpfen entfernt war, und da mir nichts anderes beigebracht worden war, musste ich im Laufe der Zeit Regeln erfinden. Rückblickend scheint es ein Wunder zu sein, dass irgendjemand von uns daraus herausgekommen ist. Nur die Gnade Gottes und die ungewöhnliche Zähigkeit des britischen Soldaten blufften den Hunnen und hinderten ihn daran, durch die Bresche nach Abbeville und zum Meer zu strömen. Wir waren nicht besser als ein Moskitovorhang, der in einer Tür steckte, um den Vormarsch eines wütenden Bullen aufzuhalten.

Der Armeekommandant hatte recht; wir hielten mit unseren Wimpern fest. Wir müssen mit Sicherheit der schwächste Teil der gesamten Front gewesen sein, denn wir hielten eine Linie, die nie weniger als zwei Meilen lang war und oft, wie ich schätzte, näher bei fünf Meilen lag, und es gab nichts für uns in Reserve außer einigen Resten der Kavallerie der mit vagen Befehlen über das ganze Schlachtfeld jagte. Zum Glück hat der Boche einen Fehler gemacht. Vielleicht kannte er unseren Zustand nicht, denn unsere Flieger waren großartig und man sah tagsüber nie ein Boche-Flugzeug über unserer Linie, obwohl sie uns nachts fröhlich bombardierten. Wenn er unseren Bluff aufgedeckt hätte, wären wir erledigt gewesen, aber er konzentrierte seine Hauptstärke nördlich und südlich von uns. Im Norden übte er starken Druck auf die Dritte Armee aus, doch nördlich von Bapaume wurde er von den Gardisten schwer unter Druck gesetzt und kam bei Arras nicht voran. Er fuhr nach Süden, an der Pariser Eisenbahn entlang und das Oise-Tal hinunter, aber dort waren Pétains Reserven angekommen, und die Franzosen zeigten eine edle Haltung.

Nicht, dass er in der Mitte, in der wir uns befanden, nicht hart gekämpft hätte, aber er hatte nicht seine besten Truppen, und als wir westlich der Biegung der Somme ankamen, war er schneller als seine schweren Geschütze. Dennoch war es eine ziemlich verzweifelte Angelegenheit, denn unsere Flanken wichen ständig zurück und wir mussten uns Bewegungen anpassen, die wir nur erahnen konnten. Schließlich befanden wir uns auf dem direkten Weg nach Amiens und es lag an uns, langsam nachzugeben, um Haig und Pétain Zeit zum Aufstehen zu geben. Ich war ein Geizhals um jeden Meter Boden, denn jeder Meter und jede Minute waren kostbar. Wir allein standen zwischen dem Feind und der Stadt, und in der Stadt war Maria.

Wenn Sie mich nach unseren Plänen fragen, kann ich es Ihnen nicht sagen. Ich hatte jede Stunde ein neues. Ich erhielt Anweisungen vom Korps, aber wie ich bereits sagte, waren sie meist veraltet, bevor sie eintrafen, und die meisten meiner Taktiken musste ich selbst erfinden. Ich hatte eine einfache Aufgabe, und um sie zu erfüllen, musste ich die Methoden anwenden, die mir der Allmächtige erlaubte. Ich habe kaum geschlafen, ich habe wenig gegessen, ich war Tag und Nacht unterwegs, aber ich habe mich noch nie in meinem Leben so stark gefühlt. Es schien, als könnte ich nicht müde werden, und seltsamerweise war ich glücklich. Wenn das ganze Wesen eines Menschen auf ein Ziel ausgerichtet ist, hat er keine Zeit, sich Sorgen zu machen ... Ich erinnere mich, dass wir damals alle sehr sanft und leise sprachen. Lefroy, dessen Zunge für ihre Schärfe bekannt war, gurrte jetzt wie eine Taube. Die Truppen standen auf Hochtouren, waren aber stabil wie Steine. Wir waren gegen das Ende der Welt, und das macht einen Mann erstarrt ...

Tag für Tag sah man die gleiche Leistung. Ich hielt meine schwankende Front mit einer Vorpostenlinie fest, die jeden neuen Angriff verzögerte, bis ich mich orientieren konnte. Ich hatte spezielle Kompanien für Gegenangriffe an ausgewählten Punkten, wenn ich Zeit brauchte, um den Rest der Division zurückzuziehen. Ich denke, wir müssen mehr als ein Dutzend solcher kleinen Schlachten geschlagen haben. Wir haben ständig Männer verloren, aber der Feind konnte keinen großen Gewinn erzielen, obwohl er immer kurz davor war, einen zu gewinnen. Rückblickend scheint es eine Abfolge von Wundern zu sein. Oft war ich an einem Ende eines Dorfes, während die Boche am anderen war. Unsere Batterien waren ständig in Bewegung und die Arbeit der Kanoniere war mehr als lobenswert. Manchmal blickten wir nach Osten, manchmal nach Norden und einmal, in einem äußerst kritischen Moment, genau nach Süden, denn unsere Front wehte und wehte wie eine Flagge an einem Masttop ... Gott sei Dank entkam der Feind seiner großen Maschine und seinem Gefecht Die Truppen waren geschwächt und von schlechter Qualität. Als seine neuen Schockbataillone anrückten, hielt ich den Atem an ... Er hatte eine heidnische Menge Maschinengewehre und er benutzte sie wunderbar. Oh, ich ziehe meinen Hut vor dem Boche-Auftritt. Er tat, was wir an der Somme und an der Aisne sowie in Arras und Ypern versucht hatten, und es gelang ihm mehr oder weniger. Und der Grund dafür war, dass er kahlköpfig auf den Sieg zusteuerte.

Die Männer waren, wie ich bereits sagte, trotz der härtesten Prüfung, die ein Soldat ertragen kann, wunderbar standhaft und geduldig. Ich hatte alle Arten in der Division – alte Armee, neue Armee, Territorialarmee – und man konnte sich nicht zwischen ihnen entscheiden. Sie kämpften wie Trojaner, und obwohl sie schmutzig, müde und hungrig waren, fanden sie in ihren Leiden noch etwas Humorvolles. Es war ein Beweis für die völlige Vernunft der menschlichen Natur. Aber wir hatten einen Mann bei uns, der kaum noch bei Verstand war ...

In der Hektik dieser Tage erblickte ich hin und wieder Ivery. Ich musste rund um die Uhr überall sein und besuchte oft den Überrest der schottischen Füsilier, in den das feinste Gehirn Europas eingezogen worden war. Er und seine Torhüter waren nie auf Außenposten oder im Gegenangriff. Sie gehörten zu der Masse, deren einzige Aufgabe darin bestand, sich diskret zurückzuziehen. Für Hamilton, der seit Mons draußen war, war das ein Kinderspiel; und nachdem Amos einen Tag gebraucht hatte, um sich daran zu gewöhnen, hüllte er sich in seine düstere Philosophie und genoss sie ziemlich. Man konnte Amos genauso wenig überraschen wie ein Türke. Aber der Mann bei ihnen, den sie nie verließen – das war eine andere Sache.

„Zuerst dachten wir, er sei total bescheuert“, berichtete Hamilton. Bei jeder Granate, die ihm näher kam, zuckte er zusammen wie ein junges Pferd. Und das Gas! Wir mussten ihm seine Maske umbinden, denn seine Hände waren knochenlos. Es gab Zeiten, in denen er nicht daran gehindert werden konnte, aufzustehen und Selbstgespräche zu führen, obwohl die Kugeln schossen. Er war, wie man es nennt, demoralisiert ... Er hatte ein Gesicht, als hätte er nichts gehört oder gesehen. Er tat, was wir ihm sagten, und als wir ihn in Ruhe ließen, setzte er sich hin und bedankte sich. Er grüßt ja... Komisches Ding, Sir, aber die Gairmans können ihn nicht treffen. Ich schüttele gerade die Kugeln aus meinen Klamotten, und ich habe ein Loch in meiner Schulter, und Andra hat einen Schlag auf seine Dose abbekommen, der jeden getroffen hat, der nicht so viel Schaden hatte wie ein Stot. Aber, Sir, der Gefangene lässt sich nicht beirren. Unsere Jungs haben Angst vor ihm. Es gab einen Iren, der mir sagte, dass er den bösen Blick hatte, und Sie können selbst sehen, dass er kein schlauer Mensch ist.“

Ich sah, dass seine Haut wie Pergament geworden war und dass seine Augen glasig waren. Ich glaube nicht, dass er mich erkannt hat.

„Nimmt er seine Mahlzeiten?" Ich fragte.

„Er isst kein Muckle. Aber er hat einen Unco-Durst. Du kannst ihn nicht von den Wasserflaschen der Männer fernhalten."

Er lernte sehr schnell die Bedeutung des Krieges kennen, den er so selbstbewusst geführt hatte. Ich glaube, dass ich ein barmherziger Mann bin, aber als ich ihn ansah, empfand ich keinerlei Mitleid. Er dachte an das Seltsame, das er für andere vorbereitet hatte. Ich dachte an Scudder, an die tausend Freunde, die ich verloren hatte, an die großen Meere aus Blut und die Berge des Kummers, die dieser Mann und seinesgleichen für die Welt geschaffen hatten. Aus dem Augenwinkel konnte ich die langen Bergrücken oberhalb von Combles und Longueval sehen, die das Salz der Erde für sich erobert hatte und die nun wieder unter den Hufen der Boche lagen. Ich dachte an die zerstreute Stadt hinter uns und daran, was sie für mich bedeutete, und an den schwachen, erbärmlich schwachen Schirm, der sie nur verteidigte. Ich dachte an die üblen Taten, die den deutschen Ruf zu Lande und zu Wasser in Verruf gebracht hatten, deren Urheber er war. Und dann war ich erstaunt über unsere Nachsicht. Er würde verrückt werden, und Wahnsinn war für ihn anständiger als geistiger Verstand.

Ich hatte einen anderen Mann, der nicht das war, was man als normal bezeichnen würde, und das war Wake. Wenn Sie mich verstehen, war er das Gegenteil von geschockt. Er war noch nie richtig unter Beschuss geraten, aber das war ihm scheißegal. Ich hatte das Gleiche schon bei anderen Männern erlebt, und sie brachen meistens zusammen, denn es ist nicht natürlich, dass fünf oder sechs Fuß menschliches Fleisch keine Angst vor dem haben, was es quälen und zerstören kann. Das Natürliche ist, immer ein wenig Angst zu haben, so wie ich, aber durch eine Anstrengung des Willens und der Aufmerksamkeit gelingt es, es zu vergessen. Aber Wake hat offenbar nie darüber nachgedacht. Er war nicht tollkühn, nur gleichgültig. Er ging immer mit einem Lächeln im Gesicht umher, einem Lächeln der Zufriedenheit. Selbst die Schrecken – und davon hatten wir viele – berührten ihn nicht. Seine Augen, die früher heiß waren, hatten jetzt eine merkwürdig offene Unschuld wie die von Peter. Ich wäre glücklicher gewesen, wenn er ein wenig verunsichert gewesen wäre.

Eines Abends, nachdem wir einen Tag voller Angst gehabt hatten, sprach ich mit ihm, während wir in einem ehemaligen französischen Unterstand rauchten. Er war für mich ein zusätzlicher rechter Arm, und das habe ich ihm auch gesagt. „Das muss eine seltsame Erfahrung für dich sein", sagte ich.

„Ja", antwortete er, „es ist ganz wunderbar." Ich hätte nicht gedacht, dass ein Mann das durchmachen und seinen Verstand behalten könnte. Aber ich weiß viele Dinge, die ich vorher nicht wusste. Ich weiß, dass die Seele wiedergeboren werden kann, ohne den Körper zu verlassen."

Ich starrte ihn an und er fuhr fort, ohne mich anzusehen.

„Du bist kein klassischer Gelehrter, Hannay? In der Antike gab es einen seltsamen Kult, die Verehrung der *Magna Mater* – der Großen Mutter. Um in ihre Geheimnisse einzudringen, durchlief die Anhängerin ein Blutbad – ich glaube, ich gehe durch dieses Bad. Ich denke, dass ich wie der Eingeweihte *renatus in aeternum* sein werde – wiedergeboren in die Ewigkeit."

Ich riet ihm, etwas zu trinken, denn dieses Gerede machte mir Angst. Es sah so aus, als würde er zu dem werden, was die Schotten „Fee" nennen. Lefroy bemerkte dasselbe und sprach immer darüber. Er war selbst so mutig wie ein Stier und hatte fast den gleichen Mut; aber Wakes Tapferkeit beunruhigte ihn. „Ich verstehe den Kerl nicht", sagte er mir. „Er benimmt sich, als wäre sein Kopf zu sehr mit besseren Dingen beschäftigt, als dass er sich einen Dreck um Boche-Waffen scheren könnte. Er geht keine dummen Risiken ein – das meine ich nicht, aber er verhält sich so, als ob Risiken keine Bedeutung hätten. Es ist geradezu unheimlich zu sehen, wie er mit ruhiger Hand Notizen macht, wenn Granaten wie Hagelkörner einschlagen und wir alle denken, dass jede Minute unsere letzte ist. Sie müssen mit ihm vorsichtig sein, Sir. Er ist auf lange Sicht zu wertvoll, als dass wir ihn entbehren könnten.

Damit hatte Lefroy Recht, denn ich weiß nicht, was ich ohne ihn hätte tun sollen. Das Schlimmste an unserem Job war es, den Kontakt zu unseren Flanken aufrechtzuerhalten, und dafür habe ich Wake eingesetzt. Er durchstreifte das Land wie ein Moosjäger, manchmal auf einem rostigen Fahrrad, öfter zu Fuß, und man konnte ihn nicht ermüden. Ich frage mich, was andere Abteilungen von dem schmutzigen Gefreiten hielten, der unser wichtigstes Kommunikationsmittel war. Er wusste vorher nichts von militärischen Angelegenheiten, aber er beherrschte diese harten Kämpfe, als wäre er dafür geboren. Er hat nie einen Schuss abgefeuert; er trug keine Waffen; Die einzigen Waffen, die er benutzte, waren sein Gehirn. Und sie waren die besten, die man sich vorstellen kann. Ich habe noch nie einen Stabsoffizier getroffen, der so schnell einen Punkt verstand oder eine Situation so schnell einschätzen konnte. Er hatte dem Geschäft den Rücken gekehrt, und erstklassiges Talent ist nirgendwo üblich. Eines Tages kam ein GSO aus einer benachbarten Division zu mir.

„Wo um alles in der Welt hast du diesen Mann abgeholt, Wake?" er hat gefragt.

„Er ist ein Kriegsdienstverweigerer und ein Nichtkämpfer", sagte ich.

„Dann wünschte ich mir zum Himmel, wir hätten noch ein paar Kriegsdienstverweigerer in dieser Show. Er ist der einzige, der etwas über diesen gesegneten Kampf zu wissen scheint. Mein General schickt Ihnen eine Nachricht über ihn."

„Nicht nötig", sagte ich lachend. „Ich kenne seinen Wert. Er ist ein alter Freund von mir."

Ich nutzte Wake als Verbindung zum Korpshauptquartier und insbesondere zu Blenkiron. Ungefähr am sechsten Tag der Show begann ich ziemlich verzweifelt zu werden. So etwas kann nicht ewig so weitergehen. Wir befanden uns jetzt meilenweit zurück, hinter der alten Linie von 17, und da wir eine Flanke auf dem Fluss ruhen ließen, war die unmittelbare Situation etwas einfacher. Aber ich hatte viele Männer verloren, und diejenigen, die noch übrig waren, waren blind vor Müdigkeit. Die großen Ausbuchtungen des Feindes nach Norden und Süden hatten die Gesamtfront verlängert, und ich musste meine dünnen Reihen auffächern. Der Boche drängte immer noch weiter, auch wenn seine Dynamik nachließ. Wenn er wüsste, wie wenig ihn in meiner Abteilung aufhalten könnte, könnte er einen Vorstoß unternehmen, der ihn nach Amiens führen würde. Nur die großartige Arbeit unserer Flieger hatte ihn daran gehindert, dieses Wissen zu erlangen, aber wir konnten die Geheimhaltung nicht für immer aufrechterhalten. Eines Tages würde ein feindliches Flugzeug vorbeikommen, und es brauchte nur den Vorstoß eines oder zweier neuer Sturmbataillons, um uns zu zerstreuen. Ich wollte eine gut vorbereitete Position mit stabilen Gräben und einer guten Verkabelung. Ich wollte vor allem Reserven – Reserven. Das Wort lag den ganzen Tag auf meinen Lippen und verfolgte mich in meinen Träumen. Mir wurde gesagt, dass die Franzosen uns ablösen würden, aber wann – wann? Meine Berichte an das Korpshauptquartier waren ein einziger langer Schrei nach mehr Truppen. Ich wusste, dass hinter uns eine Position vorbereitet war, aber ich brauchte Männer, um sie zu halten.

Wake brachte eine Nachricht von Blenkiron. „Wir warten auf dich, Dick", schrieb er, „und wir haben ein hübsches kleines Zuhause für dich vorbereitet. Dieser alte Mann hat sich nicht mehr so sehr angestrengt, seit er 1992 in Montana auf Kupfer stieß. Wir haben drei Reihen von Schützengräben ausgehoben und einen Haufen hübscher Schanzen angelegt, und ich schätze, sie sind gut angelegt, denn der Armeestab hat sie beaufsichtigt und sie sind mit dieser Art von Ingenieurskunst nicht auf der Hut. Sie hätten gelacht, wenn Sie die Arbeitskräfte gesehen hätten, die wir eingesetzt haben. Wir hatten Dagos und Chinesen aller Rassen und einige Ihrer eigenen südafrikanischen Schwarzen, und sie waren so beschäftigt mit ihrer Arbeit, dass sie die Schlafenszeit vergaßen. Früher galt ich als eine Art

Sklaventreiber, aber meine besonderen Talente waren bei diesem Vorstoß nicht gefragt. Ich werde von nun an viel Geld in Auslandseinsätze stecken."

Ich schrieb zurück: „Ihre Schützengräben nützen nichts ohne Männer. Um Himmels willen, besorgen Sie sich etwas, das ein Gewehr tragen kann. Mein Los ist der Welt angetan."

Dann ließ ich Lefroy bei der Abteilung zurück und stieg auf die Ladefläche eines Krankenwagens, um mich selbst umzusehen. Ich traf Blenkiron, einige Ingenieure der Armee, einen Stabsoffizier vom Hauptquartier des Korps und Archie Roylance.

Sie hatten eine sehr gute Leitung gegraben und sie edel verkabelt. Sie verlief vom Fluss bis zum Wald von La Bruyere auf dem kleinen Hügel über dem Bach Ablain. Es dauerte furchtbar lang, aber ich erkannte sofort, dass es nicht kürzer sein konnte, denn die Division südlich von uns hatte alle Hände voll zu tun mit dem Rand des großen Vorstoßes gegen die Franzosen.

„Es nützt nichts, die Fakten außer Acht zu lassen", sagte ich ihnen. „Ich habe nicht tausend Männer, und was ich habe, ist am Ende ihrer Kräfte. Wenn man sie in diese Schützengräben steckt, schlafen sie im Stehen ein. Wann können die Franzosen übernehmen?"

Mir wurde gesagt, dass es für den nächsten Morgen geplant sei, dass es nun aber um vierundzwanzig Stunden verschoben worden sei. Es handelte sich nur um eine vorübergehende Maßnahme bis zum Eintreffen britischer Divisionen aus dem Norden.

Archie sah ernst aus. „Die Boche schickt neue Truppen in diesen Sektor. Wir bekamen die Nachricht, bevor ich das Geschwaderhauptquartier verließ. Es sieht so aus, als wäre es eine nahe Sache, Sir."

„Das wird nicht annähernd so sein. Es ist eine absolute schwarze Gewissheit. Meine Kameraden können nicht weitermachen, denn sie sind ein ganz normaler Tag. Großer Gott, sie haben vierzehn Tage in der Hölle verbracht! Finden Sie mehr Männer für mich, sonst schnallen wir uns beim nächsten Versuch an." Mein Temperament geriet an seine Grenzen.

„Wir haben das Land mit einem kleinen Kamm durchkämmt, Sir", sagte einer der Stabsoffiziere. „Und wir haben ein Rubbelpaket zusammengestellt. Der beste Teil von zweitausend. Gute Männer, aber die meisten von ihnen haben keine Ahnung vom Infanteriekampf. Wir haben sie in Züge eingeteilt und unser Bestes getan, um ihnen eine Ausbildung zu ermöglichen. Es gibt eine Sache, die Sie aufmuntern könnte. Wir haben jede Menge Maschinengewehre. In der Nähe gibt es eine Maschinengewehrschule, und wir haben alle Männer, die den Kurs besuchten, und die ganze Anlage.

Ich glaube nicht, dass jemals zuvor eine solche Kraft ins Feld geführt wurde. Es war ein wilderes Durcheinander als bei Moussys Lageranhängern im Ersten Ypern. Es gab jede Art von Detail in Form von Männern, die aus dem Urlaub zurückkehrten und die meisten Regimenter der Armee repräsentierten. Da waren die Männer von der Maschinengewehrschule. Es gab Truppen des Korps – Pioniere und ASC – und eine Handvoll Kavallerie des Korps. Vor allem gab es eine Gruppe amerikanischer Ingenieure, deren Vater Blenkiron war. Ich habe sie dort untersucht, wo sie gebohrt haben, und mir gefiel ihr Aussehen. „Achtundvierzig Stunden", sagte ich mir. „Mit etwas Glück schaffen wir es vielleicht."

Dann habe ich mir ein Fahrrad ausgeliehen und bin zurück zur Abteilung gefahren. Aber bevor ich ging, habe ich noch mit Archie gesprochen. „Dies ist ein großes Bluffspiel, und Sie allein sind es, die es uns ermöglichen, es zu spielen. Sagen Sie Ihren Leuten, dass alles von ihnen abhängt. Sie dürfen die Flugzeuge in diesem Sektor nicht bremsen, denn wenn der Boche einmal ahnt, wie wenig er vor sich hat, ist das Spiel aus. Er ist kein Dummkopf und er weiß, dass dies der kurze Weg nach Amiens ist, aber er glaubt, dass wir ihn fest im Griff haben. Wenn wir die Fiktion noch zwei Tage lang aufrechterhalten, ist die Sache erledigt. Sie sagen, er schickt Truppen nach oben?"

„Ja, und er schickt seine Panzer nach vorne."

„Nun, das wird einige Zeit dauern. Er ist jetzt langsamer als vor einer Woche und muss über ein ganzes Land marschieren. Es besteht immer noch eine geringe Chance, dass wir gewinnen. Du gehst nach Hause und erzählst dem RFC, was ich dir gesagt habe."

Er nickte. „Übrigens, Sir, Pienaar ist beim Geschwader. Er würde gerne heraufkommen und dich sehen."

„Archie", sagte ich feierlich, „sei ein guter Kerl und tu mir einen Gefallen." Wenn ich glaube, dass Peter auch nur annähernd an der Grenze ist, werde ich vor Sorge verrückt. Das ist kein Ort für einen Mann mit einem kranken Bein. Er hätte schon vor Tagen in England sein sollen. Kannst du ihn nicht wegbringen – jedenfalls nach Amiens?"

„Wir mögen es kaum. Sehen Sie, er tut uns allen unendlich leid, sein Spaß ist verloren, seine Karriere ist vorbei und so weiter. Er mag es, bei uns zu sein und unseren Geschichten zuzuhören. Er war auch ein- oder zweimal oben. Die Shark-Gladas. Er schwört, dass es ein tolles Fabrikat ist, und ganz bestimmt weiß er, wie man mit dem kleinen Teufel umgeht."

„Dann lass ihn das um Himmels willen nicht noch einmal tun. Ich schaue auf dich, Archie, denk dran. Versprechen."

„Komisch, aber er macht sich immer Sorgen um dich. Er hat eine Karte, auf der er jeden Tag die Veränderungen der Position einträgt, und er würde eine Meile weit humpeln, um jeden unserer Kameraden anzupumpen, der Ihnen in den Weg gekommen ist.

In dieser Nacht zog ich im Schutz der Dunkelheit die Division auf die neu vorbereiteten Linien zurück. Wir kamen problemlos davon, denn der Feind war mit seinen eigenen Angelegenheiten beschäftigt. Ich vermutete eine Ablösung durch frische Truppen.

Es gab keine Zeit zu verlieren, und ich kann Ihnen sagen, dass ich mich bemüht habe, die Dinge vor Tagesanbruch in Ordnung zu bringen. Am liebsten hätte ich meine eigenen Kameraden zur Ruhe geschickt, aber ich konnte sie noch nicht entbehren. Ich wollte, dass sie die neue Truppe stärken, denn sie waren Veteranen. Die neue Stellung wurde nach den gleichen Grundsätzen gestaltet wie die alte Front, die am 21. März durchbrochen worden war. Da war unsere vordere Zone, bestehend aus einer Vorpostenlinie und Schanzen, die sehr geschickt platziert waren, und einer Widerstandslinie. Weit dahinter befanden sich die Schützengräben, die das Kampfgebiet bildeten. Beide Zonen waren stark verkabelt und wir hatten jede Menge Maschinengewehre; Ich wünschte, ich könnte sagen, wir hätten viele Männer, die wüssten, wie man sie benutzt. Die Vorposten sollten lediglich Alarm schlagen und sich auf die Widerstandslinie zurückziehen, die bis zuletzt durchhalten sollte. In der vorderen Zone stellte ich die frischesten meiner eigenen Männer auf, wobei die Einheiten durch die vom Korps rekrutierten Truppen, die aus dem Urlaub zurückkehrten, einigermaßen stark wurden. Mit ihnen habe ich die amerikanischen Ingenieure teils in den Schanzen, teils in Kompanien zum Gegenangriff eingesetzt. Blenkiron hatte berichtet, dass sie wie Dan'l Boone schießen konnten und einfach nur Lust auf einen Kampf hatten. Der Rest der Truppe befand sich im Kampfgebiet, was unsere letzte Hoffnung war. Wenn das klappte, hatten die Boche freie Fahrt nach Amiens. Zur Unterstützung unserer sehr schwachen Divisionsartillerie waren einige zusätzliche Feldbatterien aufgestellt worden. Die Front war so lang, dass ich alle drei meiner abgemagerten Brigaden in einer Linie aufstellen musste, sodass ich nichts nennenswertes in Reserve hatte. Es war ein gewaltiges Glücksspiel.

Wir hatten gerade noch rechtzeitig Schutz gefunden. Am nächsten Tag um 6.30 Uhr – zur Abwechslung war es ein klarer Morgen mit Wolken, die von Westen her aufzogen – teilte uns der Boche mit, dass er am Leben sei. Er durchnässte uns gründlich mit Gasgranaten, die nicht viel Schaden anrichteten, und zerstörte dann unsere vordere Zone mit seinen Grabenmörsern. Um 7.20 Uhr begannen seine Männer anzurücken, zuerst kleine Gruppen mit Maschinengewehren und dann die Infanterie in Wellen. Es war klar, dass es sich um frische Truppen handelte, und wir erfuhren später von den Gefangenen, dass es sich um Bayern handelte – vom 6. oder 7., ich weiß nicht mehr, welche, aber von der Division, die uns in Monchy aufgehängt hatte. Gleichzeitig war auf der anderen Seite des Flusses das Geräusch eines gewaltigen Bombardements zu hören. Es sah so aus, als hätte sich die Hauptschlacht von Albert und Montdidier zu einem direkten Vorstoß gegen Amiens entwickelt. Ich habe oft versucht, die Ereignisse dieses Tages aufzuschreiben. Ich habe es in meinem Bericht an das Corps versucht; Ich habe es in meinem eigenen Tagebuch versucht; Ich habe es versucht, weil Mary es wollte; aber es ist mir nie gelungen, eine Geschichte zu schreiben, die zusammenpasst. Vielleicht war ich zu müde, als dass mein Geist klare Eindrücke behalten konnte, obwohl ich mir zu diesem Zeitpunkt keine besondere Müdigkeit bewusst war. Es liegt wahrscheinlicher daran, dass der Kampf selbst so verwirrend war, denn den Büchern zufolge ist nichts passiert und die ordentliche Seele der Boche muss verletzt worden sein … Zuerst verlief es so, wie ich es erwartet hatte. Die Vorpostenlinie wurde zurückgedrängt, aber das Feuer der Schanzen stoppte den Vormarsch und ermöglichte es der Widerstandslinie in der Vorwärtszone, sich gut zu behaupten. Es gab einen Schachzug und dann eine weitere große Welle, unterstützt durch ein Feuer aus weit nach vorne gerichteten Feldgeschützen. Diesmal gab die Widerstandslinie an mehreren Stellen nach und Lefroy warf die Amerikaner in einem Gegenangriff hinein. Das war eine gewaltige Leistung. Die Ingenieure brüllten wie Derwische und gingen mit dem Bajonett los, und diejenigen, die es vorzogen, schwangen ihre Gewehre als Keulen. Es war ein furchtbar kostspieliger Kampf und völlig falsch, aber es gelang. Sie räumten die Boche aus einem zerstörten Bauernhof, den er gestürmt hatte, und aus einem kleinen Waldstück und errichteten unsere Front wieder. Blenkiron, der das alles miterlebte, denn er ging mit ihnen und wurde von einer Maschinengewehrkugel mit einem Ohrläppchen getroffen, hatte keine Worte, um darüber zu sprechen. „Und ich habe einmal gesagt, dass diese Jungs aufgedunsen aussehen", stöhnte er.

Die nächste Phase, die gegen Mittag erfolgte, waren die Panzer. Ich hatte die deutsche Variante noch nie gesehen, aber gehört, dass sie schneller und schwerer als unsere, aber unhandlich sei. Wir haben nicht viel von ihrer Geschwindigkeit gesehen, aber wir haben alles über ihre Ungeschicklichkeit herausgefunden. Wäre die Sache richtig gehandhabt worden, hätten sie durch uns hindurchgehen sollen wie morsches Holz. Aber das ganze Outfit war verpfuscht. Es schien ein gutes Land für ihren Einsatz zu sein, aber die Männer, die unsere Position errichteten, hatten diese Möglichkeit im Auge gehabt. Die großen Monster, die neben anderen Geräten auch ein Feldgeschütz montierten, wollten so etwas wie eine Landstraße, auf der sie glücklich sein konnten. Auf schwierigem Gelände waren sie nutzlos. Diejenigen, die über die Hauptstraße kamen, kamen am Anfang ganz gut voran, aber Blenkiron hatte die Autobahn ganz vernünftigerweise vermint, und wir haben ein Loch wie eine Diamantengrube gesprengt. Einer lag hilflos am Fuße, und wir nahmen die Besatzung gefangen; ein anderer streckte die Nase nach vorne und blieb dort, bis unsere Feldgeschütze die Reichweite erreichten und ihn außer Gefecht setzten. Im Übrigen gibt es neben der Farm von Gavrelle eine sumpfige Lagune namens Patte d'Oie, die sich bis nach Norden bis zum Fluss erstreckt, obwohl sie an den meisten Orten nur wie ein weicher Fleck auf den Wiesen wirkt. Dies mussten die Panzer überqueren, um unsere Linie zu erreichen, und sie schafften es nie. Die meisten blieben stecken und stellten für unsere Kanoniere hübsche Ziele dar; ein oder zwei kehrten zurück; und eines der Amerikaner, die im Schutz eines kleinen Baches vorwärtskrochen, explodierte mit einem Zeitzünder.

Gegen Mittag fühlte ich mich glücklicher. Ich wusste, dass der große Angriff noch bevorstand, aber ich hatte meine Vorwärtszone intakt und hoffte auf das Beste. Ich erinnere mich, dass ich mit Wake sprach, der zwischen den beiden Zonen unterwegs war, als ich die erste Warnung vor einer neuen und unerwarteten Gefahr erhielt. Ein paar Meter von mir entfernt landete eine Blindgängergranate.

„Diese Idioten auf der anderen Seite des Flusses feuern kurz und schlecht von der Geraden ab", sagte ich.

Wake untersuchte die Muschel. „Nein, es ist ein deutsches", sagte er.

Dann kamen andere, und über die Richtung konnte man sich nicht irren — gefolgt von einem Maschinengewehrfeuerstoß aus derselben Richtung. Wir rannten in Deckung bis zu einem Punkt, von dem aus wir das Nordufer des Flusses sehen konnten, und ich richtete mein Glas darauf. Es gab eine Landerhebung, hinter der das Feuer ausbrach. Wir sahen uns an und in beiden Gesichtern stand die gleiche Überzeugung. Die Boche hatte das Nordufer heruntergedrückt, und wir befanden uns nicht mehr in einer Linie mit unseren Nachbarn. Der Feind war in der Lage, uns mit seinem Feuer auf unserer Flanke und im linken Rücken zu erwischen. Wir konnten uns nicht zurückziehen, um uns anzupassen, denn sich zurückzuziehen bedeutete, unsere vorbereitete Position aufzugeben.

Es war der letzte Tropfen, der all unseren Ängsten das Fass zum Überlaufen brachte, und für einen Moment war ich mit meinem Verstand am Ende. Ich drehte mich zu Wake um und seine ruhigen Augen zogen mich zusammen.

„Wenn sie diesen Boden nicht zurückerobern können, sind wir völlig am Ende", sagte ich.

"Wir sind. Deshalb müssen sie es zurückerobern."

„Ich muss mich an Mitchinson wenden." Aber während ich sprach, wurde mir klar, wie sinnlos eine telefonische Nachricht an einen Mann war, der es selbst ziemlich schwer hatte. Nur ein dringender Appell konnte etwas bewirken.... Ich muss selbst gehen.... Nein, das war unmöglich. Ich muss Lefroy schicken ... Aber er konnte nicht verschont bleiben. Und alle meine Stabsoffiziere waren bis zum Hals im Kampf. Außerdem kannte keiner von ihnen die Position so gut, wie ich sie kannte ... Und wie kommt man dorthin? Es war ein langer Weg um die Brücke von Loisy herum.

Plötzlich nahm ich Wakes Stimme wahr. „Du solltest mich besser schicken", sagte er. „Es gibt nur einen Weg – den Fluss etwas tiefer zu schwimmen."

„Das ist verdammt gefährlich. Ich werde keinen Menschen in den sicheren Tod schicken."

„Aber ich melde mich ehrenamtlich", sagte er. „Das ist, glaube ich, im Krieg immer erlaubt."

„Aber du wirst getötet, bevor du die Grenze überqueren kannst."

„Schick mir einen Mann zum Zuschauen. Wenn ich rüber komme, können Sie sicher sein, dass ich General Mitchinson erreiche. Wenn nicht, schicken Sie jemand anderen per Loisy. Es besteht dringender Bedarf zur Eile, und Sie sehen selbst, dass dies der einzige Weg ist."

Die Zeit des Streits war vorbei. Ich kritzelte eine Zeile auf Mitchinson als seine Referenzen. Mehr war nicht nötig, denn Wake kannte die Position genauso gut wie ich. Ich schickte einen Sanitäter, der ihn zu seinem Startplatz am Ufer begleiten sollte.

„Auf Wiedersehen", sagte er, als wir uns die Hände schüttelten. „Du wirst sehen, ich komme schon wieder zurück." Ich erinnere mich, dass sein Gesicht besonders glücklich aussah. Fünf Minuten später öffneten sich die Boche-Geschütze zum letzten Angriff.

Ich glaube, ich habe einen kühlen Kopf bewahrt; zumindest berichteten Lefroy und die anderen. Sie sagten, ich sei den ganzen Nachmittag grinsend umhergegangen, als würde es mir gefallen, und ich hätte kein einziges Mal meine Stimme erhoben. (Es ist eher meine Schuld, dass ich im Streit brülle.) Aber ich weiß, dass ich mich alles andere als ruhig fühlte, denn das Problem war schrecklich. Es hing alles von Wake und Mitchinson ab. Das Flankenfeuer war so schlimm, dass ich die linke Seite der vorderen Zone aufgeben musste, die es ziemlich abfangen konnte, und die Männer dort in die Kampfzone zurückziehen musste. Letzterer war besser geschützt, denn zwischen ihm und dem Fluss befand sich ein kleiner Wald und das Ufer erhob sich zu einer Klippe, die nach innen zu uns hin abfiel. Dieser Rückzug bedeutete einen Wechsel, und ein Wechsel ist keine schöne Sache, wenn er mitten im Kampf improvisiert werden muss.

Die Boche hatten mit diesem flankierenden Feuer gerechnet. Sein Plan war es, unsere beiden Flügel zu brechen – der alte Boche-Plan, der in jedem Kampf auftaucht. Er ließ unser Zentrum zunächst ziemlich in Ruhe und stieß am Flussufer entlang bis zum Wald von La Bruyere vor, wo wir uns mit der Division zu unserer Rechten trafen. Lefroy befand sich im ersten Bereich und Masterton im zweiten, und drei Stunden lang war es die verzweifeltste Angelegenheit, mit der ich je konfrontiert war ... Der improvisierte Schalter wurde betätigt, und immer mehr Teile der vorderen Zone verschwanden. Es war ein heißer, klarer Frühlingsnachmittag, und in den offenen Kämpfen rückte der Feind wie Manövertruppen vor. Auf der linken Seite gelangten sie in die Kampfzone, und ich kann noch sehen, wie Lefroys großartige Gestalt persönlich einen Gegenangriff anführte, sein Gesicht voller Blut aus einer Kopfwunde ...

Ich hätte meine Seele dafür gegeben, an zwei Orten gleichzeitig zu sein, aber ich musste unseren linken riskieren und in der Nähe von Masterton bleiben, der mich am meisten brauchte. Der Wald von La Bruyere war der verrückteste Anblick. Immer wieder war die Boche fast durch. Man wusste nie, wo er war, und die meisten Kämpfe dort waren Duelle zwischen Maschinengewehrgruppen. Ein Teil des Feindes kam hinter uns, und nur die gute Leistung einer Kompanie Cheshires rettete den vollständigen Durchbruch.

Was Lefroy betrifft, weiß ich nicht, wie er es durchgehalten hat, und er weiß es selbst nicht, denn er wurde ständig von diesem verfluchten Flankenfeuer geärgert. Gegen halb vier erhielt ich eine Nachricht, dass Wake den Fluss überquert hatte, aber es dauerte einige anstrengende Stunden, bis das Feuer nachließ. Ich riss zwischen meinen Flügeln hin und her und jedes Mal, wenn ich nach Norden ging, erwartete ich, dass Lefroy gebrochen war. Aber wie durch ein Wunder hielt er durch. Die Boches waren immer wieder in seiner Kampfzone, aber er warf sie immer raus. Ich erinnere mich an Blenkiron, der völlig verrückt war und seine Amerikaner mit seltsamen Zungen ermutigte. Als ich einmal an ihm vorbeikam, sah ich, dass sein linker Arm gefesselt war. Sein geschwärztes Gesicht grinste mich an. „Dieses Stück Landschaft ist für die Demokratie äußerst unsicher", krächzte er. „Um Himmels willen, Mike, richten Sie Ihre Waffen auf die Teufel auf der anderen Seite des Flusses. Sie plagen meine Jungs zu sehr."

Ich glaube, es war ungefähr sieben Uhr, als das Flankenfeuer nachließ, aber das lag nicht an unseren Divisionsgeschützen. Am Nordufer gab es einen kurzen und sehr heftigen Artilleriefeuerstoß, und ich wusste, dass es britischer Artilleriefeuer war. Dann begannen die Dinge zu geschehen. Eines unserer Flugzeuge – sie waren den ganzen Tag über wahre Wunder gewesen und schwangen sich wie Falken zu Maschinengewehrgefechten mit der Boche-Infanterie herab – meldete, dass Mitchinson hart angriff und gut zurechtkam. Das beruhigte mich, und ich machte mich auf den Weg nach Masterton, der sich in einer größeren Notlage befand als je zuvor, denn der Feind schien am Flussufer schwächer zu werden und seine Hauptkraft gegen uns zu richten ... Aber mein GSO2 hielt mich auf die Straße. „Wach", sagte er. „Er will dich sehen."

„Nicht jetzt", rief ich.

„Er kann nicht viele Minuten leben."

Ich drehte mich um und folgte ihm zu dem verfallenen Kuhstall, der mein Divisionshauptquartier war. Wie ich später hörte, war Wake über den Fluss gegenüber von Mitchinsons Rechten geschwommen und hatte das andere Ufer sicher erreicht, obwohl die Strömung von Kugeln gepeitscht wurde. Doch kaum war er gelandet, wurde er von Granatsplittern in der Leistengegend schwer getroffen. Zuerst mit Unterstützung, dann auf einer Trage getragen gelang es ihm, sich bis zum Divisionshauptquartier durchzukämpfen, wo er meine Botschaft überbrachte und die Situation erklärte. Er ließ nicht zu, dass seine Wunde behandelt wurde, bis seine Arbeit erledigt war. Mitchinson erzählte mir später, dass er mit schmerzgrauem Gesicht eine Skizze unserer Position für ihn gezeichnet und ihm genau gesagt habe, wie nah wir an unserem Ende seien ... Danach bat er darum, zu mir zurückgeschickt zu werden, und sie bekamen ihn in einem überfüllten Krankenwagen hinunter nach Loisy und dann in einem leer zurückkommenden Krankenwagen wieder hinauf zu uns. Der Gerichtsmediziner, der sich seine Wunde ansah, sah, dass die Sache hoffnungslos war, und rechnete nicht damit, dass er über Loisy hinaus leben würde. Er blutete innerlich und kein Chirurg auf der Welt hätte ihn retten können.

Als er uns erreichte, war er fast pulslos, aber er erholte sich für einen Moment und fragte nach mir.

Ich fand ihn mit blauen Lippen und blutgetränktem Gesicht auf meinem Feldbett liegend. Seine Stimme war sehr leise und weit weg.

"Wie geht es?" er hat gefragt.

„Bitte Gott, wir werden es schaffen ... dank dir, alter Mann."

„Gut", sagte er und schloss die Augen.

Er öffnete sie noch einmal.

„Lustiges Leben. Vor einem Jahr habe ich den Frieden gepredigt ... Ich predige ihn immer noch ... Es tut mir nicht leid."

Ich hielt seine Hand, bis er zwei Minuten später starb.

Im Druck eines Kampfes nimmt man den Tod kaum wahr, nicht einmal den Tod eines Freundes. Es lag an mir, meine Zusage gegenüber Wake einzulösen, und schon machte ich mich auf den Weg nach Masterton. Dort, in den Trümmern von La Bruyere, tobte, während das Licht verblasste, ein verzweifelter und äußerst blutiger Kampf. Es war die letzte Runde des Wettbewerbs. Zwölf Stunden sind es jetzt, sagte ich mir immer wieder, und die Franzosen werden hier sein und wir haben unsere Aufgabe erledigt. Ach! Wie viele von uns würden sich schon wieder ausruhen? ... Kaum ins Wanken geratend, gingen unsere Gegenangriffskompanien erneut vor. Sie hatten die Grenzen der Sterblichkeit weit überschritten, aber der menschliche Geist kann sich allen Naturgesetzen widersetzen. Die Waage zitterte, blieb hängen und fiel dann in die richtige Richtung. Der Anstoß des Feindes wurde schwächer, hörte auf und die Ebbe begann.

Ich wollte den Job abschließen. Unsere Artillerie führte ein scharfes Sperrfeuer aus, und das wenige, was ich vergleichsweise frisch übrig hatte, schickte ich zum Gegenschlag. Die meisten Männer waren ungeübt, aber in unseren Reihen gab es Leute, die auf eine Ausbildung verzichteten, und wir hatten den Feind im Moment der geringsten Vitalität gefangen. Wir drängten ihn aus La Bruyere, wir drängten ihn zurück in unsere alte Stürmerzone, wir drängten ihn aus dieser Zone auf die Position, von der aus er den Tag begonnen hatte.

Aber für die Müden gab es keine Ruhe. Wir hatten mindestens ein Drittel unserer Kräfte verloren und mussten die gleiche lange Schlange bemannen. Wir konsolidierten es so gut wir konnten, begannen mit dem Austausch der zerstörten Verkabelung, stellten Kontakt zur Division zu unserer Rechten her und errichteten Außenposten. Dann, nach einer Besprechung mit meinen Brigadegeneralen, kehrte ich zu meinem Hauptquartier zurück, zu müde, um Zufriedenheit oder Angst zu verspüren. In acht Stunden würden die Franzosen hier sein. Die Worte erzeugten in meinen Ohren eine Art Litanei.

Im Kuhstall, in dem Wake gelegen hatte, erwarteten mich zwei Gestalten. Die mit Talk umhüllte Kerze zeigte Hamilton und Amos, unbeschreiblich schmutzig, vom Rauch geschwärzt, blutbefleckt und aufwendig verbunden. Sie standen stramm da.

„Sirr, der Gefangene", sagte Hamilton. „Ich muss melden, dass der Gefangene tot ist."

Ich starrte sie an, denn ich hatte Ivery vergessen. Er schien ein Geschöpf einer längst vergangenen Welt zu sein.

„Sirr, es war so. Der Gefangene, der heute Morgen jemals gesündigt hat, schien aufzuwachen. Es wird Ihnen etwas ausmachen, dass er die ganze Woche in einer Art Traum war. Aber er bekam eine neue Einsicht in sein Leben, und als die Schlacht begann, zeigte er Anzeichen von Unruhe. Während er im Graben lag und zurück in den Unterstand wollte. Gemäß den Anweisungen habe ich ihm ein Gewehr zur Verfügung gestellt, aber er schien nicht zu wissen, wie er damit umgehen sollte. Es war Ihr Befehl, Herr, dass er Mittel haben sollte, sich zu verteidigen, wenn der Feind anrückte, also gab Amos ihm ein Grabenmesser. Aber schon bald sah es so aus, als wollte er sich die Kehle durchschneiden, also habe ich ihn davon abgehalten."

Hamilton blieb stehen, um Luft zu holen. Er sprach, als würde er eine Lektion aufsagen, ohne Unterbrechungen zwischen den Sätzen.

„Ich habe jalousiert, Sir, dass er den letzten Tag nicht mehr wollte, und Amos hier war derselben Meinung. Das Ende kam um zwanzig Minuten nach drei – ich kenne die Zeit, denn ich hatte gerade meine Uhr mit Amos verglichen. Es wird Ihnen etwas ausmachen, dass die Gairmans einen großen Angriff starteten. Wir befanden uns im vorderen Graben dessen, was man als Kampfzone bezeichnete, und Amos und ich behielten den Feind im Auge, den man beim Tröpfeln über dem offenen Feld beobachten konnte. In diesem Moment erblickt der Gefangene den Feind und springt auf die Spitze. Amos versuchte ihn festzuhalten, aber er trat ihm ins Gesicht. Als wir das nächste Mal erfuhren, rannte er sehr schnell auf den Feind zu, hielt seine Hände an seinem Kopf und schrie laut in einer fremden Sprache."

„Es war deutsch", sagte der Gelehrte Amos durch seine abgebrochenen Zähne.

„Es war Gairman", fuhr Hamilton fort. „Es schien, als würde er den Feind um Hilfe bitten. Aber sie achteten nicht darauf und er geriet unter das Feuer ihrer Maschinengewehre. Wir sahen zu, wie er sich wie ein Abstinenzler drehte, und wussten, dass er damit einverstanden war."

„Sind Sie sicher, dass er getötet wurde?" Ich fragte.

„Ja, Herr. Wenn wir zum Gegenangriff übergehen, finanzieren wir seinen Körper."

In der Nähe des Hofes Gavrelle befindet sich ein Grab, an dessen Spitze ein Holzkreuz den Namen des Grafen von Schwabing und sein Todesdatum trägt. Wenig später nahmen die Deutschen Gavrelle ein. Ich bin froh, dass sie diese Inschrift gelesen haben.

KAPITEL XXII
Die Vorladung für Herrn Standfast erfolgt

In dieser Nacht schlief ich eineindreiviertel Stunden lang, und als ich aufwachte, kam es mir vor, als ob ich aus einem tiefen Schlaf erwachte, der tagelang gedauert hatte. Das passiert manchmal nach starker Müdigkeit und großer geistiger Belastung. Selbst ein kurzer Schlaf baut eine Barriere zwischen Vergangenheit und Gegenwart auf, die aufwändig abgebaut werden muss, bevor man an das Vorhergehende anknüpfen kann. Als mein Verstand sich an die Arbeit machte, spritzten mir einige Regentropfen durch das kaputte Dach ins Gesicht. Das hat mich in Eile nach draußen gebracht. Es war kurz nach Sonnenaufgang und der Himmel war mit dicken Wolken bedeckt, während ein feuchter Wind aus Südwesten wehte. Die lang ersehnte Wetterumschwung schien endlich gekommen zu sein. Ich wollte eine Regenflut, etwas, das die Erde durchnässt, die Straßen in Wasserläufe verwandelt und die feindlichen Transportmittel verstopft, vor allem etwas, um die Augen des Feindes zu blenden ... Denn ich erinnerte mich daran, was für ein absurder Bluff das alles war war, und was für eine jämmerliche gebrochene Handvoll stand zwischen den Deutschen und ihrem Ziel. Wenn sie es wüssten, wenn sie es nur wüssten, würden sie uns wie Fliegen beiseite schieben.

Während ich mich rasierte, blickte ich auf die Ereignisse von gestern zurück, als ob auf etwas, das schon vor langer Zeit geschehen war. Ich schien sie unpersönlich zu beurteilen und kam zu dem Schluss, dass es ein ziemlich guter Kampf gewesen war. Eine Kampftruppe, die zur Hälfte hundemüde und zur anderen Hälfte untrainiert war, hatte mindestens ein paar neue Divisionen aufgehalten ... Aber wir konnten es nicht noch einmal tun, und es lagen noch einige Stunden verzweifelter Gefahr vor uns . Wann hatte das Korps gesagt, dass die Franzosen eintreffen würden? ... Ich war gerade dabei, Hamilton zu rufen, er solle Wake dazu bringen, das Korpshauptquartier anzurufen, als mir einfiel, dass Wake tot war. Ich hatte ihn gemocht und sehr bewundert, aber die Erinnerung bereitete mir kaum Schmerzen. Wir waren alle im Sterben und er war nur eine Stufe weiter gegangen.

Es gab keinen Morgensturm , wie er in der letzten Woche üblich war. Ich ging ins Freie und fand eine geräuschlose Welt unter dem sinkenden Himmel. Der Regen hatte aufgehört zu fallen, der Morgenwind hatte nachgelassen und ich befürchtete, dass sich der Sturm verzögern würde. Ich wollte, dass es uns sofort durch die nächsten Stunden der Anspannung hilft. Kamen die Franzosen in sechs Stunden? Nein, es müssen vier sein. Es konnten nicht mehr als vier sein, es sei denn, jemand hatte ein höllisches Durcheinander angerichtet. Ich fragte mich, warum alles so still war. Es würde auf beiden Seiten Frühstückszeit sein, aber in diesem hässlichen

Streifen eine halbe Meile entfernt schien sich kein Mensch zu merken. Erst weit hinten im deutschen Hinterland schien mir das Verkehrsgerücht zu hören.

Neben mir stand eine ungeschlafene und unrasierte Gestalt, die sich als Archie Roylance herausstellte.

„Ich war die ganze Nacht wach", sagte er fröhlich und zündete sich eine Zigarette an. „Nein, ich habe nicht gefrühstückt. Der Kapitän meinte, wir sollten auf diese Weise besser eine weitere Flugabwehrbatterie aufstellen, und ich hatte die Aufsicht über die Arbeit. Er hat Angst davor, dass die Hunnen über deine Grenzen hinwegkommen und die Nacktheit des Landes ausspionieren. Denn, wissen Sie, wir sind selten nackt, Sir. Außerdem", und Archies Gesicht wurde ernst, „die Truppen der Hunnen, die über diesen Sektor herabströmen." Ich schätze, dass er auf beiden Seiten des Flusses zu einer gewaltigen Fahrt aufbrechen wird. Unsere Jungs sagten gestern, dass das ganze Land hinter Peronne mit neuen Truppen mies sei. Und er holt auch seine großen Geschütze nach vorne. Sie haben sich noch nicht darum gekümmert, aber er hat die Straßen reparieren lassen und viele neue Stadtbahnen gebaut, und jeden Moment werden wir die Fünf-Komma-Neun haben, die sagen: „Guten Morgen ...". Beten Sie den Himmel, dass Sie rechtzeitig abgelöst werden, Sir. Ich gehe davon aus, dass die Gefahr eines weiteren Anstoßes heute Morgen nicht groß ist?"

„Das glaube ich nicht. Der Boche hat gestern einen schweren Schlag abbekommen, und er muss sich vorstellen, dass wir nach diesem Gegenangriff ziemlich stark sind. Ich glaube nicht, dass er zuschlagen wird, bis er beide Seiten des Flusses bearbeiten kann, und die Vorbereitung wird einige Zeit in Anspruch nehmen. Dafür sind seine neuen Divisionen da ... Aber denken Sie daran, er kann jetzt angreifen, wenn er möchte. Wenn er wüsste, wie schwach wir sind, wäre er stark genug, uns alle in den nächsten drei Stunden zum Ruhm zu schicken. Es ist nur dieses Wissen, das ihr braucht, um zu verhindern, dass er es bekommt. Wenn ein einziges Hun-Flugzeug unsere Linien kreuzt und zurückkehrt, sind wir völlig erledigt. Du hast uns seit Beginn der Show großartig geholfen, Archie. Um Himmels willen, machen Sie bis zum Schluss durch und setzen Sie jede Maschine, die Sie entbehren können, in diesem Sektor ein."

„Wir geben unser Bestes", sagte er. „Wir haben noch ein paar kämpfende Späher aus dem Norden und halten die Augen offen. Aber Sie wissen genauso gut wie ich, Sir, dass es nie eine absolute Gewissheit ist. Wenn die Hunnen ein Geschwader schicken würden, könnten wir sie alle bis auf einen niederschlagen, und dieser könnte den Zweck erfüllen. Es ist eine Frage des Glücks. Der Hunne hat gerade ordentlich Wind in die Luft gebracht, und ich gebe dem armen Teufel nicht die Schuld. Ich neige zu der Annahme, dass wir hier nicht die Wahl hatten, was er angestoßen hat. Jennings sagt, dass er in Flandern gute Arbeit leistet, und sie gehen davon aus, dass dort bald ein gewaltiger Vorstoß bevorsteht. Ich denke, dass wir mit der Art von Trittbrettfahrern zurechtkommen, die er in letzter Zeit hierher geschickt hat, aber wenn Lensch oder so ein Bursche sich entscheiden würde, aufzutauchen, würde ich nicht sagen, was passieren würde. Die Luft ist eine große Lotterie", und Archie blickte mit schmutzigem Gesicht gen Himmel, wo sich zwei unserer Flugzeuge sehr hoch in Richtung Osten bewegten.

Die Erwähnung von Lensch erinnerte mich an Peter, und ich fragte, ob er zurückgekehrt sei.

„Er wird nicht gehen", sagte Archie, „und wir haben nicht das Herz, ihn zu machen. Er ist sehr zufrieden und spielt mit dem Gladas-Einsitzer herum. Er redet immer von Ihnen, Sir, und es würde ihm das Herz brechen, wenn wir ihn verlegen würden."

Ich erkundigte mich nach seinem Gesundheitszustand und mir wurde gesagt, dass er anscheinend keine großen Schmerzen habe.

„Aber er ist ein bisschen seltsam", und Archie schüttelte einen weisen Kopf. „Einer der Gründe, warum er sich nicht rühren will, ist, dass er sagt, dass Gott eine Aufgabe für ihn hat. Er meint es sehr ernst, und seitdem er darauf gekommen ist, ist er unglaublich munter geworden. Er fragt auch immer nach Lensch – nicht rachsüchtig, verstehen Sie, aber recht freundlich. Scheint eine Art Eigentumsinteresse an ihm zu haben. Ich erzählte ihm, dass Lensch eine viel längere Phase erstklassiger Kämpfe hinter sich hatte als alle anderen und dass er nach dem Gesetz der Durchschnittswerte bald besiegt werden müsse, und darüber war er ziemlich traurig."

Ich hatte keine Zeit, mir Sorgen um Peter zu machen. Archie und ich schluckten das Frühstück und ich hatte ein Pow-Wow mit meinen Brigadegeneralen. Zu diesem Zeitpunkt hatte ich das Korpshauptquartier erreicht und Nachrichten über die Franzosen erhalten. Es war schlimmer als ich erwartet hatte. General Peguy würde gegen zehn Uhr eintreffen, aber seine Männer konnten die Macht erst weit nach Mittag übernehmen. Das Corps teilte mir seinen Aufenthaltsort mit und ich fand ihn auf der Karte. Sie hatten noch einen langen Weg vor sich, und dann kam noch die langsame Aufgabe der Ablösung. Ich habe auf meine Uhr geschaut. Es blieben uns noch sechs Stunden, in denen die Boche uns in Flammen aufgehen lassen könnte, sechs Stunden wahnsinniger Angst ... Lefroy verkündete, dass an der Front alles ruhig sei und dass die neue Verkabelung am Bois de la Bruyere abgeschlossen sei. Patrouillen hatten berichtet, dass in der Nacht offenbar eine neue deutsche Division das abgelöst hatte, was wir gestern so hart bestraft hatten. Ich fragte ihn, ob er einem weiteren Angriff standhalten könne. „Nein", sagte er ohne zu zögern. „Wir sind zu wenige und zu unsicher, um noch bestehen zu können. Ich habe nur alle drei Meter einen Mann." Das beeindruckte mich, denn Lefroy war normalerweise der unbekümmertste Optimist.

„Verdammt, da ist die Sonne", hörte ich Archie schreien. Das stimmte, denn die Wolken rollten zurück und die Mitte des Himmels war ein blauer Fleck. Der Sturm kam – ich konnte ihn in der Luft riechen –, aber wahrscheinlich würde er erst am Abend aufhören. Wo, fragte ich mich, würden wir zu diesem Zeitpunkt sein?

Es war jetzt neun Uhr und ich hielt mich fest im Griff, denn ich wusste, dass ich die nächsten Stunden die Hölle erleben würde. Ich bin in mancher Hinsicht ein ziemlich sturer Kerl, aber Geduld und Stillstand waren für mich immer die schwierigste Aufgabe, und meine Nerven waren von der langen Strapaze des Retreats völlig angeschlagen. Ich ging zur Linie und sah die Bataillonskommandanten. Dort war alles ungesund still. Dann kehrte ich in mein Hauptquartier zurück, um die Berichte zu studieren, die von den Luftpatrouillen eingingen. Sie sagten alle das Gleiche – ungewöhnliche Aktivitäten in den Hinterbezirken der Deutschen. Die Dinge schienen sich auf einen neuen 21. März vorzubereiten, und wenn wir kein Glück hätten, müsste mein armer kleiner Rest den Schock ertragen. Ich rief das Corps an und stellte fest, dass sie genauso nervös waren wie ich. Ich gab ihnen Auskunft über meine Stärke und hörte am anderen Ende der Leitung ein schmerzerfülltes Pfeifen. Ich war ziemlich froh, dass ich Gefährten im selben Fegefeuer hatte.

Ich stellte fest, dass ich nicht still sitzen konnte. Wenn es Arbeit gegeben hätte, hätte ich mich darin vergraben, aber es gab keine. Nur diese furchterregende Arbeit des Wartens. Mir ist fast nie kalt, aber jetzt schien mein Blut dünner zu werden, und ich verblüffte meine Mitarbeiter, indem ich mir ein britisches warmes Kleidungsstück anzog und den Kragen zuknöpfte. Um diese verlassene Farm lief ich wie ein hungriger Wolf, mit kalten Füßen, flauem Magen und tödlich nervösem Geist.

Dann löste sich plötzlich die Wolke von mir und das Blut schien auf natürliche Weise durch meine Adern zu fließen. Ich habe den Stimmungswechsel erlebt, den ein Mann manchmal empfindet, wenn sein ganzes Wesen durch langes Ausharren geläutert und geklärt wird. Der Kampf von gestern erwies sich als etwas ganz Großartiges. Welche Risiken waren wir eingegangen und wie tapfer waren wir ihnen begegnet! Mein Herz erwärmte sich, als ich an meine alte Abteilung dachte, diese zerlumpten Veteranen, die nie geschlagen wurden, solange ihnen der Atem blieb. Und die Amerikaner und die Jungs aus der Maschinengewehrschule und all der Krimskrams, den wir beschlagnahmt hatten! Und der alte Blenkiron tobt wie ein gutmütiger Löwe! Es widersprach der Vernunft, dass sich diese

Standhaftigkeit nicht durchsetzen konnte. Wir hatten herumgeknurrt und den Boche so sehr gebissen, dass er für eine Weile nichts mehr wollte. Er würde wiederkommen, aber bald würden wir erleichtert sein und die tapferen Blauröcke, frisch wie Farbe und brennend nach Rache, würden da sein und ihn beunruhigen.

Ich hatte keine neuen Fakten, auf die ich meinen Optimismus stützen konnte, sondern nur eine veränderte Sichtweise. Und damit einher ging eine Erinnerung an andere Dinge. Wakes Tod hatte mich schon zuvor betäubt, aber jetzt versetzte mir der Gedanke daran einen heftigen Schmerz. Er war der erste unserer kleinen Konföderation, der ging. Aber was für ein Ende hatte er geschaffen und wie glücklich war er in dieser verrückten Zeit gewesen, als er von seinem Podest heruntergekommen war und einer der vielen geworden war! Endlich hatte er sich selbst gefunden, und wer könnte ihm solch ein Glück verübeln? Wenn der Beste genommen werden sollte, würde er zuerst ausgewählt werden, denn er war ein großer Mann, vor dem ich mein Haupt entblößte. Der Gedanke an ihn machte mich sehr demütig. Ich hatte nie mit seinen Problemen zu kämpfen gehabt, aber er hatte sie gemeistert und einen Mut erlangt, der für immer über meine Grenzen hinausging. Er war der Gläubige unter uns Pilgern, der seine Reise vor den anderen beendet hatte. Maria hatte es vorhergesehen. „Es muss ein Preis gezahlt werden", hatte sie gesagt — „die Besten von uns."

Und beim Gedanken an Maria schienen sich warme und glückliche Hoffnungen in mir auszubreiten. Ich blickte wieder über den Krieg hinaus auf den Frieden, den sie und ich eines Tages erben würden. Ich hatte die Vision einer grünen englischen Landschaft mit ihren weit verstreuten Düften von Wald, Wiese und Garten ... Und das Gesicht all meiner Träume, mit den Augen, die so kindlich, mutig und ehrlich waren, als ob auch sie sah jenseits der Dunkelheit ein strahlendes Land. Eine Zeile eines alten Liedes, das ein Lieblingslied meines Vaters gewesen war, sang mir in den Ohren:

Es gibt ein Auge, das immer weint, und ein schönes Gesicht wird sich freuen,
wenn ich wieder mit meinen hübschen Bändern durch Annan Water reite!

Wir standen an den bröckelnden Schienen des ehemaligen Schafstalls der Farm. Ich sah Archie an und er lächelte mich an, denn er sah, dass sich mein Gesicht verändert hatte. Dann richtete er seinen Blick auf die wogenden Wolken.

Ich spürte, wie mein Arm umklammert wurde.

"Schau da!" sagte eine wilde Stimme und seine Brille war nach oben gerichtet.

Ich schaute und sah weit oben am Himmel etwas wie einen Schwarm Wildgänse, der aus dem Land des Feindes auf uns zuflog. Ich erkannte die kleinen Punkte, aus denen es bestand, und mein Glas sagte mir, dass es sich um Flugzeuge handelte. Aber nur Archies geübtes Auge wusste, dass sie Feinde waren.

"Boche?" Ich fragte.

„Boche", sagte er. „Mein Gott, jetzt sind wir dafür."

Mein Herz war wie ein Stein gesunken, aber ich blieb einigermaßen cool. Ich schaute auf meine Uhr und sah, dass es zehn Minuten vor elf war.

"Wie viele?"

„Fünf", sagte Archie. „Oder es sind vielleicht sechs – nicht mehr."

"Hören!" Ich sagte. „Gehen Sie zu Ihrem Hauptquartier. Sagen Sie ihnen, dass es uns egal ist, wenn auch nur ein einziges Flugzeug zurückkommt. Lassen Sie sie weit über die Grenze kommen, je tiefer, desto besser, und sagen Sie ihnen, sie sollen jede Maschine, die sie besitzen, nach oben und alle nach unten schicken. Sag ihnen, dass es um Leben und Tod geht. Kein einziges Flugzeug geht zurück. Schnell!"

Archie verschwand und als er ging, explodierten unsere Flugabwehrgeschütze. Die darüber liegende Formation öffnete sich und bewegte sich im Zickzack, aber sie waren zu hoch, um einer großen Gefahr ausgesetzt zu sein. Aber sie waren nicht zu hoch, um das zu sehen, was wir verbergen oder zugrunde gehen müssen.

Das Dröhnen unserer Batterien verstummte, als die Eindringlinge nach Westen vordrangen. Als ich ihre Fortschritte beobachtete, schienen sie tiefer zu sinken. Dann erhoben sie sich wieder und eine Wolkenbank verdeckte sie.

Ich hatte die schreckliche Gewissheit, dass sie uns schlagen mussten und dass einige auf jeden Fall zurückkommen würden. Sie hatten dünne Linien gesehen und die Straßen hinter uns ohne Stützen. Während sie vorrückten, würden sie die blauen Kolonnen der Franzosen sehen, die von Südwesten heraufkamen, und sie würden zurückkehren und dem Feind sagen, dass ein Schlag nun den Weg nach Amiens und zum Meer freimachen würde. Er hatte genügend Kraft dafür, und schon bald würde er überwältigende Kräfte haben. Es brauchte nur eine Speerspitze, um den aus Kanistern gebauten Damm zu sprengen und die Flut durchzulassen ... Sie würden in zwanzig Minuten zurückkommen, und gegen Mittag würden wir kaputt sein. Es sei denn, es sei denn, das Wunder aller Wunder geschah und sie kehrten nie wieder zurück.

Archie berichtete, dass sein Skipper sein Bestes geben würde und dass unsere Maschinen jetzt hochfahren würden. „Wir haben eine Chance, Sir", sagte er,

„eine gute sportliche Chance." Es war ein neuer Archie, mit einer harten Stimme, einem hageren Gesicht und sehr alten Augen.

Hinter den zerklüfteten Mauern der Wirtschaftsgebäude befand sich eine Anhöhe, die einst Teil der Hauptstraße gewesen war. Ich ging alleine dorthin, denn ich wollte niemanden in meiner Nähe haben. Ich wollte einen Standpunkt und ich wollte Ruhe, denn ich hatte eine düstere Zeit vor mir. Von diesem Hügel aus hatte ich eine große Aussicht auf das Land. Ich schaute nach Osten zu unseren Linien, auf die ab und zu eine Granate einschlug und wo ich das Knattern von Maschinengewehren hören konnte. Im Westen herrschte Frieden, denn die Wälder schlossen die Landschaft ab. Ich erinnere mich, dass oben im Norden ein grelles Licht zu sehen war, als käme es von einer brennenden Mülldeponie, und im Ancre-Tal schienen schwere Geschütze im Einsatz zu sein. Unten im Süden war das dumpfe Geräusch einer großen Schlacht zu hören. Aber um mich herum, in der Lücke, dem tödlichsten Ort von allen, herrschte eine seltsame Stille. Ich konnte die verschiedenen Geräusche deutlich erkennen. Jemand unten auf der Farm hatte einen Witz gemacht und es brach ein kurzes Gelächter aus. Ich beneidete den Humoristen um seine Gelassenheit. Es gab ein Klappern und Klirren aus einer Batteriewechselposition. Auf der Straße holperte ein Traktor entlang – ich konnte die Schreie seines Fahrers und das Kreischen seiner ungeölten Achse hören.

Meine Augen klebten an meiner Brille, aber sie zitterten in meinen Händen, sodass ich kaum etwas sehen konnte. Ich biss mir auf die Lippe, um mich zu beruhigen, aber sie schwankten immer noch. Von Zeit zu Zeit warf ich einen Blick auf meine Uhr. Acht Minuten sind vergangen – zehn – siebzehn. Wenn nur die Flugzeuge in Sicht kämen! Sogar die Gewissheit des Scheiterns wäre besser als dieser erschütternde Zweifel. Sie müssten inzwischen zurück sein, es sei denn, sie hätten den Vorsprung nach Norden überquert oder das Wunder der Wunder …

Dann ertönte in der Ferne das Kläffen einer Flugabwehrkanone, das im nächsten Moment von anderen überhört wurde, während Rauchschwaden den fernen blauen Himmel bedeckten. Die Wolken zogen sich in der Mitte des Himmels zusammen, aber im Westen gab es einen großen freien Raum, der jetzt von Granatsplittern übersät war. Ich zählte sie mechanisch – eins – drei – fünf – neun – und Verzweiflung begann an die Stelle meiner Angst zu treten. Meine Hände waren jetzt ruhig und durch die Brille sah ich den Feind.

Fünf abgeschwächte Gestalten schwebten hoch über dem Bombardement, mal scharf vor dem Blau, mal verloren in einem Dampffilm. Sie kamen gelassen und verächtlich zurück, nachdem sie alles gesehen hatten, was sie wollten.

Die Stille war nun verschwunden und der Lärm war ungeheuerlich. Von allen Seiten feuerten Flugabwehrgeschütze, einzeln oder in Gruppen. Als ich zusah, schien es eine sinnlose Munitionsverschwendung zu sein. Der Feind hat sich einen Dreck um ihn gekümmert ... Aber sicherlich war da einer gefallen. Ich konnte jetzt nur noch vier zählen. Nein, da kam der Fünfte aus einer Wolke. In zehn Minuten wären sie am Ziel. Ich habe meinen Ärger einigermaßen unterdrückt. Diese Waffen nützten nicht mehr als Kopfschmerzen. Oh, wo in Gottes Namen waren unsere eigenen Flugzeuge?

In diesem Moment kamen sie in Sichtweite herabgestürmt, vier kämpfende Kundschafter, auf deren Flügeln die Sonne glänzte und deren metallene Kapuzen poliert wurden. Ich sah deutlich die Ringe aus Rot, Weiß und Blau. Vor ihrem Abwärtsdrang breitete sich der Feind sofort aus.

Ich sah jetzt mit bloßen Augen zu und wollte Gesellschaft haben, denn die Zeit des Wartens war vorbei. Automatisch musste ich den Hügel hinuntergerannt sein, denn als nächstes wusste ich, dass ich mit Archie an meiner Seite in den Himmel starrte. Die Kämpfer schienen sich instinktiv zu paaren. Tauchend, wirbelnd, kletternd, ein Paar würde aus dem Nahkampf aussteigen oder hinter einer Wolke verschwinden. Selbst in dieser Höhe konnte ich das methodische Ratten-Tat-Tat der Maschinengewehre hören. Dann gab es plötzlich einen Aufflackern und eine Rauchwolke. Ein Flugzeug sank unter Drehungen und Wendungen auf die Erde.

"Hunne!" sagte Archie, der seine Brille darauf hatte.

Fast sofort folgte ein weiterer. Diesmal erholte sich der Pilot, während er sich noch 300 Meter über dem Boden befand, und begann, auf die feindlichen Linien zuzufliegen. Dann schwankte er, stürzte mit ekelhafter Geschwindigkeit und stürzte kopfüber in den Wald hinter La Bruyere.

Weiter östlich, fast über den vorderen Schützengräben, lieferten sich ein zweisitziger Albatros und ein britischer Pilot einen verzweifelten Kampf. Das Bombardement hatte aufgehört und von unserem Standort aus konnte jede Bewegung verfolgt werden. Zuerst stieg eines, dann noch eines, stieg ganz nach oben und tauchte zurück, schoss heraus und rollte wieder hinein, so dass es schien, als ob die beiden Flugzeuge nur wenige Zentimeter Abstand zueinander hatten. Dann sah es so aus, als würden sie sich schließen und ineinandergreifen. Ich hatte damit gerechnet, dass beide abstürzen würden, als plötzlich die Flügel des einen zu schrumpfen schienen und die Maschine wie ein Stein zu Boden fiel.

„Hun", sagte Archie. „Das macht drei. Oh, gute Jungs! Gute Jungs!"

Dann sah ich etwas, das mir den Atem raubte. In weiten Kreisen schwenkte eine deutsche Maschine herab, und etwas dahinter und etwas darüber folgte eine britische Maschine. Es war die erste Kapitulation in der Luft, die ich gesehen habe. In meinem Erstaunen beobachtete ich das Paar bis zum Boden, bis der Feind auf einer großen Wiese gegenüber der Hauptstraße landete und unser eigener Mann auf einem Feld näher am Fluss landete.

Als ich zurück in den Himmel schaute, war er kahl. Im Norden, Süden, Osten und Westen gab es keine Spur von Flugzeugen, weder britischen noch deutschen.

Ein heftiges Zittern erfasste mich. Archie fegte mit seiner Brille über den Himmel und murmelte vor sich hin. Wo war der fünfte Mann? Er muss sich durchgekämpft haben, und es war zu spät.

Aber war es das? Von der Spitze einer großen wogenden Wolkenbank schoss eine Flamme zur Erde, gefolgt von einer V-förmigen Rauchfahne. Britisch oder Boche? Britisch oder Boche? Ich habe nicht lange auf eine Antwort gewartet. Denn über das andere Ende der Wolke ritten zwei unserer kämpfenden Späher.

Ich versuchte cool zu bleiben und steckte meine Brille in das Etui, doch die Reaktion brachte mich zum Schreien. Archie drehte sich mit einem nervösen Lächeln und zitterndem Mund zu mir um. „Ich denke, wir haben auf dem Posten gewonnen", sagte er.

Er streckte eine Hand nach meiner aus, den Blick immer noch auf den Himmel gerichtet, und ich ergriff sie, als sie mir weggerissen wurde. Er starrte mit weißem Gesicht nach oben.

Wir sahen uns das sechste feindliche Flugzeug an.

Es war hinter den anderen und viel tiefer gewesen und flog mit großer Geschwindigkeit direkt nach Osten. Die Brille zeigte mir einen anderen Maschinentyp – eine große Maschine mit kurzen Flügeln, die bedrohlich aussah wie ein Falke in einem Auerhuhnschwarm. Es befand sich unter der Wolkenbank, und darüber segelten die beiden britischen Schiffe zufrieden, nachdem sie nach ihrem Kampf nachgelassen hatten, ohne diesen Feind zu bemerken.

Ein benachbartes Flugabwehrgeschütz explodierte plötzlich, und ich dankte dem Himmel für seine Inspiration. Neugierig auf diese neue Entwicklung, drehten sich die beiden Briten um, erblickten den Boche und tauchten auf ihn zu.

Was in den nächsten Minuten geschah, kann ich nicht sagen. Die drei schienen in einen Hundekampf verwickelt zu sein, so dass ich Freund und Feind nicht unterscheiden konnte. Meine Hände zitterten nicht mehr; Ich war zu verzweifelt. Das Knallen von Maschinengewehren kam auf uns zu, und dann löste sich einer der drei und begann zu klettern. Die anderen bemühten sich, ihm zu folgen, aber in einer Sekunde hatte er sich über ihr

Feuer erhoben, denn er konnte problemlos mit ihnen mithalten. War es der Hunne?

Archies trockene Lippen redeten.

„Es ist Lensch", sagte er.

"Wie hast du das gewusst?" Ich keuchte wütend.

„Ich kann ihn nicht verwechseln. Schauen Sie sich die Art und Weise an, wie er bei der Schräglage herausgerutscht ist. Das ist sein Patenttrick."

In diesem qualvollen Moment starb die Hoffnung in mir. Ich war jetzt vollkommen ruhig, denn die Zeit der Angst war vorbei. Immer weiter trieben die britischen Piloten zurück, während Lensch in der Vollendung seines Triumphs mehr als einmal eine Schleife machte, als wollte er einen beleidigenden Abschied rufen. In weniger als drei Minuten würde er in seinen eigenen Reihen sicher sein, und er trug das Wissen mit sich, das für uns den Tod bedeutete.

Jemand heulte mir ins Ohr und zeigte nach oben. Es war Archie und sein Gesicht war wild. Ich schaute und schnappte nach Luft – ergriff meine Brille und schaute noch einmal.

Eine Sekunde bevor Lensch allein gewesen war; jetzt waren es zwei Maschinen.

Ich hörte Archies Stimme. „Mein Gott, es sind die Gladas – die kleinen Gladas." Seine Finger gruben sich in meinen Arm und sein Gesicht lag an meiner Schulter. Und dann wandelte sich seine Aufregung in Ehrfurcht, die seine Worte erstickte, als er stammelte: „Es ist alt –"

Aber ich brauchte ihn nicht, um mir den Namen zu sagen, denn ich hatte ihn schon erraten, als ich das neue Flugzeug zum ersten Mal aus den Wolken fallen sah. Ich hatte das seltsame Gefühl, das manchmal einen Mann befällt, dass ein Freund anwesend ist, wenn er ihn nicht sehen kann. Irgendwo oben in der Leere lieferten sich zwei Helden ihre letzte Schlacht – und einer von ihnen hatte ein verkrüppeltes Bein.

Ich hatte nie Zweifel am Ergebnis, obwohl Archie mir später erzählte, dass er vor Spannung verrückt geworden sei. Lensch war sich seines Gegners erst bewusst, als er ihn fast erreicht hatte, und ich frage mich, ob er durch irgendeinen Instinkt seinen größten Gegner erkannte. Er hat nie einen Schuss abgefeuert, und Peter auch nicht ... Ich sah, wie der Deutsche sich umdrehte und ausrutschte, als wollte er das Schicksal, das über ihn hereinbrach, abwehren. Ich sah, wie Peter vertikal umkippte und wusste, dass das Ende gekommen war. Er war da, um den Sieg sicherzustellen, und er ging den einzigen Weg. Die Maschinen schlossen sich, es gab ein Krachen, das ich spürte, obwohl ich es nicht hören konnte, und im nächsten Moment stürzten beide immer wieder auf die Erde.

Sie fielen kurz vor den feindlichen Linien in den Fluss, aber ich sah sie nicht, denn meine Augen waren geblendet und ich lag auf den Knien.

Danach war alles ein Traum. Ich wurde von einem französischen Divisionsgeneral umarmt und sah die ersten Kompanien der fröhlichen Blauröcke, nach denen ich mich gesehnt hatte. Mit ihnen kam der Regen, und unter einem weinenden Aprilhimmel marschierte ich früh in der Nacht mit den Überresten meiner Division vom Schlachtfeld weg. Die feindlichen Geschütze begannen hinter uns zu sprechen, aber ich beachtete sie nicht. Ich wusste, dass jetzt Wächter am Tor waren, und ich glaubte, dass dieses Tor durch die Gnade Gottes für immer verschlossen war.

Sie holten Peter mit kaum einer Narbe außer seinem verdrehten Bein aus dem Wrack. Der Tod hatte einen Teil des Alters in ihm geglättet und sein Gesicht so zurückgelassen, wie ich es vor langer Zeit in den Hügeln von Mashonaland in Erinnerung hatte. In seiner Tasche befand sich sein altes, ramponiertes *Pilgrim's Progress* . Während ich schreibe, liegt es vor mir und daneben – denn ich war sein einziger Vermächtnis – der kleine Koffer, der Wochen später zu ihm kam und die höchste Ehre enthält, die einem britischen Soldaten zuteil werden kann.

Es war aus „Der *Pilgerweg*" , den ich am nächsten Morgen las, als Mary, Blenkiron und ich im Windschatten eines Apfelgartens im sanften Frühlingsregen neben seinem Grab standen. Und was ich las, war am Ende nicht die Geschichte von Mr. Standfast, den er als seinen Gegenspieler ausgewählt hatte, sondern von Mr. Valiant-for-Truth, dem er nicht nacheifern wollte. Als Gruß und Abschied habe ich die Worte niedergeschrieben:

„Dann sagte er: ‚Ich gehe zu meinem Vater; und obwohl ich mit großen Schwierigkeiten hierher gelangt bin, bereue ich jetzt nicht all die Mühen, die ich auf mich genommen habe, um dort anzukommen, wo ich bin. Mein Schwert gebe ich dem, der mir auf meiner Pilgerreise folgen wird, und meinen Mut und mein Können dem, der es bekommen kann. Meine Spuren und Narben trage ich bei mir, um für mich ein Zeugnis dafür zu sein, dass ich seine Schlachten geschlagen habe, die nun mein Belohner sein werden.'

„Also ging er hinüber, und auf der anderen Seite erklangen für ihn alle Posaunen."